STUDIA COMPOSITA 11
UNISA 1991

UNISA

History of the Church in South Africa
A Document and Source Book

Editors

J W Hofmeyr
J A Millard
C J J Froneman

University of South Africa, Pretoria

First edition, first impression
Second impression 1994

ISBN 0 86981 727 2

Printed by Promedia Printers & Publishers, Pretoria
Published by the University of South Africa
P O Box 392, 0001 Pretoria

Contents

Christianity in South Africa in the modern period, 1948-1968 191

Christianity in South Africa in contemporary times, 1968-1990 249

Introduction

This publication is intended to provide in book form some of the most important documents and sources of South African church history, from the early beginnings up to the modern period. The eventual aim is to sketch a clearer picture of the establishment and expansion of Christianity at the southern tip of Africa. The value of a document and source book like this lies in the ready availability of church historical 'witnesses'. It is especially useful for teaching some of the basic skills of a church historian, that is to get acquainted with, to handle and to interpret some of the basic sources.

This publication does not stand by itself. Rather, it forms part of a broader series of publications which all aim to serve and further the cause of South African church history and hopefully to provide something of a new perspective on this history.

What looks like an easy task is truly not the case. The process of collecting, selecting, editing and classifying all the documents proved to be a time-consuming enterprise. Trying to be constantly aware of the necessity to retain a balanced ecumenical and non-apologetic approach made the task even more difficult. Naturally there will be gaps in a selected collection of this nature because it is, of course, impossible to include everything.

Further, this book is arranged largely chronologically. The documents and sources, which are either from archival or published origin, are mostly provided in their original languages, whether it be English, Afrikaans or Dutch. We felt that a document and source collection would lose a lot of its value for students and researchers if it did not present faithful and unadulterated representations of the originals. We did, however, strive to provide as many as possible in the English language. Furthermore the names of churches have mostly been provided in the English or Afrikaans form. This means that the authentic names are used to indicate the Reformed Afrikaans-speaking churches in particular.

Since the first edition appeared in 1991, many changes have taken place in South Africa. The "Rustenburg Declaration" (Document 95) heralded increasing church involvement in the process of political change, first in the "Peace Accord" and then through the "Peace Secretariat". This reprint appears shortly after the 1994 elections in which all South Africans participated.

We sincerely hope that this publication will prove to be a useful and helpful tool in the classroom, the study and eventually even in the lounge of the interested reader.

J W Hofmeyr
J A Millard
C J J Froneman

Copyright acknowledgements

Permission for copyright were received from:

Archives of the Church of the Province of South Africa - Lower House of Convocation (Document 30); Order of Ethiopia (Document 38)

A A Balkema Uitgewers - excerpt from *The journal and selected writings of the Rev Tiyo Soga* (Document 32.2.1)

Prof J B Brain - excerpt from *Catholic beginnings in Natal and beyond* (Document 1)

Broederkring - excerpt from Theological Declaration (Document 69)

Cape Times - excerpt from *Die geskiedenis van die Lutherse Kerk aan die Kaap* (Document 12)

Concerned Evangelicals - excerpt from *Evangelical Witness* (Document 88.1)

David Philip Publisher (Pty) Ltd - excerpts from *Apartheid is a heresy* (Documents 51, 62, 76, 77, 78, 79, 80, 81); *Between Christ and Caesar* (Documents 42.2, 50, 58, 63, 65, 84)

De Jager-HAUM - excerpts from *Die Gereformeerde Kerke onder die Kruis in Suid-Afrika: hul ontstaan en ontwikkeling* (Documents 39.2, 39.3)

Dunamis - excerpt from No 4, 1989 (Document 93)

Dr I G L du Plessis - excerpt from *Pinkster Panorama* (Document 61)

Government Printing Works - excerpt from *Resolusies van die Politieke Raad 1651-1669* (Document 3)

Dr H S Grobler - excerpt from *Die Raad van die Nederduitse Gereformeerde Kerke* (Document 41)

Institute for Contextual Theology - excerpt from Negotiations, Defiance and the Church (Document 94)

Journal of Theology in Southern Africa - excerpts from Proposed Covenant first draft (Document 60); Koinonia Declaration (Document 66); SCA Declaration (Document 71); WCC Statement (Document 82); Confrontation (Document 90)

Kital Boeke - excerpts from *Stemme uit die verlede* (Documents 53, 55, 64)

Dr L Kretzchmar (Religious Forum - Unitra) - excerpt from *Christian faith and African culture* (Document 32.2.3)

Methodist Church Archivist - Dr D Cragg - excerpts from the *Journal of the Methodist Historical Society of South Africa* (Documents 23.2.1, 23.5.1, 23.5.2, 23.6)
Report of the Wesleyan Methodist Missionary Society (Document 24.3)
Notices of the Wesleyan Methodist Missionary Society (Documents 23.5.3, 23.6, 32.2.2)
Cottesloe Consultation (Document 54)

Methodist Publishing House - excerpt from *The cost of reconciliation* (Documents 83, 87, 88.3,)

Moravian Church in the Western Cape Province - excerpt from *A pear tree blossoms* (Document 21)

Die Nederduitse Gereformeerde Kerk (Kantoor van die Algemene Sinode) - excerpts from *Acta Synodi* (Documents 29.1, 29.2, 39.1) and Church and Society (Document 88.2)

NGK Uitgewers - excerpt from *Helperus Ritzema van Lier* (Document 14) and *Die Ned Geref Kerke in Suid-Afrika en rasseverhoudinge* (Documents 46, 49, 52)

Relevant Pentecostal Witness - excerpt from Relevant Pentecostal Witness (Document 91)

Skotaville Publishers - excerpts from Road to Damascus (Document 92) and Kairos Document (Document 86)

South African Council of Churches - excerpts from *Councils in the Ecumenical movement: South Africa 1904-1975* (Document 56)
Constitution of the SACC (Document 57)
Statement on conscientious objection (Document 58)
Excerpts from *Ecumenism in South Africa 1936-1960* (Documents 44, 45, 57)

South African Library - excerpt from *A fragment of church history at the Cape 1827* (Documents 23.3, 23,4)

Struik Publishers (Pty) Ltd - excerpts from *Travels in South Africa* (Document 23.2.2)
A history of Christian missions (Documents 19, 24.1)
The Rhenish Mission Society in South Africa (Document 24.5)

Studia Historiae Ecclesiasticae - excerpt from Vol XII, 1986 (Documents 67, 68)

Taurus Boek/Book - excerpt from *Apartheid, change and the NG Kerk* (Documents 70, 73, 75)

Captain B Tuck - Salvation Army - excerpt from *History of the Salvation Army in South Africa 1881-1983* (Document 34)

University of South Africa - Document 34 - see Capt B Tuck

University of the Western Cape - Dr H C Bredenkamp - excerpts from *Dagboek en briewe van George Schmidt, eerste sendeling in Suid-Afrika (1737-1744)* (Documents 8.1, 8.2, 9, 10)

University of the Witwatersrand - Document 24.4 - see Prof D Williams

Van Riebeeck Society - excerpt from *Letters of the American missionaries 1835-1838* (Document 24.7)

Prof D Williams - excerpt from *The missionaries on the Eastern frontier of the Cape Colony (1799-1835)* (Document 24.4)

[illegible] South [illegible]

[illegible] the Wa[illegible]

[illegible] (Documents 2.4.2 [illegible])

[illegible] (Document 2.4.A - see [illegible])

[illegible] Society [illegible] Letter [illegible]

[illegible] Williams - excerpt from *The [illegible] of the Cape Colony 17[illegible]* (Document 2.4.1)

Christianity in South Africa before 1665

1 *Some of the first traces of Christianity in South Africa*

The first traces of Catholic church history in South Africa go way back into the 16th century. Until 1837 it lacked continuity. This excerpt contains a description of some of these first traces in the 16th century:

> The history of the Catholic Church in South Africa has been a long one, but until 1837 it lacked continuity and was beset by problems. In the first half of the sixteenth century there was considerable missionary activity in Portuguese Africa, but it is unlikely that it spread to the Cape, since the Portuguese tended to avoid this area as much as possible after the death of Francisco d'Almeida in 1510. Nevertheless João da Nova, during his third voyage of 1501-2, built a small chapel or hermitage at Angra de São Bras, now Mossel Bay,[1] and the walls were still standing when Manuel de Mesquita Perestrello called there in 1576.[2] The history of the Church in Natal began in 1635 when a Portuguese ship, the *Nossa Senhora de Belem*, ran aground near the Umzimkulu River on its way home from Goa to Portugal. The captain decided to build two vessels to take the passengers and crew to Angola rather than subject them to the rigours of the overland journey. One of the crew, João Ribeiro de Lucena, had undertaken this frightful walk after the wreck of the *São João*[3] and he persuaded his companions that the chances of survival that way were slight. While the boats were under construction a group of sailors, under the direction of a priest, set to work to build a chapel. This was completed and Mass was celebrated, making it, as far as we know, the first Catholic chapel in Natal.
>
> (*Source:* Brain 1975:1)

2 *A report on the suitability of the Cape as a victualling station (1649)*

An event that gave impetus to the establishment of a victualling station at the Cape was the foundering of the ship *Nieuw-Haerlem* in Table Bay on 25 March 1647. Some sixty crew members under the command of junior merchant Leendert Janszen remained at the Cape for a year until the homeward-bound fleet took them back to the Netherlands in March 1648. This document in Dutch contains a favourable report, known as the 'Remonstrantie', submitted by Janszen and Matthys Proot on the suitability of the Cape as a victualling station:

Remonstrantie waerbij cortelijk werdt verthoont ende aangewesen wat dienst voordeel ende proffijt de Vereenighde g'Octroijeerde Oost Indische Comp^{e} sal comen te trecken door 't maecken van een Fort ende Thuijn aen de *Cabo De Bona Esperance.*

Niet jegenstaande Ed: H^{rn} ons wel bewust is dat veel ende verscheijden menschen selver van die gene welcke de Cabo de bona Esperance verscheijden malen hebben gefrequenteerd doch sonder opmerkinge van de gelegentheijdt ofte bequaemheijt des lants sullen voorgeven ende seggen eenige als dat de plaetse onbequaem is dat derhalven d' oncosten aengesien daer niet dan water ende weijnigh suringh en is te crijgen, onnodigh ende verloren soude sijn, andere dat d' E. Comp^{e} forten ende plaetsen genoegh ja meer als te veel hebben te versorgen, dien volgens geen meer en behoorden te maken, doch wij sullen U Ed: zoo cordt ende bondigh als na ons cleijn ende geringh verstant sullen cunnen niet alleen hoe dienstigh ende nodigh 't maecken van 't selve fort ende thuijn tot preservatie van des Comp^{s} schepen ende volcq sal sijn aenwijsen, maer dat 't selve sonder costen met voordeel ende proffijt can geschieden.

Soo seggen wij Ed: heeren dat d' E. Comp^{e} doort maecken van een fort ofte redoute mitsgaders een thuijn soo groot als men souden bevinden van node te sijn aen de voornoemde Cabo de bona Esperance ter bequamer plaetse in de Tafel valeij geleijt, ende daerop na U Ed: eijgen discretie leggende 60 à 70 soo soldaten als bootsgesellen ende eenige van hove ofte thuijne verstant hebbende personen, veel ende verscheijde vruchten soo wel voor de naer India gaende als retour schepen ende volcq sal comen te trecken, gelijck in vervolgh nader sal worden gedediceert.

In welcken thuijn aengesien d' aerde in de verseijde valeij seer goet ende vruchtbaer is, ende in de drooge tijt 't water tot wil ende begeren om ende door den thuijn met cleijne moeitjen om alles te bevochtigen sal cunnen geleijt worden, alle dingen soo wel als op eenige andere plaetsen ter wereld sal groeijen, als in sonderheijt pompoen, water meloenen cool wortelen radijs rapen ajuijn, loocq ende voorts alderhande moescruijt, (gelijk die van 't gesneu: schip Haerlem hebben ondervonden, kunnen getuigen: –

T is apparent ende buijten twijfel dat daer oock alderhande vruchtbomen als orangie appelen, lemoenen, sitroenen, pompelmoesen, appelen, peren, pruijmen, carsen, cruijsbesien, aalbesien, wel sullen wassen ende aengeteelt cunnen worden, dewelcke langen tijd in de schepen goet sullen blijven: –

De dagelijckse ervarentheijt leert ons, wat met de weijnich suringh ende somtijds 2 à 3 beesten die de naer India gaende schepen als nu aen de Cabo soo voor siecken als gesonde scheepsvolcq becomen toebrenght: –

Gelieft dan eens te considereren Ed. Heeren als alle de voors: vruchten aldaer in abundantie ende overvloet te becomen sullen sijn, hoe meenighte siecken door Godes genadigen Zegen wedercomme tot haer vorige gesontheijt sullen gebracht worden. Insonderh^{t} als men menighten van beesten ende schapen in vooraet van de inwoonders handelde die daer voor een cleijne prijs genoegh sullen te becomen sijn, van welcke beesten men oock boter kaas ende melck tot verversinge soude cunnen trecken.

Soo dat men alle schepen, gaende ende retourneerende, terwijlen haer water innamen, dagelijckx met 3 à 4 beesten ende schapen, ende alderhande groente sal cunnen versien, als meede op haer vertreck na gelegentheijt van levende beesten ende schapen, cool, wortelen, rapen ajuijn, loocq, waterlemoenen, pompoenen, dewelcke wel boomrijp geworden sijnde, seven à 8 maanden cunnen duijren, ende goetblijven – als meede orangie appelen, lemoenen, ende pompelmoesen, soo dat men altijt voor de siecken tot haer gedestineerde plaetse toe verversingh binnen scheepsboort sal hebben, 't welck voor alle menschen, op haer langdurige reijse seer troostelijck soude sijn: –

Men soude oock daer seer bequaem: verckens cunnen aenvocken, ende met cool, wortelen, ende rapen mesten ende vet maecken, ende wel daer van versien sijnde ijder schip na gelegentheijt een off 2 seugen met eerste geworpen off vol jongen meede geven, dewelcke als se een maent ofte twee binnen scheepsboort wel gevoet werden, geen cleijne verversinge en souden aenbrengen: –

't Water dat aldaer met seer groote moeijten door het scheepsvolcq gehaelt wordt, dewelcke hoe cout het is, tot den hals toe moeten in zee lopen, waer door veel tijts meede grooten sieckten binnen de scheepen compt te ontstaen, soude men als dan 't sij door houte goten ofte door 't maecken van een hooft droogh ende met de helffte minder volcq ende moeijten in de boots crijgen.

Dat het eijlant St. Helena tot noch toe voor de retourschepen een seer bequaeme verversch plaetse is geweest, can niet ontkent worden, maer is soo door de slappicheijt van de opperhoofden der selver schepen als door de gemeene boots gesellen (die meer genegen sijn om alles daer sij bij cunnen comen te ruineren, dan ijtwes voor haer nacomelingen aen te planten ofte te laten) soo bedurven, dat nu voortaen verckens noch bocken sullen te crijgen sijn: –

Want de voor desen na 't patria comende schepen hebben als van St. Helena verseijlde behalven de verckens die daer gegeten waren, de sommige 70: 80: ja tot over de 100 levendigh meede genomen, daer nu 't verleden jaer de vloot onder de vlagge van den E. Wollebrant Geleijnsen (bestaende in 12 schepen) in alles geen 200 verckens en hebben gevangen, wat moeijten daerom aengewent ende gedaen werde ende men sal bevinden, dat jaer op jaer min ende minder ende in corten tijt niet met allen sal te crijgen wesen, gelijck men aen de als nu aenstaende retour schepen sal bevinden, dat minder dan verleden jaer sullen gevangen hebben, d' oorsaeck hiervan is boven aengevoert de negligentie van d' opperhooffden ende 't quaet naturel van de gemeene matrosen, die uijt alderhande natien bestaet, dewelcke als voor haer selven wel hebben gesorght, op haer nacomelingen niet en dencken, maer gelijck haer verscheijde malen hebbe hooren zeggen: Wat vraegh ick er na, een groot avontuijr off ick mijn leven hier wederom come, ende dienvolgens alles daerbij comen bederven: –

Hierom ist dat sij int alder minste geen moeijten hebben willen doen, als haer genoegen van verckens becomen hadde de honden daer se deselve meede vingen wederom binnen scheepsboort te brengen ofte doot te slaen; waerop d' opperhooffden der respective schepen elck bijsonder ende den commandeur int generael wel reguard had behooren te nemen; 't welck nochtans niet en is geschiet, soo dat daer eenige honden ende teven op 't eijlant sijn gebleven dewelcke soo vermenighvuldigen, dat in corten tijt al het vee door deselve (aengesien geen ander spijse voor haer en is) uijtgeroeijt ende vernielt sal worden.

Soo dat van nu voortaen op St. Helena voor onse schepen niet als een weijnigh groente ende somtijts wat appelen ende limoenen en sal te becomen wesen, die noch veeltijts onrijp ende door de Engelse (die daer eer als d' onse comen) gelijck verleden jaer affgepluckt werden.

Hieruijt can dan Ed: H^{rn} affgenomen ende bespeurt worden hoe nootsaeckel: 't verseijde fort off thuijn aen de meer geseijde Cabo tot een verversch plaetse dient gemaeckt, want hoe beswaerlick het voor de maets sal vallen, sonder verversingh 't huijs te comen, is UEd: ende al de werelt genoegh bekent ende des E. $Comp^{s}$ schepen soude bij groote sieckte ende sterffte geen cleyn prijckel lopen, ende dese plaetse sal niet alleen voor de retour maer oock voor de na India gaende schepen, seer dienstigh sijn, insonderheijt zoo UEd: d' opperhooffden van de derwaerts gaende schepen sult gelieven t' ordonneren ende belasten de Cabo soo 't doenelijck is niet verbij, maer deselve aen te doen, om aldaer na behoren te ververschen.

(*Source:* Leibbrandt 1898:3-6)

3 Jan van Riebeeck's prayer on arrival at the Cape (6 April 1652)

The history of the Reformed tradition in South Africa has its unofficial beginnings with the arrival in South Africa of the Dutch under the leadership of Jan van Riebeeck. They arrived at the Cape on 6 April 1652. This document in Dutch contains the prayer said by Van Riebeeck on this occasion:

O Barmhertige Goedertieren Godt ende Hemelsche Vader, Nadien het uwe Goddelijcke Maijesteijt gelieftt heefft ons te beroepen over 't bestier der saacken van de Generale Vereenighde Nederlantse g'octroijeerde Oost Indische Compe. alhier aen Cabo de Boa Esperance ende wij ten dien eijnde met onsen bijhebbenden Raedt in uwen H. name vergadert sijn: omme met advijs van deselve sodanige besluijten te maecken, waermede den meesten dienst van de opgemelte Compe. gevoirdert, de Justitie gehanthaefft, ende onde dese wilde brutale menschen (mogelijck sijnde) uwe ware gereformeerde Christelijcke Leere mettertijt mochte voortgeplant ende verbreijt worden, tot uwes H. Naemes loff ende Eere, ende welstant onser Hren. Principalen, waertoe wij sonder dijne genadige hulpe 't alderminste en vermogen. Soo bidden wij U derhalven O aldergenadighste Vader, dat gij ons met uwe Vaderlijcke wijsheijt wilt bijwoonen, ende in dese onse vergaderinge presiderende, onse herten sulx verlichten dat alle verkeerde passien, misverstanden ende andere diergelijcke gebreecken van ons mogen geweer(t) blijven, ten eijnde onse herten van alle menschelijcke affecten reijn, ende onse gemoederen soo gestelt sijnde wij in onse raedtslagen niet anders voornemen nochte besluijten, als 't gene mach strecken tot grootmaeckin(ge) ende loff van uwen alderheijlighsten naeme, ende den meesten dienst van onse Heeren ende Meesters sonder in eeniger maten op eijgen baet off particulier proffijt acht te nemen, hetwelcke ende wes meer ons tot uijtvoerin(ge) onser bevolen dienste ende zaligheijt nodigh sij. Wy bidden ende begeeren in den

naeme uwes Wel lieven Zoons onsen Heijl(ant) ende Zalighmaker Jesu Christij, die ons heefft leeren bidden
Onse Vader &a.

(*Source:* Boëseken 1957:1. Reproduced under Government Printer's Copyright Authority 9201 of 3 April 1991)

4 *Report on religious conditions at the Cape in 1655*

The early organisation of the church at the Cape must be evaluated within its context. In terms of the Second Charter of 22 December 1622 the maintenance of public worship was entrusted to the East India Company. It is to the credit of this commercial body that it incurred a considerable financial burden both in its effort to nurture the spiritual lives of its own people and to bring the gospel to the local inhabitants of the Cape. This document contains a report on religious conditions at the Cape in 1655:

Uth Vort die Goede Hoop an de Caep die Bona Esperance den 20 April 1655.

Wijse hoochgeleerde godtsalige Eclee [1]) der stadt Amstelredam, genade end vrede sij u van Godt den Vader door Jesum Christum, onsen Heere. Amen.

Om UE. bekent te maken den staet ende gelegentheyt van diese plaetse, ten aensien van den waren godtsdienst heb wij den grooten Godt te dancken. Het gaet noch alles in een goede ordre; het volck wort wel gehouden tot den godtsdienst, sodat daer niemant magh uthblijven, van wat gevoelen dat se ock souden mogen sijn, sonder consent ofte straffe, die daertoe staet, vant opperhooft daertoe gestelt. Die maniere vant houden van den godtdienst is dat wij alle avonden, wanneer het volck gegeeten heeft, het avontgebedt doen mit een veers twe ofte dree toe singen, na die gelegenheyt des tijts, ende Soondaegh so lese ick een predicatie voor, ende dat die een Sondaegh een Evangelist-text, die ander Sondaegh een verklaeringe uth Ursinus ofte uth Lansberghius over die Categismus; ende laet dan die jonges die vragen opseggen ende mit een schriftuerplaetse twe, dre bewijsen. Het soude wel twe reys Soondaeghs gedaen worden, maer overmits dat het volck die ganse weck moet wercken, so verstaet het opperhooft dat het beter is een reys dan twe reysen;

ende die sacramenten worden bedient wanner die gelegentheyt des tijts presenteert dat hyer een schip comt, daer een predicant op is; gelijck ick UE. hyer een kleyne register in van hebbe gestelt, alwaer UE. kan sien hoe dickmael dat het Heylige Avontmael des Heeren hier is uthgedeilt ende van wee, ende wat kinders dat hier gedoopt sijn en van wie. Vorts wat aengaet dese natie hier te lande ofte dese inwoonders, is een seer arm elendich volck na siel ende na lichaem; beroft van alle kennisse Godts; leven als het vee, so dat gij niet en kont bemercken datse eenyge maniere van godtsdienst hebben ofte datter iets is, die sy eenige eer oft dienst bewisen, maer schint in dat stuck tusschen haer ende het onvernuftige vee van relige ofte godtdienst geen onderscheyt; want sie leven als beesten, die ock nergens geen werck van hebben, noch van saeyen ofte van planten, ofte dat men haer iets toepraet van Godt, sie hebben der geen werck van; sodat het haest schint onmogelijck te sijn om haer tot die kennisse der waerheyt te brengen, want haer spraecke nyet wel is te leeren. Ock so en willen sij niet bij in (een?) blijven wonen, want ick al tot twe reysen toe een van haer jonges gehadt hebbe bij mij te wonen, daer ick van meende wat goets op te voeden, om hem lesen en schriven te leeren ende ock van hem haer spraeke te leeren, om door dat middel haer tot het licht der waerheyt te brengen; maer het wilde nyet lucken overmits sie dat lopen int wilde so gewent sijn, datse [haer] nyet en konnen begeven onder subjectie van ons, sodatter luttick hoop schint te wesen van diese natie; doch wat den grooten Godt gelieft aen haer te doen is sijn almogentheyt bekent, diewelcke machtich is om haer te treecken uth die dusternisse en brengen se tot licht sijns soons Jesu Christi. Ondertusschen en sal ick nyet nalaten mijn schuldige plicht om alle mogelijck middelen te gebrucken oft den grooten Godt beliefde, door dat middel haer te trecken uth het rijcke der dusternisse ende verlossen sie uth die handen ende banden des Satans ende brengen se tot het rijcke sijns Soons; want het van herten is te wenschen van den goeden Godt dat het hem beliefde sijn genade een reys aen haer te betonen, want het seer arme elendige menschen sijn, diewelcke men qualick sonder schreyen kan aensien. Dit is dat ick UE. kortelijck hadde te schrijven ten aensien van die gelegentheyt van die godtsdienst als ock van die staet van dese inwoonders hyer ter plaetse; waermede ick dan beslutte ende wensche UE. Eclee. die Godt des vredes toe, die u tsamen wil stercken ende segenen uwen arbeyt, dat gij veele sielen Jesu Christi moget toebrengen. Amen. Ende sit van herten gegroet, ende bevele mij altijt in ulieder gunst. Actum Vort die Goede Hoop aen die Caep Bona Esperance, den 20 April 1655.

Register van die predicant. die hier geweest hebben in die tit, dat wij hier geweest hebben, van den 6 April int jaer 52 tot April int jaer 55.

Den 10 Maey int jaer 52 is hier gekomen, mit schip die Oliphant, Joannes Backerus, utgevaren van die camer Amstelredam, end heeft hier die eerste predicatie gedaen op den 12 Maey ende ock op die selve tit het Heylige Avontmael des Heeren utgedeilt.

Den 17 Augusti int jaer 53 is hyer gekomen, mit schip die Fenicx, domine Fronten, uthgevaren van die camer Amstelredam; heeft hyer den 24 een predicatie gedaen ende het Heylige Avontmael des [Heeren] uthgedeilt; heeft ock mijn soontien gedoopt, out sijnde jaer en tin weken, genaemt Bernert Willemsz. Wilant [1]), en is die eerste geboren christen, die in dese voortresse geboren is.

Den 22 Desember int jaer 53 is hier gekomen, mit schip Breda, domine Abraham Leendersz., uthgevaren van die camer Hoorn, en heeft op Kersdaegh hier gepredikt ende het Heylige Avontmael des Heeren utgedeilt, ende onse heer Commandoers soontien gedoopt, out sijnde twe maent seven dagen, genaemt Abraham van Riebeek.

Den 24 October int jaer 54 is hyer gecomen, mit jacht die Bul, uthgevaren van die camer Seelandt. domine Marcus Masius, end heeft den 30 ditto gepredickt ende het Heylige Avontmael uthgedeilt, ende gedoopt het soontien van Hindrick Bomtien, tunman, genaemt Reinier Hindericksz, out sijnde....

Den 19 Februwari int jaer 55 is hier gekomen, mit schip Malacken, domine Joannis Campius, utgevaren van die camer Amstelredam en heeft hier vier predicatie gedaen ende het Heylige Avontmael des Heeren utgedeilt.

Den 22 ditto is hier gekomen, mit schip tWapen van Hollant, domine Petrus Mus, utgevaren van die camer Amstelredam, ende heeft hier mede vier predicatie gedaen.

Den 19 Maert is hier gekomen, met schip tWapen van Amstelredam, domine .... Baldeus, uthgevaren van dieselvige camer, ende heeft hier mede vier predicatie gedaen.

Den 3 April is hier gekomen, mit schip die Fenix, domine Buschhof, utgevaren van die camer Amstelredam, ende heeft den 4 gepredikt, ende den elfden ditto wederom gepredikt ende het Heylige Avontmael utgedeilt.

Den 11 April is hier gekomen, mit jacht Der Goes, domine van Winsum, utgevaren van die camer Zeelant; om redens wille niet gepredikt.

Den — April is hier gekomen mit schip Prins Willem domine Ongena, utgevaren van die camer Zeelandt, en heeft den 18 ditto hier een predicatie gedaen ende den 25 dito werderom gepredickt.

[In dorso]
Ant hochgeleerde wise
voorsienige Eccleseia
Amstelredam.

(*Source:* Spoelstra 1906a:3-6)

The establishment of Christianity in the early period of settlement, 1665-1804

5 *The early organisation of the Reformed Church at the Cape (ca 1665)*

The first permanent Reformed minister appointed to the Cape in 1665 was Johan van Arckel. The congregation was organised and a minute book was begun. Various aspects of church life were organised soon hereafter, like authorising Lutherans to share in the Lord's Supper and the baptism of the children of slaves. Various ministers soon followed in Van Arckel's footsteps:

[*Oudste Resolutie-boek in het Kaapsch Kerkenraads-argief*]. Op den omslag staat: Resolutie-, Doop-, Trouw- en Ledematen-Boek, beginnende 1665–1695. Op de eerste bladzijde schreef Ds Van Arckel:

Kerken-boek van de Kaap van Goede Hope, behelzende de namen der gedoopten, ledematen der gemeinten, en dergenen die in den echten staat aldaar vereenigt zijn; beginnende van de komst van den eersten verblijf-predikant, Johan van Arckel, den 23 Augusti 1665.

Met dezelfde hand, (van Ds Van Arckel), staat als eerste Resolutie opgeteekend:

[*Oudste Kerkenraads-leden. Hunne instemming met de belijdenis der Gereformeerde kerk*]. Kerkenhandelingen van de voorvallende zaken, die in deze Kaapse gemeinte beradigt zijn:

Wij ondergeschrevenen, Abr. Schut, ouderling en Johan Reinierszen, diaken, die op den . . . . in dienst bevestigt zijn, erkennen met dezen de belijdenisse der Gereformeerde Kerke voor goed en met het Woord Gods overeenstaande

† † ABRAHAM SCHUT.

Onder aan de bladzijde hetzelfde teeken, met het bijschrift: Dit is het mercq van JAN REYNIERSZ.

[*Extra-„bedeeling"*] Den 23 Dec. 1665 is den diaken geordoneert, 100 caroli guldens den predikant aan te tellen, om die in stilheid uit te deilen, aan de meest benoodighde bij hem bekent.

[*Lutherschen tot het Nachtmaal toegelaten*]. Is ook goedgevonden, alle onergerlijke leden van onse Lutheraanse susterkerk, die begeeren met ons te communiceeren, op goed getuigenis, aan de gemeenschap van 's Heeren Tafel met ons toe te laten, op zulke wijze, als in Vrankrijk en in andere Gereformeerde kerken geschiet.

Nu volgt in een ander, bijna onleesbaar handschrift:

[*Verkiezing van kerkenraadsleden*]. Den 7 Mey zijn, naer aenroepinge van des Heeren Naem, verkooren en geapprobeert bij den Hr. Commandeur Wagenaer, tot mede-ouderlingh Elbert Diemer; tot mede-diaken Pieter Klinckenbergh, en op den 23 ditto in haren dienst voor de vergaderingh bevestigd.

[*Doop van slavenkinderen. Arbeid onder slaven en slavinnen*]. Op denselfden 7 dito is mede geresolveert aangaende den H. Doop:

Dat vooreerst de slavenkinders, van de vrijluyden bij slaefinnen geteelt, sullen gedoopt werden op de trouwe van hare meesters of vrouwen, opentlijck voor de gemeynte belooft.

Ten andere, dat de slavinnekinders van de Ed. Comp., onder getuychenis van den Raet of van een uyt haer, alleen door het een of ander teycken te kennen gegeven, insgelijx sullen werden geadmitteert.

Is oock doenmaels goetgevonden, om bij de Overigheyt te versoecken, dat de slaefinne-kinders uyt de thuyn, die alreets bequaemheyt hadden, moghten ter schoole gaen.

Hier beneffens, dat alle avonden het gebedt moght gedaen werden in 's Comp^s tuyn, voor slaven en slavinnen.

Welck alle, op gedane raport, sijn geäpprobeert by den Heer Commandeur en sijne Raaden.

[*D^s Joh. de Vooght vervangen door D^s Petrus Wachtendorp*]. [Zakelijk]. Op 21 Nov. 1666 heeft D^s Joh. de Vooght, zijn dienstwerk, dat hij, na den dood van D^s Van Arckel provisioneel op zich had genomen, overgedragen aan D^s Petrus Wachtendorp. Deze was, met het schip De Beurs, in groote zwakheid aangekomen, doch aanvankelijk beter, zoodat hij reeds enkele malen den dienst hier had waargenomen. Het desbetreffend kerkenraadsbesluit is geteekend door Elbert Diemer, Jan Reyniersz en P. Klinckenbergh en goedgekeurd door Gouverneur Van Quaelberg en Raedt.

[*De kerkenraad weigert den, ter vervanging van D^s Petrus Wachtendorp uit Zeeland uitgezonden, predikant Burenius toe te laten*]. [Zakelijk]. A^o 1667, den 2 January, is voor den E. Kerckenraed alhier verschenen, D. J. Burenius. Deze vertelde, dat hij was uitgezonden om D^s Van Arckel aan de Kaap te vervangen en bood zijne diensten der gemeente aan. De kerkenraad verzoekt inzage van den beroepsbrief (de schriftelijcke beroepinge D. Burenii). Hieruit bleek, dat er in generale termen sprake was van India, niet speciaal van de Kaap. Daar kwam bij, dat D^s Petrus Wachtendorp te zwak was om eene zeereis te ondernemen, en daar ZEw. „tegenwoordigh de kerke alhier tot gemeen genoegen waernam", ging 't moeilijk, hem te laten heengaan. De kerk was nu driemalen binnen 't jaar van predikant veranderd, „waerdoor de kerke, in haere kundigheyt aen hare herderen, merckelijck benadeelt wierd". Beide predikanten verlieten hierop, op verzoek van den kerkenraad, de vergadering. Vervolgens werd besloten Ds P. Wachtendorp te verzoeken, met den dienst alhier te willen voortgaan en D. Burenius zeer vriendelijk te bedanken voor zijne bereidwilligheid, en verlof te geven zijne reis voort te zetten. Deze Resolutie is daarop den beiden leeraren medegedeeld; door hen goedgevonden en door Comm. Van Quaelberg en Raad geapprobeerd.

[*Uitbreiding van de vorige Resolutie ook tot volgende gevallen*], A° 1667, den 7 January, dese kercke bericht sijnde, hoe de kercke van Zeland geresolveert hadde, om de predikanten van haer provintie, naer Indiën gaende, te senden, met ordere om successivelijcke den predicant op de Caep sijnde te vervangen, en dat se agtervolgens dese hare resolutie tegenwoordigh D. J. Burenium hadden gesonden, die sigh oock daertoe aenpraesenteerde, so heeft de kerkenraed alhier, overwegende hoe de Zeuwsche kerke op quade informatiën sodanigh order beraempt hadde, waerbij dese Caepsche kerke en kerkendienst merkelijck wierde benadeelt, nodig geacht vast te stellen, gelijck sij mits desen doet, dat men alhier den predikant te deser tijt hier sijnde, sal soeken te doen continueren in sijnen dienst, ter tijt en wijle dat men over dese sake, op de geraisonneerde brief uyt de provintie van Zeland, bescheyt en andwoord sal konnen hebben, waerna men sigh finalijck sal weten te reguleren, ende dat men onderentusschen sodanige prediekanten, als hier aenkomen met meningh om hier enigh vervanginge te maken, sonder breder debatt of examinatie van haere commissie, op 't minnelijckste naer Batavia haere rijse sal laten vervorderen, en copie deses verleenen, so se die begeren.

Dit besluit schijnt niet de goedkeuring van het Gouvernement te hebben verworven, althans doorgestreept is de volgende zinsnede: „welke bovenstaende Resolutie aen den Heer Commandeur en Ræde gecommuniceert, geapprobeert is geworden".

[*Nachtmaal viermaal per jaar te houden*]. Op denselfden dag is geoordeelt, dat men het Heyligh Avondmael des Heeren alhier viermael des jaers houden soude; de eerste rijse op de Paesdagen; de twede rijse een vierendeel jaers na desen; de derde rijse een half jaer na Paschen; gelijck de vierde rijse op de dagh van Kersmisse, of feest van de geboorte J. Christi.

[*Kerkenraads-verkiezing*]. Den 12 Decemb. An. 1667 zijn, naer aenroepinge van des Heeren Naem, verkooren en geapprobeert: tot ouderlingh Johannes Coon, in de plaetz van Abraham Schut, afgaende, en tot diaken Harman Ernst, in stede van den overledenen diaken Pieter van Klinckenbergh; en op den 5 Jan. An. 1668 in haren dienst voor de vergaderinge bevestight.

[*Klaagschrift van Maria Prignon, wed. van Ds Petrus Wachtendorp*] [Zakelijk]. Den 29 April 1668 is behandeld een klaagschrift van Maria Prignon, weduwe van wijlen Ds Petrus Wachtendorp, waarin zij verklaart, dat de luytenant, Mons. Abraham Schut, zich niet ontzien had, haar de ontzettende beschuldiging toe te voegen, dat zij en haar man niet wettig getrouwd waren geweest, maar in concubinaat geleeft en dus onechte kinderen hadden. Schut deed een beroep op den Politieken Raad, en de kerkenraad besloot: "om kerkelick te doen, alles wat het recht der kercke sal vereyschen". Er wordt verder niets over medegedeeld.

[*Kerkenraads-verkiezing*]. 8 Febr. 1669 zijn, na de aenroepingh van des Heeren Naem, gekoosen en geapprobeert: tot ouderlingh Herman Gresznigh, gewesene diacken, in plaetze van Elbert Diemer, afgaende, ende tot diaconen Adriaen Wils en Gerrit van der Bijl, in stede van Jan Reyniersze en Herman Ernst Gresznigh; ende den 24 desselven maents voor de vergaderingh bevestigt.

[*De opvoeding harer kinderen ontnomen aan de Hottentottin Eva, weduwe van Pieter van Meerhof*]. Den 8 Febr. is geresolveert: de drie kinderen van Pieter van Meerhof zal., der weduwe om haer godtloos en ongebonden leven te ontnemen, en door de Diaconie op te voeden. Zijn den 1 Maert bestelt ten huyse van Hendrik Reynsz., vrijman alhier, voor de som van 250 gl. Indische valuatie in 't jaer.

[*Hottentotsche vondeling*]. Den 1 Maert [1669] is mede goetgevonden, een Hottentotsch kindt, door eenige vrouwen uyt het zant, daer het met het dode lichaem van sijn moeder begraven was, gehaelt, aen Hendr. Reynsz., op sijn eigen versoek toe te staen, met kennisse van den E. Hr Jacob Borchhorst, met die voorwaerde, dat hij hetselve christelick en deughdelick na sijn vermogen sal opvoeden, en den dienst daervan, als het tot sijne jaren sal gekomen zijn, voor de opvoedinge gebruycken, ter tijt toe het sal huywbaer zijn, ofte sal komen te trouwen, dit alles onder die reserve, dat bijaldien hij ofte de sijne dese voorwaerde niet na en komen, de Diaconen hetselve weder sullen na sigh trecken. [Later bijgevoegd: „welck voorn. kindt, na den tijt van twe of drie maenden is gestorven"].

[*Legaat Comm. Wagenaar*]. Den 18 July An. 1669. Is geresolveert een milde hantreyckinge te doen aen den behoeftige huyshoudende vrije luyden, uyt het gelt van den E. Hr Command. Wagenaer zalr gedachtenisse, bij testamente aen de Diaconie, ten behoeve van de nodruftige vrije luyden, gemaekt.

[*Avondmaalservies*]. Is mede doemaels vastgesteld, door gemeener toestemminge, 't silverwerck ten dienste van des Hn Heylige Avontmael uyt den armbosch te laete maecken, en voorts wat tot statelicke bedieninge deser heyliger actie van noden wesen mocht.

[*Eene weekbeurt verzet op Zondagnamiddag*]. Den 9 August. An 1669. Is geresolveert de Donderdag-predicatie weder, na oude gewoonte en het loffelick gebruyck der Vaderlantsche en Indiesche kercke te versetten op den Sondagh na den middagh; en na goetvinden van den E Heer Commandeur vastgestelt.

[*Diaconie-fonds*]. Is mede doemaels goet gevonden, elf hondert gulden, in den E. Comps kas ter bewaringe berustende, weder op te halen, om ten profijte van de armen op interest te setten.

[*Aanwending van het legaat-Wagenaar*]. Den 15 Septb is geresolveert, van het gelt, door den E. Hr Wagenaar zal. bij testament gemaeckt, om aen de meest behoeftige der Caapsche vrije luyden uytgedeelt te worden, 't welck sij niet en hebben begeert, op interest te geven slegts onder een gemeen hantschrift; met die intentie, dat, indien 't geviel, dat degeen die daervan yetwes op renten mocht genomen hebben, niet machtigh en waren den interest te betalen, daerover niet lastig sullen gevallen werden, ja al waer 't, dat so bij verloop van tijden de hooftsomme niet en konden wedergeven, het haer sal uyt het voernoemde gelt ter aelmoese geschonken zijn.

[*Opneming van twee (wees?)meisjes in de gezinnen van kerkenraadsleden*]. Den 22 Decemb. zijn door gemeene goetvinden besloote twe mijskens, de ouwste genaemt Neeltje, ten huyze van Gerrit van der Bijl, vrijburger en diacon, en het jongste geheeten Adriaantje, ten huyze van Herman Gresznigh, ouderlingh, op voorwaerde van dat de diaconie geen onkosten en sullen dragen, dan van behoorlicke kledinge, tot den tijt van hare vrijsterlicke jaren, en alsdan niet en sullen vermogen de voornoemde kinderen haer ontnemen en bij een ander te stellen, sonder wettige reden en oorsaecke.

[*Kerkenraads-verkiezing*]. Den 27 Junii Anno 1670, zijn, na aenroepinge van des Heeren Name, verkoren en geapprobeert van den E. Hr Com. Hackius en sijn resp. Raed: tot ouwderling Dirck Jansz. Smient, in plaatze van Joan Coon, afgegaan; tot diacon Joan Wittebol, in plaetse van Adriaen Wilts, na patria vertrocken; ende den 6 Julii voor de vergaderinge bevestigt.

[*Bovengenoemde meisjes thans in hetzelfde gezin, tegen gedeeltelijke vergoeding*]. Den 7 July Anno 1670 is Adriaantje, op versoeck van Herman Gresznigh, weder ten laste van de Diaconie gekomen, en ten huyse van den diacon Gerrit van der Bijl bestelt, tegen tien gulden ter maant.

[*Kerkenraads-verkiezing*]. Den 4 Martii Anno 1671 zijn, na aenroepinge van des Heeren Name, verkoren bij den kerkenraad en geapprobeert van den E. Hr Com. Pieter Hackius: tot ouderl. Adrian van Brakel, in plaatze van Herman Ernst; tot diacon Dirck Bosch, in plaatze van Gerrit van der Bijl; ende den 22 Martii voor de vergadering bevestight.

[*Kerkenraads-verkiezing*]. 1672. Na aanroepinge van des Heeren Name, zijn verkcoren bij den kerkenraad en geapprobeert van den Achtb. Raad: tot ouderlingh Wouter Cornelisz. Mostaart, in plaatse van Dirck Jansz. Smient: tot diacon Joan Dupré, in plaatse van Johan Wittebol; ende voor de vergaderinge bevestigt den 20 Maart 1672.

[N.B. De aanteekeningen van Ds Adrianus de Vooght nemen hiermede een einde. Het volgende is in het handschrift van Ds Rudolphus Meerlandt].

[*Kerkenraads-verkiezing*]. Anno 1673 hebben gedient als ouderlingen: Wouter Cornelisz. Mostaart en Dirk Jansz. Smient. Als diakenen: Johan Wittebol en Gerritt van der Bijll.

[*Kerkenraads-verkiezing*]. Anno 1674 hebben gedient als ouderl.: Dirk Jansz. Smient en Harman Gresznich; als diak.: Gerrit van der Bijll en Sr Hendrick Crudop.

[*Vertrek van Ds A. de Vooght; komst van Ds Rudolphus Meerlandt*]. Ondertusschen is D. Adrianus de Vooght, in Febr. desselven jaers, nae Batavia vertrocken en D. Rudolphus Meerlandt in sijne plaatse gebleven.

[*Doop van Roomsch-Katholieke kinderen in de Gereformeerde kerk*]. A0 1674, den 23ste November. — Pausgezinden. — Bij gelegentheyt dat, aen het territoir van Cabo de Bona Esperançe, haer hebben terneder-geslaghen eenighe Pausgesinde huisgesinnen, waarvan de ouders haere kinders somtijts ten doop presentéren, onder het getuygenis van andere, die mede Pausgesint sijn, is, op de voorstellingh off men kinders van Paapsche ouders, met Paapsche getuyghen verschijnende, sall doopen, bij den kerckenraad van Gereformeerde Christel. Godsdienst geresolveert, dat men d'ouders van alsulcke huysgesinnen in dien gevalle sall voorhouden, dat se haer best sullen doen, om getuyghen, die de Gereformeerde Christel. Godsdienst sijn toegedaan, op te soecken. Ende in gevalle, dat deselve ouders al sulcke getuyghen niet en souden konnen uytvinden, is verder bij den opgemelten Kerckenraad goet gevonden, dat men de kinders ten doop sall toelaeten, en dat men d'ouders ofte de vader[s] sall informeren van het Formulier des Heyligen Doops, datter sulcke en sulcke beloften moeten gedaan werden, opdat men haar alsoo op die beloften aendringende, mettertijdt soude soecken in de kerck te krijghen en yet op haer te winnen.

Aldus gedaan en geresolveert, onder correctie nochtans van beter gevoelen, in onse kerckelijke vergaderinghe aen Cabo de Bona Esperance, bij ons onderschrevenen.

(w.g.) R. MEERLANDT, Ecclaes.
DIRCK JANSZ. SMIEND.
HARMS GRESZNICH.
G. VAN DER BIJL.
H. CRUDOP.

(*Source:* Spoelstra 1906b:256-261)

6 *Instructions for ministers of religion and sick-comforters in the service of the East India Company*

In the early times of the Dutch settlement at the Cape the sick-comforter ('siecken-trooster') was responsible for the spiritual welfare of the people. In the regulations of the Reformed Church he enjoyed no official status but simply provided additional assistance. Before any person could be appointed as a sick-comforter he had to furnish a testimonial to his life and beliefs, pass an examination in doctrine, and prove his competence in reading aloud and in leading in singing. They themselves were not allowed to preach or administer the sacraments. This document, dated 1696, contains instructions for the sick-comforters and the ministers of religion in the service of the East India Company:

INSTRUCTIE VOOR DE PREDIKANTEN ENDE SIECKEN-TROOSTERS, DIE HUN IN DEN DIENST VAN DE GENERALE NEDERLANDTSCHE GEOCTROYEERDE OOST-INDISCHE COMPAGNIE SULLEN WILLEN BEGEVEN.

1 (I).

Alle Predikanten ende Siecken-troosters sullen haer, in de bedieninge van hun ampt ende beroepinge, reguleren nae de Ordre ende particuliere-Instructie, die haer, met approbatie van Bewinthebberen, ten dien eynde bij de Classes in de respective steden van de Kameren van de Compagnie, alwaer sij aengenomen zijn, medegegeven sullen worden. Ende voorts, sooveel de civile conversatie ende borgerlijcke gehoorsaemheyt aengaet, soo in Indiën als op de reyse, gelijck als alle andere Officieren en dienaers van de Compagnie, de gestelde Overheden, soowel te water als te lande, onderworpen zijn, en hun voorts in alles, niet uitgesondert, moeten reguleren naer den generalen Artyckel-brief, en dese en andere Instructiën, bij de Bewindhebberen alhier, ofte oock bij den Gouverneur-Generaal ende Raden van Indiën gemaeckt ofte noch te maecken.

2.

Vervallen.

3 (II).

De Predikanten ende Siecken-troosters sullen goede sorge dragen, ende bij d'Overheden van de respective schepen ende comptoiren altijdt helpen bevorderen, dat 's morgens ende des avonts de publycke gebeden met behoorlijcke aendacht bij hun gedaen, ende bij alle 't volck, insonderheyt bij dengenen. die over anderen gestelt sijn, sonder eenigh versuim, t'en ware van sieckte, off van andere nootlijcke gelegenheyt, bygewoont en waergenomen mogen worden; alsoock des Sondaegs, de voor-en-naer-middaeghse vermaninge, ende andere Christelijcke oeffeningen ende gebeden, en voorts in de weecke, soo wanneer ende soo dickwijls als 't selve gevoeghlijck sal konnen geschieden.

4 (III).

De Predikanten ende Siecken-troosters sullen niet versuymen, de siecken dagelijcks, soo menighmael tot haerder vermaninge ende onderwijsinge ter saligheydt te besoecken en te vertroosten, ende alle goede troostelijcke vermaningen aen haer te doen, als de gelegenheyt vereyschen sal.

5 (IV).

Sullen mede, soowel de Predikanten als Siecken-troosters, haer geenderhande saecken bemoeyen off aentrecken, de regeringe van de Schepen, Comptoiren, Forten, ofte andere plaetsen van de Compagnie in 't generael off particulier concernerende, — als buyten haer beroep ende vocatie wesende, — maer alleen met den Godtsdienst; ende in 't uytvoeren van dien, hun getrouw ende neerstigh quyten, naer d'Ordre ende Instructiën, haer, soo geseyt is, by de respective Classes, met approbatie van Bewinthebberen, medegegeven.

6 (V).

Sullen oock met alle schepen, soowel aen de respective Classen, van welcke sij, met approbatie van Bewinthebberen, hare Ordre ende Instructiën ontfangen hebben, als oock aen den Bewinthebberen van de Compagnie, den staet ende gelegentheydt van Religions-saecken ende Scholen overschrijven, ende haere brieven, voor 't vertreck van de Retourschepen, aen den Gouverneur-Generael ende Raden van Indiën over behandigen, omme — de saecke vereyschende — bij de opgemelte Bewinthebberen op alles goede ordre gestelt te werden; sonder nochtans aen deselve Classen, off oock aen eenige particuliere persoonen, maer alleen aen de voornoemde Bewinthebberen, iets te schrijven, den standt, staet ende gelegentheyt, soo van de politie, oorloge als koophandel in Indiën concernerende.

7.

Vervallen.

8.

Vervallen.

9 (VI).

Sullen mede de Predikanten ende Siecken-troosters wachten, dat sy de Koopluyden, Schippers, ende andere Overheden, in haer Predikatiën ofte vermaningen, nochte oock elders, off andersins, voor den volcke ende in 't openbaer, ofte met soodanige aenwijsinge ende particularisatie van 't feyt, persoonen, ofte ampt, niet bestraffen, dat sij deselve daerdoor in kleynachtinge van dengenen daerover sij gesteldt zijn, ende te gebieden hebben, souden mogen brengen.

10 (VII).

Maar sullen alle gebreecken in 't generael, ende bysonder de fauten van de Overigheden, die hun, hetsij met woorden ofte wercken, tegens de behoorlijcke discipline soude mogen vergrepen hebben, in 't particulier vermanen ende waerschouwen: ende voorts in hare publijcke predikatiën off vermaningen alle sonden ende gebreecken niet als in 't generael bestraffen ende aenroeren, sonder iemandt, 't sij door sijn ampt, off andere circumstantiën, veel min bij sijnen name sulcks aen te wijsen, waerdoor hij bij den volcke bekent mochte werden, waeruyt onder 't gemeyne volck, soowel bootsgesellen als soldaten, niet anders als alle disordre en kleynachtinge, selfs oock van de Godtsdienst, spruyten kan.

11 (VIII).

Sonder dat wij nogthans hiermede de Predikanten ende Sieckentroosters willen verbieden, alle ydele off Godtslasterlijcke propoosten, off oock eenige ontuchtige ende onbehoorlijcke actiën in 't openbaer, ofte in haer bywesen gedaen, naer gelegentheyt van saeken, met bequame vermaninge ende berispinge te bestraffen; opdat sijluiden, door haer stilswijgende presentie, deselve niet en schijnen te approberen, ende in haer ampt nalaetigh te wesen, ofte iemandt eenig onbehoorlijck respect toe te dragen.

12.

Vervallen.

13 (IX).

De Predikanten en Sieckentroosters sullen, boven haer bedongen gagie, oock overal gedurende haren dienst, soowel te water als te lande, met ende nevens de Koopluyden, Schippers ende andere Officieren van de Compagnie, van behoorlijcke tafel, mondtkosten off rantsoen versorght werden; ende dienvolgende, soo op de schepen, als comptoiren, of forten van de Compagnie, een aparte plaetse tot haere ruste, studie ende meditatie hebben, ende altijdts nevens de Koopluiden ende andere Officieren getracteert worden, ende des Compagnies tafel ende cajuyt genieten in ordre als volght: eerst te water off te scheep den Koopman; ende te lande, den Directeur ofte Vice-Commandeur van de plaetse; daernaer de Schipper, te water, ende te lande: de eerste ofte Opperste Koopman in eenigh comptoir; ten derden, de Predikant, soo daar een is; soo niet, den Onder-Koopman; ten vierden, de Sieckentrooster; ten vijfden, den Opper-Stuurman; ende ten lesten, de Sergeanten over de soldaten, off in sulcken ordre, als hunlieden, in 't afvaren van de schepen, bij de Bewinthebberen geseyt ende geordonneert sal worden.

14 (X).

De Predikanten ende Sieckentroosters sullen gehouden ende verbonden wesen, de Compagnie in Indiën in haer beroep ofte vocatie den tijdt van tien jaren te dienen, verstaende de ongetrouwde; maar de getrouwde, die met hare vrouwen ende familiën gaen, gelijck alle andere getrouwde Officiers en Dienaars van de Compagnie, den tijdt van vijftien jaren, sonder de uyt- ofte wederom-reyse daerin te rekenen; behoudelijk, dat, na het verloop van de eerste vijf jaren, in tractament ende gagie sullen worden verhooght, bijaldien en voor sooveel den Gouverneur-Generael en Raden van Indiën bevinden, derselver diensten te meriteren.

15 (XI).

Naer d' expiratie van welck verbant, de Predikanten ende Sieckentroosters, met consent van den Gouverneur-Generael ende Raden van Indiën, ofte oock van den Vice-Gouverneur ende Directeur van plaetse ende andere Raden, daer sij zijn, in haren dienst op de gagie haer tevoren toegeleyt, sooveel jaren sullen mogen continueren, als hun goedtduncken sal; sonder alsdan gebonden te zijn, hun voor eenigen seeckeren tijdt van jaren wederom te verbinden. Doch bijaldien sij hun, naer d' expiratie van de verbonden tijdt, noch twee ofte drie jaren in dienst van de Compagnie wilden verbinden, sullen van vijftien tot twintigh guldens ter maent verbetert mogen werden, naerdat de respective Overheden, ter plaetse van hun residentie, met haer sullen konnen accordeeren, mits nochtans dat haer gagie in 't geheel niet sal mogen surmonteren de hondert-en-twintigh guldens ter maant.

16 (XII).

Behoudelijck, dat het altijdt in 't vermogen van de Bewinthebberen sal wesen, de Predikanten ende Sieckentroosters wederomme t' ontbieden, sonder gehouden te sijn van soodanige opontbiedinge eenige reden te geven; gelijck oock de Gouverneur-Generael ende Raden van Indiën deselve wederomme terugge sullen mogen senden, ende haren verderen dienst opseggen, nadat sij, ten dienste van de Compagnie, ruste en stichtinge van de Kercke in Indiën, bevinden sullen te behooren.

17 (XIII).

Indien eenige Predikanten off sieckentroosters op de reyse naer Oost-Indiën, off aldaer binnenslandts mochten komen te sterven, ende eene weduwe, kindt, off kinderen naer te laten, 't sij daer ofte hier te lande; deselve weduwe, kindt off kinderen sullen alsdan niet alleen genieten de gagie tot den doodt van den overledene; maer alsulcke weduwe, kindt off kinderen, die mede op reyse off in Oost-Indiën mochten geweest zijn, sullen oock bequamelijck, als sij 't begeeren, sonder haren kosten naer huys gebracht, ende voorts in alles getracteert werden, volgende de Resolutie, ter Vergaderinge van de Seventiene, den 30 Sept. 1647, op 't stuck van de predikanten ende hare weduwen genomen.

18 (XIV).

De nagelaten schriften ende papieren van de Predikanten ende Siecken-troosters, sullen nae haer overlijden geïnventariseert, besegelt, ende besloten aan de Compagnie overgesonden werden.

19 (XV).

Eyndelijck sullen de Predikanten ende Siecken-troosters, in den dienst van de Compagnie naer Indiën varende, niet vermogen van de respective Classes eenige andere Instructie, nopende de bedieninge van haer ampt, mede te nemen, als diegene, die, gelijck hiervoren geseyt is, bij eenige Gecommitteerde Bewinthebberen uyt de respective Kameren van de Compagnie, alwaer sij aengenomen zijn, nevens de Predikanten van haerlieder Classis onderteeckent sal wesen, naer dewelcke, ende geen andere, sijlieden gehouden sullen wesen hun te reguleren.

Aldus gedaen, geordonneert ende gearresteert, ter Vergaderinge van Seventiene, representerende de Generale Nederlandtsche Geoctroyeerde Oost-Indische Compagnie, en in derselver naem onderteeckent binnen [blanco].

Als Bewinthebberen,

[blanco].

Welcke bovengeschreven Instructie mij ondergeschreven als predikant[1]) varende op het schip, genaemt Nightevegh t[2]), wel en distinctelijck voorgelesen zijnde, hebbe belooft, gelijck ick belove bij desen, mij nae den inhoude van dien te sullen reguleren, mitsgaders de ordre, daerbij gegeven, te sullen naerkomen ende achtervolgen.

Actum in Amsterdam, den 14 February [3]) 1695.

(get.) PETRUS KALDENUS.

[De [1]), [2]) en [3]) gespatiëerde woorden, zijn schriftelijk ingevuld. Daarop volgt, in het handschrift van den Secretaris van den Politieken Raad, en door hem onderteekend, dit onderschrift]:

Ingevolge het aanschrijvens van HaarEdl. Groot Achtb. de Heeren Bewinthebberen ter Camer Amsterdam, onder dato den 30 September 1695, soo heeft de Eerwaarde predicant Petrus Kalden, op deese Instructie, naedat die SijnE. van woorde tot woorde distinctelick was voorgelesen, den behoorlicken eedt in handen van den WelEd. Heer Gouverneur gepresteert.

In 't Casteel de Goede Hoop, den 20 April 1696.

In kennisse van mij:

HUGO DE GOYER, Secret[s].

[In margine: Ontfangen per Nichteveght, den 30 November 1695].

Origineel: Kaapsch Oud-Koloniaal Archief, en wel in het deel „Inkomende Brieven, gedateerd 1695—1696", fol. 293—300. Eene Engelsche vertaling ervan is opgenomen door Mr Leibbrandt, Precis, II, Letters Received, p. 52—55.

De oorspronkelijke Instructie is een gedrukt stuk van 8 pag. folio; de titel luidt aldus: Instructie voor de Predikanten ende Siecken-Troosters. Dan volgt een groot vignet, voorstellende een O.-Indie-vaarder, met het monogram der O.-I.-Comp. op den spiegel en in de middelbaan der vlag, omringd door de emblemen van oorlog en koophandel.

Onder staat: 't Amsterdam. bij d'Erfg. van Paulus Matthijsz., Drucker van d'E.E. Heeren Bewinthebberen van de Oost-Indische Compagnie. 1690.

Pag. 2 is blanco. Op pag. 3 volgt boven afgedrukte Instructie.

(*Source:* Spoelstra 1906b:545-557)

7 The arrival of a new religious group at the Cape: the French Huguenots (1688)

The Edict of Nantes, which had granted the Huguenots a certain degree of religious freedom, had been revoked in October 1685, resulting in a great number of Huguenots fleeing from France. Many emigrated to the Netherlands. It was precisely at this time that the directors of the East India Company were trying to find suitable colonists to settle at the Cape. Eventually some 150 French-speaking Protestants settled there between 1688 and 1700. The Huguenots were accompanied to the Cape by a minister called Pierre Simond:

[*Besluit van H.H. XVII, Fransche vluchtelingen naar de Kaap te zenden*]. [Geresolveerd 3 Oct. 1685]. Tot voortsetting van den landbouw aan de Kaap coloniërs te senden, en daaronder op te nemen Fransche vluchtelingen van de Gereformeerde religie, voornamentlijck eenige wijngaerdeniers en die haer op het maecken van asijn en het distilleeren van brandewijn verstaen, mits een getuygenisse van de consistorie met haer brengende, dat het eerlijcke luyden sijn, die dan mede als Nederlanders sullen worden geconsidereert; dat inmiddels sullen worden gesonden 40 jonge dochters off meyden, bysonderlijck soodanige, die haer op het bouwwerck verstaen.

Origineel: Rijks-Archief te 's Gravenhage.
Resolutiën van H.H. XVII.

[*Komst Fransche vluchtelingen*]. [Extract-missive van Bewinthebberen der Oost-Ind. Comp. ter Camer Zeeland]. Met het schip Vosmaer comen tot UE. over, soodanige France vluchtelingen, van mannen en vrouwen, als de nevensgaande rol UE. sal komen aan te wijsen. Wij hebben dese menschen haer transport derwaert op haer versoeck toegestaen, met het ooghmerck om de Colonie te helpen populeren; wij hopen dat deselve aldaer voor de Compagnie tot geenen last sullen strecken, maer datten ider met sijn ambacht, als handenwerck, sich eerlijck sal connen maintineren, als de ordres van de Vergadering van de Seventiene medebrengen.

Origineel: Kaapsch Oud-Koloniaal Archief, Inkomende Brieven, No. 73, 1685—1686, fol. 1271.

[*Regelingen, in verband met de komst van Ds Pierre Simond*. Resol. Pol. Raad, 8 Nov. 1688].

Omme den Eerwaarden D. Petrus Simond, Bedienaar des Goddelijken Woords in de Fransche taal, sijn ampt gevoegelijxt en op 't spoedigste des doenlijk waar te doen neemen [is geresolveert]:

1°. — hem een stuk gronds, gelegen tusschen Stellenbosch en Drakensteyn, af te staan in eigendom, soveel hij sal konnen beheeren;

2°. — hem te helpen bij 't bouwen van zijn huys, gemerkt d'E. Comp. de handen thans vol eigen werkx heeft en dat 't haar ongelegen komt, op haar kosten, in Drakensteyn of Stellenbosch t' sijnen verdoen een bekwaame woning op te regten. Daartoe wordt hem te leen gegeven, een wagen met zes trekossen; een rijpaard en twee timmerlieden, om 't vereischte timmerhout te kappen en uyt 't selve een propre woning op te regten, waartoe materialen door de Comp. verstrekt worden.

En angesien de Franse sowel an Stellenbosch als Drakensteyn geseten zijn, en om alle misnoegen te beneemen, 't welk uyt 't gemak om ter preke te gaan mogte rijsen, so sal Sijn opgemelde Eerwaarde wisselinx d'eene Sondag an Stellenbosch en d'andere an Drakensteyn praediken, guns in de kerk, hier in 't best gelege en bekwaamste vrijmanshuys, ten tijde toe dat God middelen en gelegenheid tot 't bouwen van Sijn huys sal verleenen.

En gehoord hebbende, de goede getuygenissen, ook genomen proeven der bekwaamheid van den vrijman Paul Roux, word deselve in 's Comps dienst, als Voorleeser en Schoolmeester in de Fransche taal, tot *f* 15.— per maand en drie realen kostgeld angenomen.

Verder verstaan, dat P. Simond zitting zou hebben zoowel in den kerkenraad van Stellenbosch en die van de Caap, ten tijde dat hij zich hier bevindt.

d'Eerw. Johs van Andel, ten vierendeel jaars een keer na Stellenbosch doende, ten einde om aldaar den Godsdienst en de H.H. Sacramenten t'administreren, sal ten huyse van den Landdrost in een kamer gelogeerd werden, en sal deselve kamer ook ten allen tijde ten dienste van sijn amptgenoot den Eerw. D. Simond wezen, die gehouden sal zijn hier den Godsdienst waar te nemen, terwijl dat de Eerw. D. van Andel dien van Stellenbosch betragt; sullende hem t'elkens, gedurende sijn verblijv an de Caab, ten huyse van den praedicant een kamer en keuken ingeruymd werden.

Nog is goedgevonden, dat 't register van de collecte, ten profijte der gerefugieerde armen onlangs gedaan, den Eerw. Ds Simond sal ter hand gesteld worden, om d' almoesen van diegene die geteikend hebben in te samelen, en daarvan ter behoorlijker plaatse rekenschap te geven; sullende hem en de Diaconie an Stellenbosch d' opsigt over t' vee, uyt de voosrz. collecte procederende, anvertrouwt worden, om uyt desselfs anteel de jegenswoordi ge en verwagte armen, die des benodigd en begeerig mogten zijn, t'adsisteren.

Origineel: Kaapsch Oud-Koloniaal Archief, Resoluties, 1688.

[*Botsing tusschen de Regeering en de Refugiés.* Resolutie Pol. Raad, 28 Nov. 1689].

d'Ed Heer Commandeur heeft ter vergadering bekend gemaakt, het bekommerlijk nadenken en de veelvoudige moeielijkheden, hem door eenige Fransche gewaande vlugtelingen hier gegeeven, dewelke, onder schijn van den geloovsdwang hares konings t' ontgaan, haar, na dat 't sig liet aansien, uyt Vrankrijk elders heen en voornamelijk na Holland hadden begeven, ten einde om, onder den dekmantel als ijveraars, ledematen en voorstanders van 't Protestantsche geloof, een luy en vadsig leven te leiden; en d' E. Comp., onse Heeren en Meesters, an eenige van dien passagie met haar schepen herwaard vergund hebbende, om dezelve hier bij den landbouw en 't gunt verders van hun industrie soude mogen weesen, te laten erneeren, maar dat sij weinig of geen prijs daarop stelden; en dat sij, de goeden niet te na gesproken, an de verwagting, die de E. Comp. van haar hadde, niet voldeeden. Dat sij nauwelijx thien à twaalf hier sterk en wel onthaald, en nevens, ja beter dan onse eigene natie gehandeld, en van alle behoevtigheden om se ter seet te helpen rijkelijk versorgd zijnde, sij haar hier en daar en zelvs bij hem Commandeur hadden laten verluyden, dat se, bij d'ankomst van haar verwagte praedicant en meerder getal harer landsluyden, wel gesint souden zijn hun eigen Magistraat, Opperhoofd en Prince van den Lande te kiesen, en hun also de gehoorsaamheid, die se an d'E. Comp. schuldig waren, t'onttrekken. Dat sij ten dien einde schenen van hem Commandeur versogt te hebben, om bij malkanderen en niet an Stellenbosch nog Drakensteyn, vermengd met Duytsche natiën, te mogen woonen. Dat se eindelijk omtrent 150 koppen, so mannen als vrouwen, jong en oud, stark geworden zijnde, onderstonden, selvs tegen 't gevoelen van haar praedicant den Eerw. D. Simond, een bysonderen kerkenraad voor haar te versoeken; hun niet vergenoegende met dien, dewelke voorlangs an Stellenbosch is opgeregt; hebbende sij ten dien eynde uyt 't midden van haar, en onder 't geleide van den voorsz. Eerw. D. Simond, herward en an hem Commandeur en den Ed. Achtb. Raad gedeputeerd vier personen, te weeten: Jacob de Savoye, Daniel de Ruelle, Abraham de Villiers en Louys Courtier, met versoek om een aparten kerkenraad voor haar te mogen hebben. Waarop, na rijpe raadspleging, eenpariger stemme is verstaan en ten meesten dienste van d'E. Comp. besloten, om der Francoisen impertinentiën in te teugelen en alle complo-terie in tijds voor te komen, haar door en welgeraisonneerde bestraffing hun sijdgangen ter Vergadering voor oogen te houden en haar seer ernstelijk te vermaenen hun pligt na te komen. Waarop sij binnenstaande, en d'Eerw. D. Simond, uyt haar naam en t'haren versoeke, sijn propositie ten fine voorsz. om een aparte en bijsonder kerkenraad uyt 't midden van de haare te mogen stellen en 't gedrukte Formulier van den Eed, bij alle Caapse vrijluyden gepraesteerd, bij SijnEerw. opgemeld opgelesen sijnde, zijn se gedimitteerd, onder gants serieuse waarschouwing hun stiptelijk na 't Formulier voorsz. te dragen, en hun te wagten in 't toekomende den Commandeur en den Raad met diergelijke impertinente versoeken meer lastig te vallen, en haar met den kerkenraad an Stellenbosch geetablisseerd, te vergenoegen.

Origineel: Kaapsch Oud-Koloniaal Archief, Resoluties, 1689.

(*Source:* Spoelstra 1906b:599-601)

8 The first foreign missionary, George Schmidt (1737)

The Moravian George Schmidt, who was the first foreign missionary to the Cape, arrived on 9 July 1737. He was received by the inhabitants of the Cape with mixed feelings. The large community of Lutherans were well disposed towards him. Others were sceptical of his avowed intention to bring the gospel to the Hottentots (Khoikhoi). In September 1737 Schmidt left Cape Town. He built himself a hut near the Company's post at the Zonder End River. In April 1738 he moved to a spot in the Baviaanskloof, known today as Genadendal. Under very adverse circumstances he pursued his labours among the Khoikhoi. He began to teach them to read, and to tell them about Jesus Christ. Gradually a small group of Khoikhoi remained with him. The following documents describe his first impressions of the Cape:

8.1 Letter from George Schmidt to the VOC (1737)

Hoog Edele Grootmogende Heeren Heeren!

Dewijl mij de Heere tot hiertoe geholpen heeft en mij bewaard onder zijne vleugelen der Majesteit, neme ik de vrijmoedigheid, aan mijne Heeren Heeren kortlijk te schrijven, om mijne schuldige dankbaarheid te betonen aan mijne Heeren Heeren voor hare groote beleefdheid en goedertierenheid, die ik van mijne Heeren Heeren genoten hebbe. Ik wensche, dat de Heere hare werken kronen moge met barmhartigheid.

Den 9 Juli kwam ik aan de Kaap de Goede Hoop en hebbe gewacht tot den 4 September. Daar verkreeg ik gelegenheid om mede in het land te trekken tot aan het Revier Zonder Einde. Aldaar hebbe ik een hut gebouwd door (de) hulp Godes en (der) Menschen, en hebbe begonnen het land te bouwen om ietwat groente te hebben ter kost.

Den 27 October maakte ik de eerste begin, een Hottentot te leeren in het AB-boek, en van die tijd af leeren der 4 mannen, 2 vrouwen en 4 kinderen. Deze komen alle dagen eenmaal, somtijds tweemaal te leeren. Sondags leze ik haar ietwat uit de Bedel[1] van den Zaligmaker. Tot hiertoe heeft de Heere geholpen. Hem zij de prijs en eere. Amen.

Ik versoeke noch verder te gunst van mijne Hoog Edele Grootmogende Heeren Heeren en verblijve met onderdanigstem respekt onder de kruisbanier van de Koning Jesus de Gekruisigde tot die einde toe.

Den 27 November 1737 George Schmidt

Aan het Revier Zonder Einde

(*Source:* Bredenkamp & Hattingh 1981:503)

8.2 Letter from George Schmidt to Von Zinzendorf (1737)

BERIG VAN MY REIS OORSEE EN DAAROPVOLGENDE BESTEMMING.

Inniggeliefdes, geagte Heer,

U weet dat die hele wêreld in 'n treurige toestand is. So het ek dit op die skip ook gevind. Aan die begin was daar baie beproewinge. Al wat ek gehoor en gesien het, was ydelheid, wellustige praatjies, vraatsug en 'n gesuip, ens. Die kaptein was origens 'n goeie natuurlike man. Hy het my in alles met nederigheid behandel. Wanneer die offisiere egter almal bymekaargekom het, het elkeen uitgespreek wat in sy hart was, somtyds die goddelooste hoerestories, ens. Toe kon ek nie meer stilbly nie. Ek het hulle vriendelik en nederig aangespreek en gevra of hulle dit nie as 'n sonde beskou nie, en óf hulle nie weet wat in die Bybel geskryf staan nie, hoe 'n ware Christen hom moet gedra nie, en dat die naam van Christus nie genoeg is sonder die getuienis nie. Toe was hulle almal skaam en getref en niemand het iets daarop geantwoord nie. Van daardie tyd af, as hulle weer in my teenwoordigheid sulke sondige dinge gedoen het, was een kyk in hulle rigting genoeg om hulle te tref. Maar versigtigheid was nodig. Die Heiland egter, wat elkeen se omstandighede, en wat hy die nodigste het, goed ken, het my in alles genade gegee, sodat, wanneer dit gebeur het dat ek op die proef gestel is, ek kon getuig sonder om te veins. Toe het hulle eindelik die lus verloor en was (oorwin) uit die veld geslaan. Ek het verskeie kere alleen met die kaptein gepraat, (wanneer) hy my laat roep het. Hy het alles toegegee en gesê hy het niks daarteen nie; dit is alles goed wat ek gesê het, maar hy is nog nie so ver veilig nie. Wat die Hottentotte betref, het hy gesê, kon hy dit nog nie glo dat ek my doel sou bereik nie, as dit egter sou gebeur, sou dit 'n teken wees dat die einde van die wêreld nie meer ver is nie. Ek het hom daarom geantwoord wat ek nodig geag het.

Toe ek nou sien dat daar by die offisiere geen verbetering te bespeur is nie, alhoewel hulle sommige growwe dinge dikwels weggelaat het, het ek begin om min met hulle te praat behalwe as hulle iets gevra het, en het stil en alleen my pad gegaan, my teenoor elkeen vriendelik en nederig betoon. Daarna was ek meer besorg daaroor om by die soldate en matrose 'n geleentheid te kry. Wanneer die soldate brandwag gestaan het, het ek die geleentheid gebruik om die Heiland by hulle aan te prys.

Die 6de April het ek met 'n Switser gepraat wat as soldaat na Oos-Indië op pad was en hom die hele weg tot saligheid gewys, en waarop dit aankom, en wie Hy is wat die mag het om sondes te vergewe, en hy is oortuig en het gesê, as ek die weg nie gaan wat duidelik volgens die Bybel is nie, dan is ek beslis verdoem. Ten slotte het ons met mekaar gepraat ook hoe 'n mens in waarheid moet bid, dat 'n mens nie 'n gebedeboek nodig het nie, maar dat 'n mens op jou knieë moet val en teenoor die Heiland die toestand van jou hart moet bekla, en dat Hy Hom tog oor jou moet ontferm en jou jou ellende en sonde moet te kenne gee en dan om genade smeek ens.

Hy het so die begin gemaak en saans, wanneer niemand hom sien nie, het hy op sy knieë geval en die Heiland gevra om tog sy oë te open, ens. Ek het byna elke dag geleentheid gehad om met hom te praat. Hy het homself van dag tot dag beter leer ken en het hom verheug oor die genade en ontferming van God. Hy het gesê, ek het vroeër nie meer geweet wat ek moet glo nie. Nou weet ek egter dat die geloof in die Here Jesus die enigste ware geloof is en dat dit nie op die naam van die godsdiens aankom nie.

Die 8ste April het ek die dominee aangespreek, omdat hy alles saam met die offisiere gedoen het, dobbelary en dergelike sondige dinge. Ek het hom gevra of sy gewete nie teen hom getuig en hom bestraf wanneer hy saamdobbel en aan ander sondige dinge meedoen nie. Ja, het hy gesê, ek moet dit bely, dat my gewete my somtyds gepla het wanneer ek meegedoen het. Maar ek vind dat ek nog te swak is; gelukkig is hulle wat so kan leef. Ek het hom gevra of hy dan nie ook so wou word nie, en gesê hy is die dominee, na wie ander moet opsien, en as hy so 'n voorbeeld gee soos tot dusver, dan is hy nog vir ander 'n aanleiding tot sonde. Ja, het hy gesê dit is seker waar, maar wat kon hy doen, hy het die een en ander tussen die vrag op die skip, waarmee hy gehoop het om iets in Oos-Indië te verdien, en daarom moes hy somtyds so 'n bietjie meedoen, om die guns van die offisiere te behou. Ek, het hy gesê, is gelukkig omdat ek vry is. Ja, het ek gesê, dit is geen verskoning nie. Al was ek ook in sy plek sou ek deur die genade van Jesus Christus juis daarvan wou getuig waarvan ek nou kan getuig, en of hy nie weet wat geskryf staan nie. Vervloek is die man wat op die mens vertrou en vlees sy arm maak, terwyl sy hart van die Here afwyk.[2] Hy moet tog maar oppas wat hy doen. As dit egter sy erns was om 'n ander mens te word, moes hy op sy knieë neerval ens. Na die tyd het ek weer met hom gepraat, omdat ek gesien het dat hy onrustig was in sy gewete. Hy het dit betreur dat hy sy ellende nog nie behoorlik kon aanvoel nie ens. Maar ek het gemerk dat dit sy eie skuld was, want hy het die eer van mense nog liewer gehad as die eer van God, en so het hy ook gebly.

Die soldaat het egter gegroei en omdat ek dikwels met hom verkeer het en baie maal saam met hom die Bybel gelees het, het ander uiteindelik begin om daarteen te laster. Die kok het hom eenkeer gevra of sy leermeester hom binnekort volleerd sal gemaak het en of hy binnekort die kansel wil bestyg ens. Hy het egter des te meer moed geskep en hom voor niemand geskaam nie.

In Mei het 'n ander soldaat oortuig geraak. Ek het vroeër eenkeer indringend met hom gepraat terwyl hy wag gestaan het. Hy het hom by die Switser gehou en saans, as hulle tyd gehad het, het hulle na my toe gekom. Dan het ons met mekaar gesprekke gevoer, hoe 'n mens jou teenoor elkeen moet gedra as 'n navolger van Christus ens., van 6-uur tot halfagt, so dikwels as wat ons kon, en ons het ander toegelaat om te luister. Die offisiere was verbaas dat ek so baie met die twee soldate te doen gehad het. Wanneer hulle my gevra het, het ek hulle geantwoord wat ek nog nodig geag het. Somtyds het hulle daaroor gelag en my as half mal beskou. Tog het hulle nie daarteen gelaster nie. Hulle het om dit so te stel, die goeie in ander mense liefgehad, maar geen sin daarin gehad om self so te word nie. Wanneer die slegte soldate en matrose dan daarteen gelaster het, het die twee tog openlik bely dat hulle die Here Jesus wou volg, omdat geen ander weg tot saligheid buiten Jesus te vinde was nie. Hulle wou graag by my in die Kaap bly. Omdat dit egter nie kon nie, was hulle ook tevrede. Ek het gesê hulle moet met mekaar in verbinding bly, saam met mekaar bid en die een vir die ander die toestand van sy hart ontbloot, ook mekaar vermaan, en dan sal die Here met hulle wees. Ja, het hulle gesê, so is dit reg, ons het ook daartoe besluit, maar dit ontbreek ons nog aan krag, tog weet ons, dat dit die regte weg is en dat daar geen ander tot saligheid is nie, en dat 'n mens belaster en beledig word, is alles volgens die Bybel. Dit sien ons met ons oë. Dit gee ons des te moed, aangesien ook aan ons waar word, wat die Heiland en sy apostels gesê het.

Die 18de Junie, toe ons die aand in gesprek was, het 'n gewese student brandwag gestaan en na ons geluister. Hy het reeds vantevore meermale geluister. Hy het gekom en my gevra of die Jode ook kon salig word. Ek het gesê, ja, as hulle hulle bekeer en glo in Jesus, die gekruisigde. Ek het die geleentheid benut om indringend met hom te gesels. Hy het onrustig geword. Die 19de het hy weer gekom en gesê wat ek hom gister gesê het, het hom die nag goed laat nadink. Hy kon niks anders sê nie, as dat dit geheel en al volgens die Skrif was wat ek hom gesê het, en hy sien dat hy ook heeltemal moet verander. Daarop het hy gevra of hy ook saans na my toe kon kom saam met die twee. Ek het gesê, ja as dit werklik sy erns is.

Die 21ste het die drie 'n verbond met mekaar gesluit om die Here Jesus te volg tot in die dood, vir mekaar te bid ens., my ook belowe om te skryf.

Die 29ste het 'n smid, wat voorheen die goeie liefgehad het, maar Jesus die gekruisigde, nie erken het nie, ook tot oortuiging gekom. Hy het hom by die ander drie gehou.

Die 9de Julie het ons aan die Kaap voor anker gekom, waar die 21ste Mei 8 Kompanjieskepe gesink het, 207 man verdrink het.[3] Daar het ek afskeid geneem van my klein geselskap en hulle aan die genade van God toevertrou en hulle vermaan om getrou te wees tot in die dood.

Toe ek in die Kaap kom, het ek eers na die ou en die nuwe goewerneur[4] gegaan; en het aanbevelingsbriewe van Middelburg[5] gehad. Hulle was baie vriendelik en nederig. Nadat ek die briewe afgelewer het, het ek 'n losiesplek gesoek, om solank daar te bly, tot ek verder kon sien. My kis was nog aan boord.

Die 14de het die kaptein van die garnisoen sy broer na my gestuur en my laat vra om na hom te kom; hy wou my spreek. Die 15de het ek na hom gegaan. Hy is 'n Mecklenburger en heet Joh. Tobias Rhenius[6], 'n baie goeie, vroom man, dog tot nou toe nog nie bekeer nie. Wie weet wat nog kan gebeur. Hy het nog drie broers aan die Kaap, een het ook by die Deense hof diens gedoen en Cunrad Lang[7] ontmoet. Ek het goeie moed dat hy hom sal bekeer; die begin het hy gemaak. Die kaptein is 'n groot bewonderaar van professor Franc.[8] Toe ek hom vertel watter wonders God in Europa doen en hoe ook die hoëlui van die wêreld die Heiland lief kry, was hy baie bly. Hy is reeds by die 30 jaar aan die Kaap. Hy het my gevra waar die heer gestudeer het. Hy het aan die Here Majores geskryf vir sy ontslag, as hy dit kon kry; hy wil loskom van die gewoel van die wêreld. Hy het gesê ek moet solank by hom bly, totdat 'n geleentheid hom voordoen om na die binneland te gaan. Ek het hom bedank vir sy beleefdheid en het gedink om êrens 'n kamer te huur. Dit is my egter geweier en die losiesplek was 'n herberg, waarin die mense hulle goddeloosheid bedryf het. Ek het dit aan die Here oorgelaat, en soos Hy my die weg sou wys, so sou ek volg. Want ek was bang om by die kaptein te bly. Hoe meer ek egter ander verblyfplek gesoek het, hoe minder kon ek dit vind.

Die 16de het 'n boer uit die binneland gekom om 'n klompie huisraad te koop, want in die binneland is niks klere te kry nie, uitgesonderd 'n bietjie voedsel wat hulle self verbou. Die een goewerneur het deur die kaptein laat weet dat dit wel, het hy gedink, die beste sou wees om saam met die man te gaan. Die kaptein het egter gesê dit is nie 'n goeie geleentheid vir my nie. Daar waar die man woon, is daar min Hottentotte en die wat daar is, kan nie Hollands praat nie. Ek het self met die man gepraat. Hy het nie baie lus gehad om my saam te neem nie, tog was ek vasbeslote om saam te gaan en omdat my goed nog aan boord was, het ek 'n boot gesoek om oor te vaar om my goed te gaan haal. Dieselfde nag het daar egter 'n wind opgekom en 'n paar dae geduur sodat niemand kan oorvaar nie en die man wou nie wag nie. Dit het my so voorgekom asof dit nie die wil van die Heiland was om saam met die man te gaan nie. Toe het ek hom laat gaan. Na die tyd het ek gehoor dat die man erg beledigend van my in die binneland gepraat het en die spot gedryf het met my voorneme. Die kaptein het gesê dit sou my nie berou om nog aan die Kaap te bly nie. Hy is bekend met die binneland en weet waar die meeste Hottentotte in die veld lê met hulle vee, en daar is 'n Kompanjie-veepos, wat elke drie maande na die Kaap kom om rantsoene te kom haal. Dit sou die beste geleentheid wees, as dit die wil van God was. Ek wou te voet na die binneland gaan, maar hier kan dit nie gedoen word nie, daar is baie berge en heuwels en riviere, waaroor 'n mens nie altyd kan kom nie, en veral as 'n mens onbekend en vreemd is. Daar is nie meer as twee dorpe nie ver van die Kaap in die binneland nie[9], maar daar is hier en daar 'n boer, een uur en nog twee uur weg van mekaar, en dan hier en daar 'n Kompanjie-veepos, waar 6 of 7 of 8 manskappe met 'n korporaal ingekwartier is. Ek het toe daarin berus en het net gekyk wat die Here met my sou doen en watter weë hy my sou wys, dat ek Hom kon volg. Toe my kis van die skip af kom, het die kaptein dit in sy huis laat indra en aan my gesê ek moet met hom vir lief neem. Hy het as vreemdeling na hierdie land gekom, en God het Hom gesien sodat hy ook vir 'n ander 'n stukkie kos kon gee, en ek was vir hom dierbaar en aangenaam. Ek moes hom net goeie raad gee, hy wou dit alles aanneem. Dit was tog sy gedagte om God eendag reg te dien en Sy wil te doen, en daarom wou hy ook loskom van sy diens. Ek het 6 weke lank by hom gebly totdat die korporaal van die veepos gekom het. Ons het baie dinge met mekaar gepraat. Ek het tog somtyds geleentheid gehad om van die Heiland te getuig. Ek wou werk, maar ek het niks gekry nie, want alle werk word hier met slawe gedoen. Hulle word deur baie naamchristene sleg behandel. Die goddeloosheid is hier in hierdie land baie groot. 'n Regte drankduiwel regeer, die meeste mense is geneig tot dronkenskap. Die predikante het ek ook besoek.[10] Hulle is blind en blinde leiers, wie se maag hulle god is. Hulle glo aan die bekering van die Hottentotte nog minder as aan die duiwel. As hy niks daarvan glo nie, sou hy my nie somtyds so gepla het nie. Maar die Here is met my, wat kan die arme gees meer doen as wat die Here hom toelaat. Baie mense spot met my, maar ek slaan nie daarop ag nie. Hulle weet nie wat hulle doen nie. As ek net die doel van my dierbaarste Heiland kan bereik, sal ek tevrede wees. My lewe het ek ook nie lief nie.

Ek het hier en daar besoeke afgelê aan die Kaap, maar min aanvaarding gevind. Ek het nog geen kinders van God teëgekom nie. Die res van die tyd het ek deurgebring met sing, lees, bid en skryf.

In Augustus het die korporaal in die Kaap aangekom. Die Goewerneur en die kaptein het my by die korporaal aanbeveel, en hom beveel om my te help as ek 'n hutjie wou bou. Die goewerneur het my gevra waarvan ek gemeen het om te lewe. Ek het geantwoord: Van my handewerk: ek wil plant en bou en wil vir niemand 'n las wees nie. Ja, het hy gesê, kind, dit is wel goed, maar ek sal u 'n bietjie proviand saamgee, sodat u aan die begin iets te ete het. Ek het hom bedank en dit saamgeneem.

Die 12de September het ons by die rivier wat Sonderend genoem word, aangekom. Die spreuk was: Die Here het sy heilige arm ontbloot voor die oë van al die heidene ens.[11]

Die 13de het ons by die veepos gekom en ek het dieselfde dag nog die Hottentotte gaan besoek. Daar is onder al die Hottentotte van die omliggende gebied net een wat 'n huisie het. Die ander het net strooi- of riethutjies en trek van een plek na die ander, daarheen waar hulle die meeste gras vir hulle skape en beeste kan kry. Sommige het by die 500 beeste, ander het ook nie so baie nie. Want hulle moet ook vir die kompanjie gee, jong kalwers, dan kry hulle 'n bietjie tabak en iets om te drink daarvoor. Hulle kos is melk en vleis en anyswortel. Om hulle lyf het hulle 'n skaapvel en voor hulle skaamte het hulle ook iets. Verder is hulle kaal. Veldskoene kan hulle ook vir hulle maak. Die een wat die huisie het, het ook 'n vrou en kinders; mense van die omliggende krale het toegang tot sy huis. Hy woon 'n goeie halfuur van die veepos af. Hom het ek die eerste keer besoek. Sy naam is Africo.

Die 14de het ek gedink om 'n klein hutjie te maak nie ver van die huisie van die Hottentotte nie, sodat ek die kans kon kry om met hulle kontak te maak; ek het egter niks gehad om mee te bou nie. Die korporaal het my sy tent van seildoek aangebied, daarin moes ek solank woon tot ek 'n huisie kon bou. Toe het ek dieselfde dag die tent geneem en getrek tot naby die huisie van die Hottentotte. Toe het ek my tent opgeslaan, op die groen gras. Die spreuk het gelui: Jubel, onvrugbare, wat nie gebaar het nie! Breek uit in gejubel en juig ens.[12]

Die 15de het ek my graaf geneem en die land gaan bewerk. Die Hottentot het 'n stuk grond waarop hy kon verbou en plant; dit was nog wild en onbewerk. Toe gaan ek soontoe en sê vir die Hottentot ek wil hom help werk. Hy het gesê dit is goed. Want die meeste is baie lui en wil glad nie werk nie. Talle is ook baie geneig om te drink. Tabak rook hulle sterk, dit is vir hulle die hoofsaak en hulle is baie bygelowig. Van God weet hulle in hulle taal, maar het verder geen insig nie, aanbid Hom ook nie. Dat daar engele is, weet hulle ook nie. Die duiwel noem hulle 'gauna'.

Ek het tot nou toe nog nie veel tyd gehad om hulle taal te leer nie. Tog hoop ek om binnekort iets te leer. Tot nou toe het ek baie werk gehad op die land, om 'n bietjie te plant: boontjies, ertjies, slaai, uie en pieterselie ens. Die mense het ten dele gedink dat ek net gekom het om 'n klompie beeste en skape van hulle te kry. Noudat hulle egter sien dat ek hulle wil dien en help en niks van hulle verlang nie, het hulle vertroue gekry en die een het dit vir die ander gesê, sodat daar in die hele omliggende gebied tyding van my is en soms kom 2, 3, 4, ens. saam om my te besoek, help my ook werk. Dan gee ek hulle tabak en so kan ek dan en wan 'n goeie woordjie met hulle spreek.

Die 26ste September was ek 'n bietjie klaar met die plantery. Toe het ek begin om my hut te bou. Die soldate van die buitepos het my gehelp en ook 'n paar Hottentotte. Hier word heeltemal anders gebou as by ons. Pale word in die grond gesteek en 'n sterk plank word daarop gelê. Dan word die sparre van sagte hout vasgebind en van riete die dak en van klei 'n muur daaronder. So word daar in hierdie bergagtige land gebou. 'n Mens kan hier ook die majesteit van God sien, die berge getuig daarvan. Gedurende die dag het ek gewerk en in die aand die Hottentotte besoek.

Die 5de Oktober was die dak op my hut klaar. Toe het die korporaal die tent geneem en ek het onder dak sondere mure geslaap. Die spreuk het gelui: So sê die Here: Bewaar die reg en doen regtigheid; want my heil is naby.[13]

Die 27ste Oktober het ek begin om vir Africo les te gee; dit is die een aan wie die huis behoort. Die spreuk het gelui: Staan op, word verlig; want jou lig kom ens.[14]

Die 28ste het nog twee begin leer, naamlik in die ABC-boek.

Die 29ste het 'n meisie begin.

Die 1ste November die aand het Africo, wat eerste begin het, my gevra of diegene wat by my wou leer nie ook die bygelowe van die Hottentotte moes laat staan nie. Ja natuurlik, het ek gesê, dit kon hy mos verstaan, dat hulle sulke bedrieëry nie meer moes glo nie, maar moes laat staan en afskaf. Ja, het hy gesê, dit is natuurlik net bedrieëry; en ek het begin om met hom te praat oor die eerste mens Adam, en hoe hy verlei is, en van Jesus, die beloofde Heiland, dat hy ook vir die heidene die saligheid verwerf het ens.

Nou leer 4 mans en 2 vroue en 4 kinders. Hulle kom gedurende die dag een maal, ook soms 2 maal na my om te leer. Die eerstes ken reeds die letters en halveer (?). Hulle is nie altyd bymekaar nie, tog kom hulle weer. Voor en na die les bid ek saam met hulle. Sondae lees ek vir hulle iets van die Heiland en sê vir hulle wat die eenvoudige betekenis daarvan is.

Die 7de Desember het briewe van Amsterdam gekom. Daar is 'n fout met die spreuke. In Seeland het ek tot die 23ste April ontvang, en nou het van 17 Augustus af tot aan die einde gekom. Mei, Junie, Julie ens. ontbreek.

Die 15de Desember het 'n kindjie van Africo gesterf en hy het na my toe gekom en gevra waar en hoe hy dit moes begrawe. Hy wou hom nou in alles deur my uitsprake laat lei en nie meer ag slaan op die seremonies van die Hottentotte nie. Ek het saam met hom gegaan en gehelp om 'n graf te maak en ons het die kind sonder seremonies begrawe.

Die sogenaamde kaffers het ek nog nie gesien nie. Hulle woon baie ver landinwaarts waar geen naamchristene woon nie. Ek wil solank by hierdie plek bly, tot die Here my die pad verder wys. Ek wou die Here XVII versoek om vir my nog 'n paar broeders te stuur. Ek het egter eers die lot gewerp of ek dit nou moes doen. Die lot het op Nee geval. Toe het ek niks gevra nie, net vriendelik dankie gesê. Ek sou graag in alles die wil van die Heiland wou doen. Help my tog almal om reg te bid. Die satan kom soms woedend op my af. Tog is die Here my sterkte en my toevlug. Vergeet my tog nie, ook wanneer u iets laat druk ens; vir my is dit kosbaar en waardevol. Skryf asseblief ook aan my. Ek groet u en soen u baie innig. U dierbare suster[15] en die hele Kruisgemeente groet ek oor en oor met 'n opregte hart.

In die land Afrika
ongeveer 28 myl van die Kaap
by die Rivier Sonderend,
die 23ste Desember 1737.

U allergeringste
George Schmidt

Die tyd is hier baie anders as in Europa. Ons het nou somer en julle winter, en wanneer julle somer het, het ons winter, maar daar is min sneeu te sien. Die somerhitte is ook nie so erg as wat die mense gesê het nie, daar is baie wind. Wanneer dit reën, is dit soms kraakkoud. By julle kom die son aan die regterkant op en by ons aan die linkerkant. Op die middag staan die son by ons in die rigting van middernag. Die kwaai en wilde diere is nie so 'n gevaar as wat die mense my gesê het nie, tog is . .[16]

(*Source:* Bredekamp & Hattingh 1981:37-47)

9 George Schmidt applies for an ordination licence from Count Von Zinzendorf (1742)

As soon as some of the Khoikhoi people showed signs of taking his religious teaching to heart, George Schmidt was faced with the problem that he could not baptise them, since he had not been ordained. He therefore wrote to Von Zinzendorf asking for an ordination licence. In March 1742 Schmidt received from Count Von Zinzendorf the 'act of ordination' here included, authorising him to administer the sacraments:

Kaap.

Aan broeder **George Schmidt**.

My Broeder!

Waarom doop jy nie die kinders van die Hottentotte wat vroeg sterf nie? Hy wat kom met water en bloed, het ook vir **hulle** gesterf. **Ek orden jou, as 'n apostel van die Lam wat my in elk geval in hierdie lewe ver oortref, in geval van 'n doop of 'n Nagmaal, tot 'n dienaar van ons kerk, in die Naam van die Vader, die Seun en die Heilige Gees. Amen.** Origens, liewe Broeder, verheug ek my hartlik oor jou en sedert die laaste dagboek het ek nie meer groot medelye met jou nie. Jy is dan so salig en leef in sulke vrede, stilte en rus met al jou bure. Mag die Here Jesus jou al die siele skenk. Vra intussen die Lam om helpers. As ons dit vir jou kan deurvoer, sal ons dit graag doen. Ek is baie beslis tevrede met jou. Maar, my hart, jy konsentreer te veel op die uiterlike en te min op die innerlike van die Hottentotte. Wat bid jy saam met hulle? Vertel jou sat aan die Lam! Toe ek 'n klein seuntjie was, het ek die jongmeisie Cathrine my altyd laat vertel: **Daar was eendag 'n man** ens., en so moet jy vir die Hottentotte, veral vir hulle kinders, die verhaal van God se Seun vertel; en as hulle iets voel, bid saam met hulle, voel hulle niks nie, bid dan vir hulle. As die gevoel voortduur, doop hulle dan, waar jy 'n seekoei geskiet het. Mag die Lam in ewigheid met jou wees. Ek gaan ook weer weg, en die jag moet nou dadelik na Briel gaan.

Rotterdam, 27 Augustus 1741.

(*Source:* Bredekamp & Hattingh 1981:361)

Jou Z

10 Report by George Schmidt after his departure from the Cape (1744)

The fact that Schmidt received permission to baptise his followers offended some of the Reformed ministers at the Cape who considered that he was not qualified to do so. Schmidt was indeed eventually forbidden to continue to administer the sacraments until such time as the council received specific instructions from the Netherlands, but he was not precluded from pursuing his labours among the Khoikhoi. Schmidt was bitterly disappointed and his request to return to Europe having been granted, he left for the Netherlands on 3 March 1744. His purpose was to overcome the obstacles which were obstructing his work in South Africa, so that he could return to it unshackled. His efforts proved unsuccessful, and he himself never came back to this country. The work by the Moravians was only re-established in 1792. This document contains a brief report of his stay at the Cape:

Op 9 Julie 1737 het ek die eerste keer in die Kaap gekom. Ek het aanbevelingsbriewe aan albei goewerneurs in die Kaap van 'n bewindhebber[1] uit Seeland[2] met die naam Radermacher gehad. Toe het ek dit eers gaan aflewer. Hulle was albei vriendelik en het gesê ek moet weer na hulle toe kom. Daarna het ek soos 'n vreemdeling heen en weer geloop in die Kaap omdat ek nie geweet het waar om te bly nie. Toe dit aand word, het ek na 'n herberg gegaan om solank daar te bly tot ek kon sien waar ek verder verblyfplek sou kon kry.

Toe ek daar aankom, was daar 'n paar mense wat onder mekaar gepraat het van die nuwe dominee wat gekom het om die Hottentotte te bekeer en die een het vir die ander gesê: Wat sal die nuweling uitrig? Want aan die Hottentotte is niks te doen nie. Hulle is 'n dom volk, en geld het hulle nie, en die man wil van sy eie handewerk lewe, ensovoorts. Toe ek gedink het dit is tyd om te praat, het ek gesê: Ek is die man. Toe was hulle almal skaam en ek het hulle reguit die waarheid vertel.

Die predikante het ek ook besoek en hulle gesê waarom ek na die Kaap gekom het en waarvandaan, en dat ek onder die Hottentotte wou ingaan. Le Soor het gesê daar moet liewers by die Christene begin word. Tweedens het hy gesê: Wie sal hulle dan doop? Ek het gesê: Ek het nie gekom om te doop nie, maar om die evangelie te verkondig[3], ens. 3dens het hy gesê: Dit sou vir u beter gewees het as u in diens van die Kompanjie na die Hottentotte sou gaan, dan sou die mense meer agting vir u moes hê. Ek het egter sy listigheid opgemerk en gesê dit kan ek nie doen nie, ek moet vry wees, ens.

Na 5 dae het kaptein Rhenius sy broer na my toe gestuur en my laat vra om na hom toe te kom. Toe ek by hom kom, het hy gesê: My liewe, goeie vriend! Die herberg is nie die plek vir jou om te bly nie. As jy met my huis en my tafel tevrede sal wees, dan is dit tot jou diens. Kom na my toe! Ek het hom bedank. Verder het hy gesê: Toe ek die brief van die heer Rademacher oor jou by die goewerneur hoor lees het, was dit in my hart: As die man net aan die Kaap was, dan sou ek hom in my huis inneem. Ek wou egter liewer solank vir my 'n kamer huur. Ek kon egter nie een kry nie. Toe moes ek teen my sin by hom bly.

Hy was bekend met die binneland. Toe het hy my soms vertel waar die meeste Hottentotte bly en met watter geleentheid ek na die binneland kon gaan. Ek het hom en sy vrou en sy broer ook soms baie van die Heiland vertel, wat hulle ook aangegryp het en hulle het hulle vriendelik gedra teenoor my. Die kaptein het ook onder die mense 'n goeie getuienis van my gegee. Ek het besoeke begin aflê aan die Kaap. Ek het egter geen lewe gevind nie, ook nie in die beste mense nie. Die Heiland was vir hulle heeltemal vreemd. Ek het ook die raadslede besoek. Hulle was taamlik vriendelik. Nadat ek 'n paar weke lank daar van die Martelaarslam getuig het, is hier en daar 'n siel geroer, maar ander het begin sê die man is Katoliek, die mense moet oppas vir my.

Aan die begin van September het ek saam met 'n sersant met die naam Faustmann van die Kaap af meer as 28 Hollandse myl die binneland in tot aan die rivier Sonderend gereis... Die 13de September het ons by die kompanjiepos aangekom. Ek het dieselfde dag nog die Hottentotte gaan besoek, 'n halfuur van die pos af. Daar het Africo en die wat by hom was, gewoon. Hy was die enigste een wat 'n woonhuis gehad het, die ander het egter almal net in tente gewoon en van die een plek na die ander getrek. Africo en die wat by hom was het my volgens hulle gebruik met musiek begroet en verklaar dat hulle bly was oor my aankoms. Want hulle het reeds van my gehoor en met Africo het ek reeds op pad van die Kaap af gepraat. Ek het die omgewing bekyk en weer na die pos teruggekeer.

(*Source:* Bredekamp & Hattingh 1981:479)

11 The struggle for recognition of the Lutheran Church at the Cape (1742)

The struggle for the official recognition of the Lutheran Church at the Cape was long and drawn out. Various attempts were made to seek official recognition but this caused strong reaction. The document below, in Dutch and dated 1742, is a letter from the church council of the Reformed Church at the Cape addressed to the overseeing body, the classis of Amsterdam. It illustrates some of the resistance to an officially recognised Lutheran Church at the Cape:

Amsterdam.

Aan de WelEerwaarde, Godz. en Zeergeleerde Heeren, de Eerwaarde Heeren Predikanten en Ouderlingen, uytmakende het zeer aanzienelijke Classis van Amsterdam.

WelEerwaarde Heeren en zeer Geleerde Meedebroederen,

Met zeer groot verlangen zien wij hier een Classicale Brieff tegemoet; niet alleen omdat wij hoopen, alsdan verwittigt te worden, dat er reets een wakker en getrouw leeraar, voor deze gemeinte, zal beroepen en aangestelt zijn, wijl hier ten hoogsten nodig is, en daarom met verlangen verwagt word. Twijffelen niet off UWelEerwaarde zorgen zal onse verwagting volkomen beantwoorden.

Wij konnen niet nalaten UWelEerwaarden, de goede welstant der kerken aan Stellenbosch, en inzonderheyd aan Drakensteyn, bekent te maaken; welke laaste zeer vermeenigvuldigt; hunne opzienderen genieten thans. nevens de gemeintens, zoveel ons bekent is, eene diepe ruste. Wat ons aan deze plaats betreft: wij leeven in eene volmaakte vreede, waarvoor wij den Almagtigen God niet genoegsaam kunnen dankbaar zijn, waarom wij ook van veelen, op goede gronden mogen hoopen, dat ze niet alleen in de kennisse der waarheyd, maar ook in de waare godzaligheyt toeneemen; zodat wij ook in veelen opzigte konnen zeggen, dat onder ons de belofte, Psalm 133, bewaarheid word. Maar och, off wij niet te vreezen hadden, dat deze aangename ruste, door het woelen der Lutheranen, ende door het stellen van een Luthersche Kerk alhier, in het geheel zal weggenomen worden, wijl het gering getal der Luthersche mannen, dat Duytschers zijn, aan Gereformeerde vrouwen getrouwt zijn, en daarbij veele kinderen verwekt hebben, waarvoor door ouders en getuygen in onze kerk belofte gedaan is, en in onze leere opgevoed worden; eenige uytgezondert, die door de dwingelandij der vaders verhindert zijn, zich verder in de leere der waarheyd te laaten onderwijzen, 't welk zigh niet alleen tot de zoonen, maar zelfs tot de dogteren uytstrekt; de kinderen van der jeugt een schrik voor onze leere inboezemende. Geschiet dit nu al, wijl ze alleen maar in haare hersenen gekreegen hebben, om tegens de costumen van Indiën, en tegens de privilegiën, een kerke te willen oprechten: wat zullen wij dan te verwagten hebben, wanneer hier een Lutherse Kerke zal gestigt worden? Niets anders als eene verwijdering onder de gemoederen, en het vuur van tweedragt in de huysgezinnen zelve; wanneer de mannen de vrouwen, door listigheyd off geweld, zullen tragten aff te trecken, off ten minsten haare kinderen, zonder dat het de moeders zullen konnen verhinderen, met quade spijse der vooroordeelen optrekken. Zonder dat dit onder de kinderen in practijk gebragt word, zoude het getal der Lutersche binnen korte niet meer zijn, wijl het klein getal der mannen, haare jaaren reets krijgende, natuurlijkerwijze moeten een eynde neemen. Zal men dan onze kerke dus, buyten reeden, in een oogschijnelijk gevaar stellen: en dat om een getal van ses à zeeven onweetende en koppige Lutheranen, die de andere onnozele door haar gewoel opzetten; daar zeer veele, verstandiger zijnde, zeer wel begrijpen, dat het met haar waare belang gantsch niet overeen komt, en, wel vergenoegt den godsdienst in onze kerke te konnen bijwoonen, hiermeede gantsch niet willen te doen hebben.

Ons instandig verzoek is dan, dat UWelEerwaardens met alle vermogen, en zo het nodig is, t' effens met de Sinodens, hiertegens met kragt gelieven te waeken; niet alleen bij de Ed. Agtb. Heeren Zeventienen, maar ook bij haar Hoogmogende, dat de oude resolutiën zonder veranderinge mogen stant grijpen. Maar indiender eenige zo swaar overweegende reedenen mogten zijn, waardoor haar Hoogh Mogende tot een besluyt mogten gebragt werden, niettegenstaande de bovengem. reedenen, hier een Lutersche Kerk te doen stichten, zo versoeken wij, dat er tot voorkoming van meerder ongeregeltheeden, twist, en verdere ondergang der waare Gereformeerde Kerke, op het allernadrukkelijkste bij haare Hoogh Mogende aan te houden, teneynde volstrekt gelast ende geboden wierde, geen andere als waare Gereformeerde, tot de regeering te verkiesen; en dat tot het Hooft van de Militie, alsmeede een lidt des Raads zijnde, geen andere, als een Gereformeerde in het vervolg wierde aangestelt; opdat hierdoor hier, evenzo als in het vaderland, het onderscheyd tusschen de praedomineerende en andere kerke onderhouden, en de eerste voor alle verdruckinge bevrijd wierde.

Wij twijffelen niet, Eerwaarde Heeren Broederen, off UWelEerwaardens zullen de welgegrontheyd onzer vreeze en de noodsakelijkheyd van ons verzoek wel begrijpende, alles in het werk stellen, dat, tot voorkoming van alle desordres, eenigsints zal konnen strekken, na UWelEerwaardens wijsheyd en voorzigtigheyt. Waaraan wij onze personen en den welstant van onze gemeynte beveelende, God bidden, dat die UWelEerwaardens met alle wijsheyd meer en meer wil vervullen, en met alle kragten uyt der hoogten na ziel en lichaam wil voorsien, om het swaarwigtig ampt, dat op UWelEerws schouderen legt, wel te konnen bedienen, tot eere van Gods naam en welstant zijner uytverkoorne, en tot verkrijging hier namaals van de kroone der heerlijkheyd. Waarmeede met veel agting blijven (onder stond). WelEerwaarde Heeren en Zeer Geëerde Meedebroederen, UWelEerwaardens onderdanige Dienaaren en Heylwensende Meedebroederen. De Kerkenraad aan Cabo de Goede Hoop (was get.) F. Le Sueur, D. D'Ailly, I. De Hennion, H. Möller, M. Tieleman, P. J. Slotsboo, J. Hassing. (In margine.) Cabo de Goede Hoop, den 7 Juny 1742.

P.S. Den eersten ondergete gedraagt zigh verder aan hetgeene omtrent eenige bijzondere omstandigheeden, aan den WelEerwaarden Heer Elzevier, voorleeden jaar met het laaste Theeschip, en van dit jaar met de eerste scheepen geschreeven heeft, 't welk ZijnEerwaarde verwagt, aan het WelEerwaarde Classis gecommuniceert te zullen zijn.

Nader Post-Scriptum van den geheelen Kerkenraad.

Alzo de Lutheranen, bijaldien hun een praedicant wierd toegestaan, haare collectens meede tot desselfs onderhoud zouden gebruyken, zo hebben wij eene swarigheyd, die noodsakelijk zoude moeten aan een kant geruymt werden, namentlijk, wie de armen zoude moeten onderhouden. Mogelijk zal men zeggen, dat het van zelve spreekt, dat het ieder de zijne zoude moeten doen, maar dit is niet genoeg, wijl van deze zeer weynige onderhouden worden; de meeste die men hier heeft zijn, die nog Gereformeert nog Luthers zijn, bestaande uyt vrijgegeevene slaven, en de daaruyt voortgekomene kinderen, en ander slegt volk, die geheel geen beleydenis gedaan hebben, wijl die niet min van de Lutheranen als Gereformeerde vrijgegeeven zijn en nog worden. Zo zoude het meede noodsakelijk zijn, dat er een schifting en scheyding gemaakt wierd, want indien men ze alle tot een last der Gereformeerde Kerk zoude willen laaten, zouden wij, door de afzondering der Lutheranen zoveel inkomen missende, buyten staat zijn ze alle te onderhouden; en zo, niettegenstaande dit alles, de noodsakelijkheyd om hier een Luthersch praedicant aan te stellen, zo groot, off de reedenen bij haar Hoogh Mogende off onze Heeren en Meesteren zo dringende mogten zijn, dat, niettegenstaande onze bijgebragte en gegronde swarigheeden, hier evenwel een Luthersche Kerk zoude moeten gestigt worden, zoo verzoeken wij op het aldernadrukkelijkst, dat behalven het stuk der regeering, waarvan bovengemelt is, de E. E. Classis gelieve zorge te dragen, dat hier nooyt een Deen off ander Uytlander, maar een goet Nederlander gezonden werd, waarvan de Classis behoorde versekert te zijn. (was geteekent als boven.)

Accordeert,

(*Source:* Spoelstra 1906a:192-195) P. J. SLOTSBOO, Scriba.

12 The letter calling A L Kolver to be the first Lutheran minister at the Cape (1779)

It was only in 1779 that the Lutheran Church was officially recognised at the Cape. On 18 October 1779 the first minister of this church, A L Kolver, was called. He accepted the call and laid the first foundations for the extensive work of the Lutheran Church in South Africa. The document that follows contains his letter of calling:

In den Naame der Heilige Drie Eenheid.
Amen !

Kennelyk en openbaar zy eenen iegelyken dien het behoort, dat wy pre-

dikanten en ouderlinge der Gemeente toegedaan de onveranderde Augsburgsche Confessie binnen Amsterdam, op't Ernstig en herhaald versoek van onze Geloofsbroederen aan de Cabo de Goede Hoop, in hunne Missives van 18e January en pmo Maart 1779 aan ons, als meede volgens de Resolutie van de WelEd. Hoog Agtb : Heeren Bewindhebberen ter vergadering der Sevenrienen binnen Amsterdam gehouden op den 18 October 1779 tot eerste predikant in de op te richtene gemeente te Cabo de goede Hoop op den 15 : Maart 1780 ter beroepinge gedespiceert hebben, den Eerw. Welgeleerde Heer Andreas Lutgerus Kolver, gebooren te Zwolle en teegenwoordig Predikant van onze belydenis te Rotterdam.

Hetwelk aan de Edele Heeren Bewindhebberen door onze gecommitteerdens is voorgesteld, die daarop het beroep op den Eerw. Heer Andreas Lutgerus Kolver uitgebracht, in hunne Vergadering op den 11. April 1780 binnen deeze Stad gehouden met hunne goedkeuring bekragtigd hebben.

Welk beroep dan aan den Eerw : Heer Andreas Lutgerus Kolver, door ons ondergeschreeven, door deeze word opgedragen, onder verband van de volgende voorwaarden.

Voor Eerst : dat Zyn Eerw : aan zyn gemeente te Cabo de goede Hoop Zal prediken en voordragen de reine leere des Goddelyken woords, welke in de Canonique Boeken der Heilige Schrift gegrond is en begreepen in de drie Hoofdsimbolis, het Apostolische, Niceense en Athanasiaansche, in de onveranderde Augsburgse Confessie, derzelver Apologie, Smalkaldische Articulen, beide Cathegismi Lutheri, en formula Concordia, en voor alle valsche teegenleere zyne toehoorders getrouwelyk waarschouwen.

Ten Tweeden : de Heilige Sacramenten, na :Christus instelling volgens de Kerkelyke formulieren, in onze kerken hier te lande gebruikelyk bedienen en uitdeelen, zo wel openbaar in de Kerk, als ook in't byzonder als het de nood vereyscht en zyn Eerw : daartoe verzocht word.

Ten derden : zyn Eerw : zal gehouden zyn op zondagen eens of tweemaal te prediken als ook op de feestdagen na geleegentheid van tyd en omstandigheden, en in de week of zondag na de middag in de Kerk cathegiseeren, zoo als zyn Eerwaarden met zynen Kerken raad tyd en uur daartoe't beste en bequaamste zullen oordeelen en vaststellen.

Ten Vierden : zyn Eerw : Zal Zich ook behoorlyk kwyten van zynen pligt in't bezoeken van de Ledematen zyner gemeente, en byzonder der zieken, dezelve door heilzaame Vermaningen opwekken, vertroosten en verkwikken op hun krankbed, met de Goddelyke Genade en hen aldus tot een zaligen Dood bereiden.

Ten Vyfden : zyn Eerw : zal by desselfs behouden Arrivement/ : dat God verleene : / zodra 't mogelyk zal zyn zig genaarstigen om eenen Kerkenraad te formeeren en Zulx met die Heeren meedebroeders welke daartoe uit 't midden der gezamentlyke broederschap zullen werden gecommitteerd, welke kerkenraad zal bestaan uit den predikant, en predikanten, in den tyd, als ook uit de gedeputeerdens tot het Eerw: ampt van Ouderling en Diacon, by provisie van ieder even veel, en zoo veel als de Eerw: broederen naar tydsgeleegentheid nodig zullen oordeelen.

Welke Predikant en gedeputeerden, met elkanderen zullen ontwerpen een reglement of kerkenordonnantie, welke in geen Stuk strydig zal mogen weezen of moeten zyn met onse Generale Kerkenordonnantie by de Luthersche gemeente in deeze Neederlanden alom aangenoomen, maar met dezelve in het zakelyke moeten overeenkomen; Edog men zal daar moogen bydoen het geene voor die te planten Gemeente in het byzonder nodig zal worden geoordeelt dat tot hun byzonder best tot onderhouding van goede order en tot de meeste Stichting zal kunnen verstrekken.

Ten Sesden: voorts zal de Predikant zyne gemeente met eenen eerbaaren en Godzaligen wandel voorgaan, en zig in alles gedraagen gelyk het een getrouwen huishouder der Gemeente Gods en dienaar van den Grooten Aartsherder Jesus Christus betaamt. Daarentegen zullen de voorstanders te Cabo de goede Hoop aan zyn Eerw: jaarlyks voor tractement uitryken en betaalen de Somma van Twaalf Hondert Guldens Holl: Courant Geld van Twintig Stuivers het Stuk, als meede Ses Hondert Guldens Holl: Courant voor Kostgeld en verdere Emolumenten en zulx in vier Termynen alle Vierendeel Jaars, de gerechte vierde part zynde vier Hondert vyfftig Guldens, beneevens een vrye en bequaame Woning op het Erff van hun kerkgebouw daartoe geschikt, welk Tractement zal ingaan op dien dag dat zyn Eerw: is aan boord gegaan.

En dewyl de Heer Andreas Lutgerus Kolver de Eerste predikant van onze belydenis te Cabo de goede Hoop zyn zal en bygevolg veel buitengewoonen moeiten en arbeid zal hebben om eenen goeden grond voor de Gemeente te Leggen en dezelve te Stichten, zo zullen de voorstanders van de Caapsche Gemeente aan zyn Eerw:, zo lang zyn Eerw: zal alleen zyn en den vollen dienst verrichten, jaarlyks tot eenen present geeven Drie Hondert Guldens Holl: Courant tot dat de Gemeente in orde zal zyn.

Voorts is tot uitrusting aan zyn Eerw: door onze Gecommitteerdens in de Oost-Indysche Kerkelyke Zaaken gefourneerd de Somma van Acht Hondert Guldens, daarenteegen begeeren de voorstanders, dat zyn Eerw: onder voornaemde voorwaerde zich moeten verbinden voor een Verblyf van Ses Jaaren, gereekent van den dag zyner aankomst aldaar; En wanneer zyn Eerw: mogt willen vertrekken, alsdan verpligt zal zyn om zyn Consistorie Een en Een half Jaar van tevooren te waarschouwen.

En byaldien het mogte gebeuren /: dat God verhoede :/ zyn Eerw: op de uitreisen of aan de Caap de goede Hoop woonende komt te overlyden, zal door de voorstanders der gemeente aan desselfs alsdan natelatene weeduwe een Subsidië jaarlyx doen genieten van Seshondert Guldens Holl: Courant, te betaalen alle vierendeel Jaars Een Hondert vyfftig Guldens, zo lang dezelve leeft en weduwe is, maar weeder komende te trouwen, zal zodanige Subsidiën ophouden, doch zal zy weduwe de vryheid hebben zig ter wooning te kunnen begeeven waar dezelve het mogte verkiesen, hetzy daar ter plaatse of weeder mogte repatrieeren.

Wy vertrouwen dat alles wat in deeze beroepsbrief is gestipuleert en vastgesteld, van weederzyde getrouwelyk zal worden nagekomen, en dat iedereen aan welk deeze beroepsbrief zal worden vertoont, den Heer Andreas Lutgerus Kolver gelieven te houden en erkennen te zyn eenen wettig beroepene Leeraar van de onveranderde Augsburgse belydenisse in de nieuw op te richtenen gemeente te Cabo de goede Hoop.

Wy wenschen ten besluit dat de Groote en alleen zalige God, die ons Zondaars tot boete en bekeering Geloof en Zaligheyd te brengen en een ryke oogst van Zielen in de Heemelsche Schuure te vergaderen, trouwe arbeiders uitzend, deezen onzen amptsbroeder en dienaar van Jesus Christus meer en meer uitrusten met zynen Heiligen geest en vervullen zyn Eerw: met zulk eene maate van bedienings en Heiligingsgaven op dat aldaar op het nieuw een deur voor den dienst des Evangeliums en de zuivere Leere der onveranderde Augsburgse Confessie geopend word en zyn Eerw: met veel vrucht de panden van den Drie Eenigen God, hem toevertrouwd, met ryken woeker van zielen aan zynen Grooten meester Jesus Christus weeder verantwoorden mag.

De Barmhartige God laate zyn Eerw: altyd zyn en blyve een getrouw Huishouder over de Goddelyke verborgenheeden. Gods Geest maake zyn Eerw: meer en meer bequaam om zyn vertrouwde kudde op den rechten weg der Zaligheid te lyden, om het woord der waarheid recht onder hen uit te deelen en om als een getrouw herder zyne gemeente voor te gaan met eenen heiligen wandel, op dat zyn Eerw: door Gods bystand zig zelven uyt Genaden zalig make en alle die hem hooren.

De Almagtige God geleide zyn Eerw: met de beschutting zyner heilige Engelen en voere zyn Eerw: veilig door zee en beware zyn Eerw: voor alle gevaar en brenge zyn Eerw: in gezondheid ter plaatse, werwaards de alweizen God zyn Eerw: beroepen heeft, op dat zyn Eerw: aldaar behouden aangelant zynde zyne gewigtige bediening met iever in den naam van den Drie Eenigen God aanvange, onder den Zeegen en bystand van den Heiligen Geest voortzetten en daarin volharden mag tot zynen grijzen ouderdom en einde der dagen, en in geenen grooten dag der zigtbare verscheiningen van Jesus Christus ten oordeel als een getrouwen knegt mag ontfangen de onverwelkelyken kroon der Eere en Heerlykheid.

/ : onderstond : /

Aldus gedaan in Amsterdam in't jaar Eenduysend zeeven Hondert Tachentig' den Neegenthiende April, en tot bekrachtiging van alles hebben wy Leeden van den Kerkenraad deezen beroepsbrief met onze eigene handen onderteekent en met ons gewoone Kerkenzeegel bekragtigd.

/ : was getekent : /

E. F. Alberti, Pastor en Praesis, J. Klap, Pastor, Js. Hamelau, Pastor, E. H. Mutzenbecher, Pastor, Gerrit Moll, pres. ouderling, Reynier Spliethoff, Daniel Gildemeester, J. P. Holstyn, Hendrik Ogelwight, Frans Oost, Pieter Willem van Lankeren, Diedrik Coenraad Brauer, Jan Gefken, Coenraad Muysken, Johannes Petri Weddik, Hendrik Molkenboer.

/ : ter zyden stond het gemelde kerkenzeegul : /

/ : daaronder geteekend : / Ds. Andreas Lutgerus Kolver, beroepen predikant aan de Caab.

/ : lager : / en door ons als gecommitteerdens van't Eerw : Consistorie weegens deeze kerkelyke Zaaken / : en geteekend : / P. J. Determeyer Wesling, A. J. Vermeer.

(*Source:* Hoge 1938:219-221)

13 A combined assembly of the different Reformed congregations at the Cape: a request for reinstatement (1762)

The idea of a combined assembly of the different Reformed congregations at the Cape was first raised by the governing body rather than the church, as early as the 1690s. It was, however, only in 1746 that it became a reality, but by 1759 it was terminated again. This letter from the Classis of Amsterdam to the church at the Cape, dated 12 January 1762, pleads for the reinstatement of the combined assembly:

WelEerwaarde Heren, Zeer Geliefde Medebroeders.

Wij hebben in den voorleden jare twe brieven van UWE^{ns} ontfangen, den enen van 16 Febr. 1761, en den anderen van 4 May 1761. Uyt den eersten zien wij met blijdschap, dat de Acta Syn.

Nord-H. van het jaar 1759 wel zijn overgekomen, hetwelk wij hopen, dat ook zal geschied zijn, ten opzichte van onzen brief in dato 13 Jan. 1761, warin de Acta Syn. Nord-H. van het jaar 1760 overgezonden zijn. Ten blijke van onze aanhoudende genegentheit tot broederlijke correspondentie met UWEns, komen hierbij de Acten der Christl. Synode van Noord-H., in den voorledenen jare te Hoorn gehouden, die wij hopen dat wel tot uwe handen zullen komen. In de zaak der inkomsten van de predikantsweduwen kunnen wij niets doen, tenzij wij eerst van UWEns het noch ontbrekende bericht ontfangen, of dezelve met die van andere comptoiren evenredig zijn dan niet. Wij hebben in den voorledenen jare reeds geschreven, dat wij de Gecombineerde Kerkvergadering achteden van de meeste nuttigheit der gemeintens in die gewesten te zijn, in welke gedachten wij ook noch blijven, zullende op middelen denken, — hetwelk wij ook van uwe kant verzoeken — om dezelve, indien mooglijk, herstelt te krijgen. Ondertusschen hopen en verwachten wij, dat de gemeintens door die van de hoofdplaats met onz zullen corresponderen, gelijk UWE. in derzelver brief van 2 Febr. 1760 onz gemeldt hebben, dat voorheen geschied is. Het was onz aangenaam, dat daarvan een begin gemaakt is, wanneer UWE onz mededelen den staat der gemeinte van Ds Croeser op het Swarte Land, in welkers vrede en ruste wij onz verblijdende, derzelver anhoudentheit wenschen. Dat er in de gemeinte aan de hoofdplaats noch zijn, die prijs zetten op des Heilands verdiensten, tot rechtveerdigmaking en heiligmaking, is een heuglijke zegen des Evang. der zaligheit, waarvoor wij God met UWEns danken, biddende dat de kleinste van die tot duyzend worden, en de minste tot een machtig volk. De Here doe zulks tot Zijnen tijd snellik komen, en make ook de zorgelose wakker uyt den slaap der zonden, om het euwig zielsverderf te ontvlieden. De herstelling van D. Bode in zijnen dienst, en dat UWEerz melden, hoe ZijnEerw. den 22 April 1761 wederom zitting in hunne vergadering genomen, en Zondags daran zijnen openbaren predikdienst wederom begonnen heeft, hebben onz zeer verblijd, en wij smeken den Here om vernieuwde zegeningen over ZijnEerw. heilig dienstwerk en perzoon. De confirmatie van D. Serrurier tot permanent leraar aan de hoofdplaatse, en van D. Harders in het Land van Waveren, is onz ook uyt dien hoofde aangenaam, dat wij alle gelegentheden tot enige onlusten en verwijderingen daardoor achten weggenomen te zijn. De Here vervulle deze onze verwachting, en zegene ook Hun Eerw. elk in zijne perzoon en standplaatse met enen ruymen zegen des Evangeli J. C. De Here bouwe uw Zion meer en meer op, en late welvaren alle die hetzelve beminnen, gelijk het onz tot zonderling genoegen zal strekken, wanneer wij het goede van UWE. horen en hetzelve bevorderen mogen. Wij bevelen UWE. Gode en den Woorde Zijner genade, onz tekende met alle toegenegenheit,

WelEerw. Heren, Zeer Geliefde Medebroeders,
Uwer WelEerwaardigheden volveerdige Dienaars en Medebroeders.
E. P. G. van Essen, deputt. ad res exteras Praeses.
Johannes Jacobus Kessler, deputatorum ad res exteras h. t. Scriba.

Aldus gedaan, uyt naam en last der E. Classis van Amsterd., vergadert binnen Amsterdam, den 12 Januar. 1762.

(*Source:* Spoelstra 1906b:124-126)

14 A portion of a sermon by H R van Lier (ca 1786)

After the departure of the Moravian George Schmidt there was little evidence of missionary zeal at the Cape for almost a quarter of a century. In 1786 Helperus Ritzema van Lier, a young minister from the Netherlands, arrived at the Cape. In his sermons Van Lier never ceased to stress the duty of all Christians to do mission work. He also nurtured a strong feeling for piety. His views on this are described in the following excerpt:

Dat ook „de inwooning van den Geest" hier ter sprake kom, is begryplik waar dit die prediker te doen is om, in die aangesig van al die teenstand, waarskynlik ook uit Kaapse kringe, sy boodskap aan die gemeente tuis te bring „dat er een bovennatuurlijke allernauwste geestelijke vereeniging en daadelijke gemeenschap is, tusschen Jezus Christus en zijne geloovigen". In hierdie omskrywing van die bevindelike godsvrug wil Van Lier egter geen bepaalde rigting dien nie; dit is hom te doen om die geloofslewe te handhaaf as die heilsgeheim van Gods kinders, 'n wonder in die werklikheid, waaroor die Kaapse kerkgangers inderdaad, in die woorde van hul destydse psalmberyming, kon sing :

„Gods verborgen' omgang vinden
Zielen, daar zijn vrees in woont;
't Heilgeheim wordt aan zijn vrinden,
Naar zijn vreêverbond getoond"

Dat dit nie deur almal so aanvaar word nie, bewys die teenkanting en besware wat op die volgende neerkom:

„Men beschuldigt de Christelijke Godsvrugt dat zij:

1. „in dweepachtige aandoeningen bestaat, en aanloopt tegen de redelijken godsdienst;"

2. „meer haar zitplaats schijnt te hebben in den mond, in de kleeding en gebaarden, dan in het hart;"

3. „te veel toeschrijft aan bespiegelende waarheden, en de goede werken versmaadt en onnoodig keurt;"

4. „haare vrienden achteloos maakt, omtrent burgerlijke en huishoudelijke pligten;"

5. „die dezelve belijden, treurig, eigenzinnig en ongenegen zijn tot onschuldige vermaaken en uitspanningen, die zij liefdeloos veroordeelen;"

6. „eene gedurige bron is van verdeeldheden, en aanleiding geeft tot veele beroeringen, twisten en verbreeking van de naauwste banden van maagschap of vriendschap."

Die prediking van Van Lier op die Kaapse kansel hou wel rekening met die moontlikheid van sulke afwykinge in die godsdienstige lewe van sy tyd — vandaar sy nadruk op die objektiewe heilsfeite teenoor gevoelsbelewenisse, die eis tot waarheid in die binneste, die groot behoefte aan Christelike lewenspraktyk. Om hom volle reg te laat geskied, stel ons hom self aan die woord: „Zijt getrouw in den post, waar in God u op deze waereld geplaatst heeft — Al wat uwe hand vindt om te doen, doet dat met alle uwe macht; maar doet het altijd in den Heere. Nimmer ter benadeeling van den Godsdienst, en wanneer 'er keuze moet gedaan worden, tusschen eenig aardsch voordeel en de gezetheid van uw geweeten, dan blijke het, dat gij het eene nodige verkooren hebt!"

(*Source:* Hanekom 1959:146-147)

15 The first missionary to the Eastern Cape meets the Xhosa chief Ngqika (1799)

This document describes a meeting between the first missionary, to the Eastern Cape, J T Vanderkemp (also written Van der Kemp) of the London Missionary Society, to meet chief Ngqika. The tobacco-box under discussion was a passport which Ngqika's emissaries had given to Vanderkemp to admit him to this audience with the paramount chief of the Xhosas:

1799. 20th September. 'After we had waited about ten minutes in suspense, the king (Gika) approached in a majestic and solemn attitude, advancing slowly, attended on each side by one of his chief men. He was covered with a long robe of panthers' skins, and wore a diadem of copper, and another of beads round his head. He had in his hand an iron kiri, and his cheeks and lips were painted red. He stopped about twenty paces from us, and one of his captains then signified that it was the king. We then stepped towards him, and he at the same time marched forward. He reached us his right hand; but spoke not a word. I then delivered him his tobacco-box, which we had filled with buttons. He accepted it, and gave it to one of his attendants. At a distance behind him stood his captains and women, in the form of a halfmoon; and at a great distance the rest of the people. During all this time he moved not an eyelid, nor changed the least feature of his countenance.'—MARTIN, 84.

(*Source:* Davies & Shepherd 1954:79)

16 A document on church affairs at the Cape just before the Church Order of De Mist (1804)

On various occasions the church council of Cape Town addressed representations to the authorities to reinstate the combined church meeting which existed at the Cape in the middle of the 18th century. The Lutherans also requested a revision of all the decisions previously taken against them by which they had been restricted. The Commissioner General of the Council of Seventeen at the Cape replied with the well-known Church Order of De Mist:

Aan den Heer Commissaris Generaal, Mr. J. A. de Mist.

Commissaris Generaal!

Den kerkenraad der Hervormde gemeente deeser steede, heeft de eer aan Uw eerbiedig te vertoonen, hoe het by dit Gouvernement tot heden toe is gebruijkelijk geweest dat den Kerkenraad algemeen by de Jaarlykse verandering zyner Leeden gehouden was een dubbel getal van Diaconen te nomineeren, en daar van de Electie te presenteeren aan den Raad van Politie, zynde hun slegts vergund den Ouderling te verkiesen onder bepaaling van den zelven gemelden Raad, ter approbatie aan te bieden, Eene gewoonte ten eenemaal strydig met het voorregt dat de Kerken waar van men tot heeden toe de Origine niet heeft kunnen ontdekken. — Hy wend zig daarom tot Uw Commissaris Generaal, met nedrig verzoek dat hy neevens de Kerken in de buyten Districten het zelve recht mag genieten van voortaan eene vrye Nominatie en Electie te hebben, zoo wel van Diaconen, als den Ouderling, op dien voet als in het gemeenebest. — Hy vertrouwd dat Uw Commissaris Generaal daar in te minder zwaarigheid zal vinden daar Hy 't genoegen heeft Uw te kunnen melden. dat er reeds noopens dit stuk eene gunstige Dispositie was gemaakt by de Heeren van het voormaalig Bewindt der O.I. Maatschappy in het Jaar 1794 of 95, en wel op versoek der Classis van Amsterdam, gelyk wy uyt particuliere berichten verneemen dog waar van hier geene aanschryven gekoomen is, waarschynelyk weegens den toen ontstaan zynde Oorlog met Engeland, en de overgave van den deese Gewesten aan de Britsche Magt, Nog kan den Kerken Raad niet voorby by deese geleegenheid aan te merken toe hy van tyd tot tyd meer en meer begind in te zien de Noodzaakelykheyd die er is om in deese Landen te hebben eene Gecombineerde Kerkvergaadering bestaande uyt Predikanten en Ouderlingen zoo van deese Hoofdplaats als der buyten Districten ten minsten eenmaal in 't Jaar, voorgegaan door eene Kerk-Visitatie, op den voet der Vaderlandsche Kerk. — Het geen ons zoo zeer daar na doet verlangen is om eene onderlinge verbintenis der Gemeyntens, tot deselve Kerk behoorende, te hebben, daar nu yder op haar zelve staat, om de goede Orde in de Gemeytens te bewaaren, en die eensgezind te houden, op den voet zoo als in de Nederlandsche Kerken-Ordening bepaald is, ook om het geene zuyver Kerkelyk is aan de vastgestelde Kerk-Wetten onderworpen te houden, etc: Al wederom iets daar alle de gezindheeden in de Republiek de vryheyd toe genieten, de Mennoniten en Remonstranten zelfs niet uytgezondert, Het geene ons de vryheyd doet neemen dit ter kennis van Uw Commissaris Generaal te brengen met Verzoek om ook in dit voorrecht te moogen deelen, terwyl wy ter aanmoediging hier gerust kunnen byvoegen, dat Uw door deese vergunning kragtig zal voldoen zoo aan den wensch der Classis van Amsterdam, als van de Noordhollandsche Synode, die al lang gaarne gezien hadden dat deese Band van vereeniging ook in deese Gewesten mogt gelegt worden, te meer daar zy neevens ons wel eens hebben moeten betreuren de Inconveniënten die by gebrek daar van plaats gehad en zoo wel aan de Politie als aan haar veel werk hebben veroorzaakt.

Wy hebben niet nodig Commissaris Generaal om Uw te verzeekeren, dat onze bedoeling geenzins is aan deese Vergaadering de form van een Classicaale te geeven, zy blyft in den Aard der *Kerken-Raads* Vergadering onder die striktste bepaaling van 't regt dit zoort van Vergaadering Competeerende en niets meer, subject aan de Classis van Amsterdam, en door haar aan de Noordhollandsche Synode op welken voet ook gemelde Classis en Synode dit wenschen te hebben, blykens vroeger briefwisseling daar over gehouden, en het geen wy ons altoos als eene Grondwet ter Onderhoudinge zullen tragten voor te stellen.

Voor het overige laaten wy de verdere schikking daar omtrent zeer gaarne over aan Uwe wysheyd, terwyl wy onze Gebeeden vereenigen met die van hen, welke het goede voor ons Sion zoeken, dat Uwe poogingen in allen opzigte dienstbaar moogen blyven, ten beste van Land en Kerk, en dus volmaakt beantwoorden aan Uwe eyge Bedoeling.

Heyl en Eerbied
Den Kerken-Raad der Hervormde
Gemeente deeser Steede
En uyt aller Last en Naam

(was get.) C. D. WENTZEL, Scriba.

Caapstad den 9 April, 1804.

(*Source:* Dreyer 1936:6-8)

Expansion of Christianity between 1804 and 1875

17 The Church Order of De Mist (1804)

The church council in Cape Town requested the authorities to reinstate the combined church meeting. Before the Council of Seventeen could consider the request, the Cape fell into British hands in 1795. On 9 April 1804 the request was repeated to Commissioner General J G de Mist. His answer was to publish a Church Order on 25 July 1804. This gave people the freedom to belong to the church of their choice, although the Governor remained the ultimate authority in the choice of officers of religion. In 1806 the Cape once again fell into British hands:

DIE KERK-ORDE [25 JULIE 1804].

De Commissaris Generaal, doordrongen van de Waarheid, dat geene beschaafde Maatschappy zonder Godsdienst bestaan kan — en dat het de pligt is van een Gouvernement, op alle wyze te zorgen, dat de openbaare Godsdienstoeffeningen van zodanige Kerk-genoodschappen, die, ter bevordering van Deugd en goede Zeden, een Hoogst Wezen eerbiedigen, aangemoedigd en beschermd worden, is even zeer overtuigd, dat die bescherming moet steunen op vaste en rechtvaardige beginselen, en gewyzigd worden door regelmaatige Wetten en Ordres, zonder welke ook de beste en nuttigste Instellingen op den duur onbestaanbaar zyn, en in het einde uitloopen op verwarringen, scheuringen en verdeeldheden tot verderf van den Staat. En het is uit bezef hier van, dat Hy, naar rype deliberatie, en na daar op te hebben ingenoomen de consideratien van Gouverneur en Raad van Politie, heeft goedgevonden, in afwagting, en onder voorbehoud van de Hooge goedkeuring en Sanctie van het Staats-Bewind, voor deeze Volkplanting te arresteeren, gelyk Hy arresteert by dezen de hier navolgende

PROVISIONEELE KERKEN-ORDRE* VOOR DE BATAAFSCHE VOLKPLANTING AAN DE KAAP DE GOEDE HOOP.

I. HOOFDDEEL.

Algemeene Beginselen en Bepalingen.

Art. 1.—Alle Kerk-genoodschappen, welke ter bevordering van deugd en goede zeden een Hoogst Wezen eerbiedigen, genieten in deze Volkplanting eene gelyke bescherming der Wetten.

2.—Elk Kerk-genoodschap belydt desselfs gevoelens opentlyk, zonder die van andere onbehoorlyk te taxeeren, en vergunt aan een iegelyk den vryen toegang tot desselfs byeenkomsten.

3.—Geene uitsluitende voorrechten in de Burger-Maatschappy zyn aan eenige Godsdienstige Geloofs-belydenis verbonden.

4.—Behalven de Kerk-genoodschappen, binnen deze Volkplanting aanwezig, en toegelaaten, ten tyde van de weederbezitneeming derzelve, in naame en ten behoeve der Bataafsche Republiek, mogen geene andere eenige uiterlyke Godsdienst-plegtigheden uitoeffenen, noch openbaare samenkomsten houden, dan met uitdruklyk voorweeten en toestemming van den Gouverneur in der tyd.

5.—Het Gouvernement laat aan elk Kerk-genoodschap de vrye openlegging van desselfs byzondere Leerstelsels, en maakt daarin nimmer eenige beslissingen noch bepalingen. Het behoudt echter aan zich de onvervreemdbaare macht, om te kunnen beoirdeelen de uitwerkselen dier Leerstelsels op den Burgerstaat, en op den geest en de gedragingen der Ingezetenen. Het is verpligt, die uitwerkzelen, indien die voor schadelyk mogten gehouden worden, tegen te gaan, te beletten of te matigen.

De Leeraars zyn verpligt, in derzelver openbaare of byzondere onderwyzingen, zich aan de besluiten van het Gouvernement ten dezen opzichte te onderwerpen.

Alle tegenkanting is ongehoorzaamheid aan de Wet en weerstreeving aan de goede Orde.

6.—Geene Gebouwen worden tot het houden van openbaare Godsdienst-oeffeningen, van welk Kerk-genoodschap zulks zyn moge, binnen deze Volkplanting ingericht, noch nieuw getimmerd, dan met voorweeten, en na daartoe uitdruklyk verkregene toestemming van den Gouverneur in der tyd.

7.—Geene opentlyke Godsdienstige samenkomsten op afzonderlyke tyden, dan op de gewoone Zon- en Feestdagen en in openbaare

Kerk-gebouwen, mogen gehouden worden dan met uitdruklyke toestemming van den Gouverneur in der tyd — en dan nog altyd onder het oppertoezigt en ter verantwoording van den gequalificeerden Kerkenraad van dat Genoodschap, waartoe de persoonen behooren, die deze afzonderlyke samenkomsten begeeren te houden. De Kerkenraaden waaken, dat daarby geene onbehoorlykheden plaats hebben, noch eenige Leeringen geleerd worden, die strydig zyn met de goede Zeden, of met de rust van den Burger-Staat.

8.—Elk Kerk-genoodschap is gehouden, zyne eigene Leeraaren en Kerken-dienaaren te salarieeren, zo wel als zyne eigene Gebouwen te onderhouden. Het Gouvernement heeft recht, daar toe, *zo nodig*, de Contributiën der Ledematen te bepaalen; het geen uit 's Lands Kasse daartoe wordt bygedragen, kan alleen als een buitengewoon subsidie worden aangemerkt.

9.—Geen Kerk-genoodschap vermeerdert het getal van desselfs openbaare Leeraaren, zonder uitdruklyke toestemming van den Gouverneur in der tyd, die recht heeft, de noodzaaklykheid daarvan te kunnen beoordeelen, zo wel als de zekerheid van het fonds, waar uit deze vermeerdering van kosten zal moeten vallen.

10.—Geen Kerk-genoodschap benoemt eenen openbaaren Leeraar, die niet vooraf het recht van inwooning van den Gouverneur in der tyd zal hebben verkreegen.

11.—Geene Leeraaren worden tot openbaare prediking toegelaaten, die niet vooraf de Hooge Schoolen gepasseerd zyn en proeven van derzelver bekwaamheid gegeven hebben, en daarop behoorlyk zyn geordend, naar de wyze, by elk Kerk-genoodschap gebruiklyk.

12.—Geene ongeordende persoonen, staande in betaling en onder het bedwang van byzondere Societeiten, saamgesteld uit Leden van een of meerdere Kerk-genoodschappen, worden binnen deze Volkplanting geduld, om als afgezondene van zodanige Societeiten onder de alhier thands aanwezige, of by vervolg met publiek gezach opterigten Christen-gemeenten eenig gedeelte van het openbaar Leeraars-ambt of privaat onderwys uit te oeffenen.

13.—Niemand wordt toegelaten tot het geven van eenig openbaar of privaat onderwys in den Godsdienst binnen deze Volkplanting dan na voorgegaan behoorlyk verkregen verlof van inwooning, en na vooraf afgelegd examen *voor*, en daarop bekomene qualificatie tot onderwys *door,* den Kerkenraad, tot welkers Gemeente hy verklaart te behooren.

14.—Alle die zich, als tot dat einde *op wettig gezach* uit Nederland naar herwaards gezonden, het zy directelyk van hier, aangeven als genegen, om, onder den naam van *Zendelingen* Godsdienst en beschaving te gaan leeren of bevorderen by de Heidensche Natiën, buiten de Grenzen dezer Volkplanting, verdienen tot zulk eene loflyke onderneeming alle mogelyke hulp, aanmoediging en ondersteuning van het Gouvernement.

15.—Het staat aan den Gouverneur in der tyd, te bepaalen het getal, zo wel als de verblyfplaatsen van dezulke, die zich aangeven als gènegen tot uitoeffening van het zelfde oogmerk onder de Hottentotten, voor zo verre die als oude Lands-Inboorlingen binnen deze Volkplanting in afzonderlyke, en van de Christenen afgescheidene Dorpen of Kraalen woonachtig zyn, en onder de onmiddelyke bescherming staan van het Gouvernement dezer Volkplanting.

In geen geval echter zal het aan iemand, wie hy ook zy, vrystaan zulks te doen zonder voorgegaan uitdruklyk verlof van den Gouverneur, en zal het dan nog nimmer aan zodanige Zendelingen geoirloofd zyn, zich met den Burgerlyken staat dier Hottentotten meer of verder te bemoeyen, dan zulks van wegens den Gouverneur in der tyd aan hun zal zyn of worden toegelaten.

21.—Het recht van vrye beroeping der Leeraaren op zulk eenen afstand van het Moederland, door de Ledematen van dat Genoodschap niet kunnende worden uitgeoeffend, voorziet het Hoog Bestuur in Nederland, dat zo veele geschikte en goede Leeraaren naar herwaards gezonden worden, als tot vervulling van vacaturen of bediening van nieuwe door het Gouvernement alhier toegestaane Kerken worden vereischt.

22.—De Gouverneur in der tyd heeft het recht, om zodanige nieuw uitgekomene Leeraaren, in een of ander der opengevallene of nog onvervulde Leeraars-plaatsen, te kunnen ordineeren, — en, by wege van bevordering, dezelve ook van de eene tot de andere Kerk binnen deze Volkplanting te kunnen verplaatsen, zo als hy met de gelegenheid en ten meesten dienste der Kerken oirbaar, en met de personeele geschiktheid en verlangens der Leeraaren meest overeenkomstig vinden zal.

23.—De Kerkenraaden in elke Gemeente worden verkooren op de wyze by de Kerken-Order bepaald. By nieuw opgerigte Gemeenten zullen de Ouderlingen en Diakenen voor de eerstemaal benoemd worden door den Landdrost van het District, waaronder die Gemeente plaatslyk behoort.

24.—Alle Jaarlyksche verkiezingen van nieuwe Ouderlingen en Diakenen, *als mede Administrateurs zynde der Kerk- en Armen-Fondsen,* worden aan den Gouverneur in der tyd ter goedkeuring aangeboden. Hy heeft de magt, een of ander der gekoorenen, wanneer Hem daar toe wigtige redenen mogten voorkoomen, aftekeuren, en een ander meer geschikt persoon in de plaats te stellen. De Kerkenraads-Leden van het voorige Jaar blyven hunne Functien waarneemen, tot dat de dispositie van der Gouverneur zal zyn ingekomen.

25.—De vaste Tractamenten der Leeraaren in de Hervormde Gemeente worden by verbetering, en onder afsnyding van alle voormalige in gebruik zynde toerekening van randsoenen of diergelyke, voor het vervolg, te beginnen met den eersten January 1805, bepaald op de hier nagenoemde vaste sommen:

Voor twee Predikanten aan de Hoofdplaats te samen 3800 Rds. of Holl. Courant f7,600, waar van de Oudste zal hebben een vast Jaarlyks Tractament van *twee duizend* Ryksdaalders, Kaapsch, of f4,000 Holl. Courant, — en de jongste een vast Jaarlyks Tractament van *agtien honderd* Ryksdaalders, Kaapsch, of f3,600 Holl. Courant, zonder eenig verder genot van vrye wooning of huishuur. Voor den Predikant van *Stellenbosch, de Paarl, Zwartland, Roodezand, Zwellendam, Graaf-Reinet* en die toekomstig in de nieuw aangelegde Drostdyen van *Uitenhage* en *Tulbagh* mogten worden in dienst gesteld, aan elk een vast Tractament van *duizend* Rds. of Holl. Courant f2,000, boven en behalven het vry gebruik eener Pastory of Predikants Wooning, met den daar aan behoorende Tuin of Land.

26.—Indien het Gouvernement het billykt mogt oirdeelen, dat een of ander dezer Leeraaren, om reden van hoogen Ouderdom, en langduirige trouwe diensten, — of uit oorzaak van ongeneeslyke ziekten, en daar uit ontstaand onvermogen om den dienst langer te kunnen waarneemen, *Emeritus* wierde verklaard, zal echter aan zodanigen, voor desselfs overigen leeftyd, by vervolg, niet meer dan drie vierde gedeelten mogen worden toegelegd van het Tractament, by denzelven tot dien tyd toe genooten, Predikanten ten platten Lande

Emeriti verklaard zynde, zullen daar boven tot aan de aankomst van hunne Opvolgeren, des verkiezende, de inwooning der Pastorien mogen behouden.

Van den dag der inruiming dezer Pastorien aan hunne Opvolgeren, zullen zy, hoezeer *Emeriti,* hun voorig vol Tractament, edoch zonder wooning, of huishuur, levenslang blyven genieten.

27.—Tot dat daartoe andere Fondsen zullen zyn aangewezen, worden alle de voorschr. Tractamenten, in gelykheid van alle andere civile Tractamenten, betaald alle drie maanden ten Comptoire van den Ontvanger Generaal, op Ordonnantie van Gouverneur en Raaden.

28.—Aan elken uit het Vaderland naar herwaards komenden Leeraar der Hervormde Gemeente, bestemd om binnen deze Volkplanting te dienen, zal, zonder korting aan desselfs bovenstaand vast Tractament, voor de eerste zes maanden van zyn verblyf alhier en langer niet, voor huishuur of tot aanschaffing van andere noodwendigheden, betaald worden eene somma van veertig Rds. of tachtig Caroli Guldens Holl. Courant, ter loopende maand.

29.—De Predikanten aan de Hoofdplaats, wanneer zulks niet door vacature of ziekte van een derzelve worden verhinderd, zullen, in aanmerking van derzelver nu verhoogde Tractamenten, by tour beurten, of onderlinge schikking, viermaal des Jaars, en wel bepaaldelyk op den eersten Zondag in de maand February, Mey, Augustus en November openbaare Godsdienst-oeffening houden en de Sacramenten bedienen aan de Simons-Baay.

De Gouverneur stelt de nodige ordres, dat zy buiten hunne kosten van behoorlyk Rytuig heen en weder voorzien, en geduurende hun verblyf aldaar, naar hunnen stand gelogeerd en gedefraieerd worden.

De Civile authoriteit aan de Simons-Baay zorgt op last van den Gouverneur, dat in een van 's Lands Gebouwen, of ander daar toe geschikt Gebouw van particulieren, een locaal voor het houden van den openbaaren Godsdienst, aldaar op die dagen wordt vervaardigd. De Collecte van liefde-gaven by die gelegenheid zal, door den Predikant, die den dienst heeft waargenoomen, na het eindigen van den Godsdienst, in tegenwoordigheid van twee Mans-Ledematen geteld — door ondertekening van die Ledematen gecertificeerd — en provisioneelyk, doch echter afgescheiden, bewaard worden by de Arme-

Fondsen der Hoofdplaats, tot dat de Gouverneur in der tyd zal goedvinden, daar over, tot een of ander *pieus* einde, alleen ten behoeve der Ingezetenen aan Simons-Baay, te disponeeren.

By tyds worden de In- en Opgezetenen aan de Simons-Baay, door middel van de Courant of andere geschikte manier van bekendmaking, telkens van die aanstaande Godsdienst-oeffening geinformeerd.

30.—De groote uitgestrektheid der meeste Kerk-Districten ten platten Lande dezer Volkplanting maakt, dat een groot aantal Ingezetenen genoegzaam nooit, immers zeer bezwaarlyk, den openbaaren Godsdienst kan bywoonen, het geen hen tevens verhindert hunne Kinderen te laten doopen, — het H. Avondmaal te gebruiken, en hunne liefde-giften in de Armen-Kasten te storten.

Om aan alle deze nuttige eindens te voldoen, zullen de Predikanten, geadsisteerd door een of twee Leden van hunnen Kerkenraad, van tyd tot tyd en ten minsten viermaal des Jaars, op byzondere en daartoe meest geschikte, van hunne Kerk verwyderde plaatsen, en zo verre zulks nodig of mogelyk zy, telkens by verwisseling dier plaatsen, den openbaaren Godsdienst houden, de Sacramenten bedienen, de Huisgezinnen hunner Kerkleden bezoeken, dezelve vermaanen, leeren en troosten, en zich, zo doende, met den zedelyken toestand en het gedrag der Leden van hunne Gemeenten bekendmaaken, en by alle gelegenheden dezelve voorhouden hunne verpligting tot nakooming der Wetten, — eerbied jegens hunne Overheid — het verkeerde en verwoestende van eigenrichting — en het misdadige dat gelegen is in het mishandelen der Vrye Hottentotten in hunnen dienst, — zo wel als van hunne Lyf-eigenen enz.

Van deze te houden Godsdienst-oeffening op byzondere plaatsen buiten de Kerk-dorpen, wordt de Gemeente tydig te voren van den Predikstoel — door de Veld-Cornets — of op alle andere daar toe geschikte wyze geinformeerd, en de daar omstreeks woonende Ingezetenen uitgenoodigd, om daar by te verschynen, — van de toediening der H. Sacramenten gebruik te maaken, en om den Armen van hun District te willen gedenken.

De Ingezetenen der Buiten-Districten, in welke deze maatregel nuttig en nodig zy, zullen het zich een pligt maaken, tot zulke heilzaame einden de Predikanten en Kerkenraads-Leden met bekwaam Rytuig of Voorspan, en met behoorlik Logis en Mondkost te voorzien.

By misverstand deswegens zullen de Landdrosten daar op, ieder in den haare, de nodige ordres stellen.

31.—By vacature van eene of andere Kerk, door overlyden van een der Predikanten ontstaan, zal ten profyte der Weduwen of Kinderen (en niet ten behoeve van andere Erfgenaamen) behalven het loopend vierdedeeljaars, waar in de overledene gestorven is, nog een vol half jaar daar na het gewone Tractament betaald, en ten platten Lande het vry gebruik der Pastory aan dezelve gelaaten worden.

Zoo veel zulks mogelyk zy, en zonder dat de dienst van hunne eigene Gemeenten daar door merkelyk zoude komen te lyden, zullen de Predikanten der nabuurige Plaatsen den Godsdienst in die vaceerende Kerken, geduurende dien tyd en ter contemplatie van zodanige Weduwe of Kinderen, *gratis* moeten waarnemen.

De kosten echter van derzelver vrye heen-en-weder-reize en van behoorlyk defraiement geduurende hun aanzyn, worden in zulk geval gedragen door de Gemeente, ten welkers behoeve die liefde-diensten worden gedaan.

32.—By langere vacature als in den voorsch. Art. omschreeven, zullen de nabuurige Predikanten in de waarneeming van de openbaare Godsdienst-oeffeningen in zulk eene Gemeente van tyd tot tyd moeten voortgaan, en zullen dan voor elke daar gedaane prediking, op verklaaring van den Kerkenraad dier Plaats, mogen declareeren *twaalf* Ryksds. Kaapsch of *vier en twintig* Guldens Holl., ten laste van het Fonds waar uit het gewoone Tractament der Predikanten betaald wordt.

De Wagen vragten heen en weder, zo wel als het defraiement, blyven ook dan ten laste der Gemeente, ten welkers behoeve die dienst gedaan wordt.

De onderlinge verre afstand der Kerken in de Residentie-plaatsen der Drostdyen Zwellendam, Graaf-Reinet, Uitenhage en Tulbagh, als ook daar eene Kerk mogt worden gebouwd, maakt deze ordre op die Kerken ontoepasselyk.

Het wordt den Landdrosten van die Districten overzulks aanbevolen, om by vacaturen, met overleg der Kerkenraaden van die Gemeenten, daar omtrend zodanige andere schikkingen te ontwerpen, en ter goedkeuring van den Gouverneur in der tyd aan te bieden, als Zy ter meeste onderhouding van Godsdienst, en ten minste kosten der Ingezetenen van hun District oirbaar zullen vinden.

33.—De Weduwen van Predikanten zullen na het eindigen van het half jaar by Art. 31 gemeld, des begeerende, haar leven lang, of anders tot hertrouwen toe, uit 's Lands Kas genieten een Weduwen-Tractament van dertig Rds. of f60, Hollandsch, ter loopende maand.

34.—De gewoone Godsdienst-oeffeningen worden altyd gehouden op vaste uuren.

By noodwendige verschikking dier uuren in de Winter-maanden, of om andere goede redenen, geschiedt zulks op advis van den Kerkenraad, en dan in de Hoofdplaats met voorgegaan consent van den Gouverneur in der tyd, en in de Residensie-plaatsen der Landdrosten, mede met derzelver toestemming.

De Gemeenten worden, zo veel mogelyk, in tyds van zodanige verschikkingen geadverteerd.

35.—De Predikanten zullen op derzelver personeele verantwoordelykheid exacte Registers moeten houden van alle de door Hun gedoopte persoonen, houdende de namen en woon-plaatsen der Ouderen en Getuigen, zo wel als van den Gedoopten, met aantekening van het Jaar en den dag, zo wel van den toegediende Doop, als van den dag en plaats op welke die Gedoopten zyn gebooren.

Gelyke Registers zullen Zy moeten houden, van de in hunne Gemeente aangenoomene Lede-maaten — en voltrokken Huwelyken, voor zo verre de Wet die voltrekking aan hun zal toestaan.

36.—En daar deze Registers van de uiterste noodzakelykheid zyn om de echte Geboorte en Afstamming, zo wel als den gewettigden stand der Ingezetenen in de Burger-Maatschappy te verzekeren, zullen ten einde van elk Jaar door de Kosters of Voorlezers, naar maate de Kerkenraad die daar toe als de geschikste zal ordonneeren, van deze Registers dubbelden geformeerd — door de Predikanten geauthentiseerd, en voor den eersten April van elk Jaar ter Politicque Secretariën der Hoofdplaats of der Landdrostdyen moeten worden ingezonden, ten einde by onverhoopte brand, geweld of andere ongelukken, in eene of andere plaats altyd nog een Exemplaar daar van zou blyven bewaard.

37.—De Administratie der Kerken-en-Armen-Goederen, Gebouwen, Penningen en Fondsen, blyft als van ouds aan de respective

Kerkenraaden, van welke de Predikanten zyn de aanblyvende Voorzitters.

In de Hoofdplaats blyft dit aan den daar toe van Gouvernements-wegen in den Kerkenraad zitting hebbende Commissaris-politicq en aanblyvenden Kerkmeester bevolen, in maniere zo als zulks thands gebruiklyk is, of by nadere Ordre anders zal worden beraamd.

38.—Het Oppertoezicht echter over alle Kerkelyke Administratien blyft aan den Gouverneur in der tyd.

39.—De Kerkenraaden zullen overzulks geene aankoopen noch verkoopingen van vastigheden, noch geene geheele afbraken van oude of oprigting van nieuwe getimmerten, waarvan de kosten uit hunne gewoone en zuiver overschietende Inkomsten niet zouden kunnen vallen, — noch eenige geld-leeningen ten lasten der Kerken-of-Armen-Fondsen mogen doen, zonder vooraf gevraagd en verkregen schriftelyk *Fiat* van den Gouverneur in der tyd.

40.—De bewaaring der penningen tot de respective Kerken of Armen-Fondsen ten platten Lande behoorende, blyft den Kerkenraaden aanbevolen, op zodanige wyze als by elke Gemeente thands in gebruik is, of uit hoofde van byzondere reeds gegeven of nog te geven ordres wordt gepractiseerd.

Het staat echter vast, dat alle de Leden van de Kerkenraaden in die Gemeenten, te samen, en elk voor hun aandeel verantwoordelyk zyn voor de schade, die door onachtzaamheid of kwaade trouw by de Administratien dier penningen mogte ontstaan.

41.—Alle rekeningen en verantwoordingen loopen over een rond jaar van den eersten January tot den laatsten December ingeslooten.

De verantwoording daar van in de Hoofdplaats geschiedt op de wyze tot nog toe gebruiklyk, of door den Gouverneur in der tyd anders te bepalen.

In de maand January van elk Jaar, zenden de Kerkenraaden der Gemeenten ten platten Lande een door alle de Leden getekenden korten Staat dier rekeningen, *in duplo,* aan den Landdrost van hun District, ten einde die te examineeren;

Onder dezelve zal moeten gevoegd zyn eene uitdruklyke verklaaring, *dat alle de effecten, en contanten, die ingevolge het slot van dien korten Staat, ten voordeele der Kerken voorhanden moeten zyn, in de Kerken-Kist daadlyk aanweezig, en door hun, voor het tekenen dier korte Staaten, gezien, geteld, en overzulks ter hunner personeele verantwoording overgenoomen zyn.*

Zo nodig, zal de Landdrost omtrent een of ander der post, waarin hy erreur of onduidlykheid vermoedt te resideeren, de mondelinge of schriftelyke elucidatien van de Kerkenraaden mogen inneemen.

42.—De Landdrosten zenden ten spoedigsten, en uiterlyk voor het einde der maand February een Exemplaar der by hun alzo ontvangene en goedbevondene Kerken- en Armen-rekeningen, met een daar onder gesteld en door hunne naamtekening bekragtigd *Gezien,* aan de Kerkenraaden terug.

43.—De Predikanten zullen dan deze rekening drie agter een volgende Zondagen na de Predikatie, doch voor het uitspreeken van den Zegen, de Gemeente voorleezen, ten einde dezelve zich van de rigtige Administratie der door hun opgebragte Liefde gaven of ander Contributien zullen kunnen verzekerd houden, — en anders in de gelegenheid gesteld worden om, uiterlyk binnen den agtsten dag na de laatste voorleezing, hunne bescheidene bedenkingen, zo zy die daar op hebben mogten, aan den Kerkenraad te kunnen voorhouden.

44.—Na dezen voorsz. agtsten dag zendt elke Kerkenraad ten platten Lande een geauthenticeerd afschrift dezer alzo door den Landdrost *gevidimeerde,* en der Gemeente voorgeleezene, Rekening, met de bedenkingen die daar op mogten zyn gevallen, aan den Gouverneur in der tyd, ten fine van approbatie: die dan na bevinding daar op zal disponeeren, zo als Hy ten beste dier Gemeente zal oirdeelen te behooren.

45.—Eindelyk worden tot onderhoud der Kerken en Armen ten platten Lande binnen deze Volkplanting, — onverminderd de byzondere concessien voor zekeren tyd, of uit anderen hoofde aan eene of andere Gemeente toegestaan, of waar van dezelve boven dien thands zyn of namaals komen mogten in een wettig bezit — by dezen voor altyd vastgesteld de nagenoemde Fondsen:

1. De gewoone *Collecten* geduurende de openbaare Godsdienst-oeffeningen.
2. *Giften, Geschenken* of *Legaten* aan de Kerken of Armen gedaan of besprooken.

3. *Doop-gelden* buiten de Kerk of buiten den gewoonen Gods-dienst, ter somma van *twee* Ryksds. voor elk gedoopte.

4. *Lidmaat-gelden,* ter somma van *een* Ryksdr. voor elke Lidmaat.

5. *Trouw-gelden,* ter somma van *vyf* Ryksds. voor elk paar, te betaalen aan die Kerk waar toe de Bruid behoort.

6. *Begraafnis-gelden* van alle Lyken, begraaven wordende op het Kerkhof of op private grond-eigendommen, gelegen onder de Kerkelyke limiten van eenige Kerk; en wel voor een Lyk *boven twaalf* Jaaren oud *drie* Ryksds. — en *beneden twaalf* Jaaren oud *twee* Ryksds.

7. *Zitplaatsen-gelden* in de Kerken, door de respective Kerken-raaden te bepaalen.

En zodanige andere als waar van de inzameling, naar maate van de behoefte in elke byzondere Gemeente, thands reeds is of door het Gouvernement na dezen aan Dezelve nog mogt worden toegestaan.

46.—En ten einde het Gouvernement eene meerdere zekerheid zou kunnen hebben, dat alle de voorenstaande ordres, of die na dezen nog daar mogten worden bygevoegd, op eenen regelmatigen voet binnen deze Volkplanting worden naargekomen, zal eene proeve genoomen worden, of het uitvoerlyk en dienstig zy om ten minsten alle twee Jaaren in de maanden October of November voor de Hervormde Gemeenten deezer Volkplanting, binnen deze Hoofdplaats te houden eene algemeene KERK-VERGADERING, saamgesteld uit:

Twee Predikanten en twee Ouderlingen der Hoofdplaats, en

De Predikanten en een Ouderling uit elke Gemeente van de Buiten-Districten.

By welke Vergadering telkens, door benoeming van den Gouverneur in der tyd, zullen moeten gevoegd worden twee Commissarissen Politicq, om daar by het Gouvernement dezer Volkplanting te representeeren.

By vacature, ziekte of andere wettige verhinderingen van een Predikant of der fungeerende Ouderlingen, mag elke Kerkenraad ten platten Lande zich daar by ook laten vertegenwoordigen door een of twee der Diakenen, of ook door een of twee onbesprookene Lede-maaten der Gemeente, die te vooren Leden van den Kerkenraad geweest zyn.

47.—Het Presidium in deze Vergadering zal in zulk geval rouleeren tusschen de presente Predikanten naar den rang van den ouderdom der Kerken, in welke zy als Leeraaren dienen.

De Penne by elke Vergadering zal worden gevoerd door den Predikant die voor de eerstvolgende Vergadering waarschynelyk zal moeten presideeren, of door hem die by absentie of ziekte van dezen daar op in rang volgt.

48.—De onderwerpen van beraadslaaging en onderzoek by deze Vergadering — de wyze om daar op te besluiten — zo wel als de bepaling der Fondsen uit welke de Kosten tot het houden deezer Vergaadering zullen gevonden worden, zullen op de eerst te houdene samenkomst in de maand October of November van de Jaare 1805, met communicatie en overleg van de Commissarissen-Politicq worden ontworpen, en aan den Gouverneur in der tyd ter goedkeuring aangeboden. Het staat vast echter, dat de stricte en zo veel moogelyk eenvormige nakooming van alle de Artikelen dezer Kerken-Ordonnantie daar van een der Hoofd-pointen zal moeten uitmaaken.

49.—De maand en dag tot het houden dezer Vergadering met byvoeging tevens der pointen van beschryving wordt door den Kerkenraad der Hoofdplaats aan der Gouverneur voorgesteld en na deszelfs daar op verkreegen schriftelyk *Fiat,* de convocatie daar toe, eenen geruimen tyd te vooren, gedaan door denzelven Kerkenraad der Hoofdplaats, met mede toezending dier pointen van beschryving en van den juisten dag, plaats en uur, waar en wanneer dezelve Vergadering zal gehouden worden.

De Kerkenraaden van vacante Gemeenten worden daar toe mede geconvoceerd.

Elke Kerkenraad heeft het recht, by tyds zodanige bescheidene voorstellen tot pointen van beschryving voor de eerstvolgende Vergadering aan den Kerkenraad der Hoofdplaats in te zenden, als dezelve zal geraden vinden.

De plaatsing daar van zal niet mogen worden geweigerd.

50.—De Kerkenraad der Hoofdplaats zal in die Vergadering *twee* stemmen hebben, en de Kerkenraaden van elke byzondere

Gemeente, ten platten Lande, van welke Gecommiteerden ter Vergadering aanwezig zyn, *eene* stem.

De Commissarissen Politicq woonen de deliberatien by, en worden, voor dat eenig point mag worden ter conclutie gebragt, door den President verzogt, om Derzelver consideratien en advys op zodanig point der Vergadering te willen mededeelen.

Zy geeven, voor of staande de Vergadering, aan den President, schriftelyk, zodanige pointen als welke zy oirdeelen dat, boven en behalven de pointen van beschryving, onderwerpen der deliberatien behooren te worden.

Zy hebben het recht de conclutie van een of ander point te surcheeren, tot dat zy deswegens de welmeening van den Gouverneur zullen hebben kunnen inneemen.

51.—Het wordt aan den Gouverneur overgelaten te beslissen, of na deze eerstgenomene proeve, het bedoelde nut dezer Vergadering, met de daaraan, uit den aart van de uitgestrektheid van dit Land, vast zynde inconvenienten kan worden vereenigd — het eerste verzekerd — en de laatste daar tegen opgeheven of ten minsten gematigd worden kunnen.

52.—Eindelyk worden alle tot nog toe by eene of andere Gemeente in train geweest zynde gebruiken, of uit byzondere en vroeger gegeevene besluiten afteleiden Ordres, die met deeze Kerken-Ordonnantie zouden mogen stryden, kragt dezes ingetrokken, vernietigd, en gesteld buiten effect.

Het blyft echter aan het Gouvernement gereserveerd, om, naar maate in eene of andere Gemeente sommige van voorenstaande pointen zouden bevonden worden niet of niet ten vollen te zyn executabel, daar in zodanige verandering, verbetering of vermeerdering te kunnen maaken, als Hetzelve ten dienste van zodanige Gemeente en behoudens het Hoofd doelwit deezer Ordonnantie, in der tyd zal raadzaam oirdeelen.

En zal extract dezes gezonden worden aan Gouverneur en Raaden, ten einde aan al het voorenstaande de nodige executie te geeven.

Accordeert met Voorsz. Register,

A. L. DE MIST,
Secretaris.

(*Source:* Dreyer: 1936:8-23)

18 Reception of the Church Order by the Church Council in Cape Town (1804)

ONTVANGS VAN DIE KERK-ORDE.

(a) DEUR DIE KERKRAAD VAN KAAPSTAD [3 SEPT. 1804].

(i) *Antwoord van die Regering.*

Stellenberg,
de 21 Augustus 1804.

Mr. J. A. de Mist, Commissaris Generaal,
aan
Den Kerkenraad der Hervormde Gemeente
aan de Kaapstad.

Eerwaarde!

Toen ik u Uw Eerws' Missive van den 9 April deezes Jaars ontvong, had ik reeds het voorneemen omtrent de Kerkelyke zaaken deezer Volkplanting een Algemeene Ordre te beraamen. Het hier by gevoegde Exemplaar zal Uln. doen zien dat ik dit voorneemen volbragt hebbe, en de 23ste en 24ste en verder 41—51 Artikelen daarvan zullen UEerws. tevens vertrekken tot antwoord op de beide pointen door UEerws. by opgedagte Missive aan my voorgesteld tot welker inhoud ik my overzulks gedrage. Gy kunt de noodige Exemplaaren dezer Kerken-Ordre met van last der executie daarvan, eerlang van Gouverneur en Raaden te gemoet zien.

Heil en Achting.

(was get.) J. A. DE MIST,
Comm. Generaal.

Idem No. 248, pag. 646.

(ii) *Besluit van die Kerkraad.*

"Wierd door den Eerwaarde Heer Praeses [Ds. C. Fleck] geproduceerd eene Missive van den Heer Commissaris Generaal [Mr. J. A. de Mist] van den 21 Augustus, dienende ten geleide van een

Reglement van Kerken-Ordeninge voor de Bataafsche Volkplanting alhier by zyn Hoog Edelheid ontworpen, en terwyl daar uyt onder anderen de Vergaadering kwam te blyken de verbetering in het bestaan der Leeraaren, dat geen kleynen invloed heeft tot aanwakkering in het Heylig Dienstwerk zoo is beslooten zyn Hoog Edelheid diesweegens per Missive te bedanken, als meede om aan den Gouverneur Generaal en Chef [J. W. Janssens], eene Commissie te benoemen, om uyt naam deses Raads meede haar Compliment af te leggen over de gunstige Intercessie die door zyne Exzellentie ten deese opzigt heeft moogen plaats hebben, Het geen door de beyde Predicanten [C. Fleck en J. H. von Manger] is aangenoomen den volgende dag te volbrengen, Zynde daar op door den Eerwaarde Heer Praeses voorgeleesen een Concept van voormelde Missive, dewelke door de Vergaadering ten vollen is goed gekeurd en beslooten gemelde Brief als zoodanig te laten afgaan, behelzende onder anderen het slot "dat de Vergaadering er ver af is, om op iets meer te staan als onzen geloofsgenooten thans in Nederland komen te genieten, Dog dat met deesen ook in alle derzelver Prerogativen gelyk te weesen, steeds onzen toeleg zal behooren te zijn."

"Ook is nog goed gevonden aan yder Lidt en Exemplaar der ontfangene Kerk-Orde afte geeven, onder dat beding van het zelve by het aftreeden aan hunne successeuren telkens te doen overgaan, En wel staande de jaarlykse overgaave der Boeken."

(*Source:* Dreyer 1936:25-26)

19 Proclamation for the work of missionaries by Governor J W Janssens on 20 February 1805

These regulations were published after the arrival of the first London Missionary Society missionaries in 1799. While mentioning individual missionaries by name, these regulations governed the work of missionaries from abroad. This proclamation was linked to Article 14 of the Church Order of De Mist:

So it is: that the Governor and the Members of the Board of Police, wishing to adhere to the regulation of the Representative of the Batavian Republic, and thinking it their duty as much as possible to promote his good arrangements for the benefit of this Colony, and to watch that useful regulations obtain no tendency prejudicial to society, have thought necessary to promote the intention of the Missionaries in this Cape by establishing the following:—

1. That all Missionaries, who are upon a legal authority in this Colony, have freedom to proceed into the interior of this Cape for the purpose of teaching and promoting religion and cultivation among the heathen nations.
2. That this however be done at such a distance beyond the boundaries of this Colony, established by Government, that their schools have no communication with the inhabitants upon these boundaries, much less with those that live within them, either Christians or Heathen.
3. That in the schools and meetings to be formed by the Missionaries for the Natives, nobody who has residence within this Colony, and belonging to the common population, be permitted; unless he has obtained for it express leave from the Governor, which leave can never be obtained except in the event of absolute necessity.
4. That all Missionaries, before they proceed to the interior of the country, have to make themselves known to the Governor and Commander-in-Chief, and also to mention the place where they intend to settle themselves, in which case they obtain a certificate from him, in which such place or district is expressed, in order that Government may know at all times where the Missionaries are labouring.
5. That all Missionaries be obliged to send to Government at every convenient opportunity a written account of the state of their schools, in order to know what effect the cultivation of the Natives has had through their care; from what they get their subsistence; what cattle and other things they possess; the nature of the soil which they occupy and plough; the climate, etc.
6. That the limits of the Colony be provisionally established for this purpose thus: The utmost point of the Colony shall be to the north, the west coast at the mouth of the Coussie river,[1] about $29^\circ 30'$ south latitude: the course of this river to its springs at the commencement of the Copper mountains shall be the northern limit; this limit shall go farther south-eastwardly in a straight line, following however the natural course of the mountains, and including the utmost habitations of the colonists to that part of the Zak river where it unites itself with the Reed river. The Zak river from hence to its sources and the mountains of the New-fields shall be the farther limit, which shall continue the course of the mountains along the north part of the great Karroo, due east and west to the foot of the Snow mountains: the limit to the north shall include the great mountain called the *Tafelberg*, and con- APP. II.
tinue to the Seacow river, where the beacon of Plettenberg is placed, further proceeding along the west part of the Bamboes mountains, including the whole Tarka Hoek. Finally, the Tarka and Kaka mountains to the confluence of the Baviaans and Great Fish river; and this river continuing to the mouth shall separate the Colony from the country of the Caffers.
7. That the Missionaries, who proceed to the places of their destination or return from them, as well regularly ordained ministers as others, be pro-

hibited to officiate within the Colony, without having leave from the Governor and Commander-in-Chief, or from the vestry of the district in which they intend to officiate.

8. That Mr. Kicherer, one of the Missionaries, having established a school for the Natives on this side of the Zak river, shall be permitted to continue in his institution upon the following terms:—
   (*a*) That the county sheriff of Tulbagh be directed to show him the circumference in which the school must be confined.
   (*b*) That concerning this circumference the same arrangements must take place respecting the surrounding inhabitants of the Colony, as are established in the 2nd, 3rd and 5th articles of this proclamation, respecting those that are beyond the limits of this Colony.

9. That the Moravian establishment at the Baviaans Kloof, which has endeavoured to act in all respects according to the intention of the Government, may continue there also, with the recommendation to impress upon the Natives, as much as possible, industry, and to convince them of the bad consequences proceeding from idleness. The Moravians however have to take care not to seduce any Native or Bastard from the service of their masters to their institution.

10. That the institution of Dr. van der Kemp, established upon legal authority at Bethelsdorp, be also permitted to remain within the foregoing limits, but upon the following conditions:—
   (*a*) That neither the Missionary Van der Kemp, nor any of his fellow Missionaries belonging to the institution at Bethelsdorp, shall be permitted to go without a special consent from the Governor and Commander-in-Chief, or from the County Sheriff of Uitenhage, out of the limits of the Colony.
   (*b*) That only wandering Hottentots, or others, who from this institution have gone into the service of the inhabitants, shall be permitted to receive instruction; but no Hottentots who are actually serving the inhabitants, or have served them in the course of the preceding year, be permitted to be received in it.

11. No instruction in writing, as this is not absolutely necessary in the commencement of cultivation, shall be permitted in the schools already established, or that may be established hereafter; but this instruction shall be postponed till express licence from the Governor and Commander-in-Chief be obtained for it.

12. That, as far as the capacity of the Natives is fit for comprehending the first ideas of social order such as exists in the mother-country and in this Colony, the missionaries be obliged to teach them, and the Missionaries be prohibited to pray openly in the institutions already established, or that may be established hereafter, for any other power or government, than for that of the Batavian Republic and this Colony.

13. Upon these conditions and stipulations, which the present state of the Colony has made necessary to establish, and which only are established to have a tendency to promote the intentions of the Missionary institutions, all possible aid and assistance will be given to the Missionaries in this

Colony; and we expect that each of them will endeavour to act accordingly, because a conduct contrary to these regulations would compel Government to take serious measures to enforce them.

And in order that no person may pretend ignorance of the contents of this proclamation, it shall be published and fixed up at all places where usually proclamations are published and affixed; and further, a copy of this proclamation, as well as the established ordinance of the Church above mentioned, shall be given by the Secretary to each Missionary who wishes to have it.

Resolved and decreed in the Board of Police at the Cape of Good Hope, Febr. 20th, 1805, and published the day following.

(Signed) J. W. JANSSENS, *Governor, etc.*
J. A. TRUTER, *Secretary.*

(*Source:* Du Plessis 1965:426-428)

20 Vanderkemp founds Bethelsdorp (1799)

When Dr Theodorus Vanderkemp of the London Missionary Society came to South Africa in 1799 he founded Bethelsdorp because there was nowhere in the Cape Colony where the Hottentots were able to be free from colonial oppression. In 1803 Governor Janssens asked Vanderkemp to name his new settlement and he chose the name Bethelsdorp (Genesis 25:2, 3). On 11 February 1801, in a letter to Governor Dundas, Vanderkemp had laid down the rules for such a settlement. This settlement was resented by the local farmers who said that it would encourage idleness and take labourers away from the farms. Vanderkemp wanted to evangelise and educate the Hottentots and found a community at the same time.

20.1 Bethelsdorp receives a name (1803)

In his journal at this time Vanderkemp wrote:—

'The Governor's mind, we found, by false representations, had been preoccupied against our institution, by persons whose malicious projects had struck at the very root of the mission. "But the counsel of God standeth sure, and He will do all His pleasure." The Governor, however, seemed immediately convinced of the utility of our labours among the Hottentots, and steps were immediately taken to find a spot of ground for our settlement; and the only one that could be found, not in the possession of farmers, was about seven miles north of Fort Frederick, near a small river, called by the Hottentots Kooboo, at the entrance of a kloof which separates a ridge of high mountains. After this place was assigned for the establishment, the Governor requested Brother Vanderkemp to give it a name. Brother Vanderkemp, after a moment's hesitation, and recollecting the text from which he had preached the Sunday before our departure from Graaff Reinet, Gen. xxxv. 2, 3[1], proposed to his Excellency the name Bethelsdorp (Village of Bethel), and his Excellency approving it, it was concluded that that should be its name. Governor Janssens seemed, however, prejudiced against our teaching the Hottentots to write, considering them not to be sufficiently civilized to make a proper use of it.

(*Source:* Lovett 1899:502)

20.2 Principles for community life at Bethelsdorp (1801)

The principles upon which the new settlement was to be based are set forth at length in a letter from Vanderkemp to Governor Dundas, dated February 11, 1801[1]. These are thirteen in number; but the most important, especially in the light of later calumny and opposition, were the following:—

'2. The chief object and aim of the missionaries under whose direction this settlement shall be established ought to be to promote the knowledge of Christ and the practice of real piety, both by instruction and example, among the Hottentots and other heathen, who shall be admitted and formed into a regular society; and, in the second place, the temporal happiness and usefulness of this society, with respect to the country at large.

'3. Into this society only those ought to be admitted who will engage themselves to live according to the rules of the institution.

'4. The actual admission and expulsion from this society shall entirely depend upon the judgment of the missionaries.

'6. As we are of opinion that the rule laid down by Paul, "that if any would not work, neither should he eat," ought to be strictly observed in every Christian society, our intention is to discourage idleness and laziness; and to have the individuals of our institution, as much as circumstances shall admit, employed in different useful occupations, for the cultivation of their rational faculties, or exercise of the body, as means of subsistence, and of promoting the welfare of this society, and the colony at large.

'7. As the introduction of these employments will involve the European missionary societies in considerable expenses, the workmen should be considered as journeymen in the service of the society, and be paid weekly for their labour; but the products of their labours should be the property of the society, and sold for its benefit.

'10. We have no severer punishment than excommunication from the Church and expulsion from the society. If we shall be compelled to proceed to this last step, we shall think it our duty to inform the landdrost of the fact, that justice may be administered by the court to whose cognizance the crime belongs, and no malefactor find shelter within our walls.

'13. As to the protection which we may expect from your excellency, we entirely trust to your excellency's declared resolution to favour our missionary exertions, and request that we may enjoy the same protection and privileges which are granted to the (Moravian) Brethren at the Bavian's Kloof.'

(*Source:* Lovett 1899:499-500)

21 Moravian work at Genadendal continues (1792)

Genadendal (Vale of Grace) was the Moravian settlement established by George Schmidt in 1737. Schmidt was the first missionary to come to the Cape (cf 8-10 above). He was sent by the Moravian Brethren of the community at Herrnhut, Germany, led by Count Nicholas von Zinzendorf. He came with the approval of the Dutch East India Company after being examined by the Dutch church. The community that he established was patterned on Herrnhut. He returned to Europe in 1744 after a dispute with the Cape Ned Geref Church over his ordination and the baptism of converts, which the Cape church said had to be done by the Ned Geref Church, but the station was re-established in 1792 by Marsveld, Schwinn and Kühnel. In 1816 the inhabitants drew up a list of regulations (or code of conduct) for those living in the settlement at Genadendal in the Baviaanskloof:

Regulations of the Congregation at Genadendal

(Drawn up and agreed to by all the inhabitants in 1816)

1. The Regulations of a Congregation of the Brethren are not to be considered as laws, prescribed by Superiors, but as a Brotherly Agreement between the inhabitants of a Settlement of the Brethren. — The object of the Brethrens' living together in separate settlements is, that they may as much as possible be out of the way of temptations, and that by the preaching of the word of God connected with a wholesome Church discipline a living knowledge of Jesus Christ, and a godly life may be promoted among the inhabitants. Hence all the regulations of a Congregation must tend to further this object and to prevent whatever is contrary to the same.

2. If a Congregation shall subsist according to the regulations, voluntarily adopted by its members, it is necessary that persons be appointed, whose duty it is, to watch over the due observance of these regulations. This office is in Genadendal entrusted to the Teachers and Missionaries, whose admonitions and decisions every one is bound to obey, as long as they are agreeable to the word of God, and the rules adopted by the Congregation.

3. We wish to conduct ourselves as faithful and obedient subjects under the existing Government, and willingly to submit to the laws of the country, in as far as we are not exempt by privileges lawfully obtained. — We consider it as our duty not only to love and honour the persons in power placed over us, but also to endeavour to promote the welfare of the country, where our lot is cast. — We

likewise are willing to honour and obey the Overseers, who with the approbation of Government are appointed to watch over order and regularity here at Genadendal.

4. Every Inhabitant of this place is bound, according to the precept and example of Jesus and his disciples, to be kind and friendly towards all men without regard to nation or other circumstances. — We also wish to avoid all disputes about religious matters with people of other communities, in order that the brotherly love and harmony, which ought to characterise the followers of Christ, may not be disturbed. Disputes and quarrels amongst ourselves must also, as much as possible, be avoided.

5. We consider it as a matter of the highest importance, that the strictest morality be attended to, in the intercourse of children and young persons of both sexes. Parents and Guardians must be particular in regulating domestic affairs in such a manner, that as much as possible every opportunity of forming improper connexions may be avoided. No inhabitant is permitted to keep children of other parents in his house overnight without the knowledge and leave of the parents.

6. We consider drunkenness as a great sin, which is frequently the occasion of exciting the worst passion; and no less do we abhor the smoking of *Dacha*.

Swearing and cursing is an abomination in the sight of God and his word says, that He wilt not hold him guiltless, that taketh his name in vain, Exod. 20: 7, it is also written, that neither adulterers, nor thieves nor drunkards shall inherit the kingdom of God. 1 Cor. 6: 9–10. Hence it is our desire, not only to avoid all these works of darkness, but never to suffer them in our children, and on all occasions use our best endeavours, to extirpate all these and other wicked habits amongst us.

7. No one is permitted to bring spirituous liquors from other places to Genadendal, and all plays of a mischievous and immoral tendency are prohibited.

8. The Sabbath or Sunday is ordained by God to be a day of rest. Hence it is our duty, to keep it holy, to improve every opportunity afforded us, to appear before him in fellowship for edification, and to avoid everything, whereby this holy day must be abandoned.

Let rather every one in retirement meditate on the word of God and the useful instructions, which he has heard in Church and School.— Children and young people must conduct themselves quietly and with proper decorum in going in or out of the Church, lest the Congregation be disturbed and offended by their lightmindedness.

9. In the evenings after the public meetings every one must remain in his house and not go about visiting in other dwellings, unless compelled by necessity.

10. Whoever receive a stranger in his house to stop overnight, must give notice of it to the Missionary, who is appointed to examine the passports of such stranger, and be answerable for the good conduct of the visitor.

11. When any one has obtained leave to reside in Genadendal, and is desirous to build a house and have some land for a garden, he must address himself to the Missionary, who has the inspection over buildings and gardens, and be willing to follow his advice. In the same manner previous notice must be given, before one is allowed to enlarge his house.

12. All the inhabitants of this place must be attentive to cleanliness in their persons, houses and the environs thereof, and take care, that the ditches, watercourses and paths adjoining their houses and gardens be kept open and clean.

13. If any one damages his neighbour's houses, hedges, trees or what he has sown and planted or such damage is done by his children or cattle, he must remunerate the sufferer according to a fair valuation; and if any one commits thefts or other crimes, he must be delivered over to the Magistracy.

14. If a dispute arises between inhabitants of this place, it is their duty in the first instance, to appeal to the Missionaries, in order that by their good advice and admonition such dispute may be settled and love, peace and harmony restored.

15. In case there should be persons found amongst us, who disregard all good advice and admonitions, and repeatedly render themselves guilty of the above mentioned sins and improprieties, they shall no more be allowed to live amongst us. If they possess house, garden and ploughland, they are at liberty to sell the house, and the fruit found on the land and in the garden to other inhabit-

ants of the place, of which however due notice must be given to the Missionaries. — After having settled their affairs, they are not allowed to remain in Genadendal beyond a certain time fixed by the Missionaries, and no Inhabitant is allowed to shelter them in his house.

16. In case the inhabitants of this place remove from hence, and stay away beyond a year without giving any notice of it, and without giving their huts and gardens in trust to someone else, if they remain absent for two years, their huts or houses may be disposed of and the amount reserved for them, and if they have no heirs here, and nothing is heard of them within five years, the money falls to the poor-box.

17. In the same manner do all those, who though they remain on the spot, make no use of their land and garden, forfeit their right thereto, and must expect, that they will be given to another.

18. Before any one obtains leave, to reside in Genadendal he promises in the presence of all the Missionaries, to conduct himself according to these Regulations and in all things to follow the precepts of Jesus and his Apostles. Hence it is expected of every Inhabitant of the place, duly to observe these regulations, which have no other object, than to promote the welfare of the whole community and of every Individual.

May God — who is not the author of confusion but of peace — add his blessing!

(*Source:* Krüger 1966:303-306)

22 Fragments of the history of the first Synod of the Ned Geref Kerk

In 1806 the Cape was once again in British hands. The Ned Geref Kerk, at this time also called the (Nederduitsch) Hervormde Kerk, could no longer appoint new ministers from Holland so use was made of Scottish Presbyterian ministers. The Ned Geref Kerk was no longer under the jurisdiction of the Netherlands and in November 1824 the first independent Synod of the Cape church was held. The resolutions passed were submitted to the Governor, Lord Charles Somerset, for approval. His letter dated 7 July 1825 sanctioned the proceedings. Various articles were discussed dealing with religious education and discipline as well as congregational work:

22.1 *Algemeen Reglement (1824)*

(A) ALGEMEEN REGLEMENT VOOR HET BESTUUR DER NEDERDUITSCHE HERVORMDE KERK, IN ZUID-AFRIKA, ONTWORPEN IN DE ALGEMEENE KERKVERGADERING, GEHOUDEN BINNEN DE KAAPSTAD, OP DEN 2 NOVEMBER, EN VOLGENDE DAGEN VAN HET JAAR 1824.

Eerste Afdeeling.

ALGEMEENE BEPALINGEN.

ART. 1.—Het Bestuur der Hervormde Kerk word uitgeoefend, *Gemeentelyk, Ringswyze** en *Synodaal.*

2.—De Leden der Kollegien, waaraan dit onderscheiden bestuur, volgens na te meldene bepalingen, wordt opgedragen, stemmen altyd hoofdelyk.

3.—De mindere besturen hebben het regt, voorstellen in te zenden aan de hoogere, en in voorkomende gevallen derzelver voorlichting te vragen; terwyl zy daarentegen verpligt zyn, aan de aanschryvingen der hoogere Kollegien te voldoen.

4.—Een minder Kerkbestuur vermeenende door de besluiten van een hooger bezwaard te zyn, heeft het regt zich deswegens by nog hooger bestuur te beklagen; mits nogtans gehouden zynde, van inmiddels aan de ontvangene bevelen te gehoorzamen, ten zy de zaak by de eindelyke uitspraak, niet weder in zyn geheel zoude kunnen gebragt worden.

5.—Van alle zaken, by uitspraak van een kerkelyk Kollegie beslist, valt appèl aan het in rangvolgend hoogere Kollegie, doch ter tweeder instantie beslist zynde, wordt geen nieuw appèl toegestaan.

6.—Van zaken volgens het voorgaande artikel, in appèl vervolgd wordende, zal de kennisneming trapswyze moeten geschieden, en geene zaken voor de Algemeene Vergadering mogen worden gebragt, welke eerst in de Ringsvergadering hadden behooren te worden afgedaan; tenware er in middels geene Rings Vergadering was gehouden, en de aard der zaak eene spoedigere afdoening vorderde. Alles echter onverminderd de bevoegdheid der Algemeene Vergadering om ook zonder hooger beroep, kennis te nemen van zaken, tot het belang der Kerk in het Algemeen, en tot hare competentie behoorende.

7.—De zorg voor de belangen zoo van het Christendom in het algemeen, als van de Hervormde Kerk in het byzonder, de handhaving harer leer, de vermeerdering van Godsdienstige kennis, de bevordering van Christelyke zeden, de bewaring van orde en eendragt, en de aankweeking van onderdanigheid aan overheid en wetten, moeten steeds het hoofddoel zyn van allen, die in onderscheidene betrekkingen met het kerkelyke bestuur belast zyn.

8.—Alle Kerkbesturen gedragen zich, overeenkomstig de voorschriften, zoo Algemeene als byzondere verordeningen, welke reeds zyn, of vervolgens wettig zullen worden vastgesteld.

Tweede Afdeeling.

Aangaande de Algemeene Kerkvergadering in het Byzonder.

9.—De hoogste directie der Hervormde Kerk in deze volkplanting omtrent Kerkelyke zaken berust by de Algemeene Kerk Vergadering.

10.—De Algemeene Kerk Vergadering is belast met de zorg voor de algemeene belangen der Hervormde Kerk in deze Volkplanting, en met opzigt tot deze, in het byzonder, met de zorg voor alles wat de openbaren Godsdienst en de Kerkelyke Instellingen betreft.

11.—De Algemeene Kerk Vergadering niet kunnende beslissen, in het laatste resort: de zaken, door mindere Kerkbesturen behandeld, en in cas van appèl voor dezelve gebragt, neemt haar laatste recours tot het alhier bestaande Gouvernement.

12.—De Algemeene Kerk Vergadering ontwerpt Kerkelyke Reglementen en verordeningen, en draagt dezelve voor aan het Gouvernement ten fine van Sanctie.

13.—De Algemeene Kerk Vergadering maakt in het byzonder bepalingen omtrent de examina, en de wyze van admissie dergenen, die tot onderwyzen bestemd zyn, ten einde van derzelver kunde, regtzinnigheid en bevoegdheid volkomen verzekerd te zyn.

14.—De Algemeene Kerk Vergadering zorgt voor doelmatige schikkingen, en maakt verordeningen ter bevordering, regeling en verbeteringen van het Godsdienstig onderwys.

15.—De Algemeene Kerk Vergadering ontwerpt een Reglement op de Kerk visitatien, of laat zulks over aan de Rings besturen onder hare approbatie.

16.—De Algemeene Kerk Vergadering vervaardigt een ontwerp van Reglementen op de manier om Kerkelyke zaken, Kerkelyk te behandelen by de Kerkenraden, en by de Rings besturen of over *Kerkelyk Opzigt en Tucht*: daarby in acht nemende, alle aanleiding tot willekeur en onzekerheid door naauwkeurige bepalingen en voorschriften, zooveel mogelyk te vermyden.

17.—Insgelyks zullen door de Algemeene Kerk Vergadering verordeningen worden gemaakt, ten einde plaatselyke Kerkenraden op de, voor de zaak van den Godsdienst en de belangen van de gemeenten, meest voordeelige wyze in te rigten.

18.—Er zullen doelmatige en algemeen werkende schikkingen worden gemaakt, ter bepaling van fondsen tot bestryking van Synodale onkosten, de meest eenvoudige en zekerst werkende middelen zullen worden by de hand genomen, op eene voor de Gemeenten en andere belang hebbenden minst drukkende en zoo veel mogelyk gelykwerkende wyze.

19.—Alle de bovengenoemde Reglementen, zullen, na dat dezelve door de Algemeene Kerk Vergadering zullen zyn bepaald, aan 's Gouvernements goedkeuring worden onderworpen, overeenkomstig Art. 48 van de thans vigeerende Kerkenorde van het jaar 1804.

Derde Afdeeling.

Over het Kerkelyke Bestuur in de Gemeente.

20.—In alle Gemeenten zal een afzonderlyke Kerkenraad zyn, bestaande uit den Predikant of Predikanten der plaats, en uit Ouderlingen en Diakenen, gekozen uit de Godsdienstigste, kundigste en voornaamste leden der Gemeente, van welken alle de betrekkingen en pligten door de Algemeene Kerk Vergadering by een reglement op den Kerkenraden zullen worden bepaald, en omschreven overeenkomstig Artikel 24 van de thans vigeerende Kerkenorde van het jaar 1804.

21.—De voor deze Kolonie uitkomende Predikanten der Hervormde Kerk, zullen zich by hunne aankomst, behooren te legitimeeren by den Praeses van den 1sten Ring van de Hoofdkerk, zullende dezelve Praeses daarvan terstond rapport doen aan Zyne Excellentie den Heer Hoofdgebieder, insgelyks zullen dezelve by de aanvaarding van hunnen dienst, voor en aleer zy aan de Gemeente worden voorgesteld, hunne Testimonia en Certificaten moeten vertoonen aan den Praeses van den Ring waaronder die Gemeente ressorteert.

22.—Aan den Kerkenraad behoort de zorg voor hetgeen den Openbaren Godsdienst het Christelyk Onderwys en het opzigt over de leden der Gemeente betreft.

23.—De Censuur over de Leden der Gemeente om gegronde redenen, en volgens de bepalingen van het Reglement van Kerkelyk opzigt en Tucht noodig zynde, zoo geschiedt dezelve, ter eerster instantie, door den Kerkenraad gaande des noods hooger op tot de Rings Vergaderingen, des gevorderd tot de Algemeene Kerkvergadering; en zal de Censuur voor zoo veel Kerkenraadsleden, ondergeschikte Kerkelyke Onderwyzers en Suppoosten betreft, geschieden ter eerster instantie by de Rings Vergadering, en vervolgens by de Algemeene Kerkvergadering; tot welke Algemene Kerkvergadering alleen de censuur van Predikanten behoort.

24.—Den Diakenen blyft de Zorg voor de armen der Gemeenten, en hetgeen daarop betrekking heeft, volgens plaatselyk gebruik aanbevolen.

25.—Geen Leeraar zal in de Parochie van eenen anderen Prediken, ten zy met voorkennis en verlof van den Leeraar dier Parochie, of by deszelfs afwezendheid, met voorkennis van den Kerkenraad, en de penningen by die gelegenheid gecollecteerd wordende, zullen door hem worden overgemaakt, aan de Kerkenkas van zoodanige Parochien.

26.—Het Doopen van kinderen en volwassenen, of het tot ledemaat aannemen van iemand uit eene andere Gemeente, zal zonder schriftelyk verlof van den Leeraar dier Gemeente, niet mogen Geschieden.

27.—In vacante Gemeenten zal het bovenstaande almede niet mogen geschieden, zonder dat daarvan vooraf zal zyn kennis gegeven aan den Kerkenraad van zoodanig eene Gemeente, terwyl men, na de verrigting aan denzelven daarvan verslag zal behooren te doen.

28.—In geval van buitengewone absentie uit de Gemeente, zal elk Leeraar moeten zorgen dat zyn dienstwerk ten genoegen van den Ring worde waargenomen.

(*Source:* Dreyer 1936:215-218)

22.2 *Letter from the Moderature to the Governor (1824)*

—BEGELEIDENDE BRIEF VAN MODERATORE AAN GOEWERNEUR INSAKE BESLUITE VAN EERSTE SINODE [ONGEDATEER].

My Lord,

The Synod assembled at this place under your Lordship's approbation has done us the honor to commit to us the transmitting of the hereunto annexed documents which they beg respectfully to submit for your Lordship's consideration and sanction containing partly the general regulations and particularly the plan suggested by the Ministers of the Colonial Reformed Church for a fund for the support of the Ministers' widows. The Synod also respectfully request that in as far as it is possible no Political Commissioners may be appointed but such who are members of the Reformed, at least of the Protestant Church, and that their power may be clearly defined by their instructions.

They further request that all religious meetings may bear the name of the sect to which they belong, and that none may be suffered to be formed within the Colony without the permission of Government.

And that whereas the profanation of the Sabbath is from time to time manifestly increasing, that it may pleas Your Excellency to forbid all unnecessary dealings by purchase and sales, all tumultuous noises on the public roads and streets, playing and gambling, the opening of Taphouses, on the days set apart for divine worship, by ordering the same to be closed throughout the Colony during the entire Sunday, and farther to prevent whatsoever may tend to unhallow the Lord's Day.

They take the liberty on this occasion to observe that their request to establish a "Seminarium cum annexis" has already been sent in on the 21st ult. by a separate letter of their 13 Sitting dated the 17th ult.

They also solicit your Excellency that the Acta Synodi may as far as the same ought to be published be printed at the Government printing office; and in particular that the translation of the Heidelbergsche catechism be printed in order to be used in the English

Schools for the Children belonging to the Reformed Church. That also the existing Church Orders may be reprinted, these no longer being obtainable, and that also may be put to the press to be distributed the general Church Ordinances of the National Synod Dordrecht of the year 1619 for the Netherland Church, which is a fundamental Document of all the Regulations of our Church to which we are all bound to conform.

And whereas the Synod having felt itself compelled, on account of the abuse made of it, to establish some limitations respecting the time of taking up and delivering church certificates, have resolved that they shall be produced before the expiration of six months, and that when having passed that period the holder thereof shall pay a fine of one Rixdollar for the benefit of the Synod Fund; and they shall at the longest period be receivable only within one year and six months; wherefore the civil authorities will be requested not to grant any Burgher Certificate to anyone without previous application being made to the vestry or the Minister for a Church Certificate, of which proof must be produced from the Vestry, or a written proof that such a one is not a member of the Church. Your Lordship is therefore solicited to take the subject into consideration, and in order that it may take effect to grant to it your sanction.

Finally a Resolution having passed as to the manner of raising and administering the Synod Fund for defraying Expences, for as far as they have already been approved by your Excellency, dated 19th November, whereby the following articles have been determined:

1st. That the levying shall commence on the 1st January, 1825.

2nd. That the Treasurer Deacon of each congregation shall be commissioned with the receipt thereof, of which he shall keep a separate account and keep the amount with the money belonging to the Church, but distinct from the Church.

3rd. At the District Meetings (Rings Vergaderings) the amount of the receipt thereof shall be reported.

4th. At the requisition of the Clerk of the Synod the said proceeds shall be remitted to him, for which he is to give a receipt.

5th. The District Meetings shall deliver to the Synod accounts of their necessary expenditures together with the balance of the receipts, subject to the approbation of the Synod, on which we also solicit Your Excellency's sanction.

We have [etc.]

(Signed) J. C. BERRANGÉ, V.D.M.
(Signed) M. BORCHERDS, V.D.M., Secy.

(*Source:* Dreyer 1936:258-260)

22.3 Letter from the Governor to the Political Commissioner giving official sanction to the proceedings in reply to a letter from the Political Commissioner (1825)

—GOEWERNEUR SE AANMERKINGS OP VOORGAANDE VERSLAG.

Colonial Office, Cape Town,
7 July, 1825.

Sir John Andreas Truter, Kt.

Sir,

His Excellency the Governor has had the honor of receiving your letter under date the 31 January last, together with the accompanying proceedings of the late Meeting of the Synod of the Reformed Church — with an introductory Letter from that Body.

His Excellency has to apologize for the apparent length of time which has elapsed since these Documents reached Him, but it has chiefly arisen from the delay which has taken place in the translation of them, by the Government Translator.

His Excellency most sincerely regrets the cause which had deprived you of the aid and assistance of Your Fellow Commissioner,—at the same time He feels confident that the Interests of Government have been equally attended to under Your Individual Superintendance, and He has great satisfaction in observing the cordiality and unanimity with which the proceedings have been conducted, and the confidence in, and attachment to His Majesty's Government, which have been evinced by the Members of the Synod.

His Excellency will now proceed to give His decisions, on the several points alluded to, in the proceedings and in the accompanying letters, whether from Yourself or from the Synod.

1. In the first place His Excellency is disposed to approve of the General Regulations framed by the Synod for the Government of the Reformed Church, in the Colony, whether in its combined assemblies, or in its subordinate parts, and He will be happy to authorize the printing of such Regulations.

2. His Excellency is equally disposed to approve of the Regulations for holding Religious Meetings as well as for the Establishment of the Clergymen's Widows Fund, but in regard to the Loan from the Orphan Chamber of the Ten Thousand Rixdollers without Interest, He wishes that point to be postponed, and considered as a separate question independent of the Church Regulations.

3. In regard to the appointment of Itenerant Preachers and Schoolmasters, with the view of affording Religious Instruction to the Families and servants of those Residents in the Country District, whose houses are too distant from each other to allow of any periodical congregation being held, His Excellency is of opinion that such a System would be attended with manifold advantages. He feels also the benefits that would be derived from the Establishment of a preparatory Theological Academy — or at all events from a competent person being attached to one of the existing Seminaries to Superintend the Religious Education and to teach the principles of Divinity to such of the Scholars who may be destined to proceed to Europe, for the purpose of being regularly educated for the Situations of Ministers of the Reformed Church. His Excellency however trusts with confidence that the Church Funds of the Colony will be found fully sufficient to meet the additional Expence to be incurred under these Heads as the Finances of the Government do not at present warrant Him, in holding out any pecuniary aid to the Church beyond what has already been bestowed on it.

4. His Excellency cannot too strongly impress upon the minds of the Synod the necessity, for the benefit of the people themselves, that the rising Generation should be instructed in the English language — as the only means of their attaining employment under the Government; — He therefore entirely approves of the Translation of the Heidelberg Catechism into English for the use of the Schools.

At the same time however that he feels Himself bound to impress in the strongest manner the necessity of the general Introduction of the English Language, as the only Language to be made use of in future, in all public and legal translations of every kind. He feels the force of the observations made by you, in regard to such obligation not being binding with reference to Religious Worship — and His Excellency will feel inclined to give the most liberal Interpretation to this important point — and He therefore cannot object to the Religious Instructions being for some time to come given in the Dutch Language provided always that the English Language be tought in all the Schools.

5. His Excellency is also pleased to enter into the views and feelings of the Synod, relative to the appointing to the situation of Political Commissioner, persons who are not of the Reformed Church of the Colony — nor of the Established Church of England, nor belonging to any Protestant Church, and He will attend to this point in all such Nominations.

6. In regard to the observations made by the Synod in their Introductory letter relative to the profanation of the Sabbath, His Excellency will give Instructions to the proper authorities to see that the Law and Regulations which at present exist on this Head, be carried into strict effect — and He trusts that this will prove sufficient to remedy the Evils complained of.

7. His Excellency has been pleased to approve of the Regulations proposed by the Synod in regard to the Church Certificates, as alluded to, in their Introductory Letter — and He will authorise the Civil Authorities to attend thereto, in as far as they are concerned. He also approves of the Resolutions passed as to the Manner of raising and administering the Synod Funds.

8. With regard to the proposition which was determined on in the Meeting of the Synod on the 10th November for effecting a closer Union between the Reformed Dutch and Scotch Church. His Excellency is of opinion that the Synod came to a very wise decision, as such an amalgamation, however desirable, is of too much importance to be carried into effect without deep consideration and without the sanction of His Majesty's Government in England.

As connected however with the deliberations on this subject,

His Excellency desires me to express His perfect approbation, of the manner in which you insisted in upholding the Ordinance of the Commissary De Mist, as the Law of the Land, with regard to the Government of the Church in this Colony, and in supporting the Supremacy of the Colonial Government over the Reformed and Its Right, with the sanction and approbation of His Majesty's Government at home of Regulating and Superintending the Government of the Church, and of appointing the Clergymen — a Right which must on no account be lost sight of, or in any way infringed upon.

9. His Excellency has already stated His willingness to authorize the printing of the Church Regulations at the Government Printing Office and He is anxious to give the same facility to the Printing of the Heidelberg Catechism and the other Regulations alluded to, by the Synod, at the same time He will not be able to accomplish this for some time to come, unless by extra Hands at Extra Hours, — as the Printing Office is at present wholly employed in a very important duty, which His Majesty's Government has ordered to be completed as early as possible, viz.: the Compilation and reprinting in One Volume of the whole of the Proclamations and Government Minutes or advertisements which have been preamulgated since the Year 1806.

In concluding His Excellency's Remarks on the late Proceedings of the Synod, His Excellency cannot refrain from expressing the high sense He entertains of the zeal and attention manifested by that Body for the welfare and good Government of the Reformed Church of this Colony, and He desires me particularly to express to you Sir, individually, His sincere thanks for the Zealous exertions you have devoted with so much success in supporting on the One Hand the Rights of Government and on the other in Cherishing a General Spirit of concord and Harmony in the Meeting, which was so indispensably necessary to give a due effect to its proceedings.

His Excellency the Governor, will forward the Proceedings of the Synod, with Copy of this letter to His Majesty's Secretary of State for His information and Sanction.

I have [etc.]

(Signed) RICH^D PLASKET,
Secr. to Government.

(*Source:* Dreyer 1936:268-272)

23 *Historical fragments on the establishment of other churches after 1804*

23.1 The Anglican Church

When the British took over the administration of the Cape in 1806 the Ned Geref Kerk remained the official church of the settlers while the Anglican Church became the official church of the military. Gradually other denominations were established.

In 1818 Sir J Brinton, a traveller at the Cape, wrote to the Bishop of London about his concern for the spiritual needs of the people on the frontier. His scheme was to send settlers from England to influence those on the frontier of the Cape Colony.

23.1.1 Letter from Sir J Brinton to the Bishop of London dated 1818

The Bishop was asked to send

... a clergyman in charge of a number of poor families from England, and settle them near Knysna, Breede River, and Mossel Bay, on land granted by the Government for church and glebe and for distribution among free persons, European and coloured, who were to be assisted at first with capital to be repaid in instalments.

(*Source:* Lewis & Edwards 1934:11)

23.1.2 Fragment from the Petition dated 1839

There were a number of Anglicans among the 1820 British settlers. They had as their minister the Rev W Boardman who settled at Bathurst. It was hoped that their arrival would be beneficial for those people already settled on the frontier.

In 1839 the SPCK (Society for the Propagation of Christian Knowledge) petitioned the House of Commons in London to found a see at Cape Town and in 1848 Robert Gray was sent to the Cape as the Anglican Bishop:

... sanction such measures as may be necessary for providing more effectually for the religious instruction of the colonies; for an increase of bishops [there were then nine bishops in the whole of the overseas dominions of Britain] and of clergy as required; for the protection of lands and property of the Church; for the erection of new churches and chapels commensurate with the wants of the colonists; and earnestly imploring that no new colonies might be founded without provision being made for the instruction of the inhabitants in the truths and duties of Christianity, according to the principles of the Church of England.

(*Source:* Lewis & Edwards 1934:24)

23.1.3 Arrival of Bishop Gray (1848)

On Sunday, 20 February 1848, Bishop Gray and his wife reached Cape Town after a sea voyage from England. In his 'Life' he described the Anglican Church and schools in Cape Town:

I landed in the afternoon with Sophy and Douglas, and Douglas read prayers in the cathedral in the evening, where there was a tolerable congregation. St. George's is decidedly the best ecclesiastical building in the town. Church matters are in a bad state. I am told there is a party ripe for anything, and full of suspicions and jealousies.

The Baptismal Regeneration controversy is raging, and the pulpit of the cathedral has been used for proclaiming pamphlets against that doctrine of the Church. I feel the great need there is of judgment, prudence, and forbearance, and how much I shall need all your prayers in a very trying and delicate position.

[March] Yesterday we drove out early to look at houses ... I think we shall go to Protea, where the Coles lived, which we admire more than any place, and which is to be let for £150 p.a. It is seven miles off and not a very good road, but a sweet place and in good order ... I have had some scruple in getting so grand a place, but it seems quite cut out for me. If we take the whole there will be 33 rooms, about 16 of them admirably suited for pupils. It is the very thing for a college, and I might, I believe, purchase the whole for £4,000 including 300 acres of land not cultivated but very good. It lies, too, very central for churches in the district. My only difficulty will be the duty at the cathedral, especially when the southeasters blow....

As to our Church here, the only two clergy belong to a little evangelical alliance; one holds prayer-meetings in school, the other officiates in a school at Green Point, turn about with dissenters. In the cathedral last Sunday a school was taught with an American catechism.... I have declined to interfere, choosing to take time for everything. There is a debt of £7,500 on the church, which the shareholders (who before now have increased their dividends out of Sacrament money) want the Government to purchase.

(*Source:* Lewis & Edwards 1934:35)

23.1.4 *The need of an archbishop (1897)*

The work at the Cape grew and dioceses were formed in most South African towns. In 1853 Bishop Gray was joined by Bishop Armstrong in Grahamstown and Bishop Colenso in Natal. In 1870 the First Provincial Synod of South Africa passed a resolution (No 16) which mentioned the need of an archbishop. Bishop Gray died in 1872 and was succeeded by Bishop William West-Jones. In 1897 Bishop West-Jones was appointed Archbishop of the Province of South Africa.

This is the conclusion of an article in the Cape Diocesan magazine, the *Cape Church Monthly*, dated September 1897:

> We need hardly add that to us of the Capetown Diocese a certain personal element must needs enter into our thoughts. The added dignity thus conferred upon our Diocesan will not, of course, increase our feelings of loyalty and of love for him, who in God's Providence has been appointed our chief Pastor in this land. It would be difficult, indeed, to increase the sentiments of love and loyalty which, we doubt not, animate us all. But the advance of more exact ecclesiastical organization, after the pattern of the Mother Church, may stimulate us all to labour the more earnestly for our Church and her Divine Master, and may lead us to pray the more faithfully and heartily that the first Archbishop of Capetown may be long spared to continue that good work, which he has been so long enabled to do, for the Diocese and for the Province, in the same spirit of sincerity, faithfulness, and love.
>
> (*Source:* Wood 1913:303)

23.2 *The English Calvinist Church (1807)*

Originally Methodists and Calvinists worshipped together. Sometime in 1807 a number of the soldiers formed a Calvinist society because of a disagreement with the Methodists. The Rev George Thom who arrived at the Cape in 1812 en route to India was asked by the military authorities to remain at the Cape to work among the soldiers and residents.

23.2.1 *Letter from Thomas Jones (1812)*

In his conclusion to a letter written from Cape Town on 9 November

1812 Thomas Jones of Captain Hext's Company, lst Battalion, 83rd Regiment wrote:

> "The Gospel has spread amazingly in this place during the two or three last years. Two large societies are formed here. One is composed of Calvinists, the other of Methodists. To the last of these I am admitted a member. There is indeed a *great* number in our society near 70 in our regiment; as many in the 83rd; as many in the 21st, and some in the Royal Artillery. We have eight preachers among us, *viz.*, two in the 21st, one in the Artillery, one in the 93rd, and four in our own regiment. In the 93rd, and in our own regiment, there are also class leaders; so that we expect great good will be done, and many faithful followers added to the Church of Christ . . ."
>
> (*Source: Journal of the Methodist Historical Society of Southern Africa* 1953:5)

23.2.2 Report by the Rev John Campbell (1812)

In 1812 the London Missionary Society sent the Rev John Campbell to visit the mission stations in South Africa. He wrote a report of his visit entitled 'Travels in South Africa':

> *Occurrences after my Return to Cape-Town.*
>
> DURING my residence at Cape-town, after my return from the interior, but few circumstances occurred worthy to be related to the public. I was glad to find a religious society formed in the meeting-house, composed almost entirely of soldiers, who had chosen Mr. Thom for their pastor, and to whom they were much attached. Besides those who were members of the society, a considerable number of other soldiers regularly attended. When I had concluded the first sermon I preached to them after my return, a serjeant said to me, "Strange, Sir, that I should have come from England to Africa, to become acquainted with Jesus Christ!" I replied that I knew a person who went much farther on the same errand, viz. from England to the East Indies.
>
> (*Source:* Campbell 1974:349)

23.3 The colonial church establishment (1827)

In 1827 the article 'Fragments of church history at the Cape of Good Hope' appeared. This spoke of the principles of the Reformed Church of the Colony, that is the Ned Geref Church. This fragment provides an English perception of the Reformed Church and gives an interesting description of congregational singing and worship:

The principles of the Reformed Church of this colony, are Calvinistic, in accordance with the Confession of Faith of the Reformed Churches in the Netherlands. Certain forms of prayer are introduced in the administration of Baptism and the Lord's Supper; the appointment of ecclesiastical officers, and the celebration of marriage. Christmas and Easter-days are also observed as more sacred than other seasons. The form of instruction for young people is the *Heidelberg* Catechism, composed by *Ursinus* of Breslau, in Silesia, in 1578.

The Psalmody adopted in the Reformed Church, is extremely beautiful, the Psalms of David being a simple translation, and well adapted for the purposes of devotion. In 1814, a Hymn Book was added to the Psalms, by permission of the Governor, which became subject matter for a leading article in the Cape Gazette. Connected with this interesting part of divine worship, it is deeply to be lamented that a singular admixture of instrumental music should have been introduced in some of the churches, of such a nature, as are not only total contrary to the principles of the church, but calculated to disturb the minds of its serious worshippers. The method of *singing* in the churches, is capable of great improvement.

(*Source: A fragment of church history at the Cape of Good Hope* 1827:73-74)

23.4 The Presbyterian/Scottish National Church (1824)

At a meeting in the Lutheran Church, Cape Town on 24 November 1824 it was formally decided to request the Governor, Lord Charles Somerset, to allow the establishment of a Scottish Presbyterian Church. Letters were addressed to the Presbytery of the Church of Scotland to inform them about the church at the Cape. A church building was erected in Somerset Road and the Rev James Adamson became the first minister of the Presbyterian Church at the Cape:

That the Scottish and Presbyterian Community, desirous at all times of manifesting their loyalty and attachment to His Majesty's Person and Government, and to His Majesty's Representative in this Colony, and reposing the utmost confidence in the disposition of His Excellency Lord CHARLES HENRY SOMERSET, to afford every facility towards the attainment of the object above stated, do instruct the Committee to consult the wishes and conform to the views of His Excellency the Governor, as far as may be practicable, consistent with the principles of the National Presbyterian Church.

That on the plan being drawn up by the Committee, and submitted to His Excellency the Governor, the same shall be made known at another General Meeting, or in any other manner the Committee may judge expedient; and no time thereafter lost in requesting His Excellency to forward and favorably recommend it to Earl Bathurst, with a view to obtain the sanction of His Majesty's Government, to the early nomination of a Presbyterian Pastor, conformably to the tenor of His Lordship's letter to the Presbytery of Glasgow, dated the 13th of May, 1824.

That a Subscription be opened in this metropolis and throughout the Colony, for defraying the expense of building the Church, and that the assistance of His Majesty's Government he solicited in aid of the funds realized by voluntary Contributions for this purpose; and for paying part of such stipend as may be deemed adequate for the respectable maintenance of a Pastor of acknowledged character, talent, judgment, and experience.

(*Source: A fragment of church history at the Cape of Good Hope* 1827:12-13)

23.5 The Methodist Church

The Methodist Church was started by soldiers after the British occupation of the Cape. During the first occupation (1795-1802) a soldier named John Irwin held Methodist meetings. In 1803 the Cape was under the jurisdiction of the Batavian Republic. De Mist's Church Order appeared in 1804 and in 1806 the British once more took control. It was only at the time of the second occupation (from 1806) that the Methodists became established under the soldiers George Middlemiss and John Kendrick. The Methodist Church was not the official church of the military but Methodist soldiers met together for worship.

23.5.1 Tribute to Sergeant J Kendrick by the Rev Barnabas Shaw written in 1816

> "My congregations at first were chiefly composed of pious soldiers; and it was in a room hired by them that I first preached Christ crucified in South Africa . . .
>
> Here I met with the journal of Serjeant Kendrick of the 21st Yorkshire Light Dragoons; one who in the

capacity of a local preacher and leader, was, for several years, very useful among his fellow soldiers. He was convinced of sin at the Old Chapel in Leeds, under the ministry of the Rev. George Morley; and although much persecuted by some of his superiors in the army, yet he remained steadfast unto the end.

"He was truly a good man; and both the pious and profane who were near his dying bed were led to pray, "Let *me* die the death of the righteous." Among those, who then visited him was the Rev. G. Hough the senior colonial chaplain, who assured me that his death was one of the happiest of which he had ever heard.

(*Source: Journal of the Methodist Historical Society of Southern Africa* 1956:122)

23.5.2 The arrival of the Rev Barnabas Shaw (1816)

The Rev Barnabas Shaw, the first Methodist minister at the Cape, arrived in 1816. After being refused permission to preach in Cape Town he started a mission station, Lilyfountain, in Namaqualand.

Here follows the Rev Shaw's description of his arrival at the Cape which is to be found in his 'Memorials':

> "April 14 (1816). About 11 this morning we landed opposite the Post Office and went to the house of R. Beck, Esq. We were afterwards conducted to a Public Lodging House near the Parade, where several of the passengers who are proceeding to Ceylon were accommodated . . . .
>
> "Being now arrived at my place of destination I waited on His Excellency Lord Charles Somerset, presenting to him a letter of introduction from Earl Bathurst. I offered to . . . leave with His Lordship my Letter of Ordination, with the documents attached thereto, but he said it was not requisite, as he had no doubt of my being the person mentioned by the noble Earl. He said, considering his high office which he sustained in the Colony, and that there were Chaplains for the English inhabitants, and Ministers for the Dutch churches, he could not give his sanction to my preaching in Cape Town. As to the slaves, he said those who held them were in general opposed to their instruction.

"Having received this answer I therefore left His Excellency and determined to commence preaching without it. My resoluton is also fixed never again to ask any mere man's permission to preach the glorious gospel. In the name of the Lord I will begin to preach, and if I do wrong, or am guilty of the breach of any Law, let the Policemen do their duty and take me to prison when I shall have an opportunity afforded me of answering for myself. If Lord Charles Somerset be afraid of offending either Dutch Ministers or English Chaplains, I am not, and will therefore do my duty. In the course of a few days I began to preach without any hindrance or interruption, not only in two places in Cape Town, but also at Simonstown and Wynberg."

(*Source: Journal of the Methodist Historical Society of Southern Africa* 1956:122)

23.5.3 The Rev William Shaw (1820)

The Rev William Shaw (no relation to Barnabas) arrived in 1820 as chaplain to a party of the 1820 British settlers. He worked in the Eastern Cape. Under his leadership the Methodist Church spread throughout the Eastern Cape and into Natal and the Orange River Colony. The following tribute from a fellow missionary appeared in the Notices of the Wesleyan Methodist Missionary Society in 1827.

Letter from Mr Shrewsbury dated Wesleyville, 31 December 1826:

You will perceive from the date of this letter, that I am at present at Wesleyville, the Station of our excellent and prudent Brother, William Shaw, who is the first Wesleyan Missionary that ever entered Caffreland. He has been here rather more than three years, and the plans he has adopted in commencing and superintending this Mission, will serve as a model for the Brethren who are, or may be appointed to enlarge the work.

Of William Shaw I cannot write in too high terms. I thought him a prudent and judicious man before I knew him personally; but in witnessing his daily conduct in the superintendence of this Mission, and his acquaintance with the work at large, I see him to be the very man for the station he fills, as though he had been born for Caffreland. It is indeed a high honour for me to be associated with such a Brother in the work of the Lord.

(*Source:* Notices of the Wesleyan Methodist Missionary Society 1827:299)

23.6 The German societies - the Hermannsburg and Berlin missionary societies (1824 and 1857)

These two societies belonged to the Lutheran Church. The Hermannsburg Missionary Society established its work in South Africa in 1854. Ludwig Harms was the first missionary. In 1857 they began mission work among the Tswana in the Western Transvaal. Hermannsburg missionaries also worked in Natal.

The Berlin Missionary Society worked among the Pedi in the Eastern Transvaal. A letter from a Methodist minister, the Rev Owen Watkins, dated 17 July 1882, describes the mission fields of the two societies:

> My dear Mr. Kilner,
>
> I desire advice & instructions from you with regard to our relations with the Missionaries of the Herrmansberg & Berlin Missionary Societies.
>
> I am informed by the Rev. W. Berhens, Senr., Vice Superintendent of the Herrmansberg Missions in the Transvaal, that in 1866, the Berlin Society & their own, divided the Transvaal for Mission purposes, by a line drawn due north from Pretoria—and that the Berlin Society takes to the east of the line, & the Herrmansberg Society to the west : & he requires me to respect this division & not interfere, with what he is pleased to call their field of labour.
>
> (*Source: Journal of the Methodist Historical Society of Southern Africa* 1952:8)

The Berlin Society missionaries performed a 'tent-maker' ministry. This is described by the Methodist the Rev George Blencowe in a letter dated 11 October 1877:

> The Berlin Missionaries are also traders. The principal station, which is under the charge of their superintendent, is a large trading establishment, keeping several wagons employed continually bartering among the Boers and natives.
>
> (*Source:* Notices of the Wesleyan Methodist Missionary Society 1878:6)

24 Statutes and regulations for mission

Regulations were set down by the various Home Boards that sent missionaries to work in South Africa.

24.1 The Anglican Church (1836)

The first mission work was seen as part of the task of the local church, for example there was a mission to Moslems in Cape Town from the 1830s. Later mission stations were established in Namaqualand and further afield. The Rev Francis Owen was sent to Natal to work among the Zulus. On 8 November 1836, on the eve of his departure, the committee gave him their instructions:

> The object before you in this undertaking is the same with that of the Apostle when the voice from heaven sent him forth to "turn the Gentiles from darkness to light and from the power of Satan unto God".
>
> The Committee will now briefly advert to the means whereby you will see to attain this glorious end:
>
> 1. The first is, unquestionably, the preaching of the Gospel. As to the manner of doing this, it must vary according to the opportunities presenting themselves, and your power of using such opportunities. But the simple and exalted work is, to "testify to small and great repentance toward God and faith toward our Lord Jesus Christ". The plan of eternal mercy, the scheme of man's redemption, you will with joy remember, is revealed from heaven by God Himself. Ignorant as the people are to whom you go, yet you are sustained by the confident conviction that you know God and His gracious covenant. "We *know* that we are of God," and in this cheerful persuasion you may with a cheerful courage go forth to these degraded heathen to proclaim the Gospel among them, "knowing nothing but Jesus Christ and Him crucified".
>
> 2. Another object to be gained will be the formation of a Christian school for the Zoolu children. The grown-up population cannot, indeed, comprehend the meaning of a school, or the advantages that arise from educating children: the very subjects to be taught are to them a mystery. They have never looked beyond instinct and habit, and their only discipline, if even that training may so be called, has been for war. What a youth may learn, what a child and even an infant, may by affectionate and wise discipline be brought to, is by them utterly inconceivable. Here again you have an advantage over them: you know, though they are grossly ignorant of it, that the youngest may spell a word, or imitate the orderly discipline of a school-class, or lisp a prayer, or repeat a short verse of Scripture; and thus lay the foundation of character such as will in after life become a blessing and an ornament to society. The Committee are solicitous, therefore, that a Christian school should be commenced as soon as practicable.

3. Further, as an important means of grace to those heathen tribes may be mentioned the benefit of a Christian example. In this the Committee trust that you will all be, as it were, a "living Epistle, known and read of all men". Savages cannot read books, but they can read men. They can read the countenance, they can divine the temper, they can comment upon your conduct; and all this they will be sure to do. Aim, therefore, under a conviction of this fact, from the very first to "adorn the doctrine of God our Saviour in all things".

4. The Committee would specially urge it upon you, with the utmost practicable speed consistent with literary accuracy, to fix the language or dialect of that part of the country to which your labours may be directed. No words can adequately express the importance of your attaining the native language. The method of conversing, and especially of preaching, through interpreters, must always be defective and often erroneous. For the sake of this essential acquisition it may be well even to suffer other plans and purposes to proceed somewhat slowly, bearing in mind that when once the native language shall be mastered, everything else may be expected, by the divine blessing, to advance rapidly in your hand and in the hands of all associated with you.

5. As you proceed in making yourselves acquainted with the language, the Committee would recommend you to be continually preparing translations; in the first place, probably, of small elementary school-books, but chiefly, and as soon as possible, of portions of the Holy Scriptures. Perhaps some of the parables of our Lord, as being simple, and referring to natural objects, may be found peculiarly adapted to your first efforts; but the Committee are persuaded that you will set before you no lower a mark than that of eventually translating, or leading others to translate, the whole Bible into the native language.

6. The experience which we have had in New Zealand, and the evident necessity of the case, both point out to the Committee that you will have to attend for many years to come, to the introduction of the arts and manners of civilised life among the people of the Zoolu country. Civilisation is the offspring and the handmaid of the Gospel. The first branch of it, which will require your attention, after you shall have located yourselves and erected habitations, will probably be agriculture. In this the natives, accustomed to a life of pasturage, have much to learn. The Committee purpose, as soon as possible, and according as the opening prospects of the Mission shall appear to call for it, to send you competent assistants in this important department of your nascent Mission.

The Committee will next advert to the *location* of the intended Mission. On this head it is, however, in their power to offer only very general remarks, leaving the final decision to depend on the information which you may acquire in the country, in addition to that already obtained by Capt. Gardiner. According to the facts now before the public, it would appear that Port Natal is to be looked to as suitable for at least a temporary residence in the commencement of the Mission. Here you will gather the information on which future measures may be grounded; and it may serve, for a season at least, as a point of support to the Mission. The Committee direct their views, however, and earnestly desire yours also to be directed, towards the interior, as being by far the preferable scene of this Mission. In the interior, whenever the Mission shall by God's assistance be safely placed there, opportunities may be expected to be the most favourable for the acquisition of the language; success in which, as already noticed, is a point of primary and fundamental importance. Here too you will best become acquainted with the manners, opinions and circumstances of the people, whereby your plans for their benefit will be rendered more suitable and more probably acceptable. While you are becoming acquainted with them, they will grow acquainted with you; and upon this point the Committee are disposed to lay great stress. For it is not by their hearing about you, but by their enjoying a frequent and somewhat familiar knowledge of your missionary habits, that the natives are likely to be moved in your favour. Nor is it a small consideration that by your advancing further into the interior, the natives adhering to you, as well as yourselves and your whole Mission, will be thereby more effectually detached from the contaminating and distressing intercourse of ungodly Europeans.

During your temporary stay at Port Natal, the Committee will not disapprove of your ministering to the English residents there, but without undertaking a regular pastoral charge or forming a permanent engagement with them.

In forming your judgment of the advantages of any situation with a view to its permanent occupation, three principal points are to be regarded, viz. *salubrity*, as referring to the position and the productiveness of any given spot; *security* for life and property; and, as a vital consideration, *scope* for abundant, ready and frequent access to the natives, and intercourse with them. It would not be easy for the Committee to say which of these three points is the most essential to the well-being of the intended Mission, since each one is by itself so important. They earnestly pray that you may be guided by infinite wisdom and goodness in determining, after the maturest information, on that course which may ensure to the greatest possible degree all these three advantages in combination. The Committee would, in reference to the future location of the Mission, simply add, that it will be advisable for you to make further inquiry into the respective claims and eligibility of the Inthlangwain tribe and Clomanthleen district, the information at present gained not being sufficient to enable them to pronounce a decided opinion on the comparative claims of each. . . .

The Committee would urge on you the high importance of your keeping regular Journals, and maintaining a regular correspondence with the Society. This duty, it may truly be said, is absolutely necessary; for there are as yet, comparatively, but few facts before the Committee, and they need also to be aided by the views and feelings of Missionaries expressly devoting their whole soul and all their time to this work. Write therefore both copiously and constantly, remembering that while the novelty of many scenes may pass away to you, descriptions accurately given will convey to us ever new information and interest. Your Quarterly Journal should be made up to March 31st, June 30th, Sept. 30th and Dec. 31st, and transmitted immediately. Letters should be written by you to the Committee at least once a quarter, and oftener whenever opportunities may offer or circumstances require.

In closing this part of their instructions, the Committee would suggest one preliminary measure of much importance, which they trust you may be able to carry into effect prior to your actually proceeding to Port Natal. They wish that you should avail yourself of your arrival at the Cape of Good Hope, and of your temporary sojourn there, to invite the attention of all Christian friends whom you may be able to influence, and especially the members of our own Church in that Colony, to the objects and proceedings of the Church Missionary Society. It would be highly expedient to aim at forming, if practicable, an Auxiliary Church Missionary Society at Cape Town, with branch associations in other towns. The Committee regret to think that, with the exception of a few contributors to the Society's funds, next to nothing has been done in that Colony for the purpose of inviting and attaching many who are probably only waiting for an impulse like this to declare themselves our friends and fellow-labourers. The opportunity is seasonable. Prudently and promptly, therefore, endeavour to unite with you such zealous Christians as may promote our cause. The proximity of your Mission will deeply interest them; its simplicity, as you will be able from these instructions to exhibit it, will preclude all ground of prejudice; its details, as you will be able in future years, the Committee trust, to report on your work, will increasingly animate Christians in all that region, as well as at home; and thus a fund may be raised which shall augment more and more the resources of the Missions in the south of that vast and benighted Continent.

The Committee desire to add a few words of sympathy and encouragement to those who are accompanying you; the one, your Christian partner for life, sharing all your sorrows and your yet more abounding joys, the other a sister not only in the flesh but also in the Lord. Who can fail to be deeply affected with the prospect of those trials, privations, hardships and revolting scenes to which you for Christ's sake may most probably be exposed? The Committee are persuaded that in contemplating these your own hearts must sometimes have felt some natural pangs of anxiety; but if you have felt them, you have not yielded to them. You have, they are well assured, been supported by that faith which overcometh the world. Oh! may that faith through the rich communications of the Spirit ever sustain you in your progress *through* afflictions, as it now does in the prospect of them. May you be enabled to witness a good testimony, and to exhibit a shining example to females more especially, and the rising generation of Zoolu children; your adorning and your consolations being all received from Him who bestows on holy women a character far above all price, even that hidden man of the heart which is clothed with a meek and quiet spirit.

The Committee have now only in conclusion to renew to you the assurance of their deep interest in all your future proceedings, and their affectionate sympathy with all your circumstances. They feel that it is a solemn thing for you thus to dedicate yourselves to the Lord: how much more weighty will this appear to you when actually surrounded by duties and perhaps dangers. When thus actually engaged in your work, however, you will remember Who it is that said to an Apostle, "My grace is sufficient for thee; for my strength is made perfect in weakness". Like that Apostle should the power of Christ rest upon you, you will learn even to take pleasure in infirmities, in reproaches, in necessities, in persecutions, in distresses, for Christ's sake. In all these things you will be enabled to exclaim, "When I am weak, then am I strong". "Nay, in all these things you will be more than conquerors, through Him that loved us." Seek then to have that power of Christ resting upon you. Cultivate by prayer and watchfulness that peculiar missionary gift spoken of by the Apostle, namely the spirit of power and love and of a sound mind. Exercise yourselves to endure hardness as good soldiers of Jesus Christ. When nature suffers, quickly remember what the Kingdom of grace is gaining through the labours, patience and death of Missionaries, accepted through the free grace of our exalted Redeemer. In one word, as St. Paul was an example to Timothy, so do ye also "endure all things for the elect's sake, that they may obtain the salvation which is in Christ Jesus with eternal glory".

By order of the Committee,

W. JOWETT }
D. COATES } Secs. C. M. S.

CHURCH MISSIONARY HOUSE,
NOVEMBER 8TH, 1836.

(*Source:* Du Plessis 1965:440-442)

24.2 The London Missionary Society (1799)

This society was founded in 1795 and the first missionaries arrived at the Cape in 1799. They were Dr J T van der Kemp, the Rev J J Kicherer, John Edmonds and William Edwards. Later missionaries included James Read and Dr John Philip. Some of their mission stations included Bethelsdorp (Van der Kemp and Read), Kuruman (Robert Moffat), Pacaltsdorp, Theopolis, and Hankey:

'1. No man shall be a missionary of this Society unless the Committee of Directors appointed for the examination of missionaries are unanimously satisfied that he possesses an eminent share of the grace of God, and appears to have a call to this particular work.

'2. It is not necessary that every missionary should be a learned man; but he must possess a competent measure of that kind of knowledge which the object of the mission requires.

'3. Godly men who understand mechanic arts may be of signal use to this undertaking as missionaries, especially in the South Sea Islands, Africa, and other uncivilized parts of the world.

'4. Every missionary must be well apprized of the difficulties and dangers of the undertaking, and be willing through divine help to encounter them.

'5. Every candidate shall express his desire and motives in writing directed to the Secretary, to be communicated by him to the body of Directors at their monthly meeting.

'6. Every candidate shall send or bring with him a certificate with regard to his experience in the Christian life, and his standing in the Church, from the minister or other respectable member of that congregation to which he belongs, countersigned by a Director.

'7. If the Committee are unanimous in approving the candidate on the fullest examination, he shall be immediately accepted; if two-thirds or more approve, his case shall stand over for further enquiry; but if two-thirds do not approve, he shall be immediately rejected.

'8. From the time of a person's being chosen to this work to his being actually sent out, he shall be subject to the will of the Directors, who shall do whatever is in their power to promote his fitness for his particular destination.'

(*Source:* Lovett 1899:43-44)

24.3 The Wesleyan Methodist Missionary Society (1813)

This society was established in England in 1813 by Dr Thomas Coke. The first missionary sent to South Africa was the Rev Barnabas Shaw in 1816. The Rev William Shaw (no relation) arrived at Algoa Bay to work in the Eastern Cape in 1820. The Annual Report of the Wesleyan Methodist Missionary Society included 'Instructions to missionaries':

The following is an Extract from the Standing Instructions of the Committee to all who are sent out as Missionaries, relative to their conduct on Foreign Stations:

V We cannot omit, without neglecting our duty, to warn you against meddling with political parties, or secular disputes. You are teachers of Religion; and that alone should be kept in view. It is, however, a part of your duty, as Ministers, to enforce, by precept and example, a cheerful obedience to lawful authority. You know that the venerable WESLEY was always distinguished by his love to his country, by his conscientious loyalty, and by his attachment to that illustrious family which has so long filled the throne of Great Britain. You know that your Brethren at home are actuated by the same principles, and walk by the same rule; and we have confidence in you that you will preserve the same character of religious regard to good order and submission 'to the powers that be' - in which we glory. Our motto is, 'Fear GOD, and honour the King;' and we recollect who hath said, 'Put them in mind to the subject to principalities and powers, to obey magistrates, to be ready to every good work.'

VI You will, on a foreign station, find yourselves in circumstances very different from those in which you are at home, with regard to those who are in authority under our gracious Sovereign. It is probable you will frequently come under their immediate notice and observation. We are, however, persuaded that while you demean yourselves as you ought, you will be generally favoured with their protection. On your arrival at your Stations, you will be instructed what steps to take in order to obtain the protection of the local governments; and we trust that your subsequent good behaviour towards governors, and *all* who are in authority, will be such as shall secure to you the enjoyment of liberty to instruct and promote the salvation of those to whom you are sent.

VII Those of you who are appointed to the West-India Colonies, being placed in stations of considerable delicacy, and which require, from the state of society there, peculiar circumspection and prudence, on the one hand, and zeal, diligence, and patient perseverance, on the other; you are required to attend to the following directions, as specially applicable to your Mission there:

1 Your particular designation is to endeavour the religious instruction and conversion of the ignorant, pagan, and neglected black and coloured population of the Island or Station to which you may be appointed, and of all others who may be willing to hear you.

2 Where Societies are already formed, you are required to watch over them with the fidelity of those who must give up their account to Him who harth purchased them with his blood, and in whose providence they are placed under your care. Your labours must be constantly directed to improve them in the knowledge of Christianity, and to enforce upon them the experience and practice of its doctrines and duties, without intermingling doubtful controversies in your administrations: being mainly anxious, that those over whom you have pastoral care, should clearly understand the principal doctrines of the Scriptures, feel their renovating influence upon their hearts, and become 'holy in all manner of conversation and godliness.' And, in order to this, we recommend that your sermons should consist chiefly of clear expositions of the most important truths of Holy Writ, enforced with affection and fervour on the consciences and conduct of them that hear you; that you frequently and familiarly explain portions of the Scriptures; and that, as extensively as you possibly can, you introduce the method of teaching children, and the less instructed of the adult slaves and others, by the excellent catechisms with which you are furnished.

3 It is enforced upon you, that you continue no person a member of your Societies whose 'conversation is not as becometh the Gospel of CHRIST.' That any member of Society who may relapse into his former habits, and become a polygamist, an adulterer, or an unclean person; who shall be idle and disorderly; disobedient to his owner (if a slave); who shall steal, or be in any other way immoral or irreligious, - shall be put away, after due admonition, and proper attempts to reclaim him from the 'error of his way.'

4 Before you receive any person into Society, you shall be satisfied of his desire to become acquainted with the religion of Christ, and to obey it; and if he has not previously been under Christian instruction, nor baptised, you are, before his admission as a Mem-

ber, diligently to teach him the Christian faith, and the obligations which he takes upon himself by baptism; so as to be assured of his having obtained such knowledge of the, principles of religion, and such belief of them, as to warrant you to administer to him that ordinance. Beside this, no person is to be admitted into Society, without being first placed on trial, for such time as shall be sufficient to prove whether his conduct has been reformed, and that he has wholly renounced all those vices to which he may have been before addicted.

5 You are to consider the children of the Negroes and coloured people of your Societies and Congregations as a part of your charge; and it is recommended to you, wherever it is practicable and prudent, to establish Sunday or other Schools for their instruction. It is to be considered by you as a very important part of your duty as a Missionary, to catechise them as often as you conveniently can, at stated periods; and to give your utmost aid to their being brought up in Christian knowledge, and in industrious and moral habits.

6 As, in the Colonies in which you are called to labour, a great proportion of the inhabitants are in a state of slavery, the Committee most strongly call to your recollection, what was so fully stated to you when you were accepted as a Missionary to the West Indies, that your only business is to promote the moral and religious improvement of the slaves to whom you may have access, without in the least degree, in public or private, interfering with their civil condition. On all persons in the state of slaves, you are diligently and explicitly to enforce the same exhortations which the Apostles of our Lord administered to the slaves of ancient nations, when by their ministry they embraced Christianity: Eph. vi. 5-8, 'Servants, be obedient to them that are your masters according to the flesh, with fear and trembling, in singleness of your heart, as unto Christ; not with eye-service, as men-pleasers; but as the servants of Christ, doing the will of God from the heart; with good-will doing service, as to the Lord, and not to men: knowing that whatsoever good thing any man doeth, the same shall be received of the Lord, whether he be bond or free.' Col. iii. 22-25, 'Servants, obey in all things your masters according to the flesh: not with eye-service, as men-pleasers, but in singleness of heart, fearing God: and whatsoever ye do, do it heartily as to the Lord, and not unto men: knowing that of the Lord ye shall receive the reward of the inheritance; for ye serve the LORD CHRIST. But he that hath wrong shall receive for the wrong which he hath done; and there is no respect of persons.'

7 You are directed to avail yourselves of every opportunity to extend your labours among the slaves of the islands where you may be stationed: but you are in no case to visit the slaves of any plantation without the permission of the owner or manager; nor are the times which you may appoint for their religious services to interfere with their owners' employ; nor are you to suffer any protracted meetings in the evening, not even at negro burials, on any account whatever. In all these cases you are to meet even unreasonable prejudices, and attempt to disarm suspicions, however groundless, so far as you can do it consistently with your duties as faithful and laborious Ministers of the Gospel.

8 As many of the negroes live in a state of polygamy, or in a promiscuous intercourse of the sexes, your particular exertions are to be directed to the discountenancing and correcting these vices, by pointing out their evil, both in public and in private, and by maintaining the strictest discipline in the Societies. No man, living in a state of polygamy, is to be admitted a Member, or even on trial, who will not consent to live with one woman as his wife, to whom you shall join him in matrimony, or ascertain that this rite has been performed by some other minister; and the same rule is to be applied, in the same manner, to a woman proposing to become a Member of Society. No female, living in a state of concubinage with any person, is to be admitted into society, so long as she continues in that sin.

9 The Committee caution you against engaging in any of the civil disputes of local politics of the Colony to which you may be appointed, either verbally, or by correspondence with any person at home, or in the Colonies. The whole period of your temporary residence in the West Indies is to be filled up with the proper work of your Mission. You are not to become parties in any civil quarrel; but are to 'please all men for good to edification'; intent upon the solemn work of your office, and upon that eternal state, in the views of which the Committee trust you will ever think and act.

10 In cases of opposition to your ministry, which may arise on the part of individuals, or of any of the Colonial Legislatures, a meek and patient spirit and conduct are recommended to you. You will in particular guard against all angry and resentful speeches, and in no case attempt to inflame your Societies and hearers with resentment against your persecutors or opposers. Your business, in such cases, after every prudent means of obtaining relief has failed in your own hands, is with the Committee at home; who will im mediately take such steps as may secure to you that protection, from a mild and tolerant Government, which they hope your peaceable and previous conduct, your labours and successes, will ever merit for you.

11 The instructions under this and under the former heads (V-VII) are to be read over annually at the meeting of every District Committee by the Chairman; who is to inquire whether they have been observed on the part of the Brethren; and the answer shall be reported in the District Minutes regularly, and with them transmitted to the Committee in London. Every Superintendent is not only charged with the observance of them himself, but is responsible, as far as may be, for their observance by the Brethren under his direction, or for an immediate report to the District, or to the Managing Committee in London, in any case in which they may have been violated.

N.B. The Directions to the West-India Missionaries are also to be considered as strictly obligatory on all others, as far as they are applicable to the circumstances of their respective Stations.

VII It is *peremptorily required* of every Missionary in our Connexion to keep a Journal, and to send home frequently such copious abstracts of it as may give a full and particular account of his labours, success, and prospects. He is also required to give such details of a religious kind, as may be generally interesting to the friends of Missions at home; particularly accounts of conversions. Only we recommend to you not to allow yourselves, under the influence of religious joy, to give any *high colouring* of facts; but always to write such accounts as you would not dislike to see return in print to the place where the facts reported may have occurred.

IX It is a positive rule amongst the Wesleyan-Methodists, that no Travelling Preacher shall 'follow a trade.' You are to consider this rule as binding upon you, and all foreign Missionaries in our Connexion. We wish you to be at the remotest distance from all temptations to a secular or mercenary temper. 'No man that warreth entangleth himself with the affairs of this life, that he may please him who hath called him to be a soldier.' Independently of the moral and religious considerations which enforce this principle, we here take occasion to remind you, that all your time and energies should be the more sacredly devoted to the duties of your Mission, because the Committee feel themselves fully pledged to pay an affectionate attention to all your wants, and to afford them every reasonable and necessary supply. And this pledge, they doubt not, the generosity of the friends of Missions will, from time to time, enable them to redeem, so long as you continue to regulate your expenses by as much of conscientious regard to *economy* as may be found to consist with your health and comfort, and with the real demands of the work of God.

(*Source: Report of the Wesleyan Methodist Missionary Society* 1832:xi-xiv)

24.4 The Glasgow Missionary Society (1823)

This Scottish society started its work in South Africa in the Eastern Cape. Their missionaries are remembered for their contribution to education. In 1841 the institution at Lovedale was established by the Rev John Bennie and the Rev John Ross. In 1823 the latter had been ordained as the first Church of Scotland minister specifically intended for mission work:

Report on the character of a Missionary, etc.

As to the talents requisite in a Missionary, we are humbly of opinion that

1st, He should be endued with piety, prudence, and aptitude to teach; of which last, some specimens may be exhibited before the Directors.

2dly, His Principles should be examined, particularly as to the ruin and recovery of mankind.

3dly, His bodily constitution should be considered.

4thly, His age should not be below twenty-four years, nor exceed forty

5thly, He should be eligible from any denomination of Christians in the Society.

6thly, He should have some acquaintance with the Rules of Physic, as in knowing the pulse, letting of blood, etc.

With respect to the mode of introducing him, and the subject of his Mission to the heathen, we think,

1st, That two Missionaries should be joined in the sacred work: the one's talent consisting chiefly in informing the mind; the other's, in striking the passions.

2dly, That they should be furnished with powers to administer both Word and Sacraments. But whether this should be done by some Presbytery, or by the ministers in the Society, we presume not to determine.

3dly, That previous to their setting out in their sacred Mission, they should, in the presence of the Directors, be solemnly recommended by prayer to God, and enjoined to study the knowledge of the truth, fidelity in their Mission, and unanimity between themselves, as they regard their own comfort, and the edification of those among whom they minister.

4thly, That if circumstances permit, they should be strongly recommended to the notice and protection of such as are in power in the place whither they are sent.

5thly, That having reached the place of destination, they should not immediately begin to teach by an interpreter; not only because this is a cold and circuitous manner of communicating sentiment, but also because he may misinterpret their words, and accordingly defeat the end of their Mission.

6thly, That, under the direction of a Teacher, they should immediately apply themselves to learn the language of the country.

7thly, That in teaching, they must not ridicule the pagan idols, nor their manner of worship; but calmly reason with them, always shewing the utmost benevolence: that they ought not oppose the innocent customs of the country; but, as far as possible, become all things to all men, that they may save some.

8thly, That they should neither directly nor indirectly resent injuries, but endeavour, on all occasions, to overcome evil with good.

9thly, That they should use no party names, nor unnecessarily discover to the heathen world the multiplied and mournful divisions which prevail among Christians.

10thly, That, as circumstances admit, they should devote a certain part of every day (the Sabbath excepted), to acquire such knowledge of the language of that country where they minister, that at last, by the good hand of their God upon them, they may be able to translate some parts of Scripture into it, beginning with the Gospel of John, and some of the Psalms, as the xxiii. lxxii. cx. and cxxi.

11thly, That from time to time they should transmit an account of their situation to the Directors of the Society.

12thly, That if it please the Lord of the harvest to send forth a succession of labourers, the Directors of the Society should send them out two and two, always associating a young Missionary with an older.

THOMAS BELL
Glasgow, March 1st, 1786

(*Source:* Williams 1959:xi)

24.5 The Rhenish Missionary Society (1828)

The first missionaries were sent out from this society in 1828. The Rhenish missionaries first settled in the Western Cape but by 1840 they had moved northwards to Namaqualand and had built up small Christian communities there:

18 May 1829. Statutes of the Rhenish Mission Society

1. The existent Evangelical mission societies of Cologne, Elberfeld and Barmen unite herewith under the above name, for the purpose of training and sending out Christian missionaries to the non-Christian nations.
2. The Society's income is composed of contributions of the three mentioned societies and any other societies which might join them, consisting of collections, gifts, inheritances and any other contributions.
3. The Barmen mission school will be at the disposal of the united Society and her candidates will be trained towards a similar purpose.
4. The affairs of the Rhenish Mission Society will be organized by a Deputation (Board) of members of the united Society. The headquarters will be in Wupperthal; the Board will elect a chairman from amongst themselves, as well as two secretaries and a treasurer and minutes will be kept of all the procedures.
5. Supportive societies of the Rhenish Mission Society will enjoy the same liberties and privileges.

(*Source:* Strassberger 1969:xiv)

24.6 Ned. Geref Kerk

In 1826 the 'Reglement betrekkelijk het Ordenen van Zendelingen' was published. It provided arrangements for the missionary work of the Ned Geref Kerk (at this time also called the Nederduitsch Hervormde Kerk).

Reglement betrekkelijk het Ordenen van Zendelingen (9 November 1826)

Dat hy de navolgende Declaratie zal moeten doen en onderteekenen:

"Wy Ondergeteekenden, Zendelingen ter uitbreiding van het Christendom onder de Heidenen van Zuid-Afrika, belydenis doende van den Christelyken Godsdienst, volhardende by onze eenmaal gedane Litmaatsbelydenis, herhalen ook nu by dit ons tegenwoordig afgelegd Theologisch Examen, by dezen op het allerplegtigst de gemoedelyke verklaring, dat wy de Leer, welke overeenkomstig Gods Heilig Woord in de Formulieren van Eenheid der Nederlandsche Hervormde Kerk vervat is hartelyk omhelzen, belovende dezelve by ons Godsdienstig Onderwys aan en onder de Heidenen getrouwelyk te zullen volgen en leeren, en ons overeenkomstig de Regulatiën, op het Godsdienstig Onderwys by de Hervormde Kerk, ook in deze Volkplanting vastgesteld, in alles stiptelyk te zullen gedragen.

En alzoo het der Synodale Vergadering der Nederlandsche Hervormde Kerk alhier goedgunstig behaagd heeft, op ons gedaan verzoek en Hoogstderzelver daarover gegaan oordeel ons by Hoog-Eerwaardig Besluit van dezelve, toe te laten in onze Zendelingsbetrekking, niet alleen tot de Bediening van het Woord, maar ook van de Heilige Christelyke Instellingen, den Doop en het Avondmaal, zoo betuigen en beloven wy hiermede op het plegtigst van dit vermogen geen ander gebruik te zullen maken, dan alleen ten dienste der Heidenen, door ons tot eene Christelyke Gemeente verzameld wordende; dat wy voorts alle aanstoot en inbreuk by en op de regten van gevestigde Christen Gemeenten op het zorgvuldigst vermydende, ons voorts in de Bediening van deze Instellingen geheel en al zullen houden aan de praktyk der Gereformeerde Kerk, onderwerpende wy ons ingeval van eenige overtreding dezes, en ook by onverhoopte zedelyk wangedrag, aan het oordeel van het bevoegd Kerkbestuur, daarvoor toezigt houdende.

Het bovenstaande verklaar ik door deze myne Naamtekening opregtelyk als voor den Heer."

6.—Na de onderteekening van deze Acte, gaat de Synode over tot het ordenen van den Suppliant hierin bestaande, dat de Praeses namens de Synode, onder gepaste aanspraak en zegenbede hem zyne Acte van Admissie overhandigt.

FORMULIER

van de Acte van Admissie van Zendelingen tot de Bediening van de Heilige Christelyke Instellingen, den Doop en het Avondmaal.

Alzoo voor de Synode der Nederduitsche Hervormde Kerken in Zuid-Afrika, vergaderd aan de Hoofdplaats van de Kaap de Goede Hoop, is verschenen N.N. verzoekende ingevolge synodale Resolutie van den 18 November 1824, om als Zendeling, tot de Bediening der Heilige Sacramenten, onder de tot het Christendom verzamelde Heidenen, te worden toegelaten; zoo heeft gezegde Vergadering, nadat de Persoon voorm. aan al het daartoe gevorderde by het Reglement daarop, in dato 9 November 1826 had voldaan, geene zwarigheid gemaakt hem daartoe bevoegd te verklaren, zoo als geschiedt by deze onder de bepalingen by even gedacht Reglement vastgesteld, zullende hem dit Getuigschrift tot Acte van Admissie daartoe verstrekken.

Aldus gegeven in de Kaapstad, den in onze Synodale Vergadering van

N.N. Voorzitter.
N.N. Scriba.

(*Source:* Dreyer 1936:284-285)

24.7 The American Board of Commissioners for Foreign Missions (1835)

The first party of missionaries from the United States arrived in Cape Town in February 1835. These included Henry Venable, Alexander

Wilson, Daniel Lindley, George Champion and Aldin Grout. The Prudential Committee warned the missionaries that they might encounter hardship:

Instructions of the Prudential Committee to the Rev Daniel Lindley, Rev Aldin Grout, Rev Alexander Wilson, Rev George Champion, Rev Henry Venable and Newton Adams MD and their wives - 22 November 1834:

> The Committee desire that you may obtain competent and faithful interpreters for both missions before going among the Zoolahs. On entering their country your first care will be to seek an interview with the chiefs of your respective nations. Dingaan, the ruler of the maritime nation, resides somewhat more than a hundred miles from Port Natal ; and Masalikatsi, the head of the interior nation, may possibly be not far distant from Latakoo, the advanced post of the London Missionary Society. The Committee need not describe to you the character of these men, nor the nature of their governments, nor the state of society among their people. The men, and their governments, and people are similar ; and so will be the situation, trials, and probable success of the two missions. Have you and your wives thought sufficiently of the nature of these missions, and have you counted the cost? Have you thought how much of your time and strength, for a season, will be consumed by merely secular cares and labors? Your wagons - - for both missions should possess them - - will be drawn, in the Zoolah country, through wilds where such vehicles never went before ; and fords must be made for them through streams, and obstructions removed from the paths. The cattle must be protected from wolves and lions, and from the thievery of the natives ; they must be supplied with grass and water, and brought back when they stray. The sites must be selected for the missions where the soil, water, climate, prospect, proximity to the natives, and inducements for them to settle around you and cultivate the land, are all as they should be. Dwellings must be erected, and land brought under cultivation. These and other unavoidable secular cares and labors coming upon you, will sometimes make those of you who are preachers feel that you have almost ceased to be ministers of the gospel by becoming missionaries. But in due time, if you faint not, you will read the reward of your labors.
>
> Your wives, too, should expect to endure peculiar trials. They will need heroic fortitude. You will sometimes be separated from them for weeks, without the possibility of hearing from them, or they from you. Numerous causes at such times will conspire to awaken in them the most painful apprehensions concerning you ; and rumor, busy and false, will tell them of your perilous exposures, and even assure them that a violent death has overtaken

you, and cause them many a time to experience the griefs of widowhood, before they suffer its reality.

The opening of a road for wheel-carriages from Port Natal into the interior will be an object of prime importance. It will shorten our distance into the interior by some hundreds of miles, and greatly facilitate our progress towards the central regions. This being done, our next reinforcement of both your missions may be landed at Port Natal, and your two missions become virtually one. At the same time we shall be more ready to avail ourselves of the discoveries of the scientific corps, which left Cape Town in July for the interior.[8] *Large designs, vigorous action, dependence upon God*—these are the mottos (sic.) of our enterprise. May they be the characteristics of all our missions, and of your mission. Then shall the sable sons of Africa rejoice at your arrival and shall say, " How beautiful upon the mountains are the feet of him that bringeth good tidings, that publiseth peace ; that bringeth good tidings of good, that publiseth salvation!"

(*Source:* Kotze 1950:50-51)

25.1 The Manifesto of Piet Retief - 2 February 1837

A number of factors led to the Great Trek. Some of these were dissatisfaction among the Afrikaner farmers with British rule, the abolition of slavery and the unstable frontier conditions. Piet Retief and his group of Trekkers were originally from the Eastern Cape, especially the Grahamstown area. Before migrating northwards they published their reasons for leaving in *The Grahamstown Journal*, 2 February 1837. After the Trek began, the Ned Geref Kerk continued its pastoral care also to its members outside the Cape Province:

Manifesto of the Emigrant Farmers

A document has been handed to us, with a request to give it publicity, purporting to be the causes of the emigration of the colonial farmers – of which the following is a literal translation: –

Numerous reports having been circulated throughout the colony, evidently with the intention of exciting in the minds of our countrymen a feeling of prejudice against those who have resolved to emigrate from a colony where they have experienced for so many years past a series of the most vexatious and severe losses; and as we desire to stand high in the estimation of our brethren, and are anxious that they and the world at large should believe us incapable of severing that sacred tie which binds a christian to his native soil, without the most sufficient reasons, we are induced to record the following summary of our motives for taking so important a step; and also our intentions respecting our proceedings towards the Native Tribes which we may meet with beyond the boundary.

1 We despair of saving the colony from those evils which threaten it by the turbulent and dishonest conduct of vagrants, who are allowed to infest the country in every part; nor do we see any prospect of peace or happiness for our children in a country thus distracted by internal commotions.

2 We complain of the severe losses which we have been forced to sustain by the emancipation of our slaves, and the vexatious laws which have been enacted respecting them.

3 We complain of the continual system of plunder which we have ever endured from the Kafirs and other colored classes, and particularly by the last invasion of the colony, which has desolated the frontier districts, and ruined most of the inhabitants.

4 We complain of the unjustifiable odium which has been cast upon us by interested and dishonest persons, under the cloak of religion, whose testimony is believed in England to the exclusion of all evidence in our favour; and we can foresee as the result of this prejudice, nothing but the total ruin of the country.

5 We are resolved, wherever we go, that we will uphold the just principles of liberty, but whilst we will take care that no one shall be held in a state of slavery, it is our determination to maintain such regulations as may suppress crime and preserve proper relations between master and servant.

6 We solemnly declare that we quit this colony with a desire to lead a more quiet life than we have heretofore done. We will not molest any people, nor deprive them of the smallest property; but, if attacked, we shall consider ourselves fully justified in defending our persons and effects, to the utmost of our ability, against every enemy.

7 We make known, that when we shall have framed a code of laws for our future guidance, copies shall be forwarded to the colony for general information; but we take this opportunity of stating, that it is our firm resolve to make provision for the summary punishment of any traitors who may be found among us.

8 We purpose, in the course of our journey, and on arriving at the country in which we shall permanently reside, to make known to the native tribes our intentions, and our desire to live in peace and friendly intercourse with them.

9 We quit this colony under the full assurance that the English government has nothing more to require of us, and will allow us to govern ourselves without its interference in future.

10 We are now quitting the fruitful land of our birth, in which we have suffered enormous losses and continual vexation, and are entering a wild and dangerous territory; but

we go with a firm reliance on an all-seeing, just, and merciful Being, whom it will be our endeavour to fear and humbly to obey.

By authority of the farmers who have quitted the Colony,

(Signed) *P. Retief*

(*Source: The Grahamstown Journal,* 2 February 1837)

25.2 The attitude of the Cape Ned Geref Kerk to the Trekkers (1837)

Te regt bedroeft zich de Synode over den tegenwoordigen toestand van zoo vele Ledematen der Hervormde Kerk, die hunne haardsteden en altaren hebben verlaten, zonder eenen Mozes en Aaron de woestyn introkken, en zonder belofte of aanwyzing thans een Canaan voor zich opzoeken. De Synode houdt die allen verantwoordelyk voor hun gedrag, en wil hen slechts by deze gelegenheid herinnerd hebben aan hunne dure verplichting, die zy by den doop hunner kinderen op zich namen, en aan de belydenis, die zy zelve vrywillig aflegden, toen zy tot leden der kerk werden toegelaten. Zoo kan ook de Zynode hare goedkeuring geenszins hechten aan het voornemen van velen, die deze Nomaden op 't spoor wenschen te volgen, zoo lang zy zich niet overreden kan, dat het een gebiedende wenk der Goddelyke Voorzienigheid is, - Zy herinnert hen het zeggen van den Heiland, die zyn kruis niet opneemt en my navolgt, kan myn discipel niet zyn. Zy vermaant met allen ernst elk en eenen iegelyk, om onderworpen te zyn aan hen, die God over hen gesteld heeft als Zijne dienaars, en met allen aandrang te bidden, dat deze het wereldlyke zwaard met geregtigheid en bescheidenheid mogen dragen. Het is toch laakbaar, dat men de Overigheid verge, dat deze zich uitsluitend naar onzen zin en belangen schikke, daar zy zelve bovendien in afhankelykheid van hoogere magten zich gedragen moet, en veeltyds naar ontwerpen handelt, welke betrekking hebben op het algemeene welzyn en die de toekomstige welvaart van het land verzekeren. De staatkunde moge dan ook in onze dagen verordeningen daarstellen, die met onze wyze van denken en handelen of met onze belangen strydig schynen, vergeten wy niet dat alle deze eene wyziging erlangen naar mage van onze gehechtheid aan godsvrucht en deugd. Blyft dan volstandig gelooven en betrachten, wat de Godsdienst van Jezus in alle betrekkingen en toestand van hare belyders vordert. - Hy, de Alleenheerscher der wereld, gebruikt vorsten en natiën dan eens om volken en landen te zegenen, dan weder om ze te beproeven en te doen ontluiken, of ook wel om ze te tuchtigen en te straffen. Veel, wat ons heden kwaad toeschynt, wordt ons dikwyls op morgen tot eenen zegen; wat ons tydelyke schade veroorzaakt, een middel tot bevordering van ons eeuwig geluk.

Voorts, Broeders en Zusters betoont u in den burgerstaat als eerlyke, arbeidzame en nuttige leden der maatschappy, als getrouwe en gehoorzame onderdanen. Zoo zult gy gewis de bescherming en toegenegenheid wegdragen van hen de u regeren. Zulks zal onder anderen eene gunstige aanbeveling voor u zyn by Hare Majestei onze Geliefde Koningin, wiens troonsbeklimming [dieselfde jaar, 1837] gy moogt toejuichen, daar dezelve met een vast vertrouwen geschiedde op de Goddelyke ondersteuning, wier verklaringen en eerste werkzaamheden zoo zeer gekenmerkt zijn geworden met uitgedrukte gevoelens van hartelyke belangstelling in de bevordering van Godsdienst en deugd.

Uittreksels uit *Herderlike Brief*, Sinode 1837, onderteken deur A Murray, VDM, Praeses en Wm Robertson, VDM, Scriba. KKA, S 8, p. 1350.

(*Source:* Dreyer 1929:3-4)

26 The appointment of the Rev D Lindley as minister of the Voortrekkers (1841)

The first official minister of the Ned Geref Kerk of the Voortrekkers was LMS missionary Erasmus Smit who was asked by the Voortrekker leader Piet Retief to join the Voortrekkers in their move towards Natal. He was officially appointed and ordained on 12 May, 1837. Because of a dispute with the Voortrekker leader Sarel Cilliers, he was pensioned off on 8 February 1841 and replaced by another missionary, the Rev D Lindley of the American Board of Foreign Missions. Although appointed as minister on 8 February 1841, this only became effective on 1 April 1841:

To J. Boshof, Esq.,
Landdrost, etc., etc.,
Pietermaritzburg.
Natal, South Africa.

Sir,

Your letter of October 16, 1841, was received to-day, and has been read with great pleasure. Although we value Mr. Lindley very highly as a missionary, and should gladly have had him remain in connection with us, yet such was his interest in your people and such his conviction as to the good he might do, that we cheerfully gave permission to his becoming a Pastor in the Reformed Dutch Church of South Africa. May his usefulness ever be great among you!

I shall forward a copy of your letter to the proper authorities in the Reformed Dutch Church of this country, that they may see that the interest they have taken in your spiritual welfare is appreciated and may consider what more they can do.

Our mission to the Zulus, after so long tossing on the sea of events, appears to have quiet at last. We thankfully acknowledge the kind interest you have taken in its welfare. We trust it will be found more and more useful, and more and more worthy of protection and countenance from those who are in authority.

I am, Sir, with great respect,

Your obedient servant,

R. ANDERSON,

Secretary of the American Board of Commissioners for foreign Missions.

(*Source:* Gerdener 1936:5)

27 The Nederduitsch Hervormde Kerk in the Transvaal: resolutions by the Transvaal congregation shortly after the arrival of Dirk van der Hoff (1853)

The Trekkers who left the Cape Colony were God-fearing people who missed having the opportunity to worship as part of a congregation. They were helped by missionaries from other denominations - James Archbell, the Methodist, and Daniel Lindley, the American Presbyterian. The Hollander Erasmus Smit, who was the brother-in-law of Gerrit Maritz, one of the leaders, also gave spiritual guidance. The Ordinance of 1843 defined the Dutch Reformed Church as the church of the British colony of the Cape. In 1852 this issue was again raised when the Transvaal congregations applied for incorporation into the Ned Geref Church of the Cape. Transvaal congregations 'called' ministers but although ministers regularly visited the congregations and members, no-one was willing to leave the Cape. In 1852 a Dutch minister, Dirk van der Hoff, arrived at the Cape. He arrived at Potchefstroom in May 1853. He became the first minister of the Nederduitsch Hervormde Kerk in the Transvaal. In 1860 this became the official state church of the Transvaal:

126. Kommissieraadbesluite, Rustenburg, 9/13 Aug. 1853.

Art. 17. Voorgekomen eene Memorie van het Publiek get. door de WelEd. Gest. Heeren Cts. Gls. P. Potgieter en M. W. Pretorius 1 Commt. 1 VeldCt. en 75 publieke stemmen, behelzende het verzoek, om het besluit genomen door de Eerw. Kerkeraad van Rustenburg behelzende, om geene andere Kerk toe te laten of te bouwen dan de Ned. Ger. Godsdienst en Kerk, welk besluit het Publiek aan de ED. Raad verzoekt bekrachtigd te worden—De Ed. Raad is er toe overgegaan om dit zoo gewenscht en welkom verzoek geheel toe te staan.

——Kanttekening daarby—"Zie verder Artiekel 28 der Volksraads besluiten van September 1853 en goed gekeurd volgens Art. 11 der Volksraads besluiten van November 1853". (Cf. volgende stuk.)

Art. 18. Een besluit ingekomen van de Eerw. Kerkeraad, namelyk dat gem. Kerkeraad den Eerw. Heer Dirk van der Hoff erkend en aangenomen heeft als wettig en geordend Leeraar—De EDel. Achtb. Volksraad heeft gemelde Heer met eenparige stemmen benoemd aangesteld en erkend als wettig en geordend Leeraar in dit ons land.

——Kanttekening daarby—"Zie verder Artikel 30 der Volksraadsbesluiten van September 1853".

Art. 19. Een besluit voorgekomen van de Eerw. Kerkeraad namelyk dat de Eerw. Kerkeraad de inlyving van deze onze Kerk in de Kaapsche Kerk onder de Synode niet erkent en terug trekt, om reden dat a. de belofte waarop de inlyving gevraagd is, door de Synode niet is voldaan, b. omdat men zich niet aan de Kerkelyke wetten der Kaap Kolonie kan onderwerpen.—De Edel Achtb. Raad met eenparige stemmen besloten, om gemeld besluit geheel en al in te stemmen en alzoo besluit de Raad niet onder de Synode in te gaan om de redenen in het besluit van de Eerw. Kerkeraad voorkoomende; weshalve de Edele Raad er toe overgaat om met de Kerkeraad de inlyving terug te trekken.—

——Kanttekening daarby—"Vervallen volgens Artikel 31 van het Volksraadsbesluit van 4 September 1853.

Art. 20. Voorgekomen eene aanklagte van den Eerw: Kerkeraad wegens de personen Hans Erasmus en Jacob Erasmus L.Z., beide personen hebben de Kerk niet erkend voor de ware, maar voor de valsch Nederd. Geref. Kerk. De Heer Jacob Erasmus heeft de Kerk voor een geestelyk hoerhuis erkend; beide Heeren erkennen tevens de Kerkeraad niet voor wettig en zeggen dat dezelver Leden door valsche Leeraars zyn aangesteld, beide Heeren zyn dus gevaarlyk voor Christus Kerk hier te lande en om die reden onder Kerkelyke Censuur gesteld zyn door de Eerw. Kerkeraad en zyn alzoo als

Lasteraars van de Kerkeraad aangeklaagd by den ED. Raad.—

——Kanttekening daarby—"Goedgekeurd volgens Art. 33 van het Volksraadsbesluit van September 1853."

Art. 23. Ingekomen een besluit van de Eerw. Kerkeraad; n.l. dat de Huwelyken die in dit land verder gedaan zullen worden, Kerkelyk te laten inzegenen; dit District waar de Leeraar gevestigd is, zal men verpligt zyn zich geestelyk te laten inzegenen, buiten het district is men vry, alhoewel men er gebruik van kan maken.— voorts vraagt de Eerw. Kerkeraad hoeveel van de gelden, die aan Heeren Commissarisssen betaald worden, voor het sluiten van een huwelyk aan de Kerkelyke kas moet afgestaan worden. De Edele Raad stemt in en keurt goed het besluit van de Eerw. Kerkeraad, het geestelyk inzegenen van huwelyken, besluit tevens dat van ieder paar dat trouwt, zal afgaan voor de Commissarissen ieder twee shillings, voor de bode eene sixpence; het resterende, de eene helft voor het gouvernement en de andere helft voor de Kerkelyke Kas.—

——Kanttekening daarby—"Verwezen naar Art. 34 der Volksraadsbesluiten van September 1853 te Lydenburg. Zie verder Art. 14 idem November 1853—begin goed gekeurd."

Art. 30. De Ed. Raad is er toe over gegaan om den Hoog Leeraar Lauts, wonende in Nederland, beleefdelyk dank te weten voor het zenden van den Eerw. D. v. d. Hoff en de reeds hier zynde onderwyzers.

——Kanttekening daarby—"Goed gekeurd zie Art. 38 der V.R. besl. van September 1853".

Art. 31. Tevens gaat de Raad er toe over om de beide Eerwaarde Heeren, Murray en Neethling als ook de vorige Eerw. Heeren, die zoo veel aan ons hebben betoond en bewezen, van ons verloren te hebben opgezocht en het Evangelie verkondigd; hartelyk onze dank toe te brengen aan die Eerw. Heeren.

——Kanttekening daarby—"Goed gekeurd. Zie Art. 39 van het V.R. besluit van September 1853".

Art. 33. Ingekomen een verzoek van de Eerw. Kerkeraad behelzende om vry te zyn van alle landsdiensten en daarmede gepaard gaande onkosten.—

Met algemeene stemmen het verzoek toegestaan van de Eerw. Kerkeraad, maar alle diensten en daarmede gepaarde onkosten voor de Kerk, zal de Eerw. Kerkeraad zelve dragen.—

Dit besluit is geldig, zoo lang als de Leden in de Kerkeraad zitten, maar by aftreden staat dat lid weder onder landsdiensten. De Leeraar van zelf is van alles uitgesloten, n.l. landsdiensten en daarmede gepaarde onkosten en ook in Kerk van alles voorzien worde, en geassisteerd door de Kerkeraadsleden.

——Kanttekening daarby—"Veranderd en uitgesteld volgens Art. 41 der Volksr. besluiten van September 1853".

(*Source:* Gerdener 1936:567-568)

28 A third church among the residents of the Zuid-Afrikaansche Republiek (10 January 1859)

The next schism in the Transvaal occurred when 'de Gereformeerde Kerk in de Zuid-Afrikaansche Republiek' was founded after more than 300 people decided to leave the official Ned Herv Kerk of the Transvaal because of theological differences:

165. Ds. van der Hoff oor die ontstaan van die Geref. Kerk.

1859.

Zyn HoogEd. den President en WelEd. Heeren leden
van den UitV. Magt,

Der Zuid Afrikaansche Republiek.

Hoog Edele Heer,

WelEd. Heeren!

Wy hebben de eer de ontvangst te erkennen van uwe geachte letteren, gedateerd Rustenburg 12 Febr. 1859. U vraagt inlichting.

Op uwe eerste vraag: "Of die nieuw opgerigte zich noemende gereformeerde kerk in de Z. A. Republiek is 'eenig kerkelyk gezag' dat volgens Art. 23 der Grondwet door de Kerkeraden zyner Nederd. hervormde gemeenten is goedgekeurd, aangenomen en vastgesteld".

Op dit punt kunnen wy u die volgende inlichting geven: Wy kennen tot nog toe geen gereformeerde kerk in de Z. A. Republiek, dan alleen de *onze.*—Wel heeft de algemeene kerkvergadering, den 10den January en volgende dagen te Pretoria gehouden, eene kennisgeving van 15 personen ontvangen, meldende dat zy zich vrywillig afscheiden van onze kerkelyke gemeenschap en wenschen te bestaan als eene vrye geref. kerk waarop de algemeene kerkvergadering voornoemd geantwoord heeft dat zy die afscheiding *niet beletten kan.* Hiervan heeft de algemeene kerkvergadering terstond aan den Hoog Ed. Uitv. Raad, den 12den January kennis gegeven.

Wy kunnen u dus verzekeren dat er geen kerkelyk gezag van eene andere kerk door de kerkeraden der Nederd. geref. kerk is goedgekeurd, nog minder aangenomen of vastgesteld. Zelfs is er geen aanzoek of kennisgeving nog gedaan van de oprigting eener andere kerk. Alleen zooals boven gezegd is, is er een wensch by de algemeene vergadering ingekomen, om eene *vrye* gereformeerde kerk opterigten. En daarop is geantwoord dat de algemeene kerkvergadering dit niet beletten kan. De oprigting eener gereformeerde kerk binnen de onze, is ons ten eenemale onbekend.

Uwe tweede vraag: "Of die zich noemende gereformeerde kerk in de Zuid Afrikaansche Republiek met uwe kerk in betrekking staat, zoo ja, welke die betrekking is, en zoo neen, wat aanleiding heeft gegeven tot de oprigting van dit nieuw afzonderlyk Kerkgenootschap."

Op het eerste gedeelte dezer vraag merken wy aan dat wy geen betrekking kunnen hebben met eene Kerk, welker bestaan ons ten enemale nog onbekend is. Ten aanzien van het laatste gedeelte der vraag "Wat aanleiding heeft gegeven enz." Dit is door de algemeene kerkvergadering den 12den January aan UEd. geschreven. zynde die aanleiding deze: dat 15 personen zich bezwaard gevoelende over een genomen besluit der algemeene Kerkvergadering voorn., wenschen te bestaan als eene *vrye* gereformeerde Kerk. Het besluit waarover zy bezwaard zyn is: dat de kerkelyke inrichting van de Nederd. Geref. Kerk alhier, met hare Evangelische gezangen zal blyven bestaan en gehandhaafd worden.

Op uwe derde vraag: "Welke de punten van verschil zyn enz.", dient in antwoord dat wy dit niet weten, om de eenvoudige rede dat wy met hunne kerkelyke inrigting nog onbekend zyn. Nemen zy echter, zooals zy schryven, de leer, tucht en dienst der geref. Kerk, volgens de Dordtsche Synode aan, dan is er geen ander verschil, volgens ons oordeel dan dit, dat zy die zich afgescheiden hebben, *slaafs* volgen het *letterlyk* bevel der Dordtsche Vaderen, door geen evangelische gezangen in de kerk toetelaten—en wy in den *geest* en naar de *grondbeginselen* der Dordtsche Vaderen handelen, door Evangelische gezangen aantenemen. Eenig ander verschil *gelooven* wy niet dat er bestaat, ofschoon wy dit niet met zekerheid kunnen bepalen.

Wy handelen dus ook overeenkomstig het Artikel onzer Grondwet, waar gezegd wordt: "Het Volk wil zyne Nederduitsch geref. godsdienstleer, zooals die in de jaren 1618, 1619, is vastgesteld, in hare *Grondbeginselen* blyven bewaren. En daar het nu in den *geest* en het *grondbeginsel* der Dordtsche Vaderen lag, om Evangelische gezangen in de Kerk intevoeren, zoodra dit mogelyk was en eene latere Synode in dien geest handelende, dezelve wettig heeft ingevoerd, zoo vermeenen wy, dat wy met onze evangelische gezangen getrouw blyven aan de grondbeginselen der Dordtsche Vaderen.

Namens de Eerw. Kerkeraad van Rustenburg, hebben wy de eer ons met eerbied en hoogachting te noemen,

UWelEd. Dw. Dr.

D. VAN DER HOFF, praeses.

Rustenburg, 14 Febr. 1859.

(*Source:* Gerdener 1936:649-650)

29 Resolutions (Acta Synodi) of the Ned Geref Kerk

During the 1850s and 1860s a number of important resolutions were passed by the Synod of the Ned Geref Kerk in the Cape Province, leading to the establishment of the Ned Geref Kerk in the form in which it exists today. In 1857 a decision was taken to have separate church services for white and non-white members. In 1863 the baptism of children of heathen parents was discussed. The 1880 Synod eventually saw the establishment of 'eene afzonderlike Ned Geref Zending Kerk' (a separate Ned Geref Mission Church for the coloureds):

29.1 Acta Synodi 1857: separate church services

Door den Predikant van Prince Albert werd voorgesteld als volgt: 'De Vergadering benoeme eene Commissie om de geheele zaak in overweging te nemen, en, zoo mogelijk, op Donderdag rapport in te leveren.' Dit aangenomen zijnde, werden tot de Commissie benoemd de Predikanten va Caledon, Prince Albert, Calvinia, en Bloemfontein. Aan deze Commissie werd tevens opgedragen eene memorie van de gemeente der kleurlingen te Georgestad, om daarop te gelijk te rapporteren ....

Over de noodzakelijkheid dat dit vooroordeel [omtrent de *gelijktijdige* toediening der bondzegelen, enz., aan gekleurden en blanken] worde bestreden, doch hoe men ook met voorzigtig beleid daarin hebbe te werk gegaan, spraken de Predikante van de Kaapstad, Swellendam, Middelburg en Calvinia ....

Dr. Reitz dankt.
Aldus gedaan en besloten.
Geresumeerd en gearresteerd, 6 November, 1857.

TWINTIGSTE ZITTING

Vrijdag, den 6den November.

De behandeling van Beschrijvingspunt XII:5, waarin de Predikant van Tulbach de vraag voorstelt: 'Of het de goedkeuring der Synode wegdraagt, dat in de gemeenten der Nederduitsch-Gereformeerde Kerk, waar men dit begeert, de gekleurden in een afzonderlijk gebouw, echter onder het bestier en opzigt van den Kerkeraad, alle voorregten der Christelijke Godsdienst *afzonderlijk* genieten zullen?' werd nu voorgezet.

De Predikant van Calvinia deed hierop een voorstel, hetwelk hij weder introk, nadat de Predikant van Graaff-Reinet het volgende voorstel had ingeleverd: 'De Synode beskouwt het wenschelijk en schriftmatig, dat onze ledematen uit de Heidenen, in onze bestaande gemeenten opgenomen en ingelijfd worden, overal waar zulks geschieden kan; maar waar deze maatregel, ten gevolge van de zwakheid van sommigen, de bevordering van de zaak van Christus onder de Heidenen, in den weg zoude staan, de gemeente uit de Heidenen opgerigt, of nog op te rigten, hare Christelijke voorregten in een afzonderlijk gebouw of gesticht genieten zal.'

De Ouderling van de Kaapstad (Dr. Changuion) de Predikanten van Prins Albert, Paarl, Caledon, Pietermaritzburg, Smithfield, Swellendom en Hopefield; alsmede de Ouderlingen van Middelburg, Swellendam, Colesberg en Beaufort deelden hunne gevoelens over dit onderwerp aan de Vergadering mede, waarop de Predikant van Tulbagh verklaarde, dat daar het hem alleen te doen was geweest dat deze gewigtige zaak in de Synode ter sprake, zoude komen, hij het daarbij wilde laten berusten. Het voorstel van den Predikant van Graaf-Reinet werd desniettegenstaande aan eene stemming onderworpen, en met eene groote meerderheid aangenomen.

De Ouderling van Colesberg verzocht aangeteekend te hebben, dat hij in de minderheid had gestemd; terwijl de afgevaardigde Ouderling van Cees zijne vraag, voorkomende in Beschrijvingspunt XII:3:1, nu introk.

Men leest voorts een verzoek van de gekleurde gemeente van Georgestad om haar als eene Gereformeerde te erkennen, en den Heer Kretzen tot leeraar derzelve te ordenen, d.d. 25 Junij, 1856, en geteekend door den Eerw. Heer Kolbe. Benevens een extract uit de notulen van de Zending Commissie, van hetgeen aan den Heer Kolbe daarop is geantwoord.

De Leeraar van Pietermarizburg stelt voor: 'Dat dit verzoek worde gesteld in handen der gemagtigden van wege deze Synode voor de Zendingzaak, om naar bevind van zaken te handelen.'

De Assessor is er voor, dat de zaak worde opgedragen aan eene Commissie, beter dan laatstgenoemde Commissie bekend met de zaak in kwestie.

De Hoog-Eerw. Scriba vraagt, waarom de gemeente niet bij de blanke gemeente van Georgestad kan worden ingelijfd?

Dr. Heyns wenscht de Vergadering indachtig te maken, dat de aanneming dier gemeente ons zal inwikkelen met het Londensch Zendelinggenootschap.

Dr. Robertson geeft eenige inlichtingen omtrent de zaak.

Voorzitter zegt, dat de vraag nu voor de aandacht der Vergadering, zijns inziens, deze is: 'Of de gemeente als eenen Gereformeerde erkend zal worden?'

Op verzoek van den Scriba wordt gelezen rapport van eene Commissie, tot onderzoek van zekere klagten tegen het Londesch Zendelinggenootschap. Dit geschiedt, en wordt door den Scriba voorgesteld en aangenomen door de Vergadering: 'Dat de verdere behandeling der zaak worde uitgesteld tot Maandag aanstaand; en dat, ingevolge verzoek van den Eerw. Heer Thompson, Superintendent van het evengemelde Genootschap, dien heer een afschrift, of het origineel van den laatstgelezen brief worde toegezonden, met verzoek om terugzending op Maandag.'

Voorzitter leest een concept van Reglement, ter afneming van het examen van Kandidaten tot de Heilige Dienst, door den Leeraar van Colesberg vervaardigd, hetwelk met weinige veranderingen wordt aangenomen. (Bijl.)

Bij de stemming omtrent No. 12 doen de Moderator en Leeraar van de Paarl aanteekenen, dat zij in de minderheid hebben gestemd.

Dit voorstel van den Scriba wordt aangenomen: 'Dat naar het even goedgekeurd concept, Art. 62 worde veranderd,' welke verandering aan hem wordt opgedragen.

Voorzitter doet aankondiging, dat de Bidstondé, op Maandag avond aanstaande, gehouden zal worden door de Leeraren van Graaff-Reinet en Swellendam.

Het dankgebed geschiedt bij monde van Ds. Bamberger.

Het voorstel van den Predikant van Piketberg kwam nu ter tafel: 'Dat de Synode haar gevoelen uispreke over het besluit, door den Ring van Albanië, ten opzigte van de gekleurde leden der gemeente "Stockenstrom" genomen.'

De Vergadering was echter van gevoelen dat, dewijl de Ring geene kennis hiervan heeft gekregen, het voorstel niet in overweging behoorde genomen te worden.

De voorsteller verzocht dat aangeteekend worde, dat hij het voorstel gedaan heeft, toen Hoofdstuk XII:5 der Beschrijvingspunten, in behandeling was.

Het voorstel van den Predikant van Swellendam, op Vrijdag ingediend, betrekkelijk de zaak van opvoeding, werd nu weder ter tafel gebragt en aangenomen.

Het verzoek van de gemeente der kleurlingen te George, om tot onze kerk te worden opgenomen, en dat de Heer Kretzen als hun leeraar geordend moge worden, werd nu weder onder de aandacht der Vergadering gebragt. In verband hiermede werd voorgelezen, een brief van den Wel-Eerw. Heer Thompson (Bijl.), als ook eenige stukken door zijn Eerw. in het origineel toegezonden.

De Predikant van Pietermaritzburg stelde hierop voor: 'Dat deze zaak worde gerefeerd naar de gemagtigden van deze Synode in de Zendingzaak, ten einde naar bevind van zaken te handelen.'

De Predikant van Caledon, als lid dier Commissie, was hier tegen, waarop door den Predikant van Prins Albert werd voorgesteld: 'Dat het aan den Predikant van Bloemfontein worde opgedragen, om op de plaats zelve onderzoek te doen, en daarop te rapporteren aan de Synodale Commissie, die uitspraak doen zal.'

Nadat Di. Van Velden, A. Murray, Jr., en N.J. Hofmeyr, derzelver gevoelens hieromtrent hadden medegedeeld, werd het volgende voorstel van den Predikant van Colesberg aangenomen: 'Deze zaak worde aan de Zending Commissie opgedragen, om daaromtrent te rapporteren aan de Synodale Commissie, ten einde deze de zaak beslisse.'

(*Source:* Acta Synodi 1957:55-60, 76)

29.2 Acta Synodi 1863: the baptism of children of heathen parents

Het verzoek van den Eerw. L.G. Jongeneel in III. 2 vervat, dat, namelijk, de Kerkeraad zich niet zal inlaten met den doop of de aanneming van gekleurden dáár waar er eene Zending gemeente onzer Kerk gevestigd is, komt ter sprake.

Op voorstel van den Predikant van Stellenbosch, ondersteund door dien van Hopefield, besluit de Vergadering daarin niet te treden.

III. 3, de vraag behelzende hoe men handelen moet, wanneer heidenen aanzoek doen om hunne jonge kinderen door den Doop in het Christendom intelijven, geeft aanleiding tot eenige discussie.

De derde Predikant van de Kaapstad, ondersteund door dien van Hoopstad, stelt als antwoord op deze vraag voor: 'Door het brengen van twee lidmaten van onbesproken gedrag, leden der Kerk, als doopgetuigen, die de verpligtingen bij den Doop voorgesteld, op zich nemen.'

De Predikant van Albanie, ondersteund door den Ouderling van Colesberg, heeft het volgende Amendement: 'Men wekke de heidensche ouders op om tot het Christendom overtegaan als wanneer zij met hunne kinderen zullen gedoopt worden.'

Dit Amendement wordt aangenomen.

De Predikanten van Ladysmith, Montagu, de derde van de Kaapstad, Zwartland, Ceres, Frazerburg, Durban, Napier, George en Mosselbaai, en de Ouderlingen van Sutherland, Hoopstad en Riebeek West doen aanteekenen dat zij in de minderheid gestemd hebben.

Overeenkomstig kennisgeving op laatstleden Woensdag, leest de Predikant van George nu het Protest, voor dat door hem en de Predikanten van Victoria en Hoopstad is geteekend, tegen het besluit van de Synode in de zaak van den Predikant van Darling, welk Protest aangenomen wordt.

De Predikant van Uitenhage maakt den Predikant van George opmerkzaam op eene fout die hij bij dat Protest begaan heeft, daar het hem voorkwam dat in dat Protest gezegd wordt, dat de Predikant van Darling geschorst is van wege ontrouw aan de leer der Kerk, in plaats van, zoo als het geval is, van wege trouwelooze verbreking van de belofte bij zijne legitimatie afgelegd.

De Predikant van Clanwilliam zegt dat hij spoedig, naar aanleiding van het besluit betreffende den doop van heiden-kinderen, eenige vragen aan deze Hoog-Eerw. Vergadering wenscht voortedragen.

De Kladnotulen worden gelezen en goedgekeurd, en het dankgebed gedaan door den Predikant van Frazerburg.

Geresumeerd, goedgekeurd en onderteekend op heden den 28sten October 1863.

(*Source:* Acta Synodi 1863:119)

30 Bishop Colenso (1863)

The Rev John William Colenso (1814-1883) became Bishop of Natal in 1853. After a preliminary tour he published a journal about his visit called *Ten weeks in Natal*. Colenso did not believe that British civilisation and Christianity were almost identical. He argued that the 'noble savage' had a culture on which the missionary had to build and he allowed polygamists to be baptised. These views as well as his work on biblical criticism led to a disagreement with the other Anglican clergymen, especially Bishop Gray. After the publication in 1861 of Colenso's *St Paul's Epistle to the Romans, newly translated and explained from a missionary point of view*, Bishop Gray asked him to withdraw the book. He refused and published *The Pentateuch and the Book of Joshua critically examined in seven volumes*. Bishop Gray appealed to the Archbishop of Canterbury and Bishop Colenso was condemned by a number of clergymen.

In November 1863 Bishop Colenso was formally called by Bishop Gray to answer the charge of heresy in court. Colenso was represented by Dr Bleek. He was found guilty and the Rev Macrorie was appointed to take his place.

Bishop Colenso was an exponent of the Biblical criticism that was taught in Europe and as such was ahead of his time. The Colenso controversy led to the split between the Church of the Province in South Africa and the Church of England in South Africa:

LOWER HOUSE OF CONVOCATION OF THE PROVINCE OF CANTERBURY

Wednesday, February 11, 1863

Gravamen in the matter of the book of the Bishop of Natal

THE GRAVAMEN OF THE UNDERSIGNED, MEMBERS OF THE LOWER HOUSE OF CONVOCATION OF THE PROVINCE OF CANTERBURY

WHEREAS a book has been lately published in London, within the Province of Canterbury, by the RIGHT REVEREND JOHN WILLIAM COLENSO, D.D., Bishop of Natal, entitled The Pentateuch and Book of Joshua critically examined, in which book the writer states (p. viii. Introductory Remarks):

> The result of my enquiry is this, that I have arrived at the conviction, - as painful to myself at first, as it may be to my reader, though painful now no longer under the clear shining of the Light of Truth, - that the Pentateuch, as a whole, cannot possibly have been written by Moses, or by any one acquainted personally with the facts which it professes to describe, and further, that the (so called) Mosaic narrative, by whomsoever written, and though imparting to us, as I fully believe it does, revelations of the Divine Will and Character, cannot be regarded as *historical true*.

And whereas the writer, being unable to pass by in silence the testimony of our LORD and SAVIOUR JESUS CHRIST to the genuineness and the authenticity of the Pentateuch, has not hesitated to say (pp xxix. xxx. xxxi. xxxii. Preface) -

> On one point, however, it may be well to make here a few observations. There may be some who will say that such words as those in John vi. 46, 47, 'For had ye believed Moses, ye would have believed Me, for *he wrote* of me. But, if ye believe not his writings, how shall ye believe my words?' or in Luke xx. 37, 'Now, that the dead are raised, even *Moses showed* at the bush [*i.e.* in the passage about the bush], when he called the LORD, the God of Abraham, and the God of Isaac, and the God of Jacob,' - or in Luke xvi. 29, '*They have Moses* and the Prophets; let them hear them;' and ver. 31, '*If they hear not Moses* and the Prophets, neither will they be persuaded, though one rose from the dead,' - are at once decisive upon the point of Moses' authorship of the Pentateuch, since they imply that our Lord Himself believed in it, and, consequently, to assert that Moses did *not* write these books, would be to contradict the words of Christ, and to impugn His veracity.
>
> To make use of such an argument is, indeed, to bring the Sacred Ark itself into the battle-field, and to make belief in Christianity itself depend entirely upon the ques-

tion whether Moses wrote the Pentateuch or not. There is, however, no force in this particular objection, as will appear from the following considerations:

(i) First, such words as the above, if understood in their most literal sense, can only be supposed, at all events, to apply to *certain parts* of the Pentateuch; since most devout Christians will admit that the last chapter of Deuteronomy, which records the death of Moses, could not have been written by his hand; and the most orthodox commentators are obliged also to concede the probability of *some* other interpolations having been made in the original story. It would become, therefore, even thus a question for a reverent criticism to determine what passages give signs of *not* having been written by Moses.

(ii) But, secondly, and more generally, it may be said that, in making use of such expressions, our Lord did but accommodate His words to the current popular language of the day, as when He speaks of God 'making His sun to rise,' Matt. v. 45, or of the 'stars falling from heaven,' Matt. xxiv. 29, or of Lazarus being 'carried by the angels into Abraham's bosom,' Luke xvi. 22, or of the woman 'with a spirit of infirmity,' whom 'Satan had bound eighteen years,' Luke xiii. 16, &c. without our being at all authorised in drawing from them scientific or psychological conclusions.

(iii) Lastly, it is perfectly consistent with the most entire and sincere belief in our Lord's Divinity to hold, as many do, that, when He vouchsafed to become a 'Son of Man,' He took our nature fully, and voluntarily entered into all the conditions of humanity, and among others, into that which makes our growth in all ordinary knowledge *gradual* and *limited*. We are expressly told, in Luke ii. 52, that 'Jesus increased in *wisdom*,' as well as in 'stature.' It is not supposed that, in His human nature, He was acquainted, more than any educated Jew of the age, with the mysteries of all modern sciences; nor, with St. Luke's expressions before us, can it be seriously maintained that, as an *infant* or *young child*, He possessed a knowledge, surpassing that of the most pious and learned adults of His nation, upon the subject of the authorship and age of the different portions of the Pentateuch. At what period, then, of His life upon earth is it to be supposed that He had granted to Him, as the Son of Man, *supernaturally*, full and accurate information on these points, so that He should be expected to speak about the Pentateuch in other terms than any other devout Jew of that day would have employed? Why should it be thought that He would speak with certain *Divine* knowledge on this matter, more than upon other matters of ordinary science or history?

Now We, the undersigned, Members of the Lower House of Convocation of the Province of Canterbury, do hereby make representation and complaint, that the said book, written by a Bishop of the Church of England, and by him published in London within the said Province, denies The Truth of Holy Scripture; and, specially, that the said book impugns The Authority of our LORD and SAVIOUR JESUS CHRIST, PERFECT GOD and PERFECT MAN; and we desire hereby to place upon record this our representation and complaint; together with our earnest prayer that the Provincial Synod of Canterbury will now, and before proceeding to transact any other business, take order for the deliberate and formal Condemnation by the said Provincial Synod of so much of the said book as denies The Truth of Holy Scripture, or impugns The Authority of our LORD and SAVIOUR JESUS CHRIST; and for the Warning all Christian people not to be seduced and misled by the said book.

GEORGE ANTHONY DENISON, MA
Vicar of East Brent, Archdeacon of Taunton

(*Source:* CPSA Archives, Ba 4)

31 The Rev Andrew Murray and the struggle between liberals and conservatives in the Ned Geref Kerk (1862)

The Rev Andrew Murray (1828-1917) was the son of the Rev Andrew Murray senior, one of the Scottish ministers recruited by the Rev George Thom for work in the Ned Geref Kerk in South Africa. The Rev Andrew Murray junior, together with his brother, the Rev John Murray, was educated in Scotland. They were in Scotland in 1843 when the controversy between moderates and strict Calvinist evangelicals, leading to the formation of the Free Church of Scotland, took place. The brothers also studied in Holland where they encountered 'liberal' theology. Both Murrays aligned themselves with the 'conservative' point of view and they were to play an important part in the life of the Ned Geref Kerk in South Africa. The Rev John Murray became a founder of the first Ned Geref Kerk seminary at Stellenbosch in 1859 and the Rev Andrew Murray one of South Africa's foremost theologians of the 19th century.

After ordination in 1848 the Rev Andrew Murray served first at Bloemfontein and then from 1860 at Worcester where a spiritual revival took place. He was a prolific writer, one of his most important works being *Blijff in Jesus (Abide in Christ)*. In 1862 he became moderator of the Cape Synod for the first of seven times. At this Synod the Rev Loedolff challenged the right of delegates of congregations beyond the Cape borders to attend Synod. The Rev Lion Cachet described this Synod in detail:

Let me now introduce you to the Synod as it assembled in 1862. We enter the Great Church by a door which leads from the consistoryroom, and—I see it in your countenance!—you admire the erection of your fathers, that large, airy, neat church building, which can contain three thousand hearers, and possesses a ceiling, sustained by no pillars, which stands in a class by itself. In front of the artistic pulpit, which rests upon carved lions, stands a platform upon which the members of the Moderamen have taken their seats. The Moderator, Rev. Andrew Murray, you recognize as a well-known and beloved brother. He studied in Holland, returned to the Colony while yet quite young, and after having served the Church of the Free State as minister of Bloemfontein during her most trying period, has now been stationed for some time at Worcester in the Colony. He is one of our youngest veterans, and the Synod honoured itself when it elected him as Moderator.

Next to him sits Dr. Philip Faure, the Assessor, one of those who fought in the Ten Days' Campaign,[1] and has been decorated with the cross. He has been for more than twenty-five years minister of Wynberg, near Cape Town. To the left of the Moderator sits Dr. Robertson, minister of Swellendam, a Scotsman by birth, an Africander by adoption, and thoroughly equal to the difficult office of Scriba Synodi (Clerk of Synod), which he has filled with honour for many years. Next to the Assessor is seated his brother, Dr. Abraham Faure, the Actuarius Synodi, the most influential man in the Church. Many members of Synod call him "father Faure," and not a few have had reason, at some time or other, to wish that those great heavy eyebrows had contracted less suddenly, and those firm lips had uttered what had to be said in less ironical fashion. Honourably has the Actuarius served the Church, and honour has not been withheld from him. When the Synod is over, he purposes asking for demission on the score of his great age and his many bodily infirmities. Beside Dr. Robertson sits the Assistant Clerk, Rev. J. H. Hofmeyr of Murraysburg, who has studied at Utrecht. These men constitute our Moderamen, nor could the guidance of the gathering be entrusted to better hands.

And the meeting itself? It consists of fifty-three ministers and about the same number of elders—more than one hundred in all. There, immediately in front of the Moderator, sits Rev. Andrew Murray, senior, who counts three sons and four sons-in-law as ministers and members of the Synod. Did you observe that when he rose a while ago to address the Moderator, his son, with the customary "Right Reverend Sir," the latter, too, rose, and remained standing until his father had finished speaking? Facing his father the "Right Reverend Gentleman" is a child. Alongside of Rev. Murray are seated the Revs. Smith, Thomson and Pears, old Scotsmen, who for twenty or thirty years have served the Church of the Colony, and who, like ourselves, have just been rescued from the *Waldensian*, which was wrecked upon the rocks at Struispunt. All honour to the English Government, through whose mediation men like these have become ministers in our Church, and all honour to the men who ministered with so much readiness and faithfulness to what were then border congregations.

Near the pulpit are seated our professors, N. J. Hofmeyr and John Murray, who, together with Rev. Neethling of Stellenbosch and Rev. Albertyn of Caledon (in addition to their other important duties) administer and control the missions of our Church in their capacity as members of the Synodical Mission Board. You already have some acquaintance with Rev. van der Lingen of Paarl; while with Rev. van Velden, a Hollander, and others you may become acquainted later on. Can you spare a moment more to look at our elders, some of whom have had to journey with their ministers for 700 or 900 miles by cart or by waggon, and have had to bid farewell to wife and child, to house and garden, for full three months, in order to attend the Synod. That surely amounts to something.

Why does so much excitement prevail in the gathering? Let me tell you. This morning at roll-call, when the Moderator called upon the minister of Pietermaritzburg to hand in his credentials, Elder Loedolff of Malmesbury rose and protested against "the sitting in the Synod of deputies from congregations lying beyond the boundaries of the Cape Colony." Hitherto it had been supposed that the Church was at liberty to extend itself beyond the Colony, and that extra-colonial congregations, although not under the political authority of the Colony, might yet remain under the spiritual authority of the Synod. But the ministers and elders from beyond the Orange River are almost all orthodox; wherefore the moderns and liberals in the Colony flatter themselves that they will count a considerable majority in the Synod, if they are able to drive back the extra-colonials beyond the border.

"Liberals and Moderns," I hear you ask, "are they to be found at the Cape, too?" Certainly; thanks to the seed so freely scattered in Holland in the hearts of our Cape students—seed which has found, in the case of many, a soil well prepared for its reception. Liberals, half-Groningers and such-like we have had for a long time already at the Cape, and these have prepared the way for Modernism. The Cape Church has been sometimes described, but incorrectly described, as *ultra-orthodox*. What is here called orthodox-reformed would by no means be acknowledged as such in certain circles in Holland. Here we are, generally speaking, *confessional*. The formularies of the Reformed Church are accepted *because* they are in accord with the Word of God (the Bible). Christ is not merely the Son of God, but truly God. Faith is confessed in the Holy Spirit as a Person. But Election and Reprobation, the two articles of faith upon which so many orthodox people in Holland lay supreme stress, are not placed in the foreground by the Church of South Africa, and rightly so. . . . Some Cape students have gone to Holland as semi-liberals, and have returned to the Colony as thorough liberals or as modernists of full blood, while here they have been impatiently awaited and received with open arms by the "enlightened" and the "men of progress."

The Rev. J. J. Kotzé, now minister at Darling, who sits yonder opposite to us, is the accredited leader, among the ministers, of the modernist party. Not far from him is seated Rev. T. Burgers of Hanover, more copious of speech than Kotzé, but lacking the latter's dignity and learning. Rev. Naudé of Queenstown, and some other lesser lights among the "enlightened," sit scattered here and there (some of them alongside of truly orthodox brethren), and will soon take to flight or else resign their charges. At present, however, they have no such intentions. They arm themselves for battle against the "orthodox" and boast great things; and though they are devoid of the learning of some of the moderns of Holland, they make so much commotion that no one enquires too closely after their knowledge. Of modern elders there are not many in the Synod; but some few there are. When it comes to voting, the orthodox party has a bare majority. You will allow, my friend, that this Synod, which is to witness a struggle between faith and unfaith—a life-and-death struggle such as can hardly take place in Holland, and a struggle resulting from the unbelief which is proclaimed as truth in Holland and in Dutch academies—is well worth a few moments' attention.

(*Source:* Du Plessis 1919:210-213)

32 Fragments of history (1850-1880)

This was a time of missionary expansion in the church. Missionaries moved into the Transvaal and the work grew in other parts of South Africa too. The number of missionary societies operating in South Africa also increased. It is not possible to highlight the work of all the missionary societies, so a few examples are given to show how the work spread:

32.1 Robert Moffat (1795-1883)

Robert Moffat was a missionary of the London Missionary Society who arrived in South Africa in 1817. He worked at Kuruman in Namaqualand. He is remembered not only for his mission work but also for his translation of the Scripture into Tswana and his travels into the interior. He was held in high regard by Chief Mosilikatse of the Matabele and later in his life started a mission in Matabeleland. His son-in-law was David Livingstone, the missionary explorer who opened the way into Central Africa. In a letter he wrote in 1818 to his parents he described the hardships encountered by missionaries who travelled into the interior. In 1852 Robert Moffat described the state of work at Kuruman. His second account depicts the result of forty years of faithful service:

"VREDEBURG, *Dec.* 15, 1818.

"MY DEAR FATHER AND MOTHER,—I feel ashamed when I recollect that I have not communicated to you a single syllable since the eighth of April last. But on the other hand, when I call to mind the different scenes through which I have passed since that period, and how my time has been taken up, I think myself almost excusable. In the month of June I commenced a long journey to the northward as far as the Fish River, accompanied by the chief and his principal people; our object was to find a more suitable place to form an institution, but after enduring many hardships we returned after two months, disappointed in the object of our journey. A short time afterwards I came to a conclusion to undertake a journey to Griqua Town to see a place which the Griquas had offered to Afrikaner. The approach of the warm season induced me to take the journey immediately. I accordingly departed on the second of September, accompanied by four of my people with ten horses. We travelled along the Great River and crossed it twice. I preached frequently to the tribes of Korannas along the river. We suffered much both from hunger and thirst, having taken nothing with us, depending entirely upon the natives. The last three days previous to our arrival in Griqua Town, one of the men and myself suffered extreme hunger and thirst, nearly three days without victuals and nearly two without water. This was on account of three of my people having unexpectedly stayed behind, and been unable to overtake us; and we not knowing the hindrance, saw it most proper to go forward, being then in the midst of a sand desert without water, and the little flesh was with those who stayed behind. You may well conceive what effect such hardships had upon me in a bodily respect, sleeping behind a bush on the sand, eating nothing but flesh, and that so hard frequently that we must beat it small with stones, and living two or three days on a little milk. But

I stood it out far better than my companions, for I had always to encourage both them and myself, or we never would have got there.

(*Source:* Moffat 1889:28-29)

Of the work at Kuruman during this anxious time, Moffat gives a good account:

'The present state of our Church and branch Churches, as compared with late years, is more encouraging, and is calling for increased effort on our part. The people are more settled in their habits, while their minds are becoming better informed on subjects calculated to advance their temporal as well as their spiritual interests. The views of the natives have undergone a material change on many points of importance, and among others as to the cultivation of fields and gardens. When they first saw us employing people to convey the contents of cattle-folds to our gardens, the act being in their judgment too ludicrous to admit reflection, they laughed boisterously, supposing it to be one of our foolish customs, to charm the ground, as they were wont to do to their own gardens, by chewing a certain root, and spitting on the leaves to make the whole more fruitful. Thus from time immemorial millions of heaps of manure were turned to no useful account. It was very long before they were convinced, but at last they discovered that manured gardens did not "get old," but could be made "very young again," and, therefore, the veriest heathen may now be seen carrying manure on their backs, and on the backs of oxen, to garden grounds. Lately, an individual remarked to me on this subject, "I cannot persuade myself that we were once so stupid as not to believe what we saw with our eyes [1]."'

(*Source:* Lovett 1899:596-597)

32.2 *Black pioneers*

32.2.1 *Tiyo Soga (1864)*

The message of the church would not have spread as quickly as it did without the contribution of the early local converts. These pioneers witnessed to their own people and were successful because they were able to speak the language of the people and knew the customs and culture of those to whom they preached. The Rev Tiyo Soga (1829-1871) was a Xhosa, the first Black minister in South Africa. He was a minister of the United Presbyterian Church and was trained in Scotland. His mission station, Emgwali in Caffraria, was, in the words of a visitor, Dr A Duff, 'conducted in an orderly, vigorous and systematic way'. The following description of his work is from a letter that he wrote on 9 June 1864:

The Power of the Truth. – I have lately added to my class of candidates the husband of one of the women referred to in my January communication as having been the first-fruits of our labours here. More than three years ago I had hopes of him. All that time, by his own confession, he has been seeking the right way. He was long under the delusion, that in order to consider himself a believer, he must hear a voice from heaven speaking to him. He comes now forward as a sinner, believing in the testimony that God has given of his Son. As he is a man of position, he makes indeed a valuable accession to the number of those whom the gospel is plucking as brands from the burning. May it be our joy and consolation to witness such scenes from time to time. About the same time, there came a woman from the district to which we look forward as the future field of another missionary. She has come out from the depth of heathenism. When young, she was in service with a lady in the colony, who sowed the seeds of gospel truth into her soul. She says the impressions of the religious instruction of that Christian woman have never been obliterated from her mind; they have been present with her night and day; they have given her no peace; and the result is, though long in fear of her husband, she has come out to be an earnest inquirer after the truth. The distance from her place to this must be ten or twelve miles. She comes to church on Sundays, and to the class of candidates on Wednesdays. I have considered this case a direct call from the Lord to go and hold services on Lord's days in her husband's kraal, whenever the weather permits. This I do by the agency of our itinerating elders. This case singularly and beautifully illustrates the truth, 'Cast thy bread upon the waters, and thou shalt find it after many days.' Of its being a genuine case of the kind, there is no doubt; and nothing would delight me more, had I opportunity, and did I knew her, than to communicate to this lady this interesting fact. She perhaps sowed the seeds of gospel truth with little hopes that they would bear fruit; and if she knew that her pupil afterwards was sold for cattle to a heathen Fingoe, she must have thought all was lost. But no, the good impressions of the good word never left that woman, according to her own confession. Do what she would, plunge deeper and deeper into heathenism, as she did, to obliterate them, they remained; and, asserting their blessed power, brought her a distance of ten or twelve miles to learn more of Jesus, and of the way of salvation through him. I was speaking with other brethren not long ago of this singular fact – not without blessed comfort to many a poor missionary who sows in tears, viz., that perhaps more than one-half of those girls who had learned to read the word in our stations, and received impressions of good from the instructions of missionaries, but whose parents, living in heathenism, sold them away afterward for cattle, when they came of age, become recovered in the long run. This is true also of young men, or rather of boys, taken away from our stations as soon as the period of manhood arrived. It is found that there persons are generally the first to come to newly formed stations, should they happen to be near them. There are many facts of this sort that have come under the observation of missionaries. What a relief this to our anxieties, what an answer to prayers, and what a testimony to the truth, that the gospel is the power of God!

The Communion and three Accessions. – Last Sabbath was our quarterly communion. In the second quarter I usually admit into church fellowship qualified persons from the candidates. This time we admitted three – all men: one *Kaffir,* one *Fingoe,* one *Bechuana.*[25] They are men on whom we can rely. The Fingoe is James Ntuitili, of whom I wrote to you, that he at last came in after a long struggle, following in the footsteps of the rest of the members of his family. He is a happy, cheerful Christian. The three are the representatives of the most important tribes of South Africa to whom the gospel has come. Blessed be God, it has its trophies among them all.

(*Source:* Williams 1983:103-104)

32.2.2 David Magatta (1871)

The first Black Methodist pioneer in the Transvaal was David Magatta who worked at Potchefstroom. He was also connected with the Hermannsburg Mission in Rustenburg, the place where he was born and is buried. As a young boy he had been taken prisoner in a raid by Chief Mosilikatse. Later he escaped and was converted at Thaba 'Nchu (see first letter below) after which he worked at Potchefstroom. The second letter describes his work there.

Letter from the Rev George Blencowe dated 11 October 1877

David Magatta, as he himself told me, was taken captive by the Zulu chief Moselekatse, when with his army he fled from his king Chaka, and remained with him as personal attendant for several years. He then escaped, and went south till he reached Thaba 'Nchu, where a short time after his arrival he found salvation.

(*Source:* Notices of the Wesleyan Methodist Missionary Society 1877)

Letter from the Rev George Blencowe dated 5 October 1871

Saturday morning I was sought early by an old acquaintance of yours [Mr. Boyce's], David Magatta. You, I dare say, know he was here before Ludorf came, and had by himself gathered a congregation of black and coloured people, who regarded themselves, and were regarded by others, as Methodists. I obtained a room which will hold about one hundred and eighty after the fashion Kaffirs sit; and, in the afternoon, I preached to one hundred and forty. Among them were about a dozen, the fruit of David's preaching, and under his pastoral care, who had come twelve miles from the country, where two of their number preach every Sunday they do not come into town. I could not learn from them the number of their congregations, but I found they had a class meeting, and were delighted at the prospect of having a Minister among them.

(*Source:* Notices of the Wesleyan Methodist Missionary Society 1872)

32.2.3 Nehemiah Tile (1882)

One of the earliest leaders of the African Independent Church movement was Nehemiah Tile. In 1882 he broke away from the Wesleyan Methodist Church to form the Thembu National Church with the Chief, Ngangelizwe, as the head of the church. The breakaway was the result of Tile's political activity on behalf of the Thembu tribe and was also caused by a disagreement with the white circuit superintendent of the Methodist Church under whom he worked. He died in 1891 and on his tombstone he is called the 'Founder of the Ethiopian Church of Africa in 1884'. A description of Tile's Thembu Church was provided by another early independent leader, the Rev L N Mzimba of the African Presbyterian Church:

The first definite movement of the independent spirit started forty-two years ago. Rev. Nehemiah Tile separated himself from the Wesleyan Church, and founded a Church of his own organization. We are told that his movement began with Native assistants. Their position was a trying one. In many stations they did most of the work, but as they were not ordained, they could not celebrate marriages, baptize, or dispense the Lord's Supper. They had also a lower salary and status than the White missionary. They felt much more isolated both from the blacks and whites. Being somewhat educated they wished to better their position, and the more ambitious wished to make a rapid ascent of the social ladder. They had also an awakening sense of power and racial responsibility. Social and political avenues were closed against them, but the Church seemed to offer a highway to increased influence. They were no doubt also moved by the bearing of the white man, many of whom would not worship in the same building as them.

(*Source:* Kretzschmar 1988:34)

33 The Voluntary Principle (1875)

Another heresy case to reach the civil courts was against the Rev T S Burgers who was accused of holding unorthodox opinions about a personal devil, the sinlessness of Christ's human nature, the resurrection and personal survival of the dead. He was suspended in 1864 but various appeals against this were made. Among the results of this controversy were talks in 1870 of possible union between the Ned Geref Kerk and the Anglican Church at the Cape. Another result of civil courts making decisions about theological matters was Church Law No 30 of 1875 rescinding the Voluntary Principle:

Die bepalinge van Wet No. 30 van 1875 het die volgende ingehou:

(a) Skedule 6 van Ord. 3 - 1852 word herroep.
(b) Alle predikante wat ten tyde van die inwerkingtreding van die wet uit die staatskas toelae ontvang, sal dit behou tot aan hul dood of tot hulle uit die diens tree.
(c) Ingeval hulle binne 5 jaar sterwe of uit die diens tree, sal hul opvolgens in dieselfde voorregte deel tot die 5 jaar verstreke is.
(d) Ingeval 'n leraar, wat traktement uit die staatskas ontvang, beroep word na 'n ander vakante gemeente waar sy voorganger die voordeel van staatstraktemente

geniet het, sal hy in dieselfde voorreg deel as sy voorganger tot by sy oorlye of totdat hy uit diens tree.

(e) By implikasie kom natuurlik hierby dat alle ander leraars wat destyds geen staatstoelae ontvang het nie en alle toekomstige leraars, daarvan uitgesluit is.

(*Source:* Hanekom 1951:339)

Christianity in South Africa at the turn of the 20th century, 1875-1948

34 Doctrines of the Salvation Army (1883)

The Salvation Army was established in South Africa in 1883. From Cape Town it expanded to the gold fields of the Transvaal while its missionary work was established with Pietermaritzburg and Kimberley as major bridgeheads. Here follows a document listing the Doctrines of the Salvation Army, its internationally accepted document of faith:

The Doctrines of The Salvation Army (as set forth in the Deed Poll of 1878)

1 We believe that the Scriptures of the Old and New Testaments were given by inspiration of God, and that they only constitute the divine rule of Christian faith and practice.
2 We believe there is only one God, who is infinitely perfect - the Creator, Preserver, and Governor of all things - and who is the only proper object of religious worship.
3 We believe that there are three persons in the Godhead - the Father, the Son, and the Holy Ghost - undivided in essence and co-equal in power and glory.
4 We believe that in the person of Jesus Christ the divine and human natures are united; so that He is truly and properly God, and truly and properly man.
5 We believe that our first parents were created in a state of innocency but, by their disobedience, they lost their purity and happiness, and that in consequence of their fall all men have become sinners, totally depraved, and as such are justly exposed to the wrath of God.
6 We believe that the Lord Jesus Christ has, by His suffering and death, made an atonement for the whole world, so that whosoever will may be saved.
7 We believe that repentance toward God, faith in our Lord Jesus Christ, and regeneration by the Holy Spirit are necessary to salvation.
8 We believe that we are justified by grace, through faith in our Lord Jesus Christ, and that he that believeth hath the witness in himself.
9 We believe that continuance in a state of salvation depends upon continued obedient faith in Christ.
10 We believe that it is the privilege of all believers to be wholly sanctified, and that their whole spirit and soul and body may be preserved blameless unto the coming of our Lord Jesus Christ (1 Thessalonians 5:23).
11 We believe in the immortality of the soul; in the resurrection of the body; in the general judgment at the end of the world; in the eternal happiness of the rightous; and in the endless punishment of the wicked.

(*Source:* Tuck 1982:327)

35 *The schism between the two major Afrikaans churches of the Transvaal healed (January 1885)*

With the decision of the Ned Herv Kerk on 3 September 1861 to break all ties with the Ned Geref Kerk in the Cape, the Afrikaners in the Transvaal belonged to three different churches - the newly founded Ned Herv Kerk; the Gereformeerde Kerk which was founded on 10 February 1859, and the original Ned Geref Kerk which kept its ties with the Ned Geref Churches of the Cape, Natal and the Orange Free State. After the First Anglo-Boer War there was a strong move towards church unity amongst the Afrikaners of the Transvaal, based on their national aspirations. During the period 1881-1884 the drive for church unity gained momentum with the resultant unification of the Ned Geref Kerk (Transvaal only) and the Ned Herv Kerk. The name of this church was the Nederduitsche Hervormde of Gereformeerde Kerk in Zuid Afrika (Ned Herv of Geref Kerk) and was founded on 7 December 1885. This very precarious unity did not last long. February 1886 saw the first of several congregations breaking away and forming the basis for the still existing Hervormde Kerk:

1.—In de uitvoering der openbare Eeredienst houdt de Ned. Herv. of Ger. kerk zich aan de Liturgische geschriften, tot nu toe in gebruik bij de Ned. Herv. of Ger. kerken in de Zuid-Afrikaansche Republiek.

2.—Kerkelijk Opzicht en Tucht worden uitgeoefend door Kerkeraden, eene Kerkelijke Commissie en de Algemeene Kerkvergadering.

3.—In elke gemeente zal een afzonderlijke Kerkeraad zijn, bestaande uit den predikant of consulent, de ouderlingen en diakenen der gemeente, bij welke het bestuur der gemeente overeenkomstig de aangenomene wetten en bepalingen berust.

4.—Wanneer de Algemeene Kerkvergadering geene zitting houdt zal er eene Kerkelijke Commissie bestaan, die jaarlijks bijeen komt op eene plaats, door haar zelve te bepalen. Zij bestaat uit 5 leden, die ieder een secundus moet hebben, namelijk uit den Praeses en Scriba van de Algemeene Kerkvergadering, benevens drie ouderlingen uit datzelfde ligchaam.

5.—Deze Commissie besluit dat het hoogste kerkbestuur der Ned. Herv. of Ger. Kerk in de Z.A. Republiek berust bij de Algemeene Vergadering.

6.—De Commissie besluit dat de Algemeene Kerkvergadering

is zamengesteld uit alle dienstdoende predikanten der Ned. Herv. of Ger. kerken in de Z.A. Republiek, benevens van een tot vier dienstdoende leden van den Kerkeraad van elke gemeente.

7.—De Commissie besluit de voorzorgsmaatregelen omtrent predikants-salaris en pensioen voor predikanten en de weduwen der predikanten der Ned. Herv. kerk in de kerkwet nedergelegd, worden verwezen naar de Algemeene Kerkvergadering der Ned. Herv. kerk, ten einde naar eigen goedvinding daarin te besluiten.

8.—Met betrekking tot de tegenwoordige predikanten-weduwenfondsen beschikken de beide kerkvergaderingen, en voor de toekomst wordt de oprigting van zoodanige fonds aanbevolen.

9.—Met betrekking tot alle andere thans bestaande fondsen beschikken de beide Algemeene Vergaderingen, totdat de Vereeniging zal zijn voltrokken. Tevens spreekt onze commissie de wenschelijkheid uit voor de toekomst een Algemeen Kerkfonds en Zendingfonds op te rigten.

10.—Deze Commissie besluit dat terwijl de Vereenigde Kerk gelijkelijk belang zal hebben bij de "Ebenhaezer school", de schuld daarop door beide Algemeene Kerkvergaderingen zal worden aangenomen.

11.—Bij de gemeente welke eene leeraar heeft, gehad heeft, of beroepen heeft, voege zich de gemeente die nog geen leeraar heeft, gehad heeft of beroepen heeft. De oude en dienstdoende kerkeraads leden aan beide zijden worden als zoodanig erkend. Tot volvoering worden dag en plaats vooraf bepaald door de beide kerkeraden. De kerkeraad der zich aansluitende gemeente, overhandigt boeken, documenten, eigendommen en vast goed (welke laatste tot op vaststelling van den naam der kerk nog op de respectieve namen blijven). Van den dag der ineensmelting, zullen de twee dienstdoende kerkeraden den kerkeraad der ineengesmoltene gemeente uitmaken. Aan beide kerkeraadsleden en gemeenteleden zal vrij staan, indien zij bezwaren hebben, om bij den leeraar der gemeente, waarbij zij zich aansluiten, de sacramenten te ontvangen, te gaan naar een Evangeliedienaar, om bediening in hunne geestelijke voorregten. Deze vergunning blijft totdat de dienstdoende leeraar wegvalt. Elk kerkeraadslid of gemeentelid dat van deze vergunning gebruik wil maken, zal binnen drie maanden van af den dag der ineensmelting van zijn voornemen moeten kennis geven.

12.—Deze vergadering is van oordeel, dat, zoolang de nieuwe wet voor de Ned. Herv. of Ger. kerk nog niet is vastgesteld, de wetten in gebruik zullen blijven bij de gemeenten waarbij zich de andere gemeente aansluit.

13. Aangezien in het laatst voorgaande besluit geene bepaling is gemaakt voor de gemeente Potchefstroom, alwaar twee predikanten zijn, besluit deze Commissie aan te bevelen, dat de gemeenten aldaar worden vereenigd tot eene gemeente onder twee leeraren, overeenkomstig onderlinge beslissing van den vereenigden Kerkeraad.

14.—De Commissie stelt voor dat de tegenwoordige Voorzitter en Scriba der Commissie worden gemachtigd met gezamenlijk overleg te bepalen waar en wanneer de Vereenigde Algemeene Kerkvergadering der Ned. Herv. of Ger. kerk zal bijeenkomen.

15.—Er wordt eene Commissie benoemd, bestaande uit 4 predikanten (twee uit elke Algemeene Kerkverg.), om een concept wet voor de Vereenigde Vergadering op te stellen.

Nog werd voorgesteld door een der ouderlingen, om, indien het werk dat thans gedaan is, werd goedgekeurd, eenen dankstond te worden bepaald, door de twee algemeene vergaderingen, teneinde God te danken voor zijnen zegen op het werk thans tot stand gebragt.

(*Source:* Gerdener 1936:401-403)

36 Consecration of Sundays: local law promulgated on 25 November 1896

In the early years of the Transvaal, since the independence of the Zuid-Afrikaansche Republiek in January 1852, there was a close relationship between church and government. This bond was only severed after 1885. The brief unification between the Nederduitsche Hervormde Kerk (State Church) and the Ned Geref Kerk, forming the Nederduitsch Hervormde of Gereformeerde Kerk ended, leaving the Transvaal government to deal with the separate Afrikaans churches. Nevertheless, a close bond still existed between the churches and the government, resulting inter alia in the promulgation of a law in November 1896 regulating the consecration of Sundays:

WET No. 28, 1896.[16])

Tot Vervanging van Wet No. 2—'88 en Wet No. 16—'94.

Goedgekeurd en vastgesteld door den Ed.Achtb. Eersten Volksraad onder Art. 2028 zijner notulen, dd. 13 November 1896.

221. Sondagswet.

Nademaal het wenschelyk bevonden is voorzienigen te maken voor het behoorlyk vieren en tegen het schenden van den Zondag, zoo wordt hiermede vastgesteld en bepaald als volgt:

Artikel 1. Als schuldig aan Zondagsschending wordt voor elke overtreding gestraft met gevangenisstraf van ten hoogste één maand of met een geldboete van ten hoogste vyf pond sterling, by wanbetaling te vervangen door gevangenisstraf een maand niet te bovengaande:

a. Hy die op Zondag veld- of tuinarbeid verricht, uitgezonderd wanneer zulks geschiedt tot behoud van veld- en andere vruchten, en in gevallen van dringende noodzakelykheid.

b. Hy die op Zondag een geweer of ander vuurwapen afschiet, zonder daartoe, volgens Wet of anderszins behoorlyk gemachtigd te zyn, tenzy hy zulks doet tot zelfverdediging en tot bescherming van zyn eigendom.

c. Hy die op Zondag met geweer, honden of andere dieren, jacht maakt op wild of ander gedierte. Het zal echter toegelaten zyn ongedierte te dooden hetwelk op Zondag kwaad doet op iemands grond.

d. Een transportryder of bestuurder van een transportwagen, die op Zondag met zyn wagen binnen de grenzen van een dorp komt of in het dorp zynde met zyn wagen door het dorp trekt of op Zondag vracht oplaadt of afladen, of doet opladen of afladen.

e. Hy die op Zondag, hetzy door reizen of ryden, hetzy door het maken van geraas of gerucht, hetzy op andere wyze stoornis of hinder veroorzaakt.

2. Als schuldig aan Zondagsschending wordt voor elke overtreding gestraft met gevangenisstraf van ten hoogste zes maanden of geldboete van ten hoogste honderd pond sterling, by wanbetaling te vervangen door gevangenisstraf van ten hoogste zes maanden:

a. Hy die op Zondag verkoopt of te koop aanbiedt of uitstalt goederen, koopwaren, vee of andere levende have.

b. Hy die op Zondag een winkel, magazyn of andere plek open heeft met het doel om te verkoopen of te handelen of bezig zal zyn als haarsnyder, barbier of kapper.

c. Hy die op Zondag werkt of laat werken met stoom- of andere machines.

Hiervan is uitgesloten het machinaal werken tot den publieken dienst, nl. op spoorwegen en tot verlichting en het pompen van water tot publiek gebruik.

d. Hy, die op Zondag eenig werk verricht of doet verrichten in of by een myn.

Hiervan is uitgezonderd het pompen van water, en zoodanig ander volstrekt noodzakelyk werk, het uitstellen of afbreken waarvan het stoppen van de myn kan ten gevolge hebben. Het stampen van kwarts op den Zondag is verboden, tenzy daarby automatische (zelfwerkende) toestellen zyn aangebracht, en geen stoornis door wordt veroorzaakt en te zamen niet meer dan 5 percent (vyf uit de honderd) der gewone werklieden der maatschappy gebezigd worden.

3. De goederen, koopwaren, het vee of de andere levende have, en de vuurwapenen, waarmede de overtreding (genoemd in artt. 1 en 2) is gepleegd, kunnen in beslag genomen worden door elken Vrederechter, Veldcornet, Assistent-Veldcornet, Constabel of Jachtopziener, en kunnen in geval van oplegging van boete, verkocht worden, om uit de opbrengst daarvan de boete te verhalen, indien de boete niet is betaald binnen drie weken na finaalwording van het vonnis.

4. Toegelaten en niet strafbaar is:

a. Het op Zondag verkoopen van medicynen, door apothekers en drogisten, en het op dien dag door genoemde personen open houden van een winkel, magazyn of andere plek, met het doel om medicynen te verkoopen.

b. Het door een gelicentieerden hotel- of logieshuis-houder op Zondag leveren van de noodige spys en drank aan reizigers en inwonenden.

c. Het op Zondag vóór 9 uur des morgens verkoopen van vleesch, brood of visch door slachters, bakkers of vischhandelaars, en het op die uren door gemelde personen openhouden van winkel, magazyn of andere plek, met het doel om vleesch, brood of visch te verkoopen.

d. Het op Zondag voor 9 uur des morgens en na 4 uur des namiddags verkoopen van melk door melkhandelaars en het op die uren door genoemde personen openhouden van een winkel, magazyn of andere plek, met het doel om melk te verkoopen.

5. De Regeering heeft het recht om de levering van eetwaren of andere goederen op Zondag door een contractant der Regering toe te staan of te gebieden.

6. Als schuldig aan Zondagsschending wordt voor elke overtreding gestraft met gevangenisstraf van ten hoogste dertig dagen of eene geldboete van ten hoogste vyf pond sterling, by wanbetaling te vervangen door gevangenisstraf van ten hoogste dertig dagen, de Marktmeester of andere personen, belast met de zorg voor of het toezicht op een markt, die op Zondag op een markt verkoopt, te koop aanbiedt of toelaat dat een ander persoon verkoopt of te koop aanbiedt goederen, koopwaren, vee of andere levende have; ook is het verboden om vee op Zondag te slachten.

7. De eigenaar, huurder of bestuurder van een publieke biljardkamer of andere publieke plaats van ontspanning, die toestaat of toelaat dat aldaar op Zondag het een of ander spel wordt gespeeld, of dat aldaar openbare vermakelykheden worden gehouden zooals schouwburg-voorstellingen, café-chantants, publieke danspartyen, concerten, behalve voor gewyde muziek, harddraveryen, worden gestraft met gevangenisstraf van ten hoogste één maand of geldboete van ten hoogste vyftig pond sterling, by wanbetaling te vervangen door gevangenisstraf een maand niet te bovengaande.

8. Alle Landdrosten, Vrederechters, Veldcornetten, Assistent-Veldcornetten en Politie-beambten hebben het recht om personen uiteen te dryven, op Zondag op een openbare of open plaats verzameld, om er te spelen of te dobbelen, of honden of hanen te laten vechten, om er wedrennen te houden of dieren tegen elkaar te laten loopen om weddenschappen hierover aan te gaan of om zoodanige gelegenheden by te wonen, alsmede in gevallen van bier- en danspartyen van naturellen, en om in beslag te nemen, te vernietigen, of op andere wyze te beschikken over de werktuigen, instrumenten of dieren daarby gebruikt. Alle personen, als voorzegd, bezig met

spelen, dobbelen, of het laten vechten van honden of hanen, of met het houden van wedrennen, of bezig met het tegen elkander laten loopen van dieren, of met het hierover aangaan van weddenschappen, of met het bywonen van zoodanige gelegenheden, kunnen worden gearresteerd en worden gestraft met gevangenisstraf van ten hoogste zes maanden of met eene geldboete van ten hoogste honderd pond sterling, by wanbetaling te vervangen door gevangeisstraf zes maande niet te bovengaande.

9. Landdrosten, andere ambtenaren met gelyke jurisdictie en alle Resident-Vrederechters hebben jurisdictie in alle gevallen van overtreding dezer Wet.

10. De Regeering heeft de macht in elk byzonder geval te bepalen welk gedeelte van de boete, de verbeurdverklaarde goederen of de opbrengst daarvan zal worden toegekend aan den aanbrenger en wie met het oog hierop, als de aanbrenger zal worden beschouwd.

11. De wetten No. 2 van 1888 en No. 16 van 1894 zyn hierby herroepen.

12. Deze wet treedt in werking dadelyk na publicatie in de Staatscourant.

S. J. P. Kruger,

Staatspresident.

Dr. W. J. Leyds,

Staatssecretaris.

Gouvernementskantoor,

Pretoria, 19 November 1896.

(*Source:* Gerdener 1936:767-770)

37 The Ned Geref Kerk and the Second Anglo-Boer War

During 1899 it became apparent that war would break out between the Zuid-Afrikaansche Republiek (Transvaal) and Britain. Although the reasons for the hostilities were numerous, the gold mines of the Transvaal were the actual reason for Britain's interest. Therefore this war is also called the 'Gold War'. On 9 October 1899, with the consent of the Republic of the Orange Free State, the Transvaal's confederate, Britain, was given an ultimatum. When the ultimatum expired on 11 October 1899, three years of war broke out between the two Boer Republics and Britain.

The various churches reacted differently to the war. The British denominations in South Africa made little attempt to protest against the war. Most of them thought it inevitable or necessary for a variety of reasons. Very little criticism of British diplomacy on the eve of war, or of the country's conduct of operations during the conflicts, found its way into the English-speaking press in South Africa. It was left to the Ned Geref Kerk in the Cape and the Boer Republics to be the real religious opponents of the war, although not always very objectively:

37.1 Before the war (June 1899)

DE KAAPSCHE KERK EN DE TRANSVAALSCHE MOEIELIJKHEDEN

De volgende petitie werd den Hoogen Commissaris, Sir Alfred Milner, door de Moderatuur der Ned. Geref. Kerk in de Kaapkolonie aangeboden:

30 Juni, 1899.

Aan Z. Exc. Sir Alfred Milner, G.C.M.G., enz., enz.

Mijnheer, - Ver oorloof ons u te naderen als Harer Majesteits vertegenwoordiger, ten einde uiting te geven aan hetgeen wij ten zeerste gevoelen op het tegenwoordig kritiek tijdstip in de geschiedenis van Zuid-Afrika.

De spanning tusschen de Hollandsche en Engelsche rassen in deze Kolonie en in de Transvaal, die in den laatsten tijd aan het toenemen is, heeft ons vervuld met groote bezorgdheid, en die bezorgdheid is verhoogd door de oorlogzuchtige houding aangenomen door een invloedrijk deel van de plaatselijke en de Britsche drukpers.

Wij zouden ons aan aanmatiging schuldig maken gingen wij aan hetzij Uwe Excellentie of den President van de Z.A. Republiek aan de hand geven wat moet worden gedaan om de kwade gevolgen te verhinderen, die zouden kunnen voortvloeien uit dezen uitersten toestand van spanning. Evenmin achten wij ons gerechtigd om het politiek terrein te betreden. Maar als mannen die de verantwoordelijke positie bekleeden van leden van de moderatuur der Ned. Geref. Kerk in Zuid-Afrika, als verkondigers van het Evangelie des Vredes, als vertegenwoordigers eener kerk, die één is in geloof, taal, lidmaatschap en bloedverwantschap met de burgers van de Transvaal, als loyale onderdanen onzer geliefde Koningin, wenschen wij bij Uwe Excellentie aan te dringen niets ongedaan te laten dat kan strekken om actieve vijandelijkhede te verhinderen.

Wij ijzen bij de gedachte aan de zeker gevolgen van zulk een gebeurlijkheid. Het rassengevoel tusschen Afrikaanders en Engelschen zou worden verscherpt, de breuk tusschen de twee secties onzer Zuid-Afrikaansche samenleving zou onherstelbaar worden, de gehechtheid van Harer Majesteits loyale Hollandsche onderdanen zou den meest geduchten schok ondervinden dien ze nog ooit ondergaan en de hoop op een vereenigd Zuid-Afrika zou voor altoos vervliegen.

Staande buiten het politieke strijdperk, schijnt ons het verschil tusschen de voorstellen van uwe Excellentie en die van President Kruger nauwelijks groot genoeg om de afschuwelijkhede te rechtvaardigen waarin een actieve krijg tusschen Harer Majesteits troepen en de burgers der Z.A. Republiek gansch Zuid-Afrika gedurende langen tijd zou dompelen.

Wij beschouwen uwe Excellencie als 't middel dat God zou kunnen bezigen om deze onheilen af te keeren en als iemand die een tijdperk van harmonie en vrede zou kunnen inleiden tusschen de twee voornaamste blanke rassen van Zuid-Afrika, waardoor uw naam in dankbare herinnering zou worden bewaard door komende geslachten in dit deel der wereld.

Wij verzoeken uwe Excellentie, Hare Majesteit de Koningin bekend te maken met deze onze denkbeelden; wij dragen u op aan Gods genadige leiding, en noemen ons,

Uwer Excellentie onderdanige dienaren, enz.

J.H. HOFMEYR, Moderator.
A. MOORREES, Assessor.
J.J. KOTZE, Actuarius.
C.F.J. MULLER, Scriba.

(*Source: De Vereeniging,* vol 17, 16/8/1899)

37.2 Before the war: the Rev Andrew Murray (October 1899)

Ds. A. MURRAY over de Transvaalsche Kwestie

Een Krachtig Pleit voor Vrede

(Overgenomen uit 'Ons Land')

Aan den Editeur

Mijnheer, - Als de oudste leeraar in de Ned. Ger. kerk, als iemand bekend, en soms zelfs verkeerd beoordeeld door mijn eigen volk, wegens mijne loyaliteit aan de Britsche belangen, als iemand niet onbekend in Engeland als een leeraar en een werker in den dienst des Heeren en der menschelijkheid waag ik het op dringend verzoek van velen in dit land dit beroep te doen ten gunste van vrede.

Ik smeek de regeerders en het volk van de grootste christelijke natie in de wereld niet oorlog te maken op de jongste en kleinste van hare vrije staten.

Wat is het dat oorlog noodig maakt?

Niet de sezureiniteit der koningin. De Transvaal is van gevoelen dat de sezureiniteit van de conventie van 1881 ter zijde gezet wordt door die van 1884. Engelsche rechtsgeleerden van naam zijn van dezelfde opinie. De Transvaal heeft gevraagd om de schikking der kwesties, maar heeft nooit gezegd dat zij daarvan een zaak van oorlog maakt. Afgezien hiervan, zelfs indien de sezureiniteit bestaat, dan is hare beteekenis te vaag om bloedstorting voor de ouderhouding daarvan te noodzaken.

Britsche suprematie en oppergezag in Zuid Afrika zijn niet de oorzaak van den oorlog, Deze werden niet opgeofferd toen aan de republiek hare onafhankelijkheid gegeven word, en werd ook niet ontkend.

Het stemrecht is niet de oorzaak van den oorlog. Een zeven jaar stemrecht is toegestaan. Schikkingen zijn getroffen voor een vijf jaar stemrecht toen, wegens nieuwe eischen, dezelve teruggetrokken werd.

De eenige oorzaak van den oorlog is de onafhankelijkheid van de republiek. Zij weigert zich te laten dikteeren aangaande hare binnenlandsche zaken. Zij is gewillig bespreking en vriendelijke raadgeving toe te laten, zij heeft getoond dat zij bereid is daarop te handelen, en heeft toegestemd tot een gezamenlijke commissie van onderzoek. Het eene doel van de organiseerders van de agitatie welke geleid heeft tot den oorlog is om de onafhankelijkheid der republiek te vernietigen, hetzij door langsamerhand aan de uitlanders een overwegenden invloed te geven, of dezelve een Britsche kolonie te maken.

De begeerte van Engeland om rechtvaardig en grootmoedig te zijn in Zuid Afrika werd dikwijls verslagen door gebrek aan de macht om den Afrikaander Boer te verstaan, de sterkte van zijn liefde tot vrijheid, of de behoefte om te sympathiseeren met zijne aspiraties om zijne moeilikheden te verstaan en zijn vertrouwen te winnen. Het was hier aan te wijten dat de annexatie zoo hopeloos mislukte en tot zulk een ramp leidde. De inval werd in denzelfden geest ondernomen, die geleid heeft tot een grooter ramp in de bitterheid en vijandigheid welke zoo verergerd was. Het is aan dezelfde neiging te wijten dat deze oorlog haren oorsprong te danken heeft; het kan tot niets anders dan nog vreeselijker rampen en ruineering leiden voor Zuid Afrika en het rijk.

Meer dan een ernstige misslag is reeds begaan. Wij hebben reden te gelooven dat de Britsche regeering er toe gebracht werd te gelooven dat president Kruger zou toegeven, en dat er geen oorlog zou zijn; dat de Oranje Vrijstaat zich uit den oorlog zou houden; en dat het mogelijk zou zijn de samenwerking der Afrikaander inwoners der kolonie te verzekeren. En aldus nam de regeering een dreigende houding aan, en sprak van een ultimatum eer 't gereed was en gaf aldus der republiek reden en gelegenheid den oorlog te beginnen, terwijl Natal, Mafeking en Kimberley onvoldoende verdedigd zijn. Iederen dag kan het bericht ontvangen worden dat de oorlog uitgebroken is. Indien een ramp voorkomt bij het begin van den veldtocht is er geen reden te denken dat zulk een ramp de laatste of grootste zal zijn.

Ik smeek het Britsche volk ten behoeve van honderd duizenden van de Hollandsch-sprekende bevolking behoorende aan onze kerk in deze kolonie stil te staan en een andere politiek te volgen. Ik vraag of de natie die in de geheele wereld het hardst roemt op hare vrijheid, en wat zij gedaan heeft voor vrijheid niet de vrijheid der republiek behoort te beschouwen als heilig en even onschendbaar als hare eigene, en dit de basis van al hare onderhandelingen te maken? Geef der republiek de grootmoedige verzekering hiervan. Ga niet voort haar te willen dikteeren of te dreigen, hetgeen zoo merkwaardig mislukt is. Het gemoed van den boer dat inmenging verwerpt, kan bereikt worden door verstand en toenadering:

(1) Laat de bedreiging van oorlog teruggetrokken worden en voorstellen gedaan worden om tot den vrede terug te keeren;

(2) Laat de sezureiniteit van de koningin en de onafhankelijkheid der republiek gelaten worden als geschikt door de conventies;

(3) Laat de gezamenlijke commissie onderzoeken naar de grieven der uitlanders en tijd nemen - maanden indien noodig - een weg te vinden uit de moeilijkheid waarmede de geheele verhouding van de twee rassen omgeven is;

(4) Laat Engeland en de Republiek elkander de hand van vriendschap aan bieden en der verzekering geven dat zij begeeren elkander te ontmoeten en te handelen in den geest van verzoening en onderling vertrouwen.

Ik verstout mij te ondernemen dat de beslissing van zulk een gezamenlijke commissie de ondersteuning van eenigen Zuid Afrikaander zal erlangen die nu den oorlog veroordeelt als onnodig en onrechtvaardig.

De rampen van oorlog zijn te vreeselijk; de zonde en schande van oorlog te groot; de dwaasheid van oorlog te monsterachtig: de straf van oorlog is te vreeselijk voor Engeland om het op dit land te leggen.

Ik geloof met mijn geheele hart dat Engeland in vele opzichten is 't edelste, en 't meest christelijke volk in de wereld, de grootste macht ten goede of ten kwaade. Ik kan niet gelooven dat het Engelsche kabinet indien het niet misleid is door eenzijdige en valsche representaties aangaande de noodzakelijkheid den duur en het resultaat van oorlog, ooit ermede gedreigd zou hebben. Ik kan niet gelooven dat het Engelsche volk zijne toestemming tot oorlog zal geven die, zelfs indien Engeland overwint kan eindigen in niets anders dan de verdelging van twee vrije republieken, in het dooden van tien duizenden van mannen die besloten zijn te sterven voor hunne vrijheid, in de vervreemding van ons geheele volk en in de eeuwigdurende rassenhaat voor vele nageslachten.

Ik doe andermaal een beroep op het christelijk volk van Groot Brittanje, zichzelven op te wekken en te zeggen 'Deze oorlog zal niet plaats hebben.' Laat elkeen die den vrede mint zijn stem doen hooren boven in den hemel, zich bij ons aansluiten in een onafgebroken smeeking tot God dat de vrede mocht hersteld worden. Er zijn er duizenden Godvreezende menschen in dit land die onafgebroken bidden om den vrede. Ik roep alle Gods kinderen toe: Knielt neder naast ons, vereenigt u als een met ons en ziet of onze God niet nog uitredding zal schenken. Daar het Britsche parlement volgende week vergadert zullen wij ons met u vereenigen in het ernstig gebed dat Hij die alle harten in Zijn hand heeft hen mag leiden om te weten en Zijn wil te doen.

Ik ben enz.,

ANDREW MURRAY

(*Source: De Vereeniging,* vol 21, 18/10/1899)

37.3 Before the war: Prof N J Hofmeyr (October 1899)

Aan de Opgecommandeerden

MANNEN, BROEDERS!

Mijn hart is bij u, dag en nacht denk ik aan u en bid ik voor u. Toen in 1881 de Vrijheids Oorlog was uitgebroken, ben ik met een paar van de voormannen onzer Kerk naar den toenmaligen Gouverneur Sir Hercules Robinson gegaan, en hebben wij hem een memorie voor de Koningin overhandigd. En tegen het einde van de maand Juni van dit jaar ben ik bij onzen tegenwoordigen Gouverneur, Sir Alfred Milner geweest, om hem die memorie voor te lezen, en hem te zeggen, dat wij Afrikaners nu hetzelfde gevoelen, wat wij toen hebben gevoeld. Ik heb mij openhartig en beslist uitgedrukt. Zoo deed ook de Gouverneur van zijnen kant. Sedert dit gesprek heb ik meermalen gezegd dat ik, op den mensch gezien, geen hoop op vrede heb, maar dat ik daarnaar uitzie enkel *als verhooring des gebeds*. God regeert en niet de mensch. En nog blijft het mijn bede tot den God des vredes, dat Hij zóó de harten moge neigen, dat de oorlogswolk afdrijve, en het tot een vrede tusschen de twee blanke rassen in Zuid-Afrika kome, zooals er tot nu toe niet is geweest, en zooals tot aller waarachtig welzijn onontbeerlijk is.

Wordt deze bede niet verhoord en breekt de gevreesde oorlog uit, dan zal ik de hand op den mond leggen, en eerbiedig toezien wat God voornemens is door den oorlog in Zuid-Afrika, en misschien ook elders, te doen. Want ook de oorlogen zijn in Gods hand om Gods welbehagen uit te werken, totdat de tijd komt dat, met Jezus Christus aan hun hoofd, de volkeren broederlijk met elkander zullen verkeeren.

Ik bid u toe, geliefde broeders, dat uit den benarden toestand waarin gij u nu bevindt, een rijke zegen voor uwe zielen, uwe huisgezinnen, en uw volk moge worden geboren. De tegenwoordige zware beproeving zij voor ons Afrikaansch volk een louteringsvuur!

De Heere toone ons waarin wij tegen Hem hebben gezondigd, verbreke elk zondig hart, bekeere den onbekeerde, en vervulle Zijne kinderen met Zijnen Heiligen Geest!

Met deze bede, noem ik mij, uw deelnemende vriend en broeder in Christus,

N. J. Hofmeyr
Stellenbosch,
9 October, 1899

(*Source: De Vereeniging*, vol 21, 18/10/1899)

37.4 During the war: a cry for peace by the Afrikaans churches of the Boer Republics (April 1900)

Beroep op Kristelike Kerk in Anglo-Boere-oorlog.

Een beroep der Transvaalsche en Vrijstaatsche Kerken: op de verschillende Christelyke Kerken in Groot-Brittanje en Ierland.

Zeer Waarde Broeders en Zusters!

Met diepe smart en schaamte achten ondergeteekenden, vertegenwoordigende verschillende Christelike Kerken in de beide Republieken van Zuid-Afrika, zich geroepen hun stem te laten hooren in dagen van oorlog en ellende. Wij richten ons allereerst tot U, die met ons éénzelfde dierbaar geloof deelachtig zijt; ofschoon ook tot allen in 't algemeen, die de gruwelen van den oorlog haten en de waarheid en den vrede liefhebben. Wij gelooven eene Heilige, Algemeene, Christelijke Kerk; de gemeenschap der Heiligen! Ook onder U en in Uw midden is immers een deel van die Kerk! Zijn het niet alle leden van het lichaam des Heeren? En waar één lid lijdt, lijden daar niet allen mede?

Gij weet Broeders en Zusters! in welk een verschrikkelijken oorlog wij zijn gewikkeld; nu reeds bijna twee honderd dagen lang, zitten wij in al de ellende van een broederoorlog: immers van Christenen tegen Christenen; van Protestanten tegen Protestanten! Niemand kent de vreeselijke verwoestingen van den oorlog, dan die ze mede doorleeft; niemand kan haar beschrijven. Ach, de stem van het onschuldig bloed klimt elken dag hooger op naar de Hemel! Het geschrei van duizenden weduwen en weezen wordt met den dag hartverscheurender! Is het U niet bekend, dat volgens matige opgave, aan dooden en gewonden nu reeds zijn gevallen van de zijde der Britten ongeveer *veertig duizend* menschen, en van de zijde der Boeren ongeveer *drie duizend* menschen: Vaders, Broeders en Kinderen!

Schreit het niet ten Hemel! Mag de Kerk des Heeren dit langer lijdelijk aanzien? Zijn wy niet verplicht onze stem ten ernstigste daartegen te verheffen? Worden wij niet door Gods Woord; door onze Belijdenis; en door ons geweten geroepen om als een eenig man op te staan en te protesteeren in den naam Gods en der menschelijkheid tegen zulk een gruwelijk God- en mensch-onteerend bedrijf? Is het niet misdadig langer stilzwijgend aan te zien, dat de regeering van een Christelijk land, met terzijdestelling van alle redelijke wegen en middelen, het Kainswapen hanteert? Is het werkelijk noodzakelijk, dat geschillen tusschen Christelijke natien, ter eerster instantie, gebracht worden voor de rechtbank van zwaard en lood! van dum-dum kogels! giftbommen en andere helsche werktuigen?

Broeders en zusters, wij weten beter; wij hebben anders geleerd; naar mate Gods Geest getuigt met onze geest, dat wij kinderen Gods zijn. Daarom meenen wij, dat het wel degelijk op den weg ligt van alle menschenvrienden, om openlijk tegen verder bloedvergieten en zoogenaamd beschaafd oorlogvoeren te protesteeren; en dat wy overeenkomstig den eisch van Gods Woord en van onze eigene belijdenis, verplicht zijn de Regeringen eerbiedig te naderen met de bede: ,,houd toch op met dit gruwelijk bedrijf!'' tegenover menschen: Christen menschen, die evenveel recht hebben om vrij op Gods vrijen aardbodem te leven en zich zelf te regeeren, als elk der onderdanen van het Groote Britsche Keizerrijk; te meer nu het bewezen kan worden dat, ook door het Britsche rijk, die vrijheid en onafhankelijkheid bij verschillende gelegenheden en door plechtige tractaten is erkend! Zijn niet de bewijzen voor handen, dat meermalen en op de meest bescheidene wijze de vrije Republieken in Zuid-Afrika verzocht, ja gesmeekt hebben, om indien daar ernstige geschillen of grieven mochten bestaan, deze op redelijke en vredelievende wijze op te lossen of te laten beslissen. Zegt men daartegen; dat de Republieken het eerst den oorlog verklaard hebben, welnu, is dan nu niet pas onlangs, tijdens den oorlog, opnieuw door de Hoofden van de vrije Republieken de vrede aangeboden?

Broeders, heeft niet uw groote Staatsman en Christus-belijder Gladstone eenmaal den Sultan van Turkije, omdat hij duizenden Armenische Christenen door het fanatisme van den Islam had laten vermoorden, genoemd: ,,De Grootmoordenaar van het Oosten''? Is het fanatisme van den Mammon minder gevaarlijk, minder wreed?

Broeders en Zusters, Gods oordeelen zijn op aarde. Gods Woord wordt versmaad en terzijde gesteld. Booze hartstochten worden opgezweept. De naam des Heeren wordt gelasterd! Gaat het U niet aan? Wat zal het einde zijn van deze dingen als wij op den ingeslagen weg voortgaan in dezen bloedigen oorlog? Ziet, wij vragen allereerst uw gebed; maar dan ook uw daad. Laat allen, die van goeden wille zijn, onmiddellijk opstaan en van hunne Vertegenwoordigers en van hun Regeering eischen dat, met behoud van eer en recht de zaak in geschil langs vreedzamen weg worde opgelost. De stem des volks zal toch zeker ook in Engeland nog wel gehoor vinden? Is niet het werk van den barmhartigen Samaritaan aan de Kerk des Heeren opgedragen? Daarom smeeken wij U, ondersteun onze zwakke pogingen om verder bloedvergieten te voorkomen: opdat in plaats van rassenhaat en broederkrijg, vrede en welvaart mogen heerschen en Gods naam mag worden gedankt en geprezen!

Zoo zij het!

Met oprechte zegenbede

noemen wij ons,

Uw nederige

Broeders in Christus

Namens het Moderamen van de Ned. Herv. of Geref. Kerk in de Zuid-Afrikaansche Republiek,

H. J. L. DU TOIT, Voorzitter.
H. S. BOSMAN, Scriba.

Namens het Moderamen van de Gereformeerde Kerk in die Zuid-Afrikaansche Republiek,

P. POSTMA, Korrespondent.

Namens het Moderamen van de Nederduitsche Hervormde Kerk in de Zuid-Afrikaansche Republiek,

M. J. GODDEFROY, Voorzitter.
JAC. VAN BELKUM, Scriba.

Namens het Moderamen van de Nederduitsche Gereformeerde Kerk in de Oranje Vrijstaat,

J. J. T. MARQUARD, Voorzitter
J. A. JOUBERT, Scriba.

Pretoria-Kroonstad, April, 1900.

Bovenstaande schrijven is per laatste Europeesche post naar Engeland gezonden.

(*Source:* Gerdener 1936:771-773)

37.5 The Truth about the Boer and his Church (1900)

During March 1900 the Ned Geref Kerk (Cape) gave public expression in a manifest entitled: 'The Truth about the Boer and his Church'. They expressed their views regarding the war and protested against the many misrepresentations which increased the bitterness between the two white races in South Africa:

The undersigned, Ministers of the Dutch Reformed Church in South Africa, occupying influential positions within that body, consider it their duty to give public expression to their views regarding the present war between Her Majesty's Government and the two Republics, and openly to protest against the many misrepresentations which have tended to increase the bitterness now existing between the two white races in this country.

PETITION FOR PEACE

Before the outbreak of hostilities the Moderamen of our Synod, acting on behalf of the whole Church, memorialized Her Majesty's High Commissioner, and urged upon His Excellency 'to leave nothing undone in order to avert active hostilities.' 'We shudder to think,' the memorial continued, 'of the consequences which are sure to follow such an eventuality. The race feeling between the Dutch and English would be intensified, the breach between the two sections of our South African community would become irreparable, the allegiance of Her Majesty's loyal Dutch subjects would sustain the severest shock it has ever been subjected to, and the hope of a United South Africa would be gone for ever. To us, standing outside the political arena, the difference between the proposals of your Excellency and those of President Kruger would hardly appear to justify the horrors in which active warfare between Her Majesty's troops and the burghers of the Transvaal Republic would involve the whole of South Africa for many a day.'

This our appeal was fruitless; but our predictions are being sadly fulfilled. The horrors of a war between two Christian races both of Teutonic extraction, intimately related to each other by kindred traditions, a kindred faith, and in many cases by the still closer bond of bloodrelationship, are now upon us. Whatever the issue of this conflict, its effects will be felt for years ...

(*Source:* The Truth about the Boer and his Church 1900:2)

38 The Order of Ethiopia (1900)

Ethiopianism is considered to be a religious movement with some political overtones. The first Ethiopian group was formed in 1872, in what is now Lesotho, when 150 members broke away from the Paris Evangelical Missionary Society. Although not a permanent schism, it had far-reaching consequences. The first permanent secession was the one in 1884 that involved the National Thembu Church of Nehemiah Tile, originally a Methodist minister. The first breakaway group that made use of the term Ethiopianism was a division in the Methodist Church under the leadership of Mangena Mokone. The schism occurred in 1892 with the aim of bringing about equality of rights between black and white members of that church. James Dwane joined forces with Mangena Mokone and in 1896 assumed leadership of the group. Although Dwane's group later became part of the Anglican Church, they remained by agreement a distinct organisation known as the Order of Ethiopia:

Compact of 1900

The Order of Ethiopia

(Hitherto called the 'Ethiopian Church' - Ibandla lase-Tiyopiya)

1 Each Diocesan Bishop will appoint Missioners to visit the existing Ethiopian Missions in his Diocese, to instruct, examine and receive into the Church members thereof.
2 These Missioners shall present to the Diocesan Bishop those whom they deem fit for confirmation.
3 The Missioners shall recommend such of those who are at present holding office in the Ethiopian Community as they may deem fit to the Diocesan Bishop to be licensed as Readers, Catechists, and Sub-Diocesans, in accordance with the Canons of the Province, after consultation with the Provincial of the Order.
4 Each Diocesan Bishop will forthwith make arrangements for the instruction, training and examination of candidates for Holy Orders in accordance with the regulations of the Diocese and Province and the Canons of the Church.
5 The first members of the Order of Ethiopia shall be those who are licensed under the above provisions.
6 The Visitor of the Order shall be the Metropolitan of the Province.
7 The Provincial of the Order shall be appointed by the Bishops of the Province; but after the first appointment due consideration shall be given to the recommendation of the Chapter of the Order.
8 The ordinary term of office of the Provincial shall be 5 (five) years.
9 The Chapter shall consist of the Provincial and 12 (twelve) members, 6 (six) of whom shall be appointed by the Visitor, and 6 (six) by the Provincial; and it shall be the business of the Chapter to superintend the affairs of the Order, including its finance.
10 All proceedings of the Chapter shall be subject to review by the Provincial Synod. A diocesan Bishop may suspend the operation within his Diocese of any new regulation until such review.
11 The Chapter shall have authority to frame the Constitution of the Order subject to

the approval of the Visitor; such Constitution to be provisional until confirmed by the Bishops of the Province at their next Synod.

12 Should a Bishop at any future time be appointed or consecrated for the Order, the office of Provincial shall be thereupon declared vacant, and he shall be ex-officio Provincial; and he shall exercise Episcopal functions in each Diocese only as an assistant of the Bishop thereof, and at his request.

13 The Provincial shall recommend clergymen for the charge of vacant Missions of the Order to the Diocesan Bishop with whom the final appointment shall rest.

14 No clergyman shall officiate without the licence or permission of the Diocesan Bishop.

15 The Diocesan Bishop at his discretion, either by himself or by the Archdeacon or other clergyman appointed by the Bishop as his representative to report to him, shall visit the Missions of the Order from time to time to examine candidates for Baptism and Confirmation.

16 No new Mission work shall be begun by the Order within ten miles of any Mission Station or Out-Station of the Diocese, nor any new Mission work of the Diocese within ten miles of any Mission Station or Out-Station of the Order, without the consent of the Diocesan Bishop.

17 With regard to Missions already in existence, the difficulties arising from proximity shall be dealt with by the Diocesan Bishop before he issues any new licence.

18 The Bishops of the Province undertake to draw up and submit to the next Provincial Synod a scheme securing representation for the Missions of the Order in both Provincial and Diocesan Synods.

19 All Members of the Order and of its Mission shall be eligible equally with others for Diocesan offices (*e.g.*, Chapter, Finance Board, Diocesan Trustees, etc.).

20 Discipline shall be exercised in all Missions as provided for in the book of Common Prayer and the Provincial Canons and the Acts of the Diocese.

21 Members of the Church passing from one Mission to another, whether of the Order or of the Diocese, shall be provided with proper letters of commendation. (See Provincial Canons, page 97.)

22 All property of the Order shall be conveyed to the Provincial Trustees upon such Trusts as are approved by the Visitor after consultation with the Provincial.

23 All churches shall be open to all people, without distinction of race or colour.

The Constitution of the Church Order of Ethiopia

(As revised by the Synod of Bishops and agreed to by the Chapter at Lesseyton, April 11th, 1907)

(The worlds in italics have been added by the Chapter since the revision of the Draft by the Bishops)

The Order

1 The Order of Ethiopia is an Order of members of the Church of the Province of South Africa banded together for the special purpose of bringing the heathen of the

Bantu Race into the fold of Christ by means chiefly of the ministrations of members of their own race.

2 The Order of Ethiopia shall consist of

(a) persons licensed by the Bishop of the Diocese in which they are to work, on the recommendation of the Provincial, to minister to members *(adherents)* of the Order and to evangelize the heathen in this land;

(b) all confirmed members of the Church of the Province of South Africa in good standing, who, having signed the Constitution and Rules of the Order, have been duly admitted into it according to the prescribed form.

It must, however, be understood, that as Churchmen outside the Order should not endeavour to draw away members *(adherents)* from the Order, so neither must members *(adherents)* of the Order endeavour to draw into it persons who have hitherto belonged to a Mission or Congregation of the Church unconnected with the Order, except under the express permission of the Bishop of the Diocese concerned.

Missions and Mission Districts

3 In every Mission of the Order a Meeting of the Minister or Catechist in charge, Licensed Preachers, Probationers and Stewards shall be held at least once a month, to consider matters of Finance, Administration and Discipline, belonging to the Mission. In all cases involving Discipline, the matter shall be notified to the *Ethiopian Priest in charge of the District, or if there be none such to the Missioner* of the District, and to the Provincial.

By 'Probationer' is meant a Preacher authorized by the Minister or Catechist-in-Charge, but not yet licensed.

By 'Steward' is meant the Officer-in-Charge of the finances of the Mission or Mission District, as the case may be.

4 In every Mission, at the Monthly Meeting held next after Easter in each year, the adult male Communicants on the Roll of the Order shall elect a lay Communicant resident within the District as their Representative at the Quarterly Meetings of the year.

5 In every Mission District a Quarterly Meeting shall be convened by the Senior Minister of the Order, or if there be no such Minister, by the Senior Catechist of the District, in order to review the work of the previous three months, and to provide for the work of the coming three months, throughout the District. Previous notice of the time and place of the Quarterly Meeting shall in all cases be sent by the Convener to the Missioner of the District, to give him the opportunity of attending, if he disires to do so. *The Convener shall preside*. All ordained Ministers of the Order, Licensed Preachers, Probationers and Stewards shall be members of the Quarterly Meeting of the Mission District in which they labour.

Probationers shall have the power of speaking, but not of voting.

6 The boundaries of the several Mission Districts shall be reviewed at each Annual Conference, and any proposed alteration shall be forthwith submitted to the Bishop of the Diocese concerned for his approval.

Conference

7 A Conference, to be convened and presided over by the Provincial shall be held in the month of February in each year to which the following shall be summoned as members:

(a) All Ministers belonging to the Order and licensed by the Bishop;
(b) All Licensed Catechists and Licensed Preachers;
(c) All Members of the Chapter who are Members of the Order;
(d) The three General Treasurers;
(e) One Lay Representative for each 50 (fifty), or fraction of 50 (fifty) Communicants in each Mission District, who shall be a Communicant elected at a Special Meeting held in December of the adult male Communicants of that District;

Members of the Chapter and Missioners, who may happen not to be Members of the Order, shall be invited to attend, and may speak but not vote.

8 The functions and duties of the Conference shall be:

(a) To review the work of the Order in the Province;
(b) To draw up plans for the work of the ensuing year;
(c) To review and consider the Evangelistic work of the Order among the heathen in the Province;
(d) To consider questions of Finance and to make financial recommendations to the Chapter;
(e) To tabulate statistics;
(f) To draw up memorials to the Chapter;
(g) To review the District boundaries and names; subject to the approval of the Bishops concerned;
(h) To deal with offences of Members of the Order, whether Ministers or not; but only so far as affects their status as Members of the Order. The Conference may in the last resort direct their suspension or removal from the Order. Provided however that
    (i) If the offence charged or the scandal caused be in the opinion of the Conference of such a character as to require an exercise of the discipline of the Catholic Church (such as suspension from Holy Communion), the Provincial shall in each case report the matter to the Bishop, who shall take such action as he may think fit, in conformity with the Constitution and Canons of the Province;
    (ii) If the person against whom the charges are brought be a Priest, he may claim that they shall be investigated by a meeting of all the Priests belonging to the Order and licensed by the Bishop, who are present at the Conference; if he be a Deacon, then by all the ordained Clergymen belonging to the Order and licensed by the Bishop, who are present at the Conference;

(iii) Nothing in this clause shall be interpreted as if it affected the inherent right of the Bishop to deal with any case requiring investigation or discipline, which may arise in his Diocese.

9 The Provincial may convene other Conferences with the assent of the Visitor, and shall convene such a Conference on receiving a mandate from the Visitor to that effect. In either case a notification of the time and place of the Conference shall be sent beforehand to the Bishop of the Diocese in which it is to be held. These Conferences shall be constituted in accordance with the rules laid down for the Annual February Conference, but the Lay Representatives elected for the Annual Conference shall serve at all Conferences held during the year which follows their election.

The Provincial

10 The Provincial, who should if possible be in Holy Orders, is the chief officer of the Order under the Visitor, saving in all points the lawful authority of each Bishop within his own Diocese.

11 The Provincial of the Order shall be appointed by the Bishops of the Province, due consideration being given by them to the recommendation of the Chapter of the Order.

12 The ordinary term of office of the Provincial shall be 5 (five) years, but he may be re-appointed.

13 The Provincial shall convene and preside over all meetings of the Chapter and of the Conference, whether summoned in consequence of the mandate of the Visitor or otherwise. He shall also have the right to preside over any Monthly or Quarterly Meeting at which he may happen to be present.

14 The Provincial shall administer the Provincial's Fund according to his own discretion, but shall give an account thereof each year in January to the Visitor.

15 The Provincial shall have an advisory voice in the determination of the terms of the Trusts upon which properties of the Order are conveyed to the Provincial Trustees.

16 The Provincial shall be the ordinary means of communication between the Visitor and the Bishops on the one hand and the Conference on the other.

17 The Provincial shall see that copies of all Resolutions of Conference are duly forwarded (a) to the Visitor, (b) to the Bishops of the Province, (c) to the Secretary of the Chapter.

18 The Provincial shall receive the results of enquiries in cases of Discipline, and shall transmit to the Bishop of the Diocese such cases as are referred to in section 8 (h) (i).

19 The Provincial shall be responsible to the Bishop of the Diocese concerned for supporting the Missioners *and Priests of the Order* in the exercise of Discipline in all Missions of the Order, as provided for in the Book of Common Prayer, the Provincial Canons, and the Acts of the Diocese. He shall also be responsible to the Visitor for the due observance of the Constitution and Rules of the Order.

20 The Provincial shall recommend to the Bishop for his acceptance such persons as he considers fit for work in the Order within the Diocese of the said Bishop. If a Priest or Deacon, working in connection with the Order, needs a Catechist, and if the Provincial

should decline to recommend a suitable man, such Priest or Deacon shall have a right to appeal to the Visitor.

21 The Provincial, if in Holy Orders, can be suspended from or deprived of his right to minister in any or all such Missions of the Order as are situated in any Diocese, only after Canonical trial by the Bishop of that Diocese, subject however to the provisions of Canon XXXI, section 6. If the Provincial be a layman licensed to minister, his license shall not be finally revoked, until he has had due trial, according to the analogy of Canon XXXI.

22 The Provincial may recommend to the Bishop Clergymen, Parochial or otherwise, who are not Members of the Order, to be licensed to the charge of vacant Missions of the Order. Such licences may be withdrawn by the Bishop, either at the request of the Provincial or on his own initiative, subject however to the provisions of Canon XXXI, section 8.

23 The Provincial, if he is charged with grave lapses in regard to Faith, Morals, or Discipline, may be presented to the Bishops of the Province, and if the charges be proved, may be by them suspended or removed from the office of Provincial. Any charge against the Provincial, if it relate to matters of Faith, shall be made by at least two Clergymen of the Province in the Holy Order of the Priesthood: if it relate to matters of Morals, by two Clergymen of the Province, or four Communicants of the Church, of whom two at least shall be members of the Conference of the Order: if to matters connected with the execution of his duties as Provincial, by two Priests, or two Members of the Chapter of the Order, or four Communicants, of whom two at least shall be Members of the Order. The Visitor however shall always have power to initiate proceedings where he may consider it necessary, according to the analogy of Canon XXXI, section 2 (second part).

24 Should a Bishop at any future time be appointed or consecrated for the Order, the office of Provincial shall be thereupon declared vacant, and he shall be *ex officio* Provincial; and he shall exercise Episcopal functions in each Diocese only as an assistant of the Bishop thereof, and at his request.

The Chapter

25 The Chapter shall consist of the Provincial and 12 (twelve) Members, 6 (six) of whom shall be appointed by the Visitor, and 6 (six) by the the Provincial; and it shall be the business of the Chapter to superintend the affairs of the Order, including its finance.

26 All proceedings of the chapter shall be subject to review by the Provincial Synod. A Diocesan Bishop may suspend the operation within his Diocese of any new regulation until such review.

27 The Chapter shall have authority to frame the Constitution of the Order, subject to the approval of the Visitor; such Constitution to be provisional until confirmed by the Bishops of the Province at their next Synod.

28 The Chapter shall hold office for three years. Any vacancy occurring during that time shall be filled up by the same person who nominated the member by whose removal the vacancy is caused, or (if he is no longer in office) by his successor.

29 7 (Seven) Members of the chapter shall form a quorum at Chapter Meetings.

(*Source:* CPSA Archives Aa 1.3:2-9)

39 Schisms and Union in the Afrikaans churches during the early 1900s

Immediately after the Second Anglo-Boer War, the 'Nederduitsche Hervormde of Gereformeerde Kerk in Zuid-Afrika' initiated disciplinary action against those members who were 'unfaithful' to the government and the 'volk' (nation) of the Transvaal during the war. This 'unfaithfulness' was never clearly defined and the questionable action of the church only aggravated the growing feeling of discontent and dissension. No serious effort at reconciliation was made between the 'Bittereinders' and the 'unfaithful' members of the church. This led to a schism and a new church was founded on 22 December 1903. The name of the church was the 'Nederduitsch Gereformeerde Kerk van die Transvaal Kolonie' (Scout-Church). This 'new' church did not last long and between June 1908 and February 1910 all the congregations of the church reunited with the existing congregations of the 'Kerken onder het Kruis'. On 21 February 1910 all the congregations of the Scout-Church and the 'Kerken onder het Kruis' decided to form one church and accepted the name 'Gereformeerde Kerken onder het Kruis', under the leadership of the Rev S J du Toit, the original founder of the 'Kerken onder het Kruis'. After his death on 28 May 1911, the 'Gereformeerde Kerken onder het Kruis' decided on 5 January 1914 to unite with the 'Gereformeerde Kerk van Zuid-Afrika':

39.1 The founding of the Scout-Church (Nederduitsch Gereformeerde Kerk van die Transvaal Kolonie) (1903)

VERKLARING VAN HET STANDPUNT DER NED. GEREF. KERK
in de Transvaal

NADEMAAL de Kerkelijke Commissie der Ned. Herv. of Geref. Kerk in de Transvaal na de vredessluiting in October, 1902, zich sterk uitgesproken heeft in een herderlijk schrijven aan de gemeenten der Ned. Herv. of Geref. Kerk over de 'ontrouwen' en 'verraders,' zooals zij hen noemde, en te kennen gegeven heeft dat de zoodanigen tot het genot der Sacramenten niet kunnen toegelaten worden, zonder waar berouw en betering des levens;

NADEMAAL in de kiezing van Kerkeraadsleden tegen het eind van verleden jaar, de bovengenoemde Kerk exclusief gehandeld heeft door, met zeer weinige uitzonderingen, alleen dezulken tot het ambt van Ouderling of Diaken te kiezen die in het veld gebleven zijn tot het laatste.

NADEMAAL de Algemeene Vergadering der Ned. Herv. of Geref. kerk in hare zitting te Pretoria, in Mei 11, het volgende besluit genomen heeft, toen de aanbeveling van het rapport der Rechtscommissie op dat punt aangenomen werd: 'In zake de vragen van den Kerkeraad te Middelburg en van den Ring van Uitrecht: Hoe met diegenen te handelen die ontrouw aan Regeering en volk geworden zijn,' is uwe Commissie van oordeel dat de Kerk het gedrag van personen, die ontrouw geweest zijn aan hunne Regeering en hun volk in den jongsten oorlog, door het opnemen van wapenen of anderzins den vijand hulp verleend hebben door woord of daad, als eene ernstige zonde beschouwt, die zij niet onberispt kan laten voorbijgaan, omdat zoodanige handelwijze in strijd is met de plichten van een lid van eene Christelijke Kerk en Staat, en veel lijden, ellende, bitterheid en onvrede daardoor veroorzaakt is.

Doch aangezien er vrede verklaart is en het de roeping van de Kerk is, om de goede orde te bewaren en vrede te bewerken, zoo beveelt uwe Commissie aan, dat ter wille van het heil en den vrede onzer Kerk zoodanige personen ernstig vermaand worden tot bekeering en betering, opdat zij weder met vrijmoedigheid mogen deelen in de voorrrechten van een lidmaat onzer Kerk.

Voorts achten wij het wenschelijk dat de Algemeene Vergadering het op het hart drukke van predikanten en Kerkeraadsleden, zoodanige personen te bezoeken en te vernamen en langs dezen weg hen terug brengen, en alzoo de uitspraak van de Kerkelijke Commissie bekrachtigd heeft;

NADEMAAL wij met een eerlijk gemoed zulk eene vernederende schuldbelijdenis waartoe wij gedwongen worden, niet kunnen en mogen afleggen, aangezien wij onder de overtuiging verkeeren dat wij overeenkomstig ons geweten en met een juist begrip van Gods woord gehandeld hebben;

NADEMAAL niet alleen het genot der Sacramenten (Doop en Avondmaal) maar ook het afleggen van belijdenis des Geloofs door de Kerk geweigerd is aan personen, die zich aan de Engelsche zijde stelden om den hopeloozen strijd ten einde te brengen en land en volk te redden van verdere verwoesting en diepere ellende;

NADEMAAL een Commissie, gekozen op eene vergadering van ontevredenen te Vlaklaagte, district Middelburg, gehouden den 8sten October, 1903, eerst de Moderatuur te Pretoria en naderhand de Kerkelijke Commissie te Middelburg ontmoet heeft met opdracht om terugtrekking van het besluit der Algemeene Vergadering in zake 'ontrouwen aan Regeering en volk' en ontbinding van de jongste gekozene Kerkeraden te eischen;

NADEMAAL die ontmoeting tot geen bevredigend resultaat geleid heeft, aangezien aan den gestelden eisch niet is voldaan;

NADEMAAL wij ons bezwaard gevoelen over de gedragslijn door de Ned. Herv. of Geref. Kerk in deze gevolgd de wel ... [sic] omreden dat hier eene zuivere politieke questie geldt, waaromtrent geen duidelijke uitspraak der Kerkewet beslist en waarin de Kerk als Kerk niet vermag te treden, terwijl de 'ontrouwen' als een klasse van schuldigen, op gelijke lijn geplaatst met mannen die als .... overspel hadden gepleegd en als Petrus met zelfvervloekingen en valsche eeden den Heiland verloochend, door de Kerk veroordeeld worden, zonder elk lid afzonderlijk voor den Kerkeraad onder verhoor te brengen;

NADEMAAL wij de wapens neerlegden en ons aan de Engelsche machten overgaven omdat wij zagen dat de strijd verloren was en een verdere hardnekkig verzet op niets anders zou uitloopen dan verwoesting van land en volk, en omdat wij geen eigen Regeering meer hadden volgens de Grondwetten der Republieken, terwijl Engeland daarentegen een effectief en duurzaam bestuur in het land gevestigd had.

Wij onderwierpen ons dus aan het onvermijdelijke, Gods hand daarin erkennende;

NADEMAAL wij eerst alle middelen aangewend hebben, b.v. het stichten en handelend optreden van vredescomites als anderzins om de vechtpartij, die misleid werd met valsche beloften en voorstellingen ook tot overgave te bewegen;

NADEMAAL deze pogingen gefeild hebben en de ellende, waarin de roekeloozen voortzetting van den oorlog ons dompelde, dagelijks grooter werd en sommigen onzer toen eerst de Engelschen hielpen als gidsen of verkenners om een einde aan de verwoestingen te maken;

NADEMAAL de eenige weg aan degene die censurable verklaard werden, opengelaten tot deelgenootschap aan de genademiddelen schuldbelijdenis is, terwijl wij verklaren dat wij ons van geen misdaad bewust zijn;

NADEMAAL wij door de Kerk dus uitgestooten zijn evenals de Kerkhervormers door de Roomsche Kerk in der tijd, maar ons niet wenschen af te scheiden van de Hollandsche Kerk;

Zoo is het dat wij nu ter wille van de behoefte onzer zielen aan gemeenschap en aan de genademiddelen (prediking van Gods woord en bediening van de Sacramenten) en in het belang ook van onze kinderen, ons gedrongen gevoelen om de noodige voorziening te maken en ons te vormen tot een afzonderlijke Kerkgenootschap onder den naam van de 'Nederduitsch Gereformeerde Kerk' in de Transvaal, met de Wetten en Verordeningen voor de Ned. Geref. Kerk in de O.R. Kolonie tot grondslag van leer, dienst en tucht voor onze Kerk in zooverre die toepasselijk zijn op plaatselijke toestanden en behoeften, hetgeen wij mits deze plechtig als voor den Heer doen dezen 22sten December, 1903, te Vlaklaagte, District Middelburg.

(*Source:* Acta Synodi 1906:288-316)

39.2 Kerken-Ordeningen der Gereformeerde Kerken onder het Kruis in Zuid-Afrika (1910)

KERKEN-ORDENINGE

der Gereformeerde Kerken onder het Kruis in Zuid-Afrika

(Opgestel in Algemene Byeenkoms 1910. Sien S.D.T., Feb., Maart 1910, p. 20)

I. De Gereformeerde Kerken onder het Kruis in Zuid-Afrika gronden zich wat de *Leer* betreft op Gods onfeilbaar Woord, als de enige en algenoegzame heils openbaring Gods en Kenbron der Waarheid, en in overeenstemming daarmee op de 3 Formulieren van Enigheid, als vastgesteld door de Nationale Synode van Dordecht in 1618 en 1619; en wat *Kerkbestuur* aangaat op de Dordtse Kerken-Ordeninge, voor zover die nog van Toepassing is onder onze gewijzigde omstandigheden.

II. Hare Naam ontleent zij aan de „Kerken of Gemeente onder 't Kruize," door gemelde Nationale Synode van Dordrecht erkend in Art. 4 en 7 der Dordtse Kerken-Ordeninge, als zijnde op dergelijke wijze ontstaan en bestaande.

III. Zij verklaart zich bereid tot broederlike verhouding en samenwerking met andere protestantse Kerken, die zich op dezelfde beginselen gronden in leer en Kerkbestuur, bij name met de Gereformeerde Kerk van Zuid-Afrika.

IV. Houdende Christus voor 't enig Hoofd zijner Gemeente, die haar regeert door zijn Woord en Geest, en de Kerkeraad voor het enig Kerkbestuur door Christus en de Apostelen ingesteld, erkent zij geen hoger wetgevend of heerschappijvoerend gezag tussen Christus als 't Hoofd en zijne gemeente (Dordtse Kerken-Ordeninge, Art. 84), en verwerpt dus alle menselik gezag of Kerkewetten niet op Gods Woord gegrond, volgens Art. 32 der Nederlandse Geloofsbelijdenis.

V. Op grond van Gods Woord en de Dordtse Kerken-Ordeninge erkent zij echter meerdere „Kerkelike Samenkomsten", en wel 'n Algemene Kerkvergadering gehouden om de 3 jaren, doch met geen gebiedende of wetgevende, maar slechts met 'n dienende, voorlichtende, en hoogstens met 'n leerbepalende macht.

VI. Op 't voorschrift van Christus, haar enig Hoofd, en op 't voorbeeld der Apostelen verwerpt zij alle koophandeldrijverij in de gemeente Christi en bedient alle genademiddelen zonder prijs en zonder geld, geen andere dan vrije liefdegaven van de gemeente ontvangenen.

VII. Ziende de toenemende afval in het verwereldlikt Christendom en lettende op de ernstige tekenen der tijden, die Christus naderende toekomst aankondigen, acht zij de beoefening der onvervulde profetiën 'n gebiedende plicht voor de tijd waarin wij leven, zowel in Onderlinge Bijeenkomsten als in de openbare prediking des Woords.

(*Source:* Oberholster 1956:315-316)

39.3 Gereformeerde Kerken onder het Kruis unite with the Gereformeerde Kerk van Zuid-Afrika (1910)

„Deze Algemene Vergadering besluit de gemeentes onder 't Kruis aan te bevelen om in het Kerkverband der Geref. Kerk van Z.-Afrika opgenomen te worden om de volgende redenen:

„1. Deze twee Kerken zijn één in leer, dienst en tucht, handhaven dezelfde belijdenisschriften en hebben dezelfde Kerkregering volgens de D.K.O. van 1618—19.

„2. Daar deze twee Kerken dezelfde belijdenisschriften en Kerkeorde hebben, is het zonde voor het aangezicht des Heeren om *‚voortdurend'* gescheiden te leven, — daar de bede van onzen Heiland is *‚opdat zij allen één zijn'*, Joh. 17—21.

„Deze Algemene Vergadering wenst echter te verzoeken tot beter regeling der volgende zaken.

„1. Dat waar gehele gemeenten in het kerkverband komen, zulke gemeenten met hunne kerkeraadsleden in hun geheel opgenomen worden en de Kerkeraadsleden in dienst blijven — zoals reeds geschied is met de gemeenten Lindley en Frankfort, (O.V.S.).

„2. Dat waar enkele leden in kerkverband treden zij dan als enkele leden opgenomen worden.

„De Geref. Kerk onder 't Kruis verzoekt ook niet genoodzaakt te zullen worden om eenige Geref. beginselen tot hiertoe door haar gehuldigd op te geven tenzij die bewezen kunnen worden in strijd te zijn met Gods Woord en onze Belijdenisschriften.

„De K.K. (Kruiskerken) wil bij de D.K.O. gaarne behouden de 7 artikels in 1910 opgesteld — als ene Kerkeorde tenzij deze artikelen bewezen kunnen worden in strijd te zijn met Gods Woord en onze Belijdenisschriften.")

(*Source:* Oberholster 1956:298-299)

40 The General Missionary Conference (1904)

In 1860 an inter-denominational conference convened by the Ned Geref Kerk (Cape) at Worcester brought together 400 delegates. This led to other conferences being held throughout the country and still later to the holding of missionary conferences. This, as well as the world scene regarding missions, paved the way for the organisation of the General Missionary Conference in 1904, which preceded the Christian Council of South Africa. The General Missionary Conference met for the first time in Johannesburg on 13 July 1904, with 80 delegates from 21 societies and churches attending:

40.1 The Constitution (1904)

The following Constitution was drawn up and adopted:

I Name

This Conference shall be called 'The General Missionary Conference of South Africa.'

II Objects

The objects of the Conference shall be:

I To promote co-operation and brotherly feeling between different Missionary Societies.
II To labour for the most speedy and effective evangelization of the Native races of South Africa.
III To enlighten public opinion on Christian Missions.
IV To watch over the interests of the Native races, and where necessary to influence legislation on their behalf.
V To keep ever in view the goal of establishing self-supporting and self-propagating Native Churches in South Africa.

III Members

All Protestant European Missionaries and one delegated Native ordained Minister working in connection with them from each Society represented at the Conference, also ex-Missionaries, officials of Mission Boards, and Missionary Superintendents shall have the right to become members of this Conference with the power to vote.

IV Associate Members

Ministers of European Congregations and others specially interested in Mission work may be enrolled as associate members and take part in the discussions of the Conference.

V Admission to Membership

Those desiring to be enrolled as members shall apply to the Executive through its Secretary.

VI Subscription

A subscription of 5/- per annum will be required from every member. From associate members an annual subscription of at least 2/6 will be expected.

VII Frequency of Meetings

This General Missionary Conference shall meet every third year.

VIII Place of Meeting

The place and time of each conference shall be fixed by the Executive.

XI Office-Bearers

The office bearers of the General Missionary Conference shall be: President, Vice President, Secretary and Treasurer. The present Executive shall remain in office until the opening of the next Conference when a new Executive shall be appointed. Vacancies occuring in the meanwhile shall be filled up by the executive. The office-bearers are ex officio members of the Executive.

Every Society represented at the Conference may nominate one of its members for a seat on the Executive, and it shall be competent for the members present at the Conference to elect additional members as may seem advisable.

X Duties of the Executive

The duties of the Executive shall be to direct in general the work of the whole Conference, and between the triennial sittings of the Conference to carry into effect as far as possible the resolutions adopted by the Conference.

To draw up a programme for the Conference meetings, to fix the place and date of the meetings and make all necessary arrangements.

Meetings of the Executive may be convened by the office-bearers or by one third of the members of the Executive.

XI Arbitration Board

This Board shall consist of 7 members to be nominated by the Executive and chosen by the Conference.

Vacancies in the Arbitration Board shall be filled up by the Executive.

In cases where complaint is lodged with the Board the official representatives of the complainant and defendant Societies shall be admitted to present their cases *in propria persona*. In case either or both Societies are represented on the Arbitration Board, these representatives may present their case, and shall refrain from voting when the resolution is taken.

XII Minutes

Minutes shall be kept of all meetings of the Conference. Brief minutes of all important business performed by the Executive and Arbitration Committee between the triennial sittings of the Conference shall be sent to each member of the Conference whose annual subscription is paid.

XIII Voting

All questions brought before the meetings shall be decided by a majority vote. In the event of equality of voting the Chairman shall have a casting vote.

XIV Procedure

At the opening of the Conference the retiring President shall take the chair and the meeting shall be constituted by prayer.

A list of the Delegates shall be read by the Secretary;

The retiring President will then give his address, after which the office-bearers and new Executive shall be elected.

Every ordinary meeting shall be opened by prayer after which the minutes of the previous meeting shall be read. Resolutions and amendments thereon shall be duly made and seconded; amendments shall be brought to vote first.

XV Quorum

Five members shall form a Quorum of the Executive.

XVI Alteration of Constitution

No alteration of this Constitution shall be made except by a two-thirds vote of members present at any Triennial Conference.

Any resolution to alter the Constitution shall be presented to the Conference at least one day before it is voted upon.

(*Source: Report of the Second General Missionary Conference for Southern Africa* 1906: 129:132)

40.2 The Resolutions of the Second General Missionary Conference of South Africa regarding Co-operation and Comity (1906)

I That in view of the numerous instances of friction between Missionary Societies brought to notice the discussion on the paper dealing with mission co-operation, and the manifest feeling of the Conference that some effort should be made to prevent the recurrence of such incidents, an unofficial Board of Arbitration of five members be elected by this Conference to deal with all inter-mission difficulties which may be submitted to it by the official representative of any Missionary Society labouring in South Africa.

II That Societies operating in areas not yet fully occupied be invited to arrange between themselves as to a demarcation of their spheres, and report to the Executive Committee; and that in areas already occupied by one or more Missionary Societies no other Society should enter except by agreement with the Society or Societies in occupation. Provided, however, that if it is proved to the satisfaction of the Board of Arbitration that the area is not being effectively occupied and worked, the Society or Societies in partial occupation may be called upon to show cause before the Board why such area should not be subdivided and allotted by the Board.

III That Church members of one mission, temporarily visiting the sphere of another, should bring with them certificates of membership, which should be recognized.

IV That Church members settling in the sphere of another mission should be given a disjunction certificate, authorising the officials of that mission to receive them as Church members.

V That members of a Church wishing to join another Church in the same district should produce a disjunction certificate from the Church they are leaving.

VI That the disciplinary censure of one mission should be respected by another.

VII That in the interests of friendly inter-institutional relationship, pupils or students passing from one Institution to another should bring with them a letter as to character and standing in the Institution left; and in order that the missionary purpose of the Institution may be fulfilled, special care should be exercised in enquiring into the character of those entering on the teaching or other higher course.

VIII That systematic giving on the part of all connected with the Church should in every way be encouraged, and the duty of members to support the ordinances of religion should be vigorously insisted upon; but any practice giving colour to the charge that the privileges of a Church are to be bought and sold should be scrupulously avoided.

IX That scandals having arisen in some places from the practice of raising funds for the Church, by means of competitive tea meetings and other social gatherings held at night under disorderly circumstances, and this fact having been brought under the notice of the Conference, consideration of the dangers attending the practice be earnestly commended to the Church and Society in which it is obtaining a footing.

(*Source: Report of the Second General Missionary Conference for Southern Africa* 1906: 125-126)

41 The Council of Dutch Reformed Churches (1903)

The verdict in the Loedolff case of 1862 was based on Ordinance No 7 of 1843 and it severely affected the efforts made towards unification within the Ned Geref Kerke (Cape/Natal/OFS/Transvaal).

The eventual ideal was to become an organisational unity. The outcome of the Anglo-Boer War gave impetus to this desire. The creation of the Raad van die Ned Geref Kerke in 1903 was preceded by meetings held by the four Synods of the Ned Geref Kerke where unification was discussed.

As a result a conference was convened on 9 and 10 August 1905 at Colesberg and for the first time since 1862, it was attended by official delegates of all the Ned Geref Kerke. Here it was decided to form a federal society. The first meeting of the Council of Ned Geref Kerke was held in Pretoria in 1907:

REGLEMENT VAN DIE RAAD VAN DIE KERKE, 1907

DE FEDERALE VEREENIGING

der Ned. Geref. Kerken in de Kaap Kolonie, den Oranje Vrij Staat en Natal, en de Ned Herv. of Geref. Kerk in de Transvaal.

De vier Kerken besluiten tot eene Federale Vereeniging onder de volgende bepalingen:

1 Dat elk een der Kerken hare samestelling, met hare wetgevende, rechtsprekende en administratieve macht zal blijven behouden.
2 Dat de algemeene belangen dezer Kerken behartigd zullen worden door eene Algemeene Vergadering, die den naam van De Raad der Nederduitsch Gereformeerde Kerken in Zuid-Afrika dragen zal.
3 Dat deze Raad samengesteld zal zijn uit 30 Afgevaardigden, waarvan 14 door de Kerk in de Kaap Kolonie, 7 door die Kerk in de Transvaal, 7 door de Kerk in den Oranje Vrij Staat en 2 door de Kerk in Natal, zullen worden afgevaardigd. Deze Afgevaardigden zullen door de respectieve Synoden op elke harer gewone vergaderingen gekozen worden.
4 Dat deze Raad in behandeling nemen zal, wat door één of meer der respectieve Synoden of Synodale Commissiën, aan hem zal worden opgedragen; en wat één of meer zijner leden ter sprake brengen mocht.
5 Dat de gewone vergaderingen van dezen Raad gehouden zullen worden op eene plaats en tijd, telkenmale op eene vorige vergadering te worden vastgesteld; en buitengewone vergaderingen, als één-derde van de leden des Raads den Voorzitter er om vragen.
6 Dat de besluiten van dezen Raad alleen bindend zullen zijn voor ieder der respectieve Kerken na door de Synode dier Kerk goedgekeurd te zullen zijn.
7 Dat elke Synode voorziening zal maken voor de uitgaven van hare respectieve Afgevaardigden naar de vergadering van den Raad: zullende de andere uitgaven betaald worden door de Synoden in evenredigheid van het getal harer Afgevaardigden.

(*Source:* Grobler 1983:581)

42 The 1914-1915 Rebellion

During October 1914, at the very beginning of the Rebellion, an open letter was addressed to all the ministers of the Ned Geref Kerk. In this letter they were requested to refrain from provoking violence of any sort. In January 1915 this was again discussed at an extraordinary meeting of the Federal Council of Ned Geref Kerke, affirming the general principle, but refusing to apply it in the specific situation of the Rebellion.

42.1 'Open Brief' to the ministers of the Dutch Reformed Church: 13 October 1914

OPEN BRIEF VAN MODERATOR EN ANDERE LERAREN DER NEDERDUITSE GEREFORMEEDE KERK AAN DE PREDIKANTEN VAN ONZE KERK

Waarde Broeders,

Daar wij overtuigd zijn dat gij met ons gevoelt hoe ernstig de toestand is waarin wij verkeren tengevolge van deze ontzettende Oorlog die in Europa woedt en waarin ook ons Vaderland gewikkeld is, nemen wij de vrijheid het volgend schrijven tot U te richten in het vertrouwen dat gij al wat in uw vermogen is doen zult om een deel van ons volk te bewaren voor een uiterst gevaarlike en roekeloze onderneming die de grootste jammer en ellende over ons Dierbaar Vaderland brengen kan en die ons volk met gewissen ondergang bedreigt. Uit publieke toespraken die gehouden zijn zowel als uit andere bronnen is het duidelik gebleken, dat er personen zijn die menen dat de tijd gekomen is om Zuid-Afrika onafhankelik te maken van het Britse Rijk en die van de huidige Oorlog waarin het Rijk gewikkeld is gebruik willen maken om een poging te wagen die een bloedige burgerkrijg in ons land veroorzaken zal en slects uitlopen kan op de ondergang van allen die er aan deelnemen. Het zal niet nodig zijn er op te wijzen, dat zulk een onderneming een trouweloze verbreking zal zijn van het Traktaat te Vereeniging gesloten en een bepaalde zonde tegen God, wiens albestierende hand wij in alles en ook in deze bladzijde van onze geschiedenis erkennen; of te herinneren aan de onberekenbare rampen die daaruit kunnen voorspruiten niet alleen voor de schuldigen maar voor geheel ons volk dat zeker zal moeten boeten voor de misdaad die door een deel ervan wordt begaan. Daarom smeken wij U dat gij waar het nodig mocht zijn al uw invloed wilt gebruiken om deze heilloze beweging tegen te gaan, door degenen die in gevaar zijn er door medegesleept te worden met voorzichtigheid en bedaardheid hun verkeerdheid onder het oog te brengen en te waarschuwen voor het gevaar waaraan zij zich zelven en anderen blootstellen, en vooral ook door elk woord en elke daad te vermijden waardoor in deze dagen van onrust en spanning een geest van ontevredenheid kan worden aangewakkerd. In zulk een tijd is een enkele vonk genoeg om een uitbarsting te veroorzaken. Een kinderhand kan een vuur aansteken, maar wie kan berekenen hoe ver de verwoesting van de brand zich uitstrekken zal? Dit geldt ook van de agitatie die in het leven geroepen is tegen het besluit der hoogste Wetgevende Lichamen in zake de expeditie naar het Duits Gebied. Hoezeer velen uit ons volk dat besluit ook betreuren mogen, nu het eenmaal genomen is staat het niet in onze macht het te vernietigen. Slechts kunnen wij een geest van verbittering van onrust en van tweedracht opwekken of voeden door onvoorzichtige uitlatingen in een tijd waarin het bovenal nodig is de gemoederen tot rust te brengen en ons volk op te wekken tot volkomen vertrouwen in onze Vader in de Hemelen, zonder wie geen musje ter aarde valt. Als kinderen van ons volk die een hart hebben voor al wat onze nationale belangen raakt is het onvermijdelik dat wij ons eigen oordeel vormen over de grote kwesties van de dag. Als burgers van de Staat hebben wij er volkomen recht toe, maar als Evangeliedienaren dienen wij ons te wachten om niet te worden gewikkeld in de partijpolitiek, waardoor wij gevaar lopen de waardigheid van ons heilig ambt in minachting te brengen en de boodschap des heils, die ons toevertrouwd is, voor sommigen altans krachteloos te maken. Niet in het gewoel van de strijd is onze plaats, maar boven op de berg met Mozes, Aaron en Hur, waar wij heilige handen opheffen zonder toorn en twisting om bij der vaderen God te pleiten voor Land en Volk. Zo zullen wij ons volk beter dienen dan door als partijleiders op te treden waartoe anderen minstens even bevoegd zijn als wij. Er is altoos gevaar, dat wij het welzijn des lands vereenzelvigen met de zegepraal van onze eigene beschouwingen en onze persoonlike opvatting van de waarheid verwarren met de waarheid zelf. De Here geve ons allen genade in deze onrustbarende tijd te verkeren in het verborgene van Zijn tent. Hij ontferme zich genadiglik over ons dierbaar volk.

A. I. Steytler
J. I. Marais
P. J. G. de Vos
C. F. J. Muller
A. Moorrees
W. A. Joubert
B. P. J. Marchand
D. S. Botha
J. P. van Heerden
Geo. S. Malan
P. G. J. Meiring

(*Source: Rapport van die Rechtelike Kommissie van Onderzoek* ... 1916:39)

42.2 Council of the Nederduitse Gereformeerde Kerk in Zuid Afrika, 1915: a response to the 1914-15 Rebellion

COUNCIL OF THE NEDERDUITSE GEREFORMEERDE KERK IN ZUID AFRIKA, 1915

A RESPONSE TO THE 1914–15 REBELLION

POLITICAL SITUATION

The ministers of the Federated Churches from the four provinces of the Union meeting in Conference at the invitation of the Council of Churches [Raad der Ned. Ger. Kerken in Zuid Afrika] wish to express their deep pain at the serious political division which has recently emerged in the Afrikaner [Hollandsch-Afrikaansche] Community. We are concerned about the serious situation of mutual mistrust and bitterness that has resulted from this division, and especially about the armed struggle and shedding of blood among kinsmen who are bound to each other by blood and faith.

We are, however, aware of the hand of God in our people's history and of His wonderful guidance in the past, especially in times of extreme trial and suffering. We wish further to give expression to the unwavering faith to which we hold, and the strong trust that we have seen anew among our people, namely, that the God whom our fathers trusted, and who helped them, is also our God. He will not desert us in this darkest hour of the history of our people.

In earnestness we wish to arouse our people humbly to pray that God may powerfully use this testing of our people to improve their spiritual well-being. This will awaken a deeper realization of sin, the necessity of conversion and the sanctifying of this life, with a view to strengthening our awareness that we are called in our social and political lives to acknowledge and serve God.

POSITION OF THE CHURCH

[The following resolution was proposed by J. D. Kestall and seconded by J. M. Louw.]

(a) Concerning the Government: The Conference wishes clearly to state that according to God's Word the Government is ordained of God. The Church must, therefore, always recognize and teach that it is a Christian responsibility that law and order—in the state as well as the Church and family life—be honoured and maintained. Resistance by reason of conscience may not therefore be undertaken against lawful government, other than for very weighty and sound reasons.

(b) Concerning People's Movements: The Conference further wishes emphatically to declare its serious conviction that, when one takes the wider considerations into account, genuine peace and lasting unity in the country will not return, and cannot exist if resistance against the government is countered with violence alone. Only when the government and the people are inclined, in a serious and non-partisan way, to enquire into the real motives and purposes of this resistance, giving due consideration to all the factors that have contributed to the creation of this extremely tragic situation, whether these factors be real or reputed, will peace return. For this to happen negotiations on the basis of this investigation, must take place in the spirit of justice and with a willingness to satisfy the will of the people.

[After extensive debate the motion was amended as follows]:

(i) In section (a) the words "by reason of conscience" be deleted.

(ii) At the conclusion of this section the following words be added, "which are confirmed by God's Word and by a conscience which has been enlightened by the Word of God".*

With a view to the participation of the Church and her officers in the public life of the people, it is the Conference's opinion that the following two principles must be kept in mind:

1. That our Church, apart from its general calling as a Christian Church, has also received from God a more specific calling with regard to the Dutch-speaking Afrikaner people to whose existence she is intimately bound. It must therefore always be regarded as her responsibility to be a national Church, to watch over our particular national interests, and to teach our people to see God's hand in their own history and origin. It is further to keep alive among the Afrikaner people an awareness of national calling and destiny, wherein lies the spiritual, moral and physical progress of a people.

2. That our Church will best be able to fulfil both her task regarding God's Kingdom, and regarding our Afrikaner existence as a people, when the Church, and her preachers in their official positions, remain strictly outside of the party political struggle, unless religious or moral principles are at stake, or the concerns of the Kingdom of God explicitly justify such actions.

(*Source:* Villa-Vicencio 1986:207-208)

43 Legal proceedings between Prof J du Plessis and the Ned Geref Kerk: November-December 1931

Prof J du Plessis was a professor at the Theological Seminary, Stellenbosch. He served in that capacity from 1919 until his suspension in 1930. His suspension resulted in the well-known 'Du Plessis-saak' before the Supreme Court in Cape Town from 24 November 1931 to 10 December 1931. Although the Presbytery of Stellenbosch, as well as the court, ruled that the allegations against him were unfounded, this fact did not persuade the Ned Geref Kerk to reinstate him in office. The most important result was that the Ned Geref Kerk closed its ranks to the emerging hermeneutical awareness in European Theology. A legacy of a fundamentalist theology eventually resulted in the scriptural foundation for the missionary policy of the Ned Geref Kerk being accepted in 1935 by the Federal Council of Dutch Reformed Churches:

PLEITSTUKKE.

Die volgende is die pleitstukke in die saak tussen prof. J. du Plessis en die Sinode van die Ned. Geref. Kerk.

DEKLARASIE VAN EISER.

1. Eiser is Johannes du Plessis, 'n predikant van die Ned. Geref. Kerk, Hoogleraar aan die Teologiese Kweekskool en Redakteur van *Het Zoeklicht.*

2. Verweerder is die Sinode van die Ned. Geref. Kerk in Suid-Afrika, hierin verteenwoordig deur die lede van die Moderatuur.

3. Op 'n spesiale vergadering van die Kuratorium van die Teologiese Kweekskool op Stellenbosch, gehou op 7 Maart 1928, is besluit om eiser by die Ring van Stellenbosch aan te kla weens teologiese opvattings wat in stryd is met die leer van die Ned. Geref. Kerk.

4. Op 5 April 1928, op 'n verdere spesiale vergadering van die genoemde Kuratorium, is 'n ooreenkoms tussen die eiser en die genoemde Kuratorium getref, waarby laasgenoemde sou afsien van sy voorneme om eiser by die Ring van Stellenbosch aan te kla, en eiser sy beskouings oor sekere teologiese vraagstukke in sy kolleges aan die Kweekskool nie sou lug nie, en in *Het Zoeklicht* nie sou aanroer nie.

5. Op 11 Mei 1928, as gevolg van sekere uitlatings van eiser oor die genoemde ooreenkoms in die April-nommer van *Het Zoeklicht,* is deur 'n spesiale vergadering van die genoemde Kuratorium besluit om die klag, waarna in paragraaf 3 verwys word, weer by die Ring van Stellenbosch aanhangig te maak.

6. Die Ringskommissie van die genoemde Ring het op sy vergadering van 13, 14 en 15 Junie 1928 die klag van die genoemde Kuratorium, met die ander daaraan toebehorende stukke, in behandeling geneem, en tot die gevolgtrekking gekom dat daar geen grond vir 'n Akte van Beskuldiging teen eiser was nie.

7. Hierdie bevinding is deur genoemde Kuratorium ooreenkomstig Artiekel 364 van die wette en bepalinge van die genoemde Kerk, aan die oordeel van die Ring van Stellenbosch onderwerp, en op 'n spesiale vergadering van bogenoemde Ring, sitting houdende op Caledon op 14 Augustus 1928, is genoemde bevinding van die Ringskommissie bekragtig.

8. Daarop het die genoemde Kuratorium op 7 September 1928, by meerderheid van stemme, besluit om hom op die Sinode van genoemde Kerk te beroep. Die genoemde Sinode het sitting gehou in Kaapstad vanaf 18 Oktober tot 14 November 1928, en nieteenstaande protes van die Ringskommissie namens die Ring van Stellenbosch, het die Sinode die beroep van die Kuratorium in oorweging geneem, en in verband daarmee 'n besluit geneem.

9. Na aanleiding van hierdie besluit het die genoemde Ring in die Strand vergader op 12 Februarie 1929, die klag van die Kuratorium weer in oorweging geneem, en dit na die Ringskommissie verwys vir 'n deurtastende ondersoek, sowel dokumentêr as deur persoonlike verhoor van klaers en beklaagde met hulle getuies. By hierdie vergadering is 'n protes van eiser gelees.

10. Genoemde Ringskommissie het op 29 en 30 Julie 1929 op Stellenbosch vir hierdie doel vergader, en tot 'n bevinding gekom. Daarop is 'n Akte van Beskuldiging opgetrek.

11. Die verhoor van eiser op die genoemde Akte van Beskuldiging het op 11 September 1929 en volgende dae voor die genoemde Ring op Stellenbosch plaasgevind. Teen hierdie verhoor is 'n protes deur eiser ingedien. Deur genoemde Ring is eiser onskuldig bevind op al vier die klagpunte.

12. Met hierdie uitspraak het die Kuratorium hom nie verenig nie, en hy het die Moderatuur daarop versoek om na luid van genoemde Sinode-besluit 'n spesiale sitting van die Sinode byeen te roep, ten einde die saak finaal af te handel.

13. Aan hierdie versoek is voldoen, en op 'n spesiale vergadering van die Sinode, gehou in Kaapstad, 27 Februarie tot 13 Maart 1930, is 'n appèl van die Kuratorium teen die uitspraak van die genoemde Ring in behandeling geneem.

14. Op bogenoemde spesiale vergadering van genoemde Sinode is per besluit gedateer 12 Maart 1930 die appèl van die Kuratorium gehandhaaf, en is eiser skuldig bevind op al vier klagpunte.

15. Genoemde Sinode het op sy spesiale vergadering soos voormeld daarop by wyse van besluit van dieselfde datum die volgende straf op eiser toegepas, te wete: —

„Hierdie H.E. Vergadering wens sy waardering en dankbaarheid uit te spreek vir die dienste veral op sendinggebied wat die HoogEerw. prof. J. du Plessis ons N.G. Kerk bewys het, betreur met diepe smart sy afwykende teologiese beskouings wat hy met soveel oortuiging en ywer gepropagandeer en verdedig het, en besluit na grondige ondersoek en verhoor, op grond van sy bevindinge, om Art. 371 (d) op hom toe te pas, met behoud van sy volle salaris, met huistoelaag, totdat hy die ouderdom vir pensioen bereik het, en daarna sy pensioen volgens professorale skaal, op die volgende voorwaardes: —

(1) Dat hy sy teologiese beskouings op generlei wyse sal lug of propagandeer nie;
(2) Dat hy binne die kerkverband van ons Nederduits Gereformeerde Kerk sal bly;
(3) Dat hy hom sal onderwerp aan die Sinodale uitspraak;
(4) Dat hy nie beroepbaar sal wees nie.

In geval hy weier hom te onderwerp aan die bogenoemde bepalings, besluit hierdie vergadering Art. 371 (f) op hom toe te pas, dit wil sê, algehele afsetting as predikant, met verlies van alle emolumente, en dra dit aan die Sinodale Kommissie op (Art. 98 (a)) hierdie besluit uit te voer, volgens Art. 371 (f)."

16. Eiser het geweier, soos hy geregtig was, om hom te onderwerp aan die vernederende voorwaardes in die gemelde besluit van die Sinode vervat, en is dus ten gevolge van genoemde besluit nie alleen in sy goeie naam en faam aangetas en ontset uit sy leerstoel as hoogleraar nie, maar is ook ontroof van sy status as leraar, waardeur hom sy lewensbestaan ontneem is.

17. In die geregtelike stappe wat teen die eiser gedoen is, en wat uitgeloop het op die genoemde voorgegewe skuldigbevinding en straf, is daar nie gehandel ooreenkomstig die Wette en Bepalinge van die Ned. Geref. Kerk in Suid-Afrika nie, het kerklike besture en liggame hul magsbevoegdheid te buite gegaan, en het die genoemde Sinode gehandel op 'n wyse wat indruis teen die beginsels van natuurlike reg, en wel in die volgende opsigte:—

(a) Die Kuratorium het van die begin af aan qua Kuratorium as klaers opgetree, en also sy magsbevoegdheid, soos vasgelê in Artiekel 120 van die Wette en Bepalinge van die Ned. Geref. Kerk, te buite gegaan.

(b) Geen behoorlike Akte van Beskuldiging, na eis van Artiekels 362 tot 366, is ooit opgestel nie, aangesien—

 (i) Die Ringskommissie en die Ring van Stellenbosch nog altyd gevind het dat daar geen grond vir 'n Akte van Beskuldiging teen eiser is nie;

 (ii) Die Sinode, deur sy besluit van 1928 buite sy jurisdiksie gehandel het, en onbehoorlike invloed op die Ringskommissie en die Ring, in die uitoefening van sy diskresie kragtens Artiekel 365, uitgeoefen het.

(c) 'n Appèl is toegelaat in 'n tugsaak, nadat die beklaagde onskuldig gevind is, in stryd met die beginsels van die Nederduits Gereformeerde Kerkreg, en met die Wette en Bepalings van die Ned. Geref. Kerk in Suid-Afrika.

(d) Die Sinode van 1930 is nie wettig gekonstitueer nie, daar dit deur die Moderatuur in plaas van die Sinodale Kommissie, na luid van Artiekel 98 (g) byeengeroep is.

(e) Die artiekel (naamlik Art. 371), waarvolgens die Sinode voorgegee het om te handel in die toepassing van sy straf, handel alleen oor die bestraffingsmiddels van Ringsvergaderings, en die toegepaste straf is gevolglik *ultra vires* van die Sinode.

(f) In ieder geval is die besluit insake die straf onwettig, daar dit geneem is deur minder as twee-derdes van die lede volgens die presensielys, en derhalwe in stryd met die voorskrifte van Art. 322.

(g) Die verhoor van die appèl deur die Sinode van 1930 is agter geslote deure gehou, in stryd met Art. 16 (1) en met die beginsels van natuurlike reg.

(h) Die beklaagde het geen behoorlike oproep ter verskyning voor die Sinode, ten einde homself te verantwoord, ontvang nie.

18. In die alternatief, indien die Edelagbare Hof sou bevind dat geen onreëlmatighede plaasgevind het nie in die kerkregtelike verrigtings wat gelei het tot die uitspraak, waarvan in paragrawe 14 en 15 gewaag word, dan sê eiser dat die Sinode in 1930 onbevoeg was om genoemde appèl as onpartydige appèlhof te behandel, en dat dit teen alle beginsels van natuurlike reg sou indruis indien genoemde uitspraak en vonnis nie ter syde gesit word nie, en wel om die volgende redes:—

(a) Die Sinode van 1928, wat feitlik bestaan het uit dieselfde personeel as die Sinode van 1930, het deur die neem van die besluit gemerk A, 'n sterke partydigheid teen die eiser geopenbaar.

(b) Die Sinode van 1928 het beskrywingspunte oor leerkwessies wat sydelingse klagtes teen eiser ingehou het, ontvang en na verwysing na die Regskommissie in behandeling geneem. Op 8, 9 en 12 November 1928 het gemelde Sinode besluite geneem ongunstig vir eiser op gemelde leerkwessies rakende dieselfde punte vervat in die beskuldiging teen eiser. Genoemde besluite was *ultra vires* die Sinode, daar hulle nie in ooreenstemming is nie met die leerstellings vervat in die Formuliere van Enigheid van genoemde Kerk, soos vasgelê in Sek. 6 van Ordonnansie No. 7 van 1843, soos gewysig deur Art. 2 van Wet No. 9 van 1898, en hierdie onwettige besluite is deur die Sinode van 1930 aangeneem en aangevoer as een van die gronde om eiser skuldig te vind op die eerste drie klagtes vervat in die Akte van Beskuldiging.

(c) Op 26 Februarie 1930, in die Nuwe Kerk, Kaapstad, is onder voorsitterskap van professor dr. E. E. van Rooyen, wat nie 'n lid van die Sinode is of was nie, 'n geheime vergadering gehou, bygewoon deur 'n aansienlike aantal lede van die Sinode (na beste van eiser se wete ongeveer 80), waarop planne beraam is en voorstelle en maatreëls bespreek is, om die handhawing van die appèl teen die onskuldigbevinding van eiser te bevorder.

Weshalwe die eiser versoek:

(a) Dat die uitspraak van verweerder soos vermeld in paragrawe 14 en 15 hiervan ter syde gesit word;

(b) Alternatiewe verligting.

(c) Koste van die geding.

PLEIT VIR VERWEERDER.

1. Verweerder erken paragraaf 1 van eiser se Deklarasie (behoudens die feite vermeld in paragraaf 3 hieronder) en sê dat eiser tewens 'n lidmaat van die Nederduits Gereformeerde Kerk in Suid-Afrika is.

2. Verweerder erken paragrawe 2, 3, 4. 5, 6, 7, 8, 9, 10, 11, 12, 13, 14 en 15 van die Deklarasie.

3. Aangaande paragraaf 16 erken verweerder dat eiser geweier het om hom te onderwerp aan die voorwaardes in die gemelde besluit van die Sinode vervat en dat hy derhalwe as gevolg van genoemde besluit afgesit is as hoogleraar en predikant met verlies van emolumente. Behoudens die voorgaande word paragraaf 16 ontken.

4. In antwoord op paragraaf 17:

(a) Erken verweerder dat die Kuratorium van die begin af *qua* Kuratorium as klaers opgetree het, maar ontken dat dit daardeur sy magsbevoegdheid te buite gegaan het.

(b) Behoudens erkenning van die feite soos uiteengesit in paragrawe 5, 8 en 10 van die Deklarasie en die daarbygaande aanhangsels, ontken verweerder die bewerings vervat in sub-paragraaf (b) van paragraaf 17, en sê verweerder dat die gewraakte prosedure wel met die Wette en Bepalinge van die Kerk in ooreenstemming was.

(c) Erken verweerder dat 'n appèl in 'n tugsaak toegelaat is nadat die beklaagde onskuldig bevind is, maar ontken dat sodanige handelswyse in stryd is met die beginsels van die Nederduits Gereformeerde Kerkreg of met die Wette en Bepalinge van die Ned. Geref. Kerk.

(d) Erken verweerder dat die Sinode van 1930 deur die Moderatuur byeengeroep is, maar sê dat dit geskied het kragtens die Sinode-besluit van 14 November 1928 en sê dat die Sinode wel wettiglik gekonstitueer is.

(e) Sê verweerder dat volgens die Wette en Bepalinge van die Kerk die Sinode wel bevoeg is om op appèl van 'n Ringuitspraak die bestraffingsmiddels vermeld in Artiekel 371 toe te pas en dat die toegepaste straf *intra vires* die Sinode was.

(f) Sê verweerder dat meer as twee-derde van die lede volgens die presensielys teenwoordig was toe die besluit insake die straf geneem is, en ontken dat die besluit in stryd met die voorskrifte van Artiekel 322 geneem is.

(g) Erken verweerder dat die verhoor van die appèl deur die Sinode van 1930 agter geslote deure met toelating van leraars van die Gefedereerde en Susterkerke, emeriti-leraars, teologiese professore en sendelinge gehou is, maar ontken dat sodanige prosedure in stryd is met Artiekel 16 (1) of met die beginsels van natuurlike reg. Insonderheid sê verweerder dat eiser nie deur sodanige prosedure benadeel is nie, en dat hy self daarin berus het.

(h) Sê verweerder dat die beklaagde wel 'n behoorlike oproep ontvang het om voor die Sinode te verskyn ten einde homself te verantwoord, en sê verder dat hy in alle geval die oproep aangeneem en daarop verskyn het en nie deur die wyse van oproeping benadeel is nie.

Behoudens die voorgaande word paragraaf 17 ontken.

5. In antwoord op paragraaf 18 sê verweerder:

(a) Die Sinode van 1928 het wel in 'n groot mate uit dieselfde personeel bestaan as die Sinode van 1930, en het wel die besluit aangeneem, maar het nie daardeur of andersins 'n partydigheid teen eiser geopenbaar nie.

(b) Die Sinode van 1928 het wel beskrywingspunte oor leerkwessies ontvang en in behandeling geneem, en het op 8, 9 en 12 November besluite daaroor geneem. Gemelde besluite was *intra vires* die Sinode en was wel in ooreenstemming met die leerstellings vervat in die Formuliere van Enigheid van die Kerk soos vervat in Art. 6 van Ordonnansie No. 7 van 1843 soos gewysig deur Art. 2 van Wet No. 9 van 1898. Verweerder erken dat in die besluite waarby die Sinode van 1930 eiser skuldig bevind het, verwys is o.a. na sekere van die gemelde besluite van 1928.

(c) Verweerder erken dat op 26 Februarie 1930, in die Nieuwe Kerk, Kaapstad, onder voorsitterskap van prof. dr. E. E. van Rooyen, wat nie 'n lid van die Sinode is of was nie, 'n vergadering gehou is, bygewoon deur sowat 40 of 50 lede van die Sinode. Sekere kwessies was prosedure in verband met die appèl teen die onskuldigbevinding van eiser is by gesegde vergadering bespreek.

Behoudens die voorgaande ontken verweerder alle bewerings vervat in paragraaf 18.

6. Insonderheid sê verweerder in verdere antwoord op paragraaf 18:

(i) Insoverre as eiser in gesegde paragraaf hierdie Edelagbare Hof vra om op die meriete van die uitspraak van die Sinode in te gaan, sê verweerder dat eiser deur die Akte van Legitimasie wat hy by sy toelating as predikant onderteken het, asook deur die Wette en Bepalinge van die Ned. Geref. Kerk in Suid-Afrika (waaraan hy as lidmaat, predikant en hoogleraar deur stilswyende ooreenkoms gebonde is), onderworpe is aan die jurisdiksie van die kerklike howe (by name Ring en Sinode) in sake betreffende leer en tug, en derhalwe nie geregtig is om hierdie Edelagbare Hof te vra om op die meriete van die uitspraak van die Sinode in te gaan nie.

(ii) Dat die Sinode die enigste kerklike hof was wat volgens die gesegde Wette en Bepalinge bevoeg was om die appèl teen die onskuldigbevinding van eiser te hoor, en dat 'n handhawing van eiser se rekusasie van die Sinode gevolglik sou gelei het tot die posiesie dat geen bevoegde regbank sou oorgebly het om die appèl te verhoor nie.

Weshalwe verweerder vra dat die eise van die hand gewys word met koste.

(*Source: Die kerksaak* ... 1931:1-3)

44 *Missionary policy of the Ned Geref Kerk (1935)*

The 'missionary policy', formulated by the Ned Geref Kerk, used the 'three-selves' policy of Venn and Anderson to lead to self-supporting, self-governing and self-expanding black churches. This document is seen as an explanation of the policy of the Ned Geref Kerk, rather than a new directive for missionary work. It is interpreted as the cornerstone of the apartheid policy as formulated by the church, later elaborately backed by scriptural proof:

> The Dutch Reformed Church bases its mission policy on Holy Scripture, i.e. on the decree, the promise and the command of God. The latter is contained in the words of Jesus Christ to His apostles: "Go ye therefore, and teach all nations, baptising them in the name of the Father, and of the Son, and of the Holy Ghost: teaching them to observe all things whatsoever I commanded you" (Matthew 28:19,20), and "Go ye into all the world, and preach the gospel to every creature" (Mark 16:15).
>
> The Church is deeply convinced of the fact that God, in His wise Counsel, so ordained it that the first European inhabitants of this Southern corner of Darkest Africa should have been men and women with firm religious convictions, so that they and their posterity could become the bearers of the light of the Gospel to the heathen races of this continent, and therefore considers it the special privilege and responsibility of the DR Church of South Africa—in particular—to proclaim the Gospel to the heathen of this country.
>
> While the Church acknowledges the existence among the nations of the world, of different colour, cultural and language groups, it also acknowledges that God "made of one blood all nations of men for to dwell on all the face of the earth" (Acts 17:26), and that all souls for whom the Saviour shed His blood, are equal in the eye of God.
>
> On that account the Church considers itself in duty bound to do mission work among the heathen of Africa in general and of South Africa in particular; namely by the adoption of the following methods and the relative implications.
>
> *Evangelization*
>
> (a) In the past the DR Church has always placed first insistence on the preaching of the Gospel, with a view to the ingathering of souls for the Kingdom of God. The Church declares it as its conviction that this basis is the only sound one for successful mission work.
>
> (b) The ingathering of souls is, however, but an initial step. Experience has proved that the converting of souls must be followed by the founding of congregations, and eventually of organised Churches. Mere conversions

of souls, without the building of a visible church, does not fully comply with the command of Christ.

(c) It is not sufficient to organise the congregation from heathendom into a church. That church must develop ultimately to achieve independence. While the mother church originally bore the entire financial responsibility, the load must gradually be placed on the shoulders of the mission church itself, until it eventually achieves entire self-support, self-government and self-expansion. Where the Christian workers were originally supplied by the mother church, they ought gradually to be furnished and adequately trained by the daughter churches themselves, until the latter attain complete autonomy.

(d) The church feels that there are, especially at the outset, lawful and proved accessory means of opening the hearts of the heathen to the Gospel. In the past the church has found education and instruction as well as medical, agricultural, industrial and literary activities to be such agencies. In future the church will have to make greater use of these means.

(e) Since the Gospel as a necessary result arouses the desire in its converts to improve their conditions, it is the duty of the church not to thwart such aspirations, but on the contrary, to assist them by deed and advice, and to direct them along the right course.

(f) It must not be forgotten, however, that evangelisation does not presuppose denationalisation. Christianity must not deprive the Native of his language and culture, but must eventually permeate and purify his entire nationalism. For this reason racial customs which do not militate directly against Christian principles, should not be condemned, but rather be preserved and ennobled by the influence of Christianity. This difficult question demands much wisdom and tact.

Fields of Labour

The fields of labour assigned by the Saviour to His apostles were: "In Jerusalem and in all Judaea, and Samaria, and unto the uttermost part of the earth" (Acts 1:8). To us this means, in the first place, in our immediate vicinity; next, within the boundaries of the Province in which the church is placed; further, deeper into Africa and even to other continents, as the Spirit may direct. Until work in the immediate vicinity is adequately performed, and until existing work is being satisfactorily undertaken, no thought should, however, be given to fresh fields further away, except under the clear guidance of God's Holy Spirit.

Relations to Other Churches and Governments

When its extensive labours bring the church into contact with other churches and denominations, as well as with the governments of other countries, there action with prudence is indispensable.

Some churches and denominations hold more or less the same views as the DR Churches, while others reveal great differences in methods of work, relation to the aborigines, and in the objects aimed at. Governments of Africa have fixed policies for the uplift of the Natives under their rule, and in connection with this matter the missionary and civil servant come into close contact with each other.

The church decrees that:

(a) As far as the Federated Churches mutually are concerned, there should be hearty co-operation and unity of action.

(b) As far as other acknowledged Protestant churches and denominations are concerned: hearty co-operation but without the waiving of principles, and taking into account accepted beliefs, which are in vogue in the DR Church—with the interest of the expansion of the Kingdom of the Lord always as the prime consideration.

(c) As far as non-accepted Protestant and other bodies are concerned, the church should act in the spirit of Christ, according to the special circumstances of time and place.

(d) As far as government and government officials are concerned: that, where possible, co-operation should be sought for the promotion of the cause of Christ by firm action, if necessary in co-operation with other sympathetic bodies, where matters of moral or religious principles are concerned.

Education and Instruction

(a) Primarily, and above all, the Bantu and Coloured should be instructed in the truths and according to the principles of God's Word—the best means for, and the only criterion of, true education. Seeing that the State bears the cost of secular teaching, the church must co-operate as far as possible, to direct that teaching into religious channels.

(b) Secular teaching must aim at:

  (i) The development of the mind of the Bantu (or Coloured) in such a manner as to enable him not only to think for himself, but also, and especially, to care for himself and to provide for his needs.

  (ii) His preparation for adaptation both to the demands of the Christian civilisation and of his own natural surroundings.

(c) Regarding the education of the Bantu (and Coloured) we also bear the following facts in mind:

  (i) That he will have to take up his appointed place in his country and amongst his people, which will not be possible if he has become a mere imitator of the European.

  (ii) That the fullest opportunity be given him to prepare to do it in the best possible manner.

(iii) That all education and instruction should be aligned with his racial culture and that his language, history and (unless they are incompatible with the principles of Christendom) customs must attain to their fullest rights. Education must not denationalise.

(iv) That the Native in our country should know the official languages of the country in addition to his own, in order to be fully equipped for his economic struggle.

(d) The church is in favour of co-equal education and instruction, in their own sphere, of the Coloured and Native with what the European enjoys. In both cases there must be a linking up with the national past and a preparation for the future of the people.

Social

The traditional fear of the Afrikaner of equality of treatment between black and white has its origin in his antipathy to the idea of racial fusion. The church declares itself unequivocably opposed to this fusion and to all that would give rise to it, but, on the other hand, as little begrudges the Native and Coloured a social status, as honourable as he can reach. Every nation has the right to be itself and to endeavour to develop and elevate itself. While the church thus declares itself opposed to social equality in the sense of ignoring differences of race and colour between white and black in daily life, it favours the encouragement and development of social differentiation and intellectual or cultural segregation, to the advantage of both sections.

The policy of trusteeship, as exercised at present, must gradually develop into a policy of complete independence and self-determination for the Coloured and Native in his own community, school and church. The DR Church considers all differential treatment as a means of enhancing life and independence. The church desires for the non-European groups of the community the fruits of the christian civilisation and the blessings of the Gospel.

Economic

(a) The Native and Coloured must be assisted to develop into self-respecting Christian nations. By self-help and especially by the practice of self-control, own initiative and perseverance, they must develop their own economic solidarity as far as possible apart from the Europeans.

Since the Europeans are the trustees of the Coloured people, however, the stronger must help and encourage the weaker, also by providing him with opportunities of labour and development and by paying him reasonable wages for services rendered.

(b) The church accepts all implications of the process of evangelisation. While the church, in the stage of pure mission work, restricts its contributions to the ministry of the Gospel in the building up of daughter churches, it desires to co-operate heartily with the State and the people themselves in respect of economic justice, better housing, health services and general social uplift.

(*Source:* Strassberger 1974:263-267)

45 The establishment of the Christian Council of South Africa (1936)

The Christian Council of South Africa (CC of SA) developed out of the General Missionary Conferences held regularly from 1904. During his visit to South Africa in 1934, Dr John R Mott addressed the Conference in Bloemfontein, held on 16 May 1934. He stressed the fact that the expansion of the Kingdom of God is the task of the church as a whole rather than that of individual churches. The Conference decided on a policy of union, as no-one could do the will of God if he worked alone.

On 24 June 1936, the Continuation Committee met in Bloemfontein and on June 25, the first meeting of the Christian Council of South Africa took place. Thirty-six representatives of churches and missionary societies were present. Until 1960, as far as its organisation and programme of action were concerned, the CC of SA was the most sincere ecumenical body in South Africa.

The following is the text of part of the original constitution:

The Constitution of the Christian Council of South Africa

1. The name of the organization shall be: "The Christian Council of South Africa—An Association of Churches and Missionary Societies in South Africa for the extension of the Kingdom of God." The title with the subtitle shall be used on all letter-heads and printed constitutions, and in communications with the International Missionary Council.
2. The object of the Council shall be the closer co-ordination of the Christian forces of South Africa, with a view to the more effective propagation of the Gospel.
3. The functions of the Council shall be:

   (a) To bring together for periodical conference and counsel representatives of the churches, mission societies and other Christian agencies of South Africa, particularly for consultation upon the spiritual and general welfare of the non-European races.

(b) To promote, through committees, commissions or otherwise, study and investigation of the problem of evangelising and Christianising the people of South Africa.

(c) To take joint action on any matters within the scope of the authority that may be given to the Council by its constituent bodies.

(d) To promote co-operation in missionary activity, especially in evangelistic, educational, medical and social work, and the production of vernacular literature.

(e) To promote such fellowship amongst the churches as will create an atmosphere of respect and confidence and will lead to united thinking, interceding, planning and action on the part of the Christian forces of the country.

(f) To represent the Christian forces of South Africa in their relation with the International Council and with National Christian organizations in other lands.

4. Limitations of the Council's authority.
It shall not be within the scope of the Council to consider the questions of ecclesiastical faith and order which represent denominational differences. Furthermore it shall not be within the power of the Council to commit any of the churches or agencies represented in it to any policy or line of action, nor to any financial responsibility, without the consent of those bodies.

(*Source:* Strassberger 1974:142-143)

Christianity in South Africa in the modern period, 1948-1968

46 Scriptural foundation for racial segregation (1951)

In 1935 the Ned Geref Kerk accepted an official mission policy for the first time. It amounted to an approach of racial segregation. This eventually led to the government accepting racial segregation as a guideline for a political policy. In the course of the decades that followed this point of view was reaffirmed by various ecclesiastical and political conferences. One such meeting was the 1951 Synod of the Ned Geref Kerk:

SINODE N.H. OF G. KERK 1951. RAPPORT OOR DIE SKRIFTUURLIKE GRONDE VAN RASSE-APARTHEID (Acta 1951 bl. 161 e.v.).

Hier is o.a. die volgende stellinge onderskryf deur die Sinode:

(a) Onder rasse-apartheid verstaan ons die beginsel waarvolgens afsonderlike, eiesoortige ontwikkeling van rasse en volkere erken, eerbiedig en bevorder word tot selfstandigheid van die nie-blanke rasse op politieke, ekonomiese, maatskaplike en kerklike terrein en wel so dat elke ras sy indentiteit behou.

(b) Die Skrif leer die eenheid van die menslike geslag.

(c) Die Skrif leer ook dat God die menslike geslag verdeel het, as gevolg van die sonde, in rasse en volkere en tale.

(d) God het die bestaan van aparte volkere nie alleen gewil nie, maar ook bestendig.

(e) Die diepgrypende volksverskille is 'n hindernis vir die huweliksluiting tussen mense uit die verskillende groepe (Gen. 2 vs. 18). Hierdie vermoë tot aanpassing behels die temperamente, die kultuur en die geestesbesit sowel as die volkseie en die rasse-eienskappe van die mens.

Hoe groter die fisiese, sielkundige, kulturele en godsdienstige verskille, hoe groter die bedreiging waarvoor 'n gemengde huwelik blootstaan.

Alleen in gevalle waar daar assimileerbaarheid is deur die aanvaarding van 'n gemeenskaplike lewenslot, 'n gemeenskaplike vaderland en 'n gemeenskaplike godsdienstige oortuiging kan 'n huwelik op gesonde basis gesluit word, en mag daar vermenging geskied soos in die geval van Rut. „Want waar u gaan, sal ek gaan; waar u vertoef sal ek vertoef; u volk is my volk en u God is my God." (Rut 1 vs. 16.)

Waar by 'n huweliksluiting die deur God ingestelde skeidingsbeginsels verag en die goddelike eis van innerlike konformiteit verontagsaam word, daar word 'n heilige beginsel geskend, soos ook bevestig word deur die straf van disharmonie, onmin en huweliksongeluk wat gewoonlik op sodanige ongehoorsaamheid volg (Neh. 13:23-27).

(f) Wanneer verskillende bevolkingsdele in dieselfde vaderland tot 'n nuwe volkseenheid kom kragtens 'n natuurlike assimilasievermoë, moet dit beskou word as 'n besondere beskikking van die Almagtige en nie as 'n opheffing van die deur God ingestelde verskeidenheid nie.

(g) Die strewe tot assimilasie van naturelle, kleurlinge en blankes en wel op sodanige wyse dat die kultuuraard van die blankes die basis van die eenheid moet vorm, moet in die lig van die hierbo gestelde beginsels veroordeel word.

(h) Hoewel die H.E. Sinode geen volksgroep ooit in minderwaardigheid wil hou nie is dit tog waar dat die Woord van God geensins gelykstelling eis, en is dit juis 'n onaanvegbare Skriftuurlike beginsel dat daar in elke gemeenskapsordening 'n bepaalde gesagsverhouding bestaan.

Die sinode het hierdie stelling aanvaar as „basis vir verdere besinning en uitbouing in die toekoms."

(*Source: Die Ned Geref Kerke in Suid-Afrika en rasseverhoudinge* 1960:7-8)

47 God's Kingdom in multi-racial South Africa (1954)

In 1953 another ecumenical conference was organised by the Federal Mission Council of the Ned Geref Church in Pretoria to discuss the appropriate principles for a political policy in a multi-racial situation. Virtually every non-Catholic agency involved in mission in South Africa was represented. The report of this conference was published under the title 'Christian principles in a multi-racial South Africa'. In 1954 a further and broader conference was held in Johannesburg which was attended by black delegates as well. Its report was published under the title 'God's Kingdom in multi-racial South Africa, a report on the inter-racial conference of church leaders'.

The following resolutions were adopted by the Conference:

1 Realizing the call that we have as ministers of the Church of Christ, to avow and demonstrate our unity to the world, we, the delegates of the various denominations, hereby declare:

That we recognize and accept one another as brothers in Christ and avow our unity in Him;

That we, recognizing that our common history and the circumstances in which we find ourselves account for the existence of our various denominations, acknowledge that each seeks to expand and serve the kingdom of God sincerely and devoutly;

That we undertake to strive for and to use every opportunity to practise the fellowship of believers to which we are called.

2 The Conference recognizes the necessity that exists for the Christian Churches to remain in consultation with one another and therefore decides to appoint a continuation committee with a mandate:

(i) to arrange for consultations between the churches on definite matters or subjects whenever the necessity arises or when so requested by one or more of the churches;

(ii) to arrange a conference such as this at least once every three years, circumstances permitting, and to endeavour to obtain the co-operation of all the churches for it;
(iii) to consider the establishment of an interchurch study group and, if feasible, to provide the churches with the fruits of such study;
(iv) to study the problem of the advisability and feasibility of the provision of pastoral training for men of all denominations at all educational levels;
(v) to arrange a discussion with the separatist churches and to take such steps as they deem advisable in this regard.

3 The Conference realizes the social and economic needs of the Bantu and Coloured communities and requests the Government to provide from the national income for an extra expenditure of £10 000 000 annually for the social, educational, economic and industrial development of these sections of our South African community.

4 This Conference considers that the transfer of Bantu education to the state places a great responsibility on the Church to concentrate on religious education of all young Bantu people and recommends that Sunday-schools, Students' Christian Association and young people's work be strengthened.

5 This conference suggests that throughout South Africa an evangelistic campaign be held at a certain period every year by means of:

(i) A call to prayer to the different churches and missionary societies in our country to pray for the extension of God's kingdom in multi-racial South Africa:
(ii) exchange of pulpits;
(iii) the wide distribution of gospel literature;
(iv) a campaign against the increase of drinking and heathen practices;
(v) greater emphasis on the preaching of Jesus Christ as the crucified and risen Saviour of all mankind.

6 All believers in our country are kindly and urgently asked to implore God the Holy Spirit for His condescending grace to move the heart of the people to fervent love

towards God, a childlike trust in His written word, and unqualified obedience to the Incarnate Word.

7 The Conference calls on all Christian persons to regard and treat every human being with the honour and respect to which we are committed as Christians, and to use every available opportunity to come into real Christian fellowship with one another.

8 This Conference respectfully requests the Minister of Native Affairs to have the full Tomlinson Commission Report published as soon as possible.

9 The continuation committee is requested to consider the recommendations or practical suggestions made in the addresses, and to bring these to the notice of the various denominations.

10 The continuation committee will as soon as possible arrange a discussion with the steering committee of this conference with a view to getting its support and advice for the execution of any of the tasks entrusted to it.

11 The Conference calls upon all church representatives here present to return to their respective churches and urge them to meet the challenge to the churches in the spirit of the consultations that have taken place here.

(*Source: God's Kingdom in a multi-racial South Africa* 1954)

48 Resolutions of the Conference on Christian Literature for the Bantu in Southern Africa (1956)

At the conference where the previously mentioned document was accepted, it was decided to have a standing committee to seek avenues for contact with the separatist churches and to arrange further conferences from time to time. Such a conference was held in Johannesburg in 1956 with the theme 'Christian Literature for the Bantu in Southern Africa':

1 This Conference requests the Continuation Committee of the 1954 Johannesburg Inter-racial Conference of Church Leaders to take the responsibility of forming a Commission on Christian Literature for the Bantu of Southern Africa by increasing their membership to fifteen to carry out the mandate of this Conference. For this purpose the report and resolutions of this Conference are referred to them for implementation.

2 The Commission will work out a scheme of co-operation and refer it to the Churches within the next twelve months for their advice.

3 The Commission will be responsible for the publication of the report of this Conference.

4 This Conference requests the Department of Native Affairs to revise item 1b of its memorandum on evening schools and continuation classes for adults so that classes of less than ten pupils can be registered, even though they be not subsidized, and to simplify the procedure.

5 This Conference stresses the necessity of publishing a catalogue of all Christian publications available in all the Bantu languages of Southern Africa and requests *Informo* to submit as complete a list as possible to the Commission for final approval and publication.

6 The Conference refers to the Commission the following proposals:

(i) the training of Bantu authors;
(ii) the publication of a Christian magazine as far as possible in the main Bantu languages of Southern Africa;
(iii) a literature distribution campaign;
(iv) the possibility of establishing a central wholesale bookstore and depot;
(v) exhibitions of Christian books as occasion may arise;
(vi) the possibility of publishing books for religious instruction which will be acceptable to all denominations;
(vii) the possibility of publishing text books in Bantu languages for the training of the ministry;
(viii) means of closer co-operation with the International Committee for Christian literature in Africa;
(ix) encouragement of the formation of regional literature committees.

7 This Conference appeals to the existing mission presses and publishers to consider the possibility of forming an association of publishers mainly concerned with the publication of Christian literature with a view to exchange information and to consider the advisability of making provision for the gaps listed in the summary of the questionnaire. For this purpose Dr. R.H.W. Shepherd is requested to convene a meeting of the interested bodies.

8 This Conference appeals to the Department of Native Affairs not to make drastic changes in the existing orthographies of Bantu languages, without consultation with Churches and publishers concerned and the British and Foreign Bible Society.

9 This Conference wishes to place on record its appreciation and gratitude to the British and Foreign Bible Society which for more than a hundred years has continued with the translation of the Word of God in the various Bantu languages and has made it available at a minimal cost. The Conference assures the Society of its continued interest and intercession. In view of the fact that the Churches are handicapped by the continual shortage of Bibles, this Conference urges the British and

Foreign Bible Society to arrange for the supply of Scriptures to South Africa in much greater quantities.

10 This Conference urges all Churches engaged in missionary enterprise to foster all schemes for fundamental education for Bantu adults.

11 The various mission presses are advised to buy space at the Books on Parade exhibition to be held in Pretoria.

(*Source: Resolutions of the Conference on Christian Literature ...* 1956)

49 Report of the Council of Ned Geref Kerke on racial segregation (1956)

The differences of opinion between the Ned Geref proponents and opponents of a biblical foundation for the policy of racial segregation led to a study of the topic by the Council of Ned Geref Kerke. The report of this study commission is to be found in the following document:

III VERSLAG VAN DIE AD HOC KOMMISSIE VAN DIE RAAD VAN DIE KERKE 1956.
(Hand. Raad van die Kerke 1957 en Handelinge van die Transvaalse Sinode 1957.)

Hierdie rapport, wat reeds in 1956 gepubliseer is, is goedgekeur deur die sinodes van die Gefedereerde N.G. Kerke. Deur die Transvaalse sinode is dit goedgekeur in April 1957. 'n Gedeelte van die geskiedkundige oorsig wat handel oor die stigting van die Sendingkerke, asook die bylae waarvan die sinode net kennis geneem het, is in hierdie stuk weggelaat.

A. GESKIEDKUNDIGE OORSIG:

1. Vanaf die volksplanting in 1652 is erns gemaak met die verkondiging van die evangelie ook onder die heidene. Gedoopte slawe en ander nie-blankes is as lidmate van die moedergemeente (en later van die dogtergemeente) opgeneem, sodat woord en sakrament aan hulle saam bedien is. Heel vroeg was dit egter reeds usansie dat spesiale sitplekke of 'n deel van die kerkgebou vir die gebruik van nie-blankes afgesonder word.

2. Die gevolmagtigde Kommissaris Hendrik Adriaan van Rheede tot Drakenstein, wat die Kaap in 1685 besoek het, het o.a. bepaal dat daar 'n aparte skool vir slawekinders opgerig moet word. Die regulasies lui o.m. dat die onderwyser hulle Sondae na kerk moes neem, en hulle op

Woensdae en Saterdae, na gelang van hulle ontwikkeling, of die Kategismus of die Kort Begrip van buite moes laat leer.

3. In die jare wat volg, het die Kerk op die ingeslane weg voortgegaan. Teen die end van die 18de eeu word die nie-blankes onder leiding van die sendingbewuste dr. Van Lier en ds. M.C. Vos as afsonderlike groepe met 'n eie godsdienstige lewe en behoeftes bearbei, hoewel steeds as lidmate van die moederkerk. Ds. Vos het, bv., in Tulbach in die ruim huis wat Mathilda Smith laat bou het om daarin „bijzondere godsdiensoefeningen voor de heidenen" te hou, soms tot 180 hoorders gehad. In 1798 word ook die gestig in Langstraat, meer bepaald vir nie-blankes daargestel. Voorts i.v.m. die moeilikhede wat sendeling Maanenberg in Kaapstad veroorsaak, rapporteer die voorsitter van die Kerkraad (ds. C. Fleck) aan die Classis van Amsterdam dat „dien broeder" die onderwys van slawe op hom wil neem. Hierteen maak die voorsitter beswaar „want daartoe hebben wij hier geen afzonderlijke zendelingen nodig ....., terwijl van kerkenraadswege daartoe perzonen sijn aangesteld ...." . 'n Voorbeeld van sodanige sendingwerk onder die slawe (d.w.s. afsonderlike bearbeiding onder beheer van die plaaslike Kerkraad) is die geseënde optrede van Daniël le Roux in die Wagenmakersvallei.

4. Die binnelandse sending van ons Kerk volg hierdie patroon - die natuurlike lewenspatroon in ons land - en so word in 1826 Leopold Marquard as sendeling-leraar vir nie-blankes afgesonder; en net soos in Kaapstad, word ook te Tulbach, Malmesbury, Swellendam, Graaff-Reinet gestigte gebou met die oog op die bearbeiding van nie-blankes en as plekke van aanbidding vir hulle, aanvanklik na eie keuse indien hulle so verkies, later op versoek en besluit van die Kerkrade, dat hulle alleen in die gestigte die sakramente sal gebruik. Opvallend is dat, sonder dat almal by die blankes uitgesluit word, daar tog vir nie-blankes as gemeenskap kerklike huisvesting voorsien word.

5. Dat uitsluiting van nie-blankes uit die kerklike gemeenskap nie in die bedoelings van die vaders gelê het nie, blyk uit die volgende: Op die eerste vergadering van die Ring van Kaapstad is besluit: „Dat men volgens de leer des Bijbels en den geest des Christendoms verpligt is zoodanige personen (van de kleur) tegelijk met geboren Christenen tot het Avondmaal toe te laten." Terwyl die bondseëls in sommige gemeentes van almal, afgesien van kleur of stand, gelyktydig bedien is, maar die kleurlinge in ander gemeentes na die blankes aangesit het, kom die saak ook op die Sinode van 1829 ter sprake. Die sinode besluit tot gelyktydige aansitting van almal sonder onderskeid van kleur of afkoms. (In die Ring van Kaapstad was daar egter tans ook diegene wat hierteen geprotesteer het). In 1837 wek die Sinode die gemeentes op om in hul kerkgeboue genoegsame ruimte kosteloos te verseker vir heidene wat die openbare godsdiens besoek. Leraars word op die hart gebind om „van tijd tot tijd

hunne leerredenen geheel of gedeeltelijk tot leëring en opwekking der heidenen in het bijzonder" in te rig.

6.(a) Die behoefte aan die verkondiging van die Evangelie in hul eie taal het gelei tot afsonderlike dienste vir die Bantoe, soos in die geval van Beaufort-Wes waar reeds in 1843 deur middel van 'n tolk vir die Fingo's gepreek word.

(b) Die besluit tot die ordening van sendelinge wie se werk beperk is tot die verkondiging van die Evangelie aan die heidene (1824), die stigting van „Zendelings Genootschappen" (1834), en die besluit tot die bearbeiding van, en oprigting van gemeentes vir naturelle (1834), maak die deure oop vir die stigting van afsonderlike inheemse gemeentes (en later kerke). In hierdie verband is die besluit van die Sinode van 1834 egter betekenisvol. In artikel 9 van die Reglement vir Naturellegemeentes word bepaal dat lede van hierdie gemeentes, voorsien van gereelde atteste, sal opgeneem word in die Ned. Geref. (blanke) gemeentes, „waar geene Gereformeerde gemeenten der Naturellen bestaan". Vertrek hulle egter na 'n oord waar wel 'n naturelle-gemeente is, sal hul atteste nie aan die blanke gemeente nie, maar aan die van die naturelle opgedra en gerig word.

7. Saam met hierdie natuurlike skeiding m.b.t. die eredienste, kategetiese onderrig en viering van die sakramente, kom daar in 1857 voor die Sinode 'n voorstel wat voortvloei uit 'n besluit van die Ring van Albanie en van die gemeente Stockenström. In hierdie gemeente van Hottentotte en kleurlinge, wat aan die Ned. Geref. Kerk behoort het, het enkele blankes ingetrek en hul kerklik voorregte saam met die nie-blankes geniet. In 1855 het 45 blanke lidmate die Kerkraad gevra dat die Nagmaal aan hulle op 'n afsonderlike Sondag bedien word. Die Kerkraad weier die versoek omdat dit strydig sou wees met die Nagmaalsformulier, die geloofsartikels en baie Skriftuurplekke. Kort daarna vra die blankes om op dieselfde Sondag, dog na die gewone viering, met eie bekers en deur hul eie diakens bedien te word. Die versoek word na die Ring verwys en die Ring van Albanie besluit eenparing: „dat aan den Eerw. Kerkeraad van Stockenström aanbevolen worde, om ter tegemoetkoming van vooroordeelen en zwakheden nadat het Avondmaal bedien is aan den ouden leden der gemeente (d.w.s. die nie-blankes) een of meerder tafels te bedienen voor die nieuwe of blanke leden."

Hierdie besluit word deur ds. Shand aanhangig gemaak by die Sinode van 1857: „of het de goedkeuring der Synode wegdraagt, dat in die gemeenten der Nederduitsch-Gereformeerde Kerk, waar men dit begeert, de gekleurden in een afzonderlik gebou, echter onder het bestier en opzigt van den Kerkeraad, alle voorregten der Christelijke Godsdienst afzonderlijk genieten zullen." Na bespreking besluit die Sinode op voorstel van ds. A.. Murray (sr.) met groot meerderheid van stemme: „De Synode beschouwt het wenschenlijk en schrifmatig, dat onze ledematen uit de Heidene, in onze bestaande gemeenten opgenomen en ingelijfd worden, overal waar sulks geschieden kan; maar waar deze maatregel, ten gevolge van de zwakheid van sommigen, de bevordering van die zaak van Christus onder de Heidenen, in den weg zoude staan, de gemeente uit de Heidenen opgerigt, of nog op te rigten, hare Christelijke voorregten in een afzonderlijke gebouw of Gesticht genieten zal."

8. Reeds voordat hierdie belangrike besluit geneem is, het daar stemme opgegaan vir die organisering van nie-blankes in afsonderlike gemeentes. In 1845, bv., versoek sommige blanke lidmate van Swellendam dat gekleurdes voortaan apart, en wel in die oefeningshuis, die Nagmaal moet gebruik; so nie, sal hulle alle steun aan die Kerk onttrek en afskei onder 'n ander leraar „die zoo nie zoude handelen."

9. Dat die besluit van die Sinode van 1857 ook nie algemeen byval gevind het nie, blyk o.a. uit die skrywe van persone soos ds. H.D.M. Huet: „Eene Kudde en Eene Herder" (1860) en andere. Ander skrywers verdedig die standpunt van die Sinode en wys op die voorregte wat afsonderlike gemeentes vir die nie-blankes inhou.

10. Op 'n konferensie van sendelinge gehou te Worcester in 1879, is die eerste konstitusie vir die Sendingkerk opgetrek. In 1881 word die eerste vergadering van die nuwe Kerk in Wellington gehou. Slegs vyf sendinggemeentes is verteenwoordig, en toe voorgestel word dat alle sendinggemeentes moet aansluit by die Sendingkerk, kom daar baie besware. „Almal wat in die saak belang gestel het, het nie gevoel asof die arbeidsveld ryp genoeg is vir die vorming van 'n sendingkerk nie." (H.C.M.Grebe) Die vraag het egter nie gegaan oor die wenslikheid al dan nie, van inheemse Kerke nie, maar oor die tyd wanneer hulle opgerig moet word.

11. In 1881, dan, is die Ned. Geref. Sendingkerk gestig en het die eerste van die groot aantal afsonderlike inheemse Kerke wat deur die Ned. Geref Kerk gestig sou word, tot stand gekom. Stadigaan het die getal gemeentes van die Sendingkerk gegroei; so lees ons dat in Fransch Hoek Eerw. T. Haylett in 1894 aangekom en later eers die stigting van die sendinggemeente uit die nie-blanke lidmate van die moedergemeente bewerkstellig het.

12. In die Sinode van 1880, toe die reglement vir die Sendingkerk goedgekeur is, het die betrokke kommissie dit as volg gemotiveer:

> „In't vuurig verlangen om, ter eere van onzen verhoogden Heiland en Koning, den wasdom en bloei van de Binnelandsche Sending der Nederd. Geref. Kerk te bevorderen, zij het volgende vastgesteld: Dat alle Zending Gemeenten door de Nederd. Geref. Kerk en hare Binnelandsche Zendingwerkzaamheid gesticht of anders met haar in verband staande, zullen vormen de Nederduitsche Gereformeerde Zendingkerk ...."

En by dieselfde Sinode is deur die Binnelandse Sendingsubkommissie gerapporteer en deur die Sinode so aanvaar:

„De Commissie is van oordeel dat, indien het schema omtrent de stichting eener N.G. Zendingkerk van Z.Afrika door de Zynode goedgekeurd word deze bovengenoemde gemeenten zich dan zeer gevoegelijk daarby aansluiten kunnen overeenkomstig de daarvoor gemaakte bepalingen. Uwe Commissie acht zulks wenschlik, beide in het belang van de genoemde gemeenten, en van de voorgestelde N.G. Zendingkerk

13. In die Sinode van 1883 is erns gemaak met die voortbestaan van die Sendingkerk. Dit blyk dat enkele gemeentes wat deur die Sendingkommissie ondersteun word, nie by die Sendingkerk aangesluit het nie. Dr.Hofmeijr en ds. A.A. Louw stel voor:

„De Vergadering draagt het aan de Zending Commissie op om aan de Zending Gemeente te Beaufort West te berichten, dat de Synode van haar verwacht dat zij, volgens Artt. 217, 220 en 221, sich zal aansluiten bij het Bestuur der Zending-Kerk, gelijk aldaar word bepaald ..... Tevens wordt het den Voorzitter der Binnelandsche Zending Commissie opgedragen die Gemeenten, welke noch niet tot de Zending-Kerk toegetreden zijn, op te wekken zulks te doen."

14. Sedert 1881 is deur die Ned. Geref. Kerke nie minder as agt inheemse dogterkerke gestig nie en die negende word, D.V., in Junie 1956 gestig. Hierdie inheemse kerke en stigtingsdatums is:

(1) Die Ned. Geref. Sendingkerk in S.A. op 5 Oktober 1881 te Wellington.
(2) Die Ned. Geref. Sendingkerk in die O.V.S. op 9 Maart 1910.
(3) Die Kerk van Midde-Afrika Presbiteriaans (Saam met die Skotse Sendinge van Blantyre en Livingstonia) in Oktober 1926.
(4) Die Ned. Geref. Sendingkerk van Transvaal op 2 Maart 1932 te Vrededorp.
(5) Die Ned. Geref. Sendingkerk van die O.V.S. in Rhodesië op 3 Julie 1943.
(6) Die Ned. Geref. Bantoekerk in S.A. op 6 November 1951 te Oos-Londen.
(7) Die Shona Geref. Kerk op 9 September 1952 te Morgenster, Suid-Rhodesië.
(8) Die Ned. Geref. Sendingkerk van Natal op 30 Oktober 1952 te Ladysmith.
(9) Die Gereformeerde Kerk in Benue, Nigerië, word in Junie 1956 gestig.

15. Uit die besluite deur die Sinodes by die verskillende geleenthede geneem blyk duidelik die goeie motiewe met hierdie kerkstigtings.

B. BEOORDELING VAN DIE GESKIEDENIS:

1. Uit bogenoemde oorsig blyk dat die stigting van afsonderlike Kerke gebore is uit:

(a) 'n Besef van die kulturele en maatskaplike behoeftes van nie-blankes en 'n opregte poging om hul beter te bearbei en tot kerklik selfstandigheid en leierskap op te lei. „Daar was in al daardie tyd nooit enige gedagte van onderdrukking of verwaarlosing nie. Inteendeel, met die groei van hulle getalle, hul eie geboue en afsonderlike gemeentes moet daar ook voorsiening gemaak word vir hulle eie beter ontwikkeling en die aanvaarding van verantwoordelikheid en leierskap. Daar deur het die kleurlinge outomaties die blanke gemeentes verlaat en hul eie gemeentes gebou wat in 1881 uitgeloop het op die stigting van 'n selfstandige Sendingkerk." (G.B.A. Gerdener). Interessant is dit dat die bearbeiding in afsonderlike geboue deur entoesiastiese vriende van die sending onderneem is, 'n bewys van die begeerte om die Evangelie op die doeltreffendste manier van die nie-blankes te bring. Hierdie optrede het die weg voorberei vir die stigting van afsonderlike inheemse kerke.

(b) Die feit dat sommige blanke lidmate verkies het om afsonderlike Nagmaalsvierings by te woon, en afsonderlik van nie-blankes te aanbid. Ongetwyfeld was die motiewe hier op sosiale en higiëniese gronde en op rasse-oorwegings in die 19de eeu gegrond. Moontlik het die gevaar van bloedvermenging ook hier 'n belangrike rol gespeel; reeds in 1809 kom daar gevalle van bloedvermenging in Graaff-Reinet voor; aanvanklik is hierdie sake op dieselfde grondslag as ontug tussen blankes behandel, maar later lok dit by die Kerkrade 'n baie skerper reaksie en strenger optrede uit. (T.N.H. in Kerkbode 22 September 1948).

2. Dit is duidelik dat die besluit van 1857 slegs afsonderlike plekke van aanbidding beoog het, en daar was in hierdie besluit geen sprake van uitsluiting van nie-blanke lidmate uit blanke gemeentes, en omgekeerd nie. Die teenswoordige gebruik van ons Kerk dat elke rassegroep tot lidmaatskap van sy eie Kerk beperk is, moet gesien word as 'n uitvloeisel van:

(a) die stigting van inheemse kerke, elke met sy eie belange en strewe;
(b) die kulturele, sosiale en ander verskille by die verskillende etniese groepe;
(c) die gebruik om nie-blankes terwille van taalverskille of ander redes afsonderlik deur sendelinge (in teëstelling met predikante) te bearbei;
(d) die groot sosiale en politieke reperkussies van die eerste helfte van die negentiende eeu. Hierin moet moontlik hoofsaaklik die rede gesoek word dat gedurende die halfeeu tussen 1830 en 1880 die Kerk

se beleid en opvattinge t.o.v. hierdie saak so 'n merkwaardige verandering, byna 'n omwenteling ondergaan het.

3. Dat die besluit van 1857 en die stigting van inheemse Kerke, en die ontstaan van die usansie destyds dat lidmate uit 'n bepaalde volksgroep slegs by hul eie Kerk mag lidmaat word, nie op prinsipiële nie maar op praktiese gronde berus, word bewys deur die volgende:

(a) Die families van blanke sendingleraars en ander blankes aanbid dikwels saam in die Sendingkerke.

(b) Die aanwesigheid van twee nie-blanke gemeentes (St. Stephens en Stockenström) in die Moederkerk en die teenwoordigheid van hul afgevaardigde ouderlinge op Rings- en Sinodale vergaderings.

(c) Die spesiale dienste wat deur gelowiges uit alle rassegroepe bygewoon word, soos wat op sommige plekke gebeur. Daar dien op gelet te word dat nie een van die Gefedereerde Ned. Geref. Kerke ooit die gemeenskap van Christene uit die verskillende bevolkingsgroepe wetlik of anders verbied het nie.

C. LEERSTELLIGE BENADERING:

1. Met die algemene geroep om gelykheid en eenheid in die wêreld van ons dag kan die N.G. Kerk hom nie sonder ernstige voorbehoud vereenselwig nie. Die motiewe en doelstelling daarvan kan beslis nie altyd as suiwer Christelik bestempel word nie. Dit is veelal 'n surrogaateenheid en -broederskap, wat mense, in 'n wêreld deur die sonde verskeur, sonder Christus wil verwesenlik. Dit is 'n onmoontlike poging. Want werklike eenheid onder die mensdom kan alleen in Christus verwesenlik word.

2. Ons Kerk het egter 'n warme hart vir en belangstelling in die ekumeniese strewe van ons dag. Ons is oortuig dat die ywer hiervoor deur die Gees van God met die oog op die toekoms opgewek word. Niemand, met die regte begrip van die Bybelse eenheid van die Kerk van Christus, sal dan ook afsydig kan staan teenoor die poging tot 'n betere beliggaming en uitlewing van ons eenheid in Christus nie. Die Skrif hou ons nie alleen die heiligheid van die mistieke liggaam van Christus voor nie, maar ook sy eenheid. Nie alleen spreek dit tot ons deur simboliese taal soos van wingerdstok en loot, en liggaam met vele lede nie; dit eis ook in onomwonde taal dat ons een sal wees soos die Vader en die Seun één is (Joh. 15:4-5; 1 Kor. 12:14-31; Rom. 12:4-9; Ef. 4:14-16; Joh. 17:21).

3. Trouens, ons hoef die eenheid nie kunsmatig tot stand te bring nie; dit bestaan reeds in Christus. Dit lê in die wese van die Kerk van Christus. Hierdie wese vind ons nie in die instituut of organisasie van die Kerk nie. Laasgenoemde kom tot openbaring in baie uiteenlopende en dikwels mekaar weersprekende vorme. Die wese van die Kerk vind ons in

die gemeenskap van persone, met mekaar in Christus deur die geloof teenoor die res van die mensdom verbind deur die Heilige Gees as lede van dieselfde mistieke geestelike liggaam. Hier het ons te doen met 'n eenheid, veel sterker en meer wesenlik, veel intenser en meer dinamies as algemene vriendskap, welwillendheid of samewerking. Dit is 'n organiese eenheid van almal wat deur die Heilige Gees in Christus ingelyf is. Dit is 'n nuwe skepping, 'n organiese gemeenskap, genoem die liggaam van Christus (1 Kor. 12) . Op hierdie gemeenskap (koinonia) laat val die Skrif besondere klem.

4. Ons het hier dus met 'n bonatuurlike organiese gemeenskap te doen. wat die verskeurde mensdom nie ken nie en wat ook buite Christus nie te bereik is nie. Dit word belewe alleen deur die „nuwe mens" in Christus. Vir sodanige is die skeidsmure deur die sonde veroorsaak, afgebreek (Ef. 2:14-16; Kol. 3:10, 11). Ons het hier dus te doen met 'n eenheid, wat nie vernietig word deur die veelheid van geïnstitueerde Kerke of deur die herkoms van gelowiges uit verskillende volke en rasse nie. Hoogstens kan deur genoemde sake die konkrete beoefening daarvan bemoeilik word.

5. Vanweë die sondigheid, onvolkomendheid en beperktheid van die volk van God kom die Nuwe-Testamentiese Ekklesia steeds egter tot 'n gebrekkige openbaring op aarde. Soos hierdie onvolkome openbaring 'n gebrek in heiligheid en krag vertoon, so ook tussen alle bevolkings groepe.

6. In toenemende mate word die Christelike Kerk bewus van die gevaar om te berus in rasseverhoudinge, wat moontlik nie strook met die Woord van God nie. Daarom is ook die N.G. Kerk besig om opnuut te luister na wat die Woord van God vir ons oor genoemde saak in die huidige situasie te sê het.

D. BELEIDSVERKLARING:

Uit bostaande is dit duidelik dat die huidige situasie die resultaat is van 'n ontwikkeling of proses wat Suid-Afrika op kerklik en maatskaplike gebied oor 'n tydperk van meer as 'n honderd jaar deurgemaak het.

Die Neg. Geref. Kerk wens nou te verklaar dat die beleid wat hul gevolg het en nog volg, op die volgende wyse verstaan moet word:

1. Die Ned. Geref. Kerk aanvaar die eenheid van die menslike geslag, wat deur sy verskeidenheid nie opgehef word nie. Die Ned. Geref. Kerk aanvaar eweseer die natuurlike verskeidenheid wat deur sy eenheid nie opgehef word nie.

2. Uit vrye genade vergader God sy Kerk uit alle volke. Dié vergadering van gelowiges of gemeenskap van heiliges vorm as mistieke liggaam van Christus 'n hegte eenheid.

3. Daar moet volkome duidelikheid wees aangaande die wese van die Kerk en sy daadwerklike openbaring op aarde. Na sy wese is die Kerk die een mistieke liggaam van Christus soos dit voor God as geestelike werklikheid bestaan. Gevolglik moet hierdie eenheid van die Kerk die grootste nadruk ontvang. Teenoor Rome het die Reformatore egter steeds die vereenselwiging van die mistieke liggaam van Christus met die institutêre openbaring daarvan verwerp. Dit neem ewenwel nie weg dat die eenheid van die Kerk Christelike ideaal bly nie.

4. Dit is voorts noodsaaklik dat daar 'n heldere insig in die institutêre openbaring van die Kerk moet wees. Die bestaan van afsonderlike Kerke naas mekaar op grond van leerverskille is toe te skryf aan ons beperkte kenvermoë, want daar is maar een waarheid en een geestelike werklikheid wat tot openbaring kom.

5. Dit beteken egter nie dat die een ware Kerk nie in onderskeie selfstandige Kerke, wat die Christus van die Skrifte waarlik as hulle Here en Saligmaker bely, gestalte kan aanneem nie.

6. Daar is in hierdie verskeidenheid van openbaring van die Kerk van Christus selfs gradasie van verbondenheid en intimiteit op grond van natuurlike verwantskap en gemeenskaplike kultuur. Dit kom tot uiting in, bv. die nuansering van belydenis van dieselfde waarhede soos in die geval van Die Nederlandse Geloofsbelydenis en die Westminster Confession, wat alleen verskil in die inkleding en beklemtoning van die waarheid.

7. Uitgaande van die bo-omskrewe eenheid van die Kerk van Christus en met versigtige inagneming van die spesifieke rasse-situasie in Suid-Afrika, handhaaf die N.G. Kerk as beleid die volgende standpunt:

(a) Dat die stigting en ontwikkeling van selfstandige inheemse kerke met die oog op die evangelisering van die inboorlingrasse in Suid-Afrika, sowel noodsaaklik as in ooreenstemming met ons begrip van die Kerk van die Here Jesus op aarde is en oor baie jare geseënde vrugte afgewerp het.

(b) Dat, waar die historiese ontwikkeling op sendinggebied deur die eeue onder die druk van omstandighede tendense van onchristelike eksklusivisme vertoon en so die beoefening van ware Christelike gemeenskap tussen Christene van verskillende rasse belemmer het, dit geskied het, nóg deur kwaadwillige gesindheid teenoor nie-blankes, nóg met die goedkeuring van die amptelike leiding van die Kerk, maar gesien moet word as die resultaat van onbeheerbare omstandighede en van algemene menslike swakheid.

(c) Dat sowel die moeder- as inheemse dogterkerke in elke gemeente die reg behou vir die bepaling van die lidmaatskap volgens nugtere eis van omstandighede en in ooreenstemming met die gesindheid van Christus, maar dat dit tewens christelike gemeenskap van gelowiges met vermyding van onheilige motiewe en ergerlike en opsetlike demonstrasies.

E. BEGINSELVERKLARING:

Op grond van die voorgaande beveel u Kommissie aan dat die Kerke die volgende beginsels aanvaar:

1. Die Skepping van God vorm 'n eenheid, wat egter terselfdertyd die rykste verskeidenheid behels (Gen. 1 en 2).

2. Die eenheid van die menslike geslag word deur sy grote verskeidenheid wat deur die skepping en onderhouding van God tot stand gekom het, nie opgehef nie (Gen. 3:20; Hand. 17:26.)

3. Alle mense is geskape na die beeld van God, en as sodanige is daar geen aansien van persoon voor God nie. In die sin van Skepper is God die Vader van alle mense, en is alle mense gelykwaardig, maar in die sin van Nuwe-Testamentiese kindskap en broederskap is Hy Vader van die gelowiges alleen (Gen. 1:27, 5:1-3; Deut. 32:6; Ef. 6:9; Mal. 2:10; Joh.1:12 Rom. 8:16; Gal. 4:6).

4. Ook ná die sondeval handhaaf God, terwille van die eer van Sy Naam, die eenheid en verskeidenheid in die skepping deur sy algemene genade. Hy verorden selfs grotere verskeidenheid, ten einde die magsvorming van die mens in sy afval van en opstand teen Hom aan bande te lê en sodoende die deurwerking van die sonde te stuit. Hy het genadiglik 'n veelvuldigheid van tale en volke gewil en die mensheid oor die hele aarde ver strooi en laat woon. (Gen. 11:6-9; Hand. 17:26).

5. Die sonde het egter 'n blywende breuk in die menslike geslag geslaan, en alleen sommige, maar dan ook uit alle volke, is in Christus verkore tot die ewige lewe. (Gen. 4, 5 en 6; 1-4; Matt. 25:32; Rom. 9:6 vv; Openb. 5:9).

6. Die Kerk van Christus wat Hy uit alle volke vergader, vorm 'n eenheid, en die eenheid van sy mistieke liggaam, die gemeenskap van die heiliges (koinonia), moet steeds die meeste nadruk ontvang. Alleen van hierdie ware lede van die liggaam van Christus is God Vader in die diepere en geestelike sin van die woord, en slegs hulle is 'n ware broederskap wat deur geloof in Christus Jesus in besondere sin kinders van God geword het (Matt. 12:46-50; Joh. 17:21; Rom. 8:15; 2 Kor. 6:17,18; Gal. 3:28, 6:10).

7. Verre daarvandaan dat hierdie eenheid in Christus die natuurlike verskeidenheid en die verskillende gesagskringe en -verhoudinge wat God verorden het, vernietig, word hulle veeleer in Christus herstel en geheilig. Hierdie herskeppende genade behoort in die Kerk van Christus veral ook daarin tot openbaring te kom dat die meerdere die mindere, die

sterke die swakke, in volle verantwoordelikheid teenoor God en in waaragtige liefde jeens die naaste tot 'n volwaardige medelid van die liggaam van Christus sal opvoed en in alle opsigte sal ophef. (Hand.2:6-11; Rom. 13:1 vv.; 1 Kor. 7:17-24, 8:9-13, 12; Ef. 4:11-16, 5:22-26; Openb.21:24,26)

As grondliggende norm geld hier dat ons die Here onse God moet liefhê met ons hele hart, ons hele siel en ons hele verstand, en ons naaste soos onsself (Matt. 22:37-39). Dit bring mee dat ons niks uit selfsug of ydele eer sal doen nie, maar in nederigheid die een die ander hoër ag as homself, en dat ons in die beoefening van onkreukbare geregtigheid aan almal sal gee wat hulle toekom. (Filip. 2:3; 2 Tim. 2:22; 1 Joh. 2:29, 3:10).

8. Voortdurend moet gewaak word dat in weerwil van die verskeidenheid, die eenheid in die Kerk van Christus bewaar bly, en nooit ten gevolge van die sonde in verskeurdheid ontaard nie. (Hand. 6:1; 1 Kor. 3:1vv.; Ef.4: 1 vv.).

(Source: Die Ned Geref Kerke in Suid-Afrika en rasseverhoudinge 1960:8-17)

50 A letter from Anglican Archbishop Clayton to the Prime Minister (1957)

Archbishop Geoffrey Clayton played a major role in the Anglican Church in South Africa, especially during the 1950s. The following document contains a letter dated 6 March 1957 from Archbishop Clayton to the Prime Minister after the promulgation of Clause 29(c) of the Native Laws Amendment Bill. This bill made it difficult for black people to worship in churches in so-called white areas. Clayton therefore accused the state of trespassing on the freedom of the church:

Dear Mr. Prime Minister,

We, Bishops of the Church of the Province of South Africa, are approaching you rather than the Minister of Native Affairs because we believe that the issues raised in Clause 29 (c) of the Native Laws Amendment Bill cannot be regarded merely as Native affairs. It appears to us that as far as the Anglican Church is concerned, churches and congregations in every urban area within the Union, even those mainly attended by Europeans, will be affected by this clause. Further, it is our belief that the Clause raises the issue of religious freedom and more particularly that of freedom of worship, and we venture to submit that this is a wider issue than that of Native Affairs only.

We desire to state that we regard the above-mentioned clause as an infringement of religious freedom in that it makes conditional on the permission of the Minister of Native Affairs (*a*) The continuance in existence of any church or parish constituted after January 1st 1938 in an urban area except in a location which does not exclude Native Africans from public worship;

(*b*) the holding of any service in any church in an urban area except in a location to which a Native African would be admitted if he presented himself;

(*c*) the attendance of any Native African at any synod or church assembly held in an urban area outside a location.

The Church cannot recognise the right of an official of a secular government to determine whether or where a member of the Church of any race (who is not serving a sentence which restricts his freedom of movement) shall discharge his religious duty of participation in public worship or to give instructions to the minister of any congregation as to whom he shall admit to membership of that congregation.

Further, the Constitution of the Church of the Province of South Africa provides for the synodical government of the Church. In such synods, bishops, priests and laymen are represented without distinction of race or colour. Clause 29 (c) makes the holding of such synods dependent upon the permission of the Minister of Native Affairs.

We recognise the great gravity of disobedience to the law of the land. We believe that obedience to secular authority, even in matters about which we differ in opinion, is a command laid upon us by God. But we are commanded to render unto Caesar the things which be Caesar's, and to God the things that are God's. There are therefore some matters which are God's and not Caesar's, and we believe that the matters dealt with in Clause 29 (c) are among them.

It is because we believe this that we feel bound to state that if the Bill were to become law in its present form we should ourselves be unable to obey it or to counsel our clergy and people to do so.

We therefore appeal to you, Sir, not to put us in a position in which we have to choose between obeying our conscience and obeying the law of the land.

We have the honour to remain, Sir,

Yours faithfully,
(signed on behalf of the Bishops of the
Church of the Province of South Africa)
✠GEOFFREY CAPETOWN
Archbishop & Metropolitan

(*Source:* Villa-Vicencio 1986:210)

51 The Catholic Church and race relations in South Africa (1957)

In a pastoral letter issued in 1957 by the South African Catholic

Bishops' Conference entitled 'Statement on Apartheid', the bishops of the Catholic Church in South Africa condemned the principle of apartheid as something intrinsically evil. They recommended a gradual change because otherwise the country faced a disastrous future. The Catholic Church membership is called upon to strive towards a change of heart and to practise what the law of Christ demands:

STATEMENT ON APARTHEID

In 1952 the Catholic bishops of South Africa issued a statement on race relations which emphasized the evil of colour discrimination and the injustices which flow from it. This statement maintained that non-Europeans in South Africa had a strict right in justice to evolve towards full participation in the political, economic and cultural life of the country. It pointed out, however, that this evolution could not take place unless the people concerned made their own vigorous contribution towards fitting themselves for the exercise of full citizenship.

Five years have gone by since this statement was issued. During that time there has been no change of direction in South Africa's racial policy. Rather, the old policy of segregation, responsible in large measure for the social pattern of the country, has under the name of apartheid received clearer definition and more precise application. Apartheid is officially held to be the only possible formula for South Africa's mixed society. Integration is considered unthinkable and partition into separate states impracticable.

The basic principle of apartheid is the preservation of what is called white civilization. This is identified with white supremacy, which means the enjoyment by white men only of full political, social, economic and cultural rights. Persons of other race must be satisfied with what the white man judges can be conceded to them without endangering his own privileged position. White supremacy is an absolute. It overrides justice. It transcends the teaching of Christ. It is a purpose dwarfing every other purpose, an end justifying any means.

Apartheid is sometimes described as separate development, a term which suggests that under apartheid different races are given the opportunity of pursuing their respective and distinctive social evolutions. It is argued that only in this manner will these races be doing the will of God, lending themselves to the fulfilment of His providential designs. The contention sounds plausible as long as we overlook an important qualification, namely, that separate development is subordinate to white supremacy. The white man makes himself the agent of God's will and the interpreter of His providence in assigning the range and determining the bounds of non-white development. One trembles at the blasphemy of thus attributing to God the offences against charity and justice that are apartheid's necessary accompaniment. . . .

From this fundamental evil of apartheid flow the innumerable offences against charity and justice that are its inevitable consequences, for men must be hurt and injustice must be done when the practice of discrimination is enthroned as the supreme principle of the welfare of the state, the ultimate law from which all other laws derive.

The condemnation of the principle of apartheid as something intrinsically evil does not imply that perfect equality can be established in South Africa by a stroke of the pen. There is nothing more obvious than the existence of profound differences between sections of our population which make immediate total integration impossible. People cannot share fully in the same political and economic institutions until culturally they have a great deal in common. All social change must be gradual if it is not to be disastrous. Nor is it unjust for a state to make provision in its laws and administration for the differences that do exist. A state must promote the well-being of all its citizens. If some require special protection it must be accorded. It would be unreasonable, therefore, to condemn indiscriminately all South Africa's differential legislation. It would be unfair to disparage the services provided for less advanced sections of the population and the noble and dedicated labours of many public officials on their behalf.

Many who suffer under the sting of apartheid find it hard to accept counsels of moderation. Embittered by insult and frustration, they distrust any policy that involves a gradual change. Revolution not evolution is their slogan. They can see redress only in the sweeping away of every difference and the immediate extension of full civil rights to all. They do not stop to contemplate the confusion that will ensue, the collapse of all public order, the complete dissolution of society and perhaps their own rapid destruction in the holocaust. This is particularly true of those who find atheistic communism the inspiration of their present striving and their hope for the future.

A gradual change it must be: gradual, for no other kind of change is compatible with the maintenance of order, without which there is no society, no government, no justice, no common good. But a change must come for otherwise our country faces a disastrous future. That change could be initiated immediately if the ingenuity and energy now expended on apartheid were devoted to making South Africa a happy country for all its citizens. The time is short. The need is urgent. Those penalized by apartheid must be given concrete evidence of the change before it is too late. This involves the elaboration of a sensible and just policy enabling any person, irrespective of race, to qualify for the enjoyment of full civil rights. To achieve this will undoubtedly take statesmanship of a higher order for the difficulties are not to be minimized. It is no easy matter to dispel fears and prejudices and introduce measures so contrary to the main trends and customs of the past. . . .

To our beloved Catholic people of white race, we have a special word to say. The practice of segregation, though officially not recognized in our churches, characterizes nevertheless many of our church societies, our schools, seminaries, convents, hospitals and the social life of our people. In the light of Christ's teaching this cannot be tolerated for ever. The time has come to pursue more vigorously the change of heart and practice that the law of Christ demands. We are hypocrites if we condemn apartheid in South African society and condone it in our own institutions.

This does not mean that we can easily disregard all differences of mentality, condition, language and social custom. The Church does not enforce human associations that, because of these differences, can produce no good. She understands that the spiritual welfare of her children cannot be fostered in a social atmosphere wholly alien and uncongenial. But the Christian duty remains of seeking to unite rather than separate, to dissolve differences rather than perpetuate them. A different colour can be no reason for separation when culture, custom, social condition and, above all, a common faith and common love of Christ impel towards unity....

To all white South Africans we direct an earnest plea to consider carefully what apartheid means: its evil and anti-Christian character, the injustice that flows from it, the resentment and bitterness it arouses, the harvest of disaster that it must produce in the country we all love so much. We cannot fail to express our admiration for the splendid work done in many quarters to lessen prejudice, promote understanding and unity and help South Africa along that path of harmony and co-operation which is the only one dictated by wisdom and justice. On the other hand we deeply regret that it is still thought necessary to add to the volume of restrictive and oppressive legislation in order to reduce contact between various groups to an inhuman and unnatural minimum.

(*Source:* De Gruchy & Villa-Vicencio 1983:145-148)

52 The Reformed Ecumenical Synod on race relations in South Africa (1955)

The Reformed Ecumenical Synod which was established in 1946 is composed of a small collection of average-sized churches with a Reformed basis. The Ned Geref Church of South Africa, the Gereformeerde Churches of the Netherlands and the Christian Reformed Church of the USA are the three major members. The Gereformeerde Kerk in South Africa is one of the smaller members of this body. Various decisions on race relations in the South African context have been taken by this Synod:

BESLUITE VAN DIE KOMMSSIE OOR RASSEVERHOUDINGE van die GEREFORMEERDE EKUMENIESE SINODE - Potchefstroom 1958.

(a) Die feit dat God „uit een bloed al die nasies van die mensdom gemaak het" (Hand. 17:26) beteken dat die fundamentele eenheid of solidariteit van die menslike geslag tenminste net so belangrik is soos enige verskille van ras en kleur.

(b) Die feit dat in Adam die hele menslike geslag aan die sonde onderworpe is en „dit hulle ontbreek aan die heerlikheid van God" (Rom. 3:23) beteken dat, wat die verhouding tot God aangaan, geen enkele ras mag beskou dat hy 'n uitsonderingsposisie inneem en homself meerderwaardig teenoor ander rasse mag ag nie.

(c) Vir die gelowige geld, in sy verhouding tot lede van 'n ander ras, die reël wat God self vir alle menslike verhoudings neergelê het, naamlik dat ons ons naaste moet liefhê soos onsself.

(d) Die feit dat die verlossing deur Jesus Christus vir die sondes „van die hele wêreld" (1 Joh. 2:2) versoening bied beteken dat alle rasse in sy verlossingsplan betrokke is en tot die ewige lewe geroep word. (Gen. 12:3; Matt. 28:19).

(e) Hieruit volg dat 'n gelowige die lede van die ander ras in die eerste plek as mede-sondaars moet sien, aan wie hy die boodskap van die Evangelie moet bring. Indien die lede van die ander ras ook gelowiges is, moet hy hulle as sy broeders en susters in Jesus Christus ontvang. (Filemon vers 12) (Efes. 4:3-6). In so 'n verhouding sal alle menslike verskille, afgesien van hoeveel gewig hulle in die sosiale lewe dra, oorwegings van sekondêre belang word.

(f) Deur die voorafgaande word die veelvoudigheid van nasies nóg ontken nóg veronagsaam, maar in die veelvoudigheid moet die ontwyfelbare gelykheid van alle rasse en volke en van die openbaring van die een ware Kerk volgens die Skrif erken word.

(g) Aangesien die probleem van rasseverhoudings in die teenwoordige wêreld-situasie baie ingewikkeld geword het en gedurige spanning veroorsaak, is dit die plig van die Kerk om selfs die skyn van 'n verhouding te vermy wat verwydering kan veroorsaak en om alles in die werk te stel om die reeds gespanne verhoudings te verbeter.

(h) Die Kerk het 'n drievoudige verantwoordelikheid t.o.v. rasseverhoudings. Hierdie verantwoordelikheid bestaan:

(i) t.o.v. sy eie gesindheid in sy verhouding teenoor Kerke en enkele gelowiges van ander rasse, soos bv. die verhouding tussen ouer en jonger Kerke.

(ii) t.o.v. sy prediking en voorligting, waardeur die Kerk leiding gee aan sy eie lidmate i.v.m. die suiwere gesindheid in die gewone sosiale omgang met lede van die ander ras. (Gal. 5:22- 3)

(iii) t.o.v. die beleid van die sentrale regering en ander publieke instansies, 'n beleid wat deur die Kerk in die lig van Gods Woord getoets moet word.

(i) Die praktiese gedragslyn vir die Kerk met betrekking tot gemeenskaplike gemeentelike samekomste en die toelating van lede van die ander ras na sy eie byeenkomste, moet so wees dat ons waak teen enige skyn van diskriminasie wat die minderwaardigheid van die ander ras insinueer; ons moet die lede van die ander ras laat voel dat hulle beskou word as medelede van die liggaam van Christus met wie ons deur die nouste bande gebind word.

(j) Ten einde die eenheid van gelowiges te bevorder, moet die strewe van die jonger Kerke om volle kerlike gelykwaardigheid met ouer Kerke te be reik, aangemoedig word; nouer samewerking op die terrein van Kerklike vergaderings en besprekings moet gesoek word; en die Kerk moet deur sy lering en voorbeeld sy lede opvoed en voorberei vir die beoefening van Christelike gemeenskap met gelowiges uit ander rasse, terwyl deurgaans met die grootste versigtigheid, liefde en verantwoordelikheid teenoor sy eie lidmate opgetree word.

(k) Geen direkte prinsipiële skriftuurlike bewys kan vir of teen die vermenging van rasse deur huwelike aangevoer word nie. Die welsyn van die Christelike gemeenskap en die herderlike sorg van die Kerk vereis dat die nodige oorweging gegee word aan die juridiese, sosiale en kulturele faktore wat sulke huwelike beïnvloed.

(l) In alles wat hy in verband met rasse-aangeleenthede leer of doen, moet die Kerk elke poging aanwend om ondubbelsinnig te verklaar dat hy nie deur algemene leuses, soos dié in die algemeen gehuldig word, gelei word nie; maar dat die Kerk sal trag om telkemale wanneer dit deur 'n moeilike situasie gekonfronteer word, met nederigheid en in gehoorsaamheid aan die wil van sy Verlosser en Koning op te tree. Dit beteken dat die Kerk sulke begrippe soos voogdyskap, rasse-eiesoortigheid e.a. wat in die bespreking van rasse-aangeleenthede aan die orde kom, krities in die lig van Gods Woord sal ondersoek sodat hierdie begrippe aan alle by-bedoelinge wat daarin mag skuil, gesuiwer kan word.

Die Sinodale Kommissie van die Transvaalse Kerk het kennis geneem van hierdie rapport en dit vir verdere oorweging na die Ekumeniese Kommissie verwys.

(*Source: Die Ned Geref Kerke in Suid-Afrika en rasseverhoudinge* 1960:17-19)

53 Memorandum of the Nederduitsch Hervormde Kerk to the Cottesloe Consultation (1960)

The memorandum of the Nederduitsch Hervormde Kerk submitted to the Cottesloe Consultation in 1960 dealt mostly with the theoretical aspects of the policy of separate development. The church leaders saw this policy as the only just and realistic solution for race relations in South Africa:

Memorandum aan die Wêreldraad van Kerke

Kommissie van die Algemene Kerkvergadering (1960)

I. The factual situation in South Africa

A. When studying the Racial situation in South Africa, we find that we have to do with a process of acculturation. The primitive cultural patterns of the black peoples in the country has been confronted with the Western pattern of culture borne by the white people. The first contact between the white inhabitants of the Cape and the Southward migrating Bantu, was in the nature of military clashes on the frontiers. This was followed by impact on the cultural level. It must be noted that the white component in this situation consists of two main groups who in recent years exhibited a growing tendency towards becoming a single entity. The black component, on the other hand, preserved a distinct diversity of cultural patterns, and can linguistically be classified in four main groups. In spite of linguistic affinities within the same group, each consists of multiple tribes, each with his own traditional institutions.

This situation differs essentially from similar situations elsewhere and should be considered on its own merits. Any consideration of the South African situation without regard to the historical background, the disparity in numbers, difference in cultural level and the fact that the white population is permanent, will remain unjustifiable in the face of the facts.

B. The direction this process of acculturation should take, has been the subject of discussion and discord. A minority in this country, backed and abetted by world opinion as expressed by the United Nations Organisation, the World Council of Churches, parts of the international press and other bodies in the spirit of the time, prefers development towards the formation of a multi-racial integrated society. This preference was inspired by a variety of motives ranging from economical to humanistic considerations, the latter of which finds its most extreme expression in communism. Development in this direction will lead inevitably to the destruction of the existing cultural entities together with the diverse social structures, to everincreasing friction resulting from contact and competition in every walk of life, and ultimately to the destruction of order and the intensification and multiplication of discrimination, racial enmity and bitterness. Development in this direction brings into being what anthropologists call a 'critical situation of acculturation' in which various aggravating factors would be active, such as:

(i) disparity in numbers, resulting in the closing of ranks by the smaller component for the sake of the preservation of identity;
(ii) cultural distance, i.e. total difference between the colliding types of culture, resulting in the prolonged existence of unstable personalities and an unstable society for generations to come;
(iii) historical factors such as military clashes, adversely conditioning the relations between the white and black elements, for generations;
(iv) racial appurtenance as different as that of these two components can only be eliminated by generations of intermarriage. In the meantime the social visibility resulting from difference in physical type forms a strong deterrent to mutual acceptance.

Over against this so-called solution which the various instances want to force on South Africa, it is the conviction of the vast majority of the people of South Africa that the speediest and only just solution lies in the development towards separate attainment of full nationhood for the existing units – the only way of ensuring a permanent pattern of coexistence in which law and order will not be disrupted and in which the highest degree of justice and peace for all individuals and entities concerned can be maintained. In the main this was the direction taken in South Africa since white and black first met in the Cape. Development in this direction ensures the right and freedom of the black peoples to full and undeterred self-realisation, with the stimulus of the Western civilisation in their midst. It will also give the whites the opportunity of determining their own Christian destiny, thereby making a contribution towards the future of Africa which no other people can make. At the same time this direction ensures the right and freedom of the white people to preserve their Western culture and nationhood and hand it over to their children intact. Government policy in this country aims at the gradual handing over of the government in the historical homelands of the Bantu to the indigenous peoples. But this can only be done after a dependable foundation of cultural and economic progress have been provided for ultimate political independence. Through this policy the whites at the same time admit that they have no claim in these territories, and even abandon all claims of reaping the economical benefits resulting from development within the territories themselves.

This policy requires the firm ending of the process of integration, a process occasioned by various factors, especially the industrialisation of large numbers of Bantu in the white territories. It is inevitable that in doing this, individuals and even groups, may suffer temporary hardships. This calls for the greatest possible degree of understanding and tact on the side of officials. On the whole the authorities have tried their utmost to minimise these hardships in spite of the fact that the overall programme of policy is often severely hampered by these considerations.

C. The time required for a process of development towards a harmonious pattern of existence depends on the direction the process takes. The period required for development by way of integration towards a single unit, considering the aggravating factors in a critical situation of acculturation, is indeterminable. This much is sure, that it will require centuries of agony for all concerned, and will offer no safeguard for the retention of western standards. The direction taken by the government, which requires only the adoption of elements of western culture by the Bantu and the impregnation of their own therewith, leads to what could be termed a simpler situation of acculturation. Development according to ability, without the pressure of foreign competition, together with the preservation of identity, as well as the elimination of a large field of possible friction, shortens this process compared to the alternative. Even this process will require a period of at least three more generations, depending on the continued absence of aggravation factors other than cultural distance, which could lead to a prolongation of the period required.

D. The role of the Church in the decision on the direction in which the process of acculturation should be led, was a considerable one. Already in the 18th Century more than a century before Christian Western Europe's notorious 'scramble for Africa', the Church in South Africa set an example to the people and government for a pattern of separate existence for black and white; in the 19th Century, after experimenting in integration, the Dutch Reformed Churches openly bore witness for separate existence before foreign (British) and local (Transvaal and 0range Free State republican) governments; while in the 20th Century the Churches had attained the position that the pattern of separate existance became official policy. Even to this day only the Roman Catholic Church in South Africa has officially declared itself unequivocally in favour of full integration, at the same time practising it. The principle of separate development was not an invention of the present government, which is now open to the criticism of the Churches, but was advocated and implemented by the Church itself as the only possible permanent pattern of existence at a time when 'colour problem' was an unknown concept to most of the world.

Since the infiltration of the humanistic ideals of Rousseau into ecclesiastical thinking, especially continually subjected to another 'Christian' approach of its problems. Incepted by the London Missionary Society in the 18th Century, this approach was sustained through the years by missionaries and clergymen who neglected their true task of evangelising both white and black, in favour of active participation in politics and of co-operation in some cases with leftish groups. Some of these people remain foreigners in this country and usually leave it on retirement, thus refraining from subjecting themselves and their children to the pattern of existence they so ardently advocate. Their attacks on South African Churches and world-wide slander of all white Christians in South Africa brought Christianity as a whole, even their own form of it, in disrepute among the Bantu and renders the great task of christianising the relations within the South African society nearly an impossible one.

II. The action of the church towards the attainment of justice and peace

A. The insistence of the Church on separate development as the only justifiable pattern of co-existence has already been referred to. Seen against the background of the factual situation in South Africa and the benefits deriving from separate development for both the white and black peoples, this was a very substantial contribution towards the attainment of lasting justice and peace.

B. This insistence was part of the prophetic action of the Church towards the government. The prophetic action as one dimension of the threefold office of the Church cannot be at variance with the other two, namely the priestly and the kingly actions. Thus no true Church testifies for anything it is not prepared to pray for and to bring into practice in its own existence. Acknowledging the government as a fellow servant of God whose existence serves the salvation of man and the glory of God, the Church fulfills its prophetic task at all times with due regard to this fact. Continually informing the government on its God-ordained position and counselling on good government is the primary task of the prophetic-apostolic action, while criticism of government actions is never more than a secondary task. Sinking to the level of becoming the professional fault-finder within the state, can only be detrimental to the prophetic office of the Church. Criticism should follow in the way of information and counsel, and not precede it. Thus the Church, while advocating separate development as a permanent pattern of existence is meant to end all 'baasskap' of white over black, and to achieve full equality for all concerned – not vice versa.

Most certainly the Church demands good government from the authorities 'that we may lead a quiet and peaceable life, godly and respectful in every way' (1 Tim 2:2), conducive to law and order, promoting justice and freedom. The Church is fully aware of the fact that the demand for freedom and justice means the denial to all man of rights and liberties which threatens the justice and freedom of others. The Church, insisting on separate development as a permanent pattern of existence, must also accept the responsibility to demand that official policy will be translated into practice in a fair and just way in order to minimise as far as possible the hardships caused by the measures necessary to stop the process of integration. This prophetic demand must be accompanied by intercession for, support of, and subjection to the government. At the same time the demand for support of and subjection to the government must be made to all citizens. The pattern of existence the Church advocates, in effect, calls for the sacrifice of a certain degree of personal comfort and of personal happiness for the present, in order to attain and establish more lasting peace for posterity. While guarding against violation of justice with regard to even the most humble citizen, the Church can never commend selfishness as a virtue.

C. The apostolate of the Church is executed by the existence and functions of the Church in totality. The proclamation of the kingship of God can contain nothing more and nothing less than Christ, the Word incarnate. Listening carefully to the Word by means of exposition of Scripture and theological labour, and proclaiming this Word clearly in every situation, the militant apostolate strikes every relation within society – between employer and employee, government and citizen, individual and individual, group and group, people and people, this generation and the following. The christianisation of the relations between people, or bodies of people, is at present attempted with the full consciousness that the servant Lord meant these relations of service and ministration. It is the powers of evil and darkness which strive for chaos in the relations, giving birth to suppression and exploitation, mutiny and sedition, defamation and hate.

Also, the climate of mutual distrust is promoted by some of the advocates of integration. Especially those who, making use of every means of publicity and in the name of Christianity, undermine the very basis of Christian charity. They present a grave encumbrance and render this task a difficult one.

III. The meaning of the gospel for interracial relationships

A. At the outset it must be stated clearly that obedience to God is the one and only objective of the proclamation of the Word incarnate within any contemporary situation. It is clear that recent observations and statements on the South African situation are to a great extend conditioned by the mental climate which was mainly brought about by the devastation of the Second World War, the roots of which however, go back to the revolutionary spirit of the French Revolution. The war against the satanic racial ideas of the German rulers was won with the participation of African colonial people. The devastation wrought by this war gave birth to the search for a new approach to human relationships. This new approach was not a conversion to God whose sacrificial atonement in the Word incarnate forms the only firm basis for human relationships. It became instead a return to the humanistic concepts of freedom, equality and the brotherhood of man. In the field of international politics this concept led to the founding of the United Nations Organisation, a body which provides an international platform ever for professed atheism. The bid for the annihilation of all diversities between peoples and nations; the incorrect assumption that diversity is the cause of all strife and the fear for another devastating and even annihilating war; the growing tension between East and West with the resulting rivalry for the favour and support of the millions of Africa; the emotional approach to all colonial peoples; all combine for the formation of a climate conducive to distorted exegesis. Thus the interpretation of the Gospel which led to the histerical reprimands to which the South African Government and the Dutch Reformed Churches were subjected after the disturbances earlier this year, did not even lead to the same, let alone intensified, reaction when white men, women and children were subjected to barbaric atrocities in the newly-independent Congo. Now, more than ever, sobriety and balance are necessities for ecclesiastical diction. As a Church of the Reformation, we refer to the criteria for Scriptural interpretation expounded by the great Reformers, viz. its authority, sufficiency and perspicuity, the application of which prohibits exposition of Scripture by any criterion not supplied by Scripture itself.

B. The resolution of the second assembly of the World Council of Churches raises many questions as to the mental climate which made it possible. The general tendency towards unconditional equalisation stands out very clearly in the condemnation of *any* form of segregation based on race, colour and ethnic origin as contrary to the Gospel, incompatible with the Christian doctrine of man and with the nature of the Church of Christ. This absolute condemnation does not exclude segregation by mutual consent nor does it exclude segregation that is beneficial to all concerned. Even the divine dominion does not escape this condemnation. Scripture is clear enough on the fact that it was God Himself who separated man in diverse peoples (ethnic groups) and gave to each its own inheritance, as reference to and study of Gen 10 and 11, Deut 32:8, Acts 17:26,27 adequately illustrates. It appears further that the World Council identifies segregation with discrimination while the pattern of existence in regard to which the Church bore witness in South Africa, i.e. total, vertical segregation, aims at the abolition of all discrimination. What is more, the Church holds that integration into a single unit opens the door for discrimination on a wide front. The mere granting of the privileges of Western civilisation does not guarantee equality when the recipients have not acquired the Western standards conditional to the responsible enjoyment and appreciation of these privileges. Far from working for the abolition of segregation, our Church intends, in subjection to serve Him and through Him all people, to keep to the road it has followed and advocated in the past centuries; further to point out that statements such as this resolution serve the intentions of the demonic powers at work in the world, especially those of atheistic communism, and is in itself contrary to the Gospel, incompatible with the Christian doctrine of man and with the nature of the Church of Christ.

C. The nature of the Church of Christ is such that the Word it proclaims in the world, has in itself the power 'to pluck up and break down, to destroy and to overthrow, to build and to plant' (Jer 1:10). It is not the function of the Church in itself therefore to create new relations between people. This is the function of the Word to which the bearer himself is subjected. As apostle the Church is overshadowed by the Word it proclaims, and fulfills its function in the belief that it is the Gospel itself which masters the politics, culture, economy and communal life of the people to whom it is preached. Existing relations are not necessarily abolished, but christianised. The letter to Philimon furnishes an illustration of this action of the Gospel. The sufficiency and validity of the crucified Christ is outraged by any attempt to absolutise any particular form of Christianity. This also applies to the absolutising tendencies displayed in the resolution referred to above. In the formulation and execution of missionary policy this knowledge must have proponderant influence. The indentification of the Christian Church with the white man and his foreign civilisation had dire consequences in Africa. Only when the Gospel itself gave birth to a Church within a particular society, can that Church be the true servant of God and the people it ministers to. The apostolate of the Church is realised firstly within the particular national unity in which the Church finds itself, when every sector of the people and the national existence is confronted by the Word incarnate. The Church identifies itself with the guilt of the people and exists in solidarity with the people. Its functions as overseer, deacon and witness are realised from its position within the people where it forms a fellowship around Word and Sacrament. Secondly the apostolate of the Church is realised amongst the peoples of the world. This happens with the full acknowledgement of the existing realities of the diversity of divine ordinance, as illustrated by the growth of the early Church. An aspect of this universality is the ecumenical contact, the constant reminder to confirm the call and election of the Church (2 Peter 1:10, 12). Instead of absolutising verdicts such as the resolution referred to above, the ecumenical movement will render a great service to human relations by inquiring into the role of the international press and radio in the demonisation of human relations. The most disturbing fact of ecumenical criticism of the South African situation is that it concurs with the criticism of communism and Afro-Asian heathenism. What manner of spirit can account for this attitude?

IV. Contemporary history in Africa from the point of view of the Christian church

A. The rapid social changes taking place in Africa derive from external influences, mainly political and economical. As has been pointed out, the concept of the unity and equality of all men gained a powerful influence in the post-war era. This concept was incorporated in the United Nations's Charter's declaration of human rights. The psychological situation which promoted this concept supplied a strong impulse to the Pan-Americanist movement which was originated by an American

Negro more than half a centry ago with the objective of liberating Africa from colonialism and imperialism meaning in practice deliverance from white 'suppressors'. It also became the source of ambition of a few self-appointed African leaders, trained at European institutions where they made contact with the Pan-Africanist movement and the ideology and techniques of communism. The call for independence from colonial rule, gaining momentum from all these factors, gave rise to 'African nationalism', a term applied to a phenomenon which is neither African in its origin nor truly national in as much as it is at variance with the traditional institutions of the African peoples, and refuses to take diversity of nations and tongues into account. Thus African nationalism is in fact a form of inter-nationalism.

The search for an all-Africa consciousness already has become the source of discord between leaders who offer themselves as leaders of the African power bloc, and also between the hereditary chiefs and the Pan-Africanist champions. The increasing pressure for deliverance from white rule, the unleashing of barbaric forces by the destruction of the traditional deterrents of tribal authority and the conflict of ambitions, already hatches the germs of a new devouring flame over Africa.

For many years Africa found itself almost exclusively under the influence of the West. Since the second world war die competitive influence of communism entered the African scene by gradual economical and political infiltration, fanning the flame of premature and spurious African nationalism, aiding and abetting revolutionary movements, beaming a continuous stream of propaganda on the receptive minds of Africa's millions in English, French and Swahili. This certainly does not happen for the good of the African peoples, but for the mobilisation of Africa's population and wealth in the communist bid for world domination. The West counters this challenge by high bidding for Africa's favour – offering inter alia the willingness to sacrifice the future and lives of the few million whites on the continent. In spite of the West's aid programmes and the granting of independence, communism's offer of the same aid plus an ideology seems to gain ground rapidly. It so happens that this ideology is highly infectious in the contemporary situation of mistrust and suspicion of all colonial authorities – which means in effect, suspicion and mistrust of the white man and his word, every word he speaks, even the Gospel.

Economical development by Western incentive did not always go hand in hand with the development of the human material involved. In fact, Westernisation in the economic field come into conflict with the cultural pattern, often resulting in the destruction of elements of the traditional social structure, thereby destroying the only solid foundation for stability needed for co-ordinated development. Drastic changes in the social structure leads to a loss of the sense of direction by the people involved and seriously harms the personalities of individuals and societies.

B. The contributions of the West towards the contemporary situation during the years of Western dominance in Africa are considerable. Even the most antagonistic criticism cannot deny the eminent contributions of the West to the development of Africa in the cultural, social and economic fields. The arrival of the white man brought an end to tribal wars, famine and pest, and inaugurated an era of comparative calm, rapid growth of population, immense development in all fields of human existence. Slavery and cannibalism was replaced by an existence worthy of human beings. Serving Africa with their standards of civilisation, their money and their lives, the whites made modern Africa. The most important contribution however, is the spreading of the Gospel – testified for by the presence in Africa today of about 20 million black adherents of the faith.

Apart from these positive contributions of the West to the rise of modern Africa, it also rendered a negative contribution. Modern man has ceased to take God or idol into account. He sees the earth only as the domain of man, who is good, reasonable and decent. Mutual relations are determined by the unalienable rights of 'life, liberty and the pursuit of happiness'. 'All human beings are born free and equal in dignity and rights.' This new humanism resulted in a firm stand against the domination of one race by another, even against any form of extended political trusteeship. Thus all forms of colonialism was branded as alien to the rights of man, and a new form of more subtle colonialism emerged which replaced political domination by economical domination. It is assumed that Africa's problems will vanish the moment self-government is granted. The criticism of the colonial powers was initiated by the United States of America and was followed by the self-criticism of the colonial powers, who developed a guilt complex towards the coloured populations in their colonies. This, in turn, led to the development of a guilt complex towards all coloured peoples. The surrender of white domination that ensued, came at a time when it was still sufficiently clear that political independence for most African peoples was a premature development and presented a grave danger to stability. The growing number of African states in the United Nations will soon lead to a preponderant influence on world affairs. Surely the gift of freedom cannot be begrudged any people, but freedom without order and responsibility is no freedom, and when nationalism speaks a foreign language, the freedom which crowns it, will inevitably be conducive to cultural disruption and disorder.

C. The combination of all these Factors lead to the presentation of distorted perspectives on Africa. In the eyes of the world Africa is the scene of the brutal oppression of all blacks by all whites. To this view the history of the white man in Africa is one of exploitation and injustice. The monumental contribution of western civilisation to the mergence of the new Africa, the unprecendented social security and prosperity the African peoples now enjoy, are ignored and passed over. Moreover, this distortion is not limited to the foreign view on the African scene, but has been planted in the hearts of the African peoples themselves. They are today grappling with internationalism (African nationalism) which was not born in their own hearts. Their frustration finds an outlet in the cultivated hate for the white man; a hate that was cultivated by foreign instances.

D. In this situation very great care must be exercised in the use of the words freedom and justice. Africa was confronted from outside with mainly three different ideas of freedom. The Christian Church preaches Christ as the Deliverer of man from the bondage of the powers of sin and darkness. Only those bound to Him by faith, are free. Freedom in this sense is the highest form of responsibility, the realisation of which calls for justice and order. However, it is not the Word of God that today supplies Africa with the concept of freedom; this concept is being supplied by communist atheism and by secularised Western civilisation. The communist concept of freedom calls for the liberation of the African peoples from their colonial (Western) oppressors by means of mass revolt, or by any other means, legal or illegal, accompanied by the restriction of individual freedom in favour of the mass and the destruction of the existing social order. This concept means a new form of slavery without justice and order. To the secularised Western concept freedom is the right of self-determination, followed by the departure of the colonial powers as part of the Western bid for Africa's goodwill – badly needed both politically and economically in the contemporary set up of world affairs. But premature self-determination without the ability for responsible existence as a free people, coupled with the threat to the existing social order, leads to personal and social chaos, even to anarchy.

Clarity on which of these concepts of freedom and justice impulsate World Council statements on the realities of the contemporary situation, should be sought. The apostolic task of the Church commands a firm stand not only against the communist doctrine, but also against that of a secularised Western Christianity. This stand will have to include opposition to the United Nations Organisation and the very basis on which it rests. Witness in this respect is a challenge to the ecumenical movement.

E. The comment of the Church on developments in Africa is long overdue. We commend the following to be considered:

(a) It is clear that unrest in Africa was stirred up not only by agitators but also by ideals. But these ideas are foreign ideas fed to a minority of the African people over the years. African nationalism speaks English and French. Is it possible even to think of American nationalism with Russian as medium? It is obvious that these ideas have not yet been grasped by the African mind, except in a few isolated cases. Freedom in the Congo meant the right to rape white women.

(b) Colonies and colonial governments

(i) A Christian theological interpretation of the concept of 'colony' must precede all Christian comment on colonialism.

(ii) The Church demands of the colonial government nothing more and nothing less than good government, the presupposition for 'a quiet and peaceable life, godly and respectful in every way'.

(iii) The Church should reveal bad government by the criterion of the fact that it endangers law and order, justice and freedom.

(iv) The Church should insist that the government uses the power deriving from its God-ordained position, for the maintenance of law and order and the protection of freedom and justice for all. Further the Church should warn the government not to yield to forces which could promote chaos and anarchy, but at the same time the Church should constantly warn the government against the use of power not in the interest of law and order, justice and freedom.

(v) The Church should bear witness to the subjects of the colonial powers that they intercede with God for the government – every government – and 'that every soul be subject to the high powers. For there is no power but of God; the powers that be are ordained of God' (Rom 13:1).

(c) The Church condemn the headlong departure of some of the colonial governments, for it is a sin to depart when chaos ensues and when by the disruption of law and order the justice and freedom of any man is harmed. This departure does not take place without selfish potives, the attempt to make Africa an ally in the struggle with the East, the fear for loss of influence and prestige, the refusal to carry the burden of the new Africa with its new problems.

(d) The approach of Africa, its people and problems, the self-criticism and guilt complex, are unbiblical. Earth is not the domain of man alone, man whose rights are determined by the United Nations and whose problems can be approached and solved from the side of man only. The Christian concept of revelation says: God became man! He is here! This can be denied but not invalidated by the demonic powers. Africa too is never without God; on Africa too, as on any other continent, the first and the last word is not the charter of the United Nations, nor the 'resolutions' of the World Council of Churches, but the Word of God: Jesus Christ!

(e) The Church should protest against the inundation of Africa by the products of both heathen, atheistic culture and of secularised christian culture. These products are innoculated in an organism which to a great extent is still naturalistic in character, and cause an uprooting of personality in the absence of a positive background of these products i.e. confrontation with Christ. It is clear that economical advancement cannot compensate for mental violation. Bacause they themselves have lost the Christian presuppositions of their own culture, the Western dispensers of economic aid are unaware of this violation.

(f) The process of equalisation in sway in the contemporary situation rests on the presupposition that diversity is dangerous to world peace. Sin has ceased to be an operative concept, that is, in Biblical concept of sin, as the existential corruption of man. This existential corruption – NOT the diversity of peoples given by God Himself – is the cause of strife, hate and war. That peace would be guaranteed by uniformity, is a fabrication of Satan. Peace is peace in Christ who attoned for the sin of man, the cause of all strife, and presented lapsed-to-death man with life – life with diversity in abundance, but christianised diversity. The fact that even Churches lend themselves to the furthering of this process of equalisation, is a sign of spiritual decline. The attitude is not inspired by God the Holy Spirit, but by a wordly and materialistic spirit. Theology on the basis of reason at the most can be good philosophy, humanism with Christian traits, but can never bear the name of Biblical-Reformed theology.

V. Factors which contribute towards an explosive situation in South Africa

The basic factors contributing toward an explosive situation in South Africa are comparatively clear.

The party-political directions of thought on the problem of the relationship between the diverse peoples living in the country are mainly these:

(a) That of total integration on all levels of existence,
(b) That of partial integration, which is in fact a step in the same direction as the first,
(c) That of separate development.

The effect party-political combat in the press and on the platform has on the minds of the Bantu, must not be underestimated.

Not was the Bantu of South Africa spared the ideas that has been in agitation in the whole of Africa in recent years, the foreign origin and disruptive nature of which have already been pointed out.

While these two factors merely influence the Bantu towards distrust and suspicion of the powers that be and of the white man in general, the active build-up towards an explosive situation is provided by a small but very active communist element with the (witting or unwitting) connivance of what could be called fellow-traveller organisations and individuals. A world authority on communism during a visit to South Africa observed that publications deriving from these sources which he had read, was completely Marxist in inspiration and fully in accord with the latest Moscow 'line'. These elements seize on legislation of an irritating nature which is necessary for the evolution of the pattern of existence in government is establishing gradually, and make use of Bantu political organisations to give their objectives the respectable label of Bantu nationalism. They make use of any means to promote their cause and exploit every opportunity for unrest to the utmost. A few clergymen, humanistic rather than Christian, have lent themselves to the furtherance of the ends of these elements, the objectives of which need no discussion.

The growing literacy of the Bantu people and the modern journalistic trend towards sensationalism and the 'colouring of news and comment to promote circulation, combine to provide yet another factor in the build-up of a revolutionary situation.

It is clear that reversal of the policy advocated by the Church and laboriously executed by the government who receives very little credit from the rest of the world for the painstaking responsibility with which it tries to handle the very unique situation in South Africa, either by external pressure or internal volition, will mean only one thing: The betrayal of the white AND the black man, and their deliverance to the chaotic presuppositions of international communism. When brought about by external pressure, it will be murder; when by own volition, it will be suicide. If they do not feel free to promote the cause of separate development, could not our Christian brothers in the World Council at least desist from adding to our burdens?

(*Source:* Van Wyk 1978:195-209)

54 The Cottesloe Declaration (1960)

One of the major crises for the churches in South Africa came with the Cottesloe Consultation in 1960. On this occasion the church's role as regards racism was put under the spotlight by delegates of the World Council of Churches and representatives of South African member churches. After some far-reaching decisions were taken by this consultation there was a strong reaction from especially the Afrikaans-speaking churches. At synods held in 1960 the Ned Geref Churches and the Nederduitsch Hervormde Kerk van Afrika decided to resign from the World Council of Churches:

PART I

We have met as delegates from the member churches in South Africa of the World Council of Churches, together with representatives of the World Council itself, to seek under the guidance of the Holy Spirit to understand the complex problems of human relationships in this country, and to consult with one another on our common task and responsibility in the light of the Word of God. Our worship, Bible study, discussion and personal contacts have led us to a heightened appreciation of one another's convictions and actions. Our next task will be to report to our several churches, realising that the ultimate significance of our meeting will consist in the witness and decisions of the churches themselves in consequence of these consultations.

The general theme of our seven days together has been the Christian attitude towards race relations. We are united in rejecting all unjust discrimination. Nevertheless, widely divergent convictions have been expressed on the basic issues of *apartheid*. They range on the one hand from the judgment that it is unacceptable in principle, contrary to the Christian calling and unworkable in practice, to the conviction on the other hand that a policy of differentiation can be defended from the Christian point of view, that it provides the only realistic solution to the problems of race relations and is therefore in the best interests of the various population groups.

Although proceeding from these divergent views, we are nevertheless able to make the following affirmations concerning human need and justice, as they affect relations among the races of this country. In the nature of the case the agreements here recorded do not—and we do not pretend that they do—represent in full the convictions of the member churches.

The Church of Jesus Christ, by its nature and calling, is deeply concerned with the welfare of all people, both as individuals and as members of social groups. It is called to minister to human need in whatever circumstances and forms it appears, and to insist that all be done with justice. In its social witness the Church must take cognisance of all attitudes, forces, policies and laws which affect the life of a people; but the Church must proclaim that the final criterion of all social and political action is the principles of Scripture regarding the realisation of all men of a life worthy of their God-given vocation.

We make bold therefore to address this appeal to our churches and to all Christians, calling on them to consider every point where they may unite their ministry on behalf of human being in the spirit of equity.

PART II

1. We recognise that all racial groups who permanently inhabit our country are a part of our total population, and we regard them as indigenous. Members of all these groups have an equal right to make their contribution towards the enrichment of the life of their country and to share in the ensuing responsibilities, rewards and privileges.

2. The present tension in South Africa is the result of a long historical development and all groups bear responsibility for it. This must also be seen in relation to events in other parts of the world. The South African scene is radically affected by the decline of the power of the West and by the desire for self-determination among the peoples of the African continent.

3. The Church has a duty to bear witness to the hope which is in Christianity both to White South Africans in their uncertainty and to non-White South Africans in their frustration.

4. In a period of rapid social change the Church has a special responsibility for fearless witness within society.

5. The Church as the Body of Christ is a unity and within this unity the natural diversity among men is not annulled but sanctified.

6. Non-one who believes in Jesus Christ may be excluded from any church on the grounds of his colour or race. The spiritual unity among all men who are in Christ must find visible expression in acts of common worship and witness, and in fellowship and consultation on matters of common concern.

7. We regard with deep concern the revival in many areas of African society of heathen tribal customs incompatible with Christian beliefs and practice. We believe this reaction is partly the result of a deep sense of frustration and a loss of faith in Western civilisation.

8. The whole Church must participate in the tremendous missionary task which has to be done in South Africa, and which demands a common strategy.

9. Our discussions have revealed that there is not sufficient consultation and communication between the various racial groups which make up our population. There is a special need that a more effective consultation between the Government and leaders accepted by the non-White people of South Africa should be devised. The segregation of racial groups carried through without effective consultation and involving discrimination leads to hardship for members of the groups affected.

10. There are no Scriptural grounds for the prohibition of mixed marriages. The well-being of the community and pastoral responsibility require, however, that due consideration should be given to certain factors which may make such marriages inadvisable.

11. We call attention once again to the disintegrating effects of migrant labour on African life. No stable society is possible unless the cardinal importance of family life is recognised, and, from the Christian standpoint, it is imperative that the integrity of the family be safeguarded.

12. It is now widely recognised that the wages received by the vast majority of the non-White people oblige them to exist well below the generally accepted minimum standard for healthy living. Concerted action is required to remedy this grave situation.

13. The present system of job reservation must give way to a more equitable system of labour which safeguards the interest of all concerned.

14. Opportunities must be provided for the inhabitants of the Bantu areas to live in conformity with human dignity.

15. It is our conviction that the right to own land wherever he is domiciled, and to participate in the government of his country, is part of the dignity of the adult man, and for this reason a policy which permanently denies to non-White people the right of collaboration in the government of the country of which they are citizens cannot be justified.

16. (a) It is our conviction that there can be no objection in principle to the direct representation of Coloured people in Parliament.

(b) We express the hope that consideration will be given to the application of this principle in the foreseeable future.

17. In so far as nationalism grows out of a desire for self-realisation, Christians should understand and respect it. The danger of nationalism is, however, that it may seek to fulfil its aim at the expense of the interests of others and that it can make the nation an absolute value which takes the place of God. The rôle of the Church must therefore be to help to direct national movements towards just and worthy ends.

PART III

1. Judicial Commission on the Langa and Sharpeville Incidents.

The Consultation expresses its appreciation for the prompt institution of enquiries into the recent disturbances and requests the Government to publish the findings as soon as possible.

2. Justice in Trial.

It has been noted that during the recent disturbances a great number of people were arrested and detained for several months without being brought to trial. While we agree that abnormal circumstances may arise in any country necessitating a departure from the usual procedure, we would stress the fact that it belongs to the Christian conception of law, justice and freedom that in normal circumstances men should not be punished except after fair trial before open courts for previously defined offences. Any departure from this fundamental principle should be confined to the narrowest limits and only resorted to in the most exceptional circumstances.

3. Position of Asians in South Africa.

We assure the Indian and other Asian elements in the population that they have not been forgotten in our thoughts, discussions and prayers. As Christians we assure them that we are convinced that the same measures of justice claimed here for other population groups also apply to them.

4. Freedom of Worship.

Bearing in mind the urgent need for the pastoral care of non-White people living on their employer's premises, or otherwise unable without great difficulty to reach churches in the recognised townships or locations, the Consultation urges that the State should allow the provision of adequate and convenient facilities for non-White people to worship in urban areas.

The Consultation also urges European congregations to co-operate by making their own buildings available for this purpose whenever practicable.

5. Freedom to Preach the Gospel.

The Church has the duty and right to proclaim the Gospel to whomever it will, in whatever the circumstances, and wherever possible consistent with the general principles governing the right of public meetings in democratic countries. We therefore regard as unacceptable any special legislation which would limit the fulfilment of this task.

6. Relationship of Churches

The Consultation urges that it be laid upon the conscience of us all that whenever an occasion arises that a church feels bound to criticise another church or church leader it should take the initiative in seeking prior consultation before making any public statement. We believe that in this way reconciliation will be more readily effected and that Christianity will not be brought into disrepute before the world.

7. Mutual Information.

The Consultation requests that means be found for the regular exchange of all official publications between the member churches for the increase of mutual understanding and information. Furthermore, churches are requested to provide full information to other churches of their procedures in approaching the Government. It is suggested that in approaches to the Government, delegations, combined if possible, multi-racial where appropriate, should act on behalf of the churches.

8. Co-operation in Future.

Any body which may be formed for co-operation in the future is requested to give its attention to the following :

(a) A constructive Christian approach to separatist movements;

(b) The education of the Bantu;

(c) The training of non-White leaders for positions of responsibility in all spheres of life;

(d) African literacy and the provision of Christian literature;

(e) The concept of responsible Christian society in all areas in South Africa, including the Reserves;

(f) The impact of Islam on Southern Africa.

9. Residential Areas.

The Consultation urges, with due appreciation of what has already been done in the provision of homes for non-White people, that there should be a greater security of tenure, and that residential areas be planned with an eye to the economic and cultural level of the inhabitants.

10. The Consultation urges the appointment by the Government of a representative commission to examine the migrant labour system, for the Church is painfully aware of the harmful effects of this system on the family life of the Bantu. The Church sees it as special responsibility to advocate a normal family life for the Bantu who spend considerable periods of time, or live permanently, in White areas.

We give thanks to Almighty God for bringing us together for fellowship and prayer and consultation. We relsove to continue in this fellowship, and we have therefore made specific plans to enable us to join in common witness in our country.

We acknowledge before God the feebleness of our often divided witness to our Lord Jesus Christ and our lack of compassion for one another.

We therefore dedicate ourselves afresh to the ministry of reconciliation in Christ.

(*Source: Cottesloe Consultation: The Report* 1961:73-78)

55 Further memorandum of the Nederduitsch Hervormde Kerk on Article III (1961)

In 1951 the Nederduitsch Hervormde Kerk accepted a new church law which stated that it is a church for whites only. This was in line with its mission policy which provided for entirely separate churches for non-white people and stipulated that white workers would not be sent to work among blacks. Article III of this church's regulations spells out the above arrangements. This document is a further memorandum on this Article:

Die agtergronde van Artikel III

Artikel III van die kerkwet lê enkele belangrike stellings neer en hierdie stellings is ouer as die huidige formulering van Artikel III. Hierdie stellings moet dan ook gesien word as erfenisse wat deur die voorgeslagte aan ons oorgedra is.

Die beleid van die kerk om die lidmaatskap van die sigbaar-georganiseerde Nederduitsch Hervormde Kerk tot Blankes te beperk het sy oorsprong enersyds in die praktyk van die rasse-verskille in Suid-Afrika en andersyds in die betekenis wat die Heilige Skrif vir die voorgeslagte gehad het. Die belangrike stellings in Artikel III is dus geformuleer nadat na die Heilige Skrif self geluister is en dit moet aanvaar word dat toe die voorgeslagte hierdie stellings geformuleer het daar nie gespeel of gedroom is nie. Daarom is dit ook van pas om, voordat iets oor die inhoud van Artikel III gestel word, 'n beknopte historiese oorsig te gee.

1. Die historiese agtergrond

Met die koms van Jan van Riebeeck in 1652 was sy eerste doel om 'n verversingstasie vir die vlote van die Verenigde Oos-Indiese Kompanjie te vestig en nie om die grondslae van 'n nuwe kolonie te lê nie. Die verhouding tussen die blanke nedersetters en die inheemse Nie-Blanke was dus nie van die eerste dag af daarop gerig om 'n permanente en vreedsame naas-mekaar-bestaan of deur-mekaar-bestaan van Blank en Nie-Blank te vestig nie. Die vraag van 'n min-of-meer permanente verhouding tussen Blank en Nie-Blank het met die voortgaan van die tyd gegroei. Enersyds kom hierdie vraagstuk op die voorgrond as dit blyk dat die verversingstasie aan die Kaap onvermydelik 'n nedersetting word. Andersyds word hierdie vraagstuk ook ingewikkelder en anders vanweë die ontmoeting aan die Oosgrens van die Kolonie tussen die Blanke en die suidwaarts-trekkende Bantoe volksgroepe.

Gedurende die bewindsperiode van die Oos-Indiese Kompanjie is daar hoofsaaklik op grond van Artikel XXXVI van die Nederlandse Geloofsbelydenis al sendingwerk onder die heidene aan die Kaap onderneem. Die Kompanjie het sieketroosters en predikante wat na sy kolonies gestuur is as amptenare van die Kompanjie, opdrag gegee om in die eerste plek die geestelike versorging van die werknemers van die Kompanjie ter hand te neem. Waar moontlik moes hulle ook die Woord van God verkondig aan die omwonende "Mooren en onchristelijken" (H A Wiersinga, *De Geschiedenis van de Zending*, Kampen, 1959, bl 37). Die Hottentotte en die ingevoerde slawe wat aan die Kaap so tot die christendom bekeer is, is in die bestaande Christelike gemeentes as lidmate opgeneem (T N Hanekom, *Helperus Ritzema van Lier*, Pretoria-Kaapstad, 1959, bl 202). Die sendingwerk vanweë die kerk was hoofsaaklik op die Hottentotte en die slawe gerig. Onder die Bantoes egter, met wie die koloniste in die agtiende eeu aan die Oostelike en Noord-Oostelike grense in botsing gekom het, is in daardie eeu geen sending onderneem nie (T N Hanekom, a w, bl 193–212). Die Bantoe het in ieder geval in die agtiende eeu hoofsaaklik buite die grense van die kolonie gestaan en het dus nie dadelik 'n rol in die samelewingspatroon aan die Kaap gespeel nie.

Hierdie proses waarin die Nie-Blanke wat binne die grense van die Kaapkolonie gewoon het, opgeneem is in die blanke gemeenskap was egter nie 'n proses wat absoluut deurgewerk het nie. Veral die aanraking met die Bantoe het die situasie laat verander en in die Oostelike grensdistrikte veral is die ontwikkeling van die samelewingspatroon van Blank en Nie-Blank aan die einde van die agtiende en die begin van die negentiende eeu anders as in die Westelike dele van die Kaapkolonie gewaardeer. Verskillende faktore het hierin 'n rol gespeel waarvan die negatiewe invloed van die yweraars van die London Missionary Society nie onderskat moet word nie (P J Muller, "Zending en Politiek", artikel in *Stemmen voor Waarheid en Vrede*, 1912, bl 957–977, asook S P Engelbrecht, *Niks Nuuts onder die Son*, ongepubliseerde rapport aan die Kommissie van die Algemene Kerkvergadering, 1960). In die kerk aan die Kaap word dit gedurende die agtiende en die negentiende eeu geleidelik duidelik dat die gebruik om die Blanke en die Nie-Blanke gelydelik in die kerk toe te laat, vele geregverdigde weerstande oproep. Daarom het die kerk aan die Kaap in 1857 besluit dat die nie-blanke Christene vervolgens in hulle eie kerkgeboue sal vergader (Handelingen der Negende Vergadering van de Synode der Gereformeerde Kerk van Zuid-Afrika, Kaapstad 1858, bl 60. Vgl ook *De Volksblad*, 10 November 1857 en *De Zuid-Afrikaan*, 9 November 1857.)

Uit die grensgebiede van die Oostelike Kaap het die grootste deel van die Voortrekkers gekom wat in die dertigerjare van die negentiende eeu uit die Kaap weggetrek het. Die oorsake van die Groot Trek word hier nie genoem nie (vgl. egter S P Engelbrecht *Geskiedenis van die Nederduitsch Hervormde Kerk van Afrika*, Pretoria 1953, bl 111–113 asook bl 122).

In die binnelande van Suid-Afrika het die Voortrekkers hulle eie

Republiek gevestig en die rasseverhoudings daar is gereël na hulle insigte. Hierdie insigte het hulle bekom uit hulle verstaan van die Heilige Skrif en uit hulle intieme kennis van die barbaars-heidense nie-blanke volkere wat hulle omring het. Hulle opvattings was seer sekerlik nié net uit die negentiende eeu afkomstig nie.

Omdat die Afrikanervolk omring was deur groot getalle nie-blanke heidene in die binnelande van Suid-Afrika, het hulle nie alleen 'n taak van selfhandhawing aanvaar nie, maar het hulle ook, veel meer as eersgenoemde geroepe gevoel om die lig van die Christelike geloof en beskawing te midde van hierdie heidendom brandende te hou. Daarom was vermenging met hierdie primitiewe en barbaarse nie-blanke heidene 'n onmoontlikheid vir die Afrikaner want dit sou beteken dat die Afrikaner resloos in dié heidendom verlore sou gaan. Om sy roeping en taak in Suid-Afrika te kon volvoer, moes die Afrikanervolk, so is geoordeel, as 'n entiteit behoue bly.

Die verhouding teenoor die barbaarse Nie-Blanke was egter nié eensydig-negatief nie, maar bowe-al positief. Dit word in die beginsel van blanke voogdyskap teruggevind, voogdyskap teenoor die barbaarse heidene wat nog in hulle primitiewe animisme gevange gesit het. Die Afrikaner het kragtens hierdie voogdyskap-opvatting homself verantwoordelik gevoel nie net vir die kerstening van die heidene nie, maar om hierdie volke ook op ander terreine te lei en op te hef. Egter nie deur middel van die opneem van die Nie-Blanke in die blanke gemeenskap nie, maar deur die Nie-Blanke in sy eie gemeenskap te laat, hom daar te kersten en op te hef. Dit blyk byvoorbeeld reeds duidelik uit die beroemde manifes van Piet Retief (*Grahamstown Journal*, 22 Januarie 1837):

"Ons sal geen enkele volk molesteer nie, nog wil ons hulle van hulle geringste besittings vervreem nie . . . Dit is ons voorneme om gedurende ons reis en wanneer ons in die land sal kom waar ons ons blywend gaan vestig, om aan die inboorlingstamme daar ons planne bekend te maak en ons begeerte om in vrede en in vriendskaplike betrekkings met hulle te lewe."

Die Voortrekkers het in die binneland van Suid-Afrika die Nie-Blanke nie van sy grondgebied beroof nie. So het Pres. Kruger hom ook oor hierdie aangeleentheid uitgelaat (S J P Kruger, *Aanspraak op 16 Dec 1891 te Paardekraal*):

"Wat men wilde bezitten, daarover handelde men met de barbaren, om het met vrede van hen te verkrijgen. Zoo waren er zwakke stemmen in den Vrijstaat aan wie niets is ontnomen."

In Zoeloeland is verder, na die slag van Bloedrivier ook nie meer van Natal in besit geneem nie as net dié deel wat wettiglik kragtens die Dingaan-traktaat van die Zoeloes verkry is. In dié deel van Zoeloeland wat nou aan die Voortrekkers behoort het, is geen politieke of ander voorregte aan die daar wonende of werkende Zoeloes verleen nie. Die Zoeloes in die Voortrekkerrepubliek het die onderdane van hulle eie owerhede gebly. Hier kan die kern van die beginsel van gelykheid-in-apartheid waargeneem word. Hierdie beginsel is in sy primitiewe vorm reeds deur die Oos-Indiese Kompanie in Suid-Afrika gebruik (vgl. onder andere D P J Haasbroek, *Die ontstaan van die Nie-Blanke Stemreg en die verskansing daarvan in die Suid-Afrikaanse Wet 1909*, Diss Stellenbosch, 1959, asook D P J Haasbroek, "Nie-Blanke stemreg en verteenwoordigende bestuur", artikel in *Historia*, Jaargang V, Johannesburg 1960, bl 93).

Hierdie staatkundige beleid wat gedra is deur die godsdienstige opvattings van die Voortrekkers is so ook in die grondwette van die OVS Republiek en die ZA Republiek neergelê. Daar bepaal die Grondwet van beide Republieke afsonderlik dat alléén Blankes aan die Nederduitsch Hervormde Kerke aldaar sal kan behoort en dat alleen Blankes politieke voorregte in dié Republieke sal geniet.

In die ZA Republiek het die Voortrekkers mettertyd hulle gesag ook uitgebrei oor die nie-blanke stamme wat binne die grense van die Republiek gewoon het. Maar hierdie stamme is nie van hulle grondgebied beroof nie. President Kruger het hom 'n keer hieroor as volg uitgelaat (S J P Kruger, *Verkiesingstoespraak 1882/3*):

"De nie-blanken-politiek in een Republiek met de zoo talrijke nieblanke-stammen, die onder ons en rondom ons wonen, biedt buitengewone moeilijkheden; als grondbeginsel moet hierbij steeds gelden, dat de barbaarschheid in toom gehouden en door gerechtigheid en beschaafdheid beheerscht wordt . . .

Wanneer de heilloze invloed van vreemden en vijanden der Republiek, die thans deze ongelukige nie-blanken zoo vaak voorpraten, dat zij zich niet hoeven te beschouwen als onderdanen van de Republiek, eenmaal uit de wereld zal zijn, dan is de tijd gekomen, waarin de nieblanken stammen de zegenrijke vruchten zullen plukken van het oude grondbeginsel der Republiek volgens welk beginsel elken stam van beduidenis onder de bescherming der Regeering een zeker gebied zal worden aangewezen."

Die vroegste enigsinds uitgewerkte skriftelike fiksering van die kerklike opvattings van die Voortrekkers ten opsigte van die Nie-Blanke vind ons opgeteken in 'n brief van die Gereformeerde Kerkraad en gemeente van ds D Postma in die OVS Republiek. Hierdie skrywe, gerig aan ds H de Cock te Kampen, gedateer 14 Januarie 1860, gee 'n baie duidelike beeld hoe die Voortrekkers oor die algemeen oor hierdie aangeleentheid gedink het. Dit is ook nie net 'n weergawe van iets wat in 1860 die eerste maal uitgedink is nie, maar is 'n weergawe van wat reeds deur die jare by die Afrikanervolk in die binnelande van Suid-Afrika geleef het. Die Gereformeerde gemeente stel hier:

"Omtrent de bekeerde kleurlingen, wij belijden een, heilige, algemeene christelijke Kerk en de gemeenschap der heiligen, én dus de ware, geloovige kleurlingen houden wij voor een gedeelte daarvan zoo wel als elke andere bekeerde natie volgens Psalm 37, Marcus 16:15–16, Handeling 10:15 en 11:17 en vele dergelijke plaatsen der H Schrift. Maar tot nu toe zien wij niet uit het Woord des Heeren dat wij hen daarom in de zelfde maatschappelijke rechten moeten laten delen, 1 Korintiërs 7:20 en 21, zie ook de Brief aan Philemon. En dit zoude met de oog op de natiën, die ons hier omsingelen, voor de blanke bevolking eene staatkunde zijn tot hun eigen ondergang en tot verderf dier natiën zelve naar menschelijke beschouwing. Evenzoo achten wij het voor hen en ons beiden eene volstrekte behoefte, althans naar onze tegenwoordige toestand en inzicht, dat zij hunne godsdienst afzonderlijk houden, en ook opeene bijzonderlijke wijze in hunne geestijke behoeften worden verzorgd en bestuurd."

Die algemene patroon van die kerklike lewe in die ZA Republiek was dat die bestaande Nederduitsch Hervormde Kerk alleen daar is vir die Blanke en dat die Nie-Blanke wat tot die Christendom bekeer is nie in dieselfde kerklike verband as die Blanke opgeneem is nie. Dit het egter nie beteken dat die kerk die aanraking met die Evangelie van die Nie-Blanke weerhou het nie. Inteendeel. Afgesien van die feit dat die lidmate van die kerk hulle huisbediendes die huisgodsdiensoefeninge laat bywoon het, het die Nederduitsch Hervormde Staatskerk, wat weens 'n verlammende tekort aan predikante nie self enige sendingwerk ter hand kon neem nie, en die Republikeinse owerheid die sendingwerk onder die heidene deur Kaapse, Duitse, Switserse en Franse protestantse sendinggenootskappe verwelkom. Hier kan net opgemerk word dat daar nooit enige belangstelling vir die sendingwerk in Suid-Afrika deur die Nederlandse Hervormde Kerk, wat uit die aard van die saak die belangstelling vir die ZA Republiek en die Afrikanervolk gehad het, getoon is nie!

Die Afrikaner se kerklike en staatkundige beleid teenoor die Nie-Blanke het 'n dubbele gevolg gehad. Enersyds het die Afrikaner in die ZA Republiek sy Staat en Kerk Blank gehou. Andersyds het die Afrikaner as voog van die Nie-Blanke homself verantwoordelik gehou vir die godsdienstige, maatskaplike, ens. ontwikkeling van die primitiewe en barbaarse Nie-Blanke. Daarom is daar ook nooit deur die Afrikaner in sy Republieke uitmoordingsveldtogte van die Nie-Blankes op tou gesit soos dit wel in die geskiedenis van Noord-Amerika, Australië, Kanada en Nieu-Zeeland aangetref word nie. Laat dit ook erken word dat die Nie-Blanke enorm veel meer gewen het op alle terreine vanweë hierdie positiewe houding wat die Afrikaner teenoor hom ingeneem het, as wat hy skade kon gely het omdat hy nie lidmaat van die Afrikaner se kerk kon wees nie.

2. Die kerkregtelike agtergrond

Artikel III staan dus in die kerkwet ook op grond van die histories-gegroeide situasie en is as sodanig 'n erfenis van die verlede. Met die oog op die beginsels wat op die Convent van Wezel in 1568 neergelê is, kan gesê word dat hierdie artikel in die kerkwet staan kragtens die voortdurende gewoonte van die kerk.

Die opvattings van die Afrikaner het in die vorige eeu op die punt van die verhouding tot die Nie-Blanke, gebots met die opvattings van die Engelse koloniale owerheid en die sendelinge van die "London Missionary Society". Hierdie botsing bestaan vandag nog tussen die geestelike erfgename van die opvattings van die Afrikaner en van die opvattings van dr Phillip, Van der Kemp, Read en dergelike. Die gevolg van hierdie voortdurende botsing is dat daar by herhaling vraagtekens geplaas word agter die Afrikaner se opvattings. Die vraag doen hom vandag voor of Artikel III nog as Skrifmatig beskou kan word en of dit in die kerkwet gehandhaaf kan bly.

Nou moet hier 'n prinsipieel belangrike punt ten opsigte van die kerkreg gestel word. Die kerkregtelike arbeid van die kerk van die verlede toe die kerk sy organisatoriese orde omlyn en bepaal het en ook die artikel geformuleer het wat in ons kerkwet as Artikel III staan, het vir ons van vandag wel waarde, maar geen absolute waarde nie. Want die kerkregtelike formuleringe van die kerk ten opsigte van die orde van die kerk is nie heils-noodsaaklik nie en kan dit ook nooit wees nie. Heilsnoodsaaklik vir alle tye is alleen die Woord van God, Jesus Christus, wat as Hoof van sy Liggaam op aarde, naamlik die kerk, gehoorsaam moet word. Daarom, die kerkregtelike beslissings van die kerk in die verlede en ten opsigte van die toekoms het alleen maar relatiewe waarde. Tog het die wyse van kerkinrigting met Jesus Christus te make en dit moet ook in die kerklike ordening erken word. Daarmee word egter nie gesê dat die orde van die kerk, soos opgeteken in sy kerkwet, op dieselfde manier as die Belydenisskrifte Skriftuurlik moet wees nie, want die orde van die kerk is nie heilsnoodwendig nie. Die teenoorgestelde standpunt word natuurlik deur die Kerk van Rome ingeneem. Maar dié standpunt kan nie deur 'n Kerk van die Hervorming ingeneem word sonder om Luther se beslissende daad op 10 Desember 1520, toe hy die *Corpus Iuris Canonici* verbrand het, te verloën nie.

Ten opsigte van sy orde erken die kerk dat die norm daarvan die Heilige Skrif is. Maar omdat die kerk nie net geloofsgemeenskap is nie maar ook 'n aardse organisme, het die kerkreg ook 'n wortel in die wêreldlike reg en in die praktyk. Hieruit vloei voort dat daar nié soiets soos 'n algemeen-geldende kerkreg is wat vir almal en alle tye presies dieselfde sal wees nie.

Die outoriteit en geldigheid van die kerkreg word daaraan ontleen dat dit vir die bepaalde kerk waarin die betrokke kerkorde geld in die bepaalde historiese situasie waarin die kerk verkeer, werklik die gehoorsaamheid aan Jesus Christus, die Hoof van die kerk, tot uiting bring. Vergelyk hier die *Confessio Gallicana* (Franse geloofsbelydenis), Artikel XXIX.

Ten opsigte van Artikel III beteken dit dat ook hierdie bepaling nie gesien word as heils-noodwendig nie. Dit is 'n artikel wat 'n bepaling maak vir die kerk vir die situasie waarin die kerk op hierdie oomblik verkeer. In sy beoordeling van die situasie laat die kerk hom, ten opsigte van sy reg en orde in die eerste plek lei deur die Heilige Skrif, daarna deur die voorbeeld van die apostels en ten slotte ook deur die voortdurende gewoonte van die kerk. Dit is, volgens die *Convent van Wezel* van 1568, die bronne van die kerklike reg.

(*Source:* Van Wyk 1978:218-225)

56 Message to the People of South Africa (1968)

The South African Council of Churches came into the limelight in 1968 with the publication of its 'Message to the People of South Africa'. The 'Message' emerged from a conference of the World Council of Churches which was held in Geneva in 1966 on the theme of 'Church and society'. The gist of this document was to show in what ways apartheid was incompatible with the gospel of Jesus Christ. It appealed to the obedience of Christians in South Africa and to their supreme loyalty to Jesus Christ:

A MESSAGE TO THE PEOPLE OF SOUTH AFRICA

IN THE NAME OF JESUS CHRIST

We are under an obligation
to confess anew our commitment
to the universal faith of Christians.
The eternal gospel of salvation
and security in Christ alone.

1. What the Christian Gospel says

The Gospel of Jesus Christ
is the good news that in Christ God has broken down the walls of division between God and man, and therefore also between man and man.

The Gospel of Jesus Christ
declares that Christ is the truth who sets men free from all false hopes of grasping freedom for themselves, and that Christ liberates them from a pursuit of false securities.

The Gospel of Jesus Christ
declares that, in the crucifixion of Jesus, sin has been forgiven, and that God has met and mastered the forces that threaten to isolate man and destroy him.

The Gospel of Jesus Christ
declares that, in the resurrection of Jesus, God showed himself as the conqueror and destroyer of the most potent of all forms of separation, namely death, and he proved the power of his love to overthrow the evil powers of fear, envy and pride which cause hostility between men.

The Gospel of Jesus Christ
declares that, by this work of Christ, men are being reconciled to God and to each other, and that excluding barriers of ancestry, race, nationality, language and culture have no rightful place in the inclusive brotherhood of Christian disciples.

The Gospel of Jesus Christ
declares that God is the master of this world, that his is the mind and purpose that shapes history, and that it is to him alone, and not to any subsection of humanity, that we owe our primary obedience and commitment.

The Gospel of Jesus Christ
declares that we live in the expectation of a new heaven and a new earth in which righteousness dwells; that the Kingdom of God is present already in Christ and

through the Holy Spirit; and that it therefore now demands our obedience to his commandments and our faith in his promises.

2. *Our Concern*

This, in summary, is the Gospel of salvation in Jesus Christ. It offers hope and security for the whole life of man; it is to be understood not only in a mystical and ethical sense for the salvation of the individual person, and not only in a sacramental and ecclesiastical sense within the framework of the Church; the Gospel of Christ is to be understood in a cultural, social (and therefore political), cosmic and universal sense, as the salvation of the world and of human existence in its entirety. Further, the Gospel of Christ is not only the object of our hopes; it should be experienced as a reality in the present.

For this reason, Christians are called to witness to the significance of the Gospel in the particular circumstances of time and place in which they find themselves. We, in this country, and at this time, are in a situation where a policy of racial separation is being deliberately effected with increasing rigidity. The effects of this are to be seen in a widening range of aspects of life — in political, economic, social, educational and religious life; indeed, there are few areas even of the private life of the individual which are untouched by the effects of the doctrine of racial separation. In consequence, this doctrine is being seen by many not merely as a temporary political policy but as a necessary and permanent expression of the will of God, and as the genuine form of Christian obedience for this country. But this doctrine, together with the hardships which are deriving from its implementation, forms a programme which is truly hostile to Christianity and can serve only to keep people away from the real knowledge of Christ.

There are alarming signs that this doctrine of separation has become, for many, a false faith, a novel gospel which offers happiness and peace for the community and for the individual. It holds out to men a security built not on Christ but on the theory of separation and the preservation of their racial identity. It presents separate development of our race-groups as a way for the people of South Africa to save themselves. Such a claim inevitably conflicts with the Christian Gospel, which offers salvation, both social and individual, through faith in Christ alone.

This false offer of salvation is being made in this country in the name of Christianity. Therefore, we believe that the Church must enable all our people to distinguish between this false, novel gospel and true eternal gospel of Jesus Christ. We believe that it is the Church's duty to enable our people to discriminate more carefully between what may be demanded of them as subjects or citizens of the State of South Africa and what is demanded of them as disciples of Jesus Christ.

3. *The Gospel's Claim*

The Christian Gospel declares that there is no other name than that of Christ whereby men must be saved. Thus salvation in Christ exposes the falsity of hope of salvation through any other means.

The first Christians, both Jews and Gentiles, discovered that God was creating a new community in which differences of race, nation, culture, language and tradition no longer had power to separate man from man. We are under an obligation to assert this claim and to live by it. We are under an obligation to assert that the most significant features of a man are not the details of his genetic inheritance, nor the facts of his ancestry. The most significant features of a man are the characteristics which enable him to be a disciple of Christ — his ability to respond to love, to make choices, to work as a servant of his fellowmen; these are the gifts of the grace of God at work in the individual person; and to insist that racial characteristics are more important than these is to reject our own humanity as well as the humanity of the other man.

But, in South Africa, everyone is expected to believe that a man's racial identity is the most important thing about him. Until a man's racial identity is established, virtually no decisions can be taken; but, once it is established, it can be stated where he can live, whom he can marry, what work he can do, what education he can get, whose hospitality he can accept, where he can get medical treatment, where he can be buried — and the answer to multitudes of other questions can be supplied once this vital fact is established. Thus, we are being taught that our racial identity is the final and all important determining factor in the lives of men. As a result of this faith in racial identity, a tragic insecurity and helplessness afflicts those whose racial classification is in doubt. Without racial identity, it appears, we can do nothing: he who has racial identity has life; he who has not racial identity has not life. This amounts to a denial of the central statements of the Gospel. It is opposed to the Christian understanding of the nature of man and community. It, in practice, severely restricts the ability of Christian brothers to serve and know each other, and even to give each other simple hospitality. It arbitrarily limits the ability of a person to obey the Gospel's command to love his neighbour as himself.

Attempts have been made to support racial separation from Scripture. For instance, it is said to have the authority of an order of creation, which was divinely confirmed by the confusion of tongues at the Tower of Babel and emphasized again at Pentecost. The fact is, however, that the event of Pentecost asserts and demonstrates the power of the Holy Spirit to draw men into one community of disciples in spite of differences of languages and culture and it is thus the way by which the disunity of Babel is healed.

The Bible's teaching about creation has nothing to say about the distinctions between races and nations. God made man — the whole human race — in his image. God gave to man — the whole human race — dominion over the rest of creation. Where differences between people are used as badges or signs of opposing groups, this is due to human sin. Any scheme which is proposed for the rectifying of our disorders must take account of this essentially sinful element in the divisions between men and between groups of men. Any scheme which is claimed to be Christian must also take account of the reconciliation already made for us in Christ. The policy of separate development does not take proper account of these truths. It promises peace and harmony between the peoples of our country not by a faithful and obedient pursuit of the reconciliation wrought by Christ, but through separation, which, being precisely the opposite course, is a demonstration of unbelief and distrust in the power of the Gospel. Any demonstration of the reality of reconciliation would endanger this policy; therefore the advocates of this policy inevitably find themselves opposed to the Church if it seeks to live according to the Gospel and if it shows that God's grace has overcome our hostilities. A thorough policy of racial separation must ultimately require that the Church should cease to be the Church.

Everywhere, sin corrupts God's creation, particularly, it exploits differences to generate hostility. The policy of separate development is based on the domination of one group over all others; it depends on the maintenance of white supremacy; thus it is rooted in and dependent on a policy of sin. The Christian Gospel declares that God has acted to overthrow the policy of sin. God is bringing us from a living death to a new life; and one of the signs that this has happened is that we love the brethren. But, according to the Christian Gospel, our "brethren" are not merely the members of our own race-group, nor are they the people with whom we may choose to associate. Our brother is the person whom God gives to us. To dissociate from our brother on the grounds of natural distinction is to despise God's gift and to reject Christ.

The Gospel of Jesus Christ declares that God is love. This is not an easy doctrine. It is not "sentimental humanism". It is far easier to believe in a god who is less than love and who does not require a discipleship of love. But if God is love, separation is the ultimately opposite force to God. The will to be separate is the most complete refusal of the truth. The life of separation is the most plain denial of life. The Christian Gospel declares that separation is the supreme threat and danger, but that in Christ it has been overcome. According to the Christian Gospel, we find our identity in association with Christ and with each other. Apartheid is a view of life and a view of man which insists that we find our identity in dissociation and in distinction from each other. A policy of separate development which is based on this concept therefore involves a rejection of the central beliefs of the Christian Gospel. It calls good evil. It rejects as undesirable the good reconciliation and fellowship which God is giving to us by his Son. It seeks to limit the limitlessness of God's grace by which all men may be accepted in Jesus Christ. It seeks to confine the operation of God's grace within the barriers of human distinctions. It reinforces divisions which the Holy Spirit is calling the People of God to overcome. This policy is, therefore, a form of resistance to the Holy Spirit.

4. *Our Task*

People should be able to see the Gospel of Christ expressed in the life of the Church. They should be able to see in the Church an inclusive fellowship and a freedom of association in the Christian brotherhood. They should be able to see the power of God at work in the Church changing hostility into love of the brethren. We are indeed thankful for these signs of God's grace where they are to be seen in the life of the Church. But, even in the life of the Church, there is conformity to the practices of racial separation; and the measure of this conformity is the measure of the Church's deviation from the purpose of Christ.

Our task is to work for the expression of God's reconciliation here and now. We are not required to wait for a distant "heaven" where all problems will have been solved. What Christ has done, he has done already. We can accept his work or reject it: we can hide from it or seek to live by it. But we cannot postpone it, for it is already achieved. And we cannot destroy it, for it is the work of the eternal God.

5. *We must obey God rather than men*

The Gospel of Jesus Christ declares that Christ is our master, and that to him all authority is given. Christians betray their calling if they give their highest loyalty, which is due to Christ, to one group or tradition, especially where that group is demanding self-expression at the expense of other groups. Christ is the master and critic of all of us and of all our groups. He is the judge of the Church also. If the Church fails to witness for the true Gospel of Jesus Christ it will find itself witnessing for a false gospel. If we seek to reconcile Christianity with the so-called "South African way of life", (or any other way of life) we shall find that we have allowed an idol to take the place of Christ. Where the Church thus abandons its obedience to Christ, it ceases to be the Church; it breaks the links between itself and the Kingdom of God. We confess, therefore, that we are under an obligation to live in accordance with the Christian understanding of man and of community, even if this be contrary to some of the customs and laws of this country.

Many of our people believe that their primary loyalty must be to their group or tradition or political doctrine, and that this is how their faithfulness will be judged. But this is not how God judges us. In fact, this kind of belief is a direct threat to the true salvation of many people, for it comes as an attractive substitute for the claims of Jesus. It encourages a loyalty expressed in self-assertion: it offers a way of salvation with no cross. But God judges us, not by our faithfulness to a sectional group but by our willingness to be made new in the community of Christ. We believe that we are under an obligation to state that our country and Church are under God's judgement, and that Christ is inevitably a threat to much that is called "the South African way of life". We must ask ourselves what features of our social order will have to pass away if the lordship of Christ is to be fully acknowledged and if the peace of God is to be revealed as the destroyer of our fear.

But we believe that Christ is Lord, and that South Africa is part of his world. We believe that his kingdom and its righteousness have power to cast out all that opposes his purposes and keeps men in darkness. We believe that the word of God is not bound, and that it will move with power in these days, whether men hear or whether they refuse to hear. And so we wish to put to every Christian person in this country the question which we ourselves are bound to face each day; to whom, or to what are you truly giving your first loyalty, your primary commitment? Is it to a subsection of mankind, an ethnic group, a human tradition, a political idea; or to Christ?

May God enable us to be faithful to the Gospel of Jesus Christ, and to be committed to Christ alone!

"A Message to the People of South Africa" is the work of the Theological Commission of the South African Council of Churches, and its publication is authorised by the Council.

The Biennial Meeting of the Council resolved "that individual Christians be invited to sign the document as an expression of their Christian commitment and that member churches of the Council be invited to give it serious consideration." If individuals or groups sign copies of the Message as an act of identification with it, it would add to the significance of the act if the South African Council of Churches was informed.

The Message is offered as a basis for study and action. Some may like to read it aloud in Church groups or to congregations and distribute copies to members of parishes.

The next commitment of the Theological Commission of the South African Council of Churches is to develop in greater detail the significance of the paragraph "Our Task," and to work out the practical implications of this statement of faith for both Church and Society.

Published by the South African Council of Churches June, 1968.

(*Source:* Thomas 1975:107-112)

Christianity in South Africa in contemporary times, 1968-1990

57 Constitution of the South African Council of Churches (1969)

In 1959, during an ecumenical conference held in Johannesburg on the theme of 'Christian responsibility toward areas of rapid social change', a continuation committee was appointed to negotiate the formation of a council in which all churches in South Africa would be represented. Because of Sharpeville and the subsequent Cottesloe Conference, however, these negotiations never took place. Although for a number of years after 1960 the Christian Council of South Africa existed to a large extent only in name, it decided in 1962 to become affiliated to the World Council of Churches. However, by 1968 it was reorganised and its new constitution also provided for its name to be changed to the South African Council of Churches:

CONSTITUTION OF THE SOUTH AFRICAN COUNCIL OF CHURCHES

As amended on 6th August, 1969

1. Name

The name of the organisation shall be THE SOUTH AFRICAN COUNCIL OF CHURCHES (hereinafter referred to as "the Council").

2. Objects

The Principal Objects of the Council shall be:

(a) To foster that unity which is both God's Will and His gift to the Church, by discussions, conferences, ecumenical studies, joint endeavour and in such other ways as may from time to time seem expedient;

(b) To co-ordinate the work and witness of Churches and Missionary Societies and other Christian Organisations and Institutions in South Africa in order more effectively to carry out the Church's Mission in the World;

(c) To undertake on behalf of Churches and Missionary Societies such joint action and service as may be possible and to encourage joint action and service among member Churches;

(d) To do all such things and to encourage all such things as may best be calculated to reduce in scope the divisive factors, whether doctrinal or otherwise, presently existing among the Christian Churches.

In furtherance of the above Principal Objects the Council shall have the following powers:

(i) To bring together representatives of the Churches and Missionary Societies for conference and counsel on any matters bearing upon the welfare of the Church;

(ii) To promote fellowship and an atmosphere of trust and goodwill among Churches so that Christians of different traditions have an opportunity to think and pray together and make plans for common action;

(iii) To promote joint action when the Council is authorised to do so by its constituent members;

(iv) To provide liaison between the Christian Churches of South Africa, the World Council of Churches, its Division of World Mission and Evangelism, and Regional and National Christian organisations and Councils in other lands;

(v) To promote, foster and encourage contact and liaison with non-member Churches, with a view to joint action with such Churches where possible, and with the goal of their ultimate inclusion in the Council;

(vi) To promote, foster and encourage, both at the national and regional level, study of all matters pertaining to the unity and witness of the Church, including Faith and Order and Life and Work;

(vii) To promote, foster and encourage co-operation in missionary activity, especially in evangelistic, educational and medical work, and in the promotion and production of indigenous literature;

(viii) To promote, foster and encourage work being done by the Churches in the field of Youth, Sunday School, Adult Education, formal secular and Christian education, and the use of audio-visual aids in educations;

(ix) To establish an Inter-Church Aid Fund in order to create an instrument whereby:

(a) Churches may help one another to ensure that available resources are brought to bear upon the most urgent needs;

(b) Churches in areas of need may be strengthened to minister to people in want;

(c) Churches can help victims of emergencies, whoever and wherever they may be and whatever the cause of their distress;

(d) Such services as the Churches desire to carry out co-operatively may be organised, and, if appropriate, administered centrally;

(x) To promote the study of national and social problems affecting the Church and to bear faithful witness to Christian principles in matters relating to the welfare of all the peoples of our land, and to take such action and to make such representations as are in accord with Christian convictions and a desire to see in South Africa a social order consistent with the Gospel of Jesus Christ;

(xi) To accept subscriptions, gifts, donations and bequests, and to raise funds and to use and invest such subscriptions, gifts, donations, bequests and monies raised towards the attainment of the aims and objects of the Council;

(xii) To acquire by purchase, donation, lease, exchange, or by other means, any immovable or movable property, and to construct, or cause to be constructed any buildings, or erections for use in furtherance of the objects of the Council, for purposes incidental thereto, and to sell or otherwise dispose of such property. Any property so purchased shall be registered in the name of the Council;

(xiii) To borrow money for use in the furtherance of the Council's objects, to mortgage any property owned by the Council, and to perform any such acts as may be necessary to give effective security for the repayment of such loans;

(xiv) To employ any person or persons whose services may be deemed necessary to the attainment of the Council's objects;

(xv) To do all such other acts as may be necessary in the attainment of the Council's objects or any one of them.

3. **Membership**

(i) **Membership of the Council shall be available to:**

(a) All Churches which are able to subscribe to the following doctrinal basis:
"A Fellowship of Churches which confess the Lord Jesus Christ as God and Saviour according to the Scriptures and therefore seek to fulfil their common calling to the Glory of one God, Father Son and Holy Ghost".

(b) Missionary Societies and other Christian organisations whose policies, constitutions and doctrinal standards have been approved by the National Executive;

Provided that the application for membership of all such Churches, Missionary Societies and Christian organisations shall have been approved by the National Conference and shall have been accompanied by an undertaking to meet and pay such membership fees and charges as may be determined by the National Conference from time to time in consultation with each member Church, Missionary Society and Christian organisation. The National Conference may, with the consent of each member Church, Missionary Society and Christian organisation, agree upon a minimum membership fee. If any member body fails to pay its fees for two consecutive years its membership may be forfeited by a decision of the Executive Committee or the National Conference.

(ii) Any member of the Council may terminate such membership by giving to the General Secretary three months' notice in writing provided that termination of membership shall not relieve such member of liability for any affiliation fees which in terms of clause 3 of this constitution, had accrued prior to such termination.

4. Administration

The affairs of the Council shall be administered by the following bodies:

A. THE NATIONAL CONFERENCE

There shall be a National Conference consisting of appointees of Member Churches, Missionary Societies and other Christian organisations which are members of the Council and in accordance with the following formulae;

(a) *Member Churches:*

(i) Up to 60 000 members and adherents—Two Representatives;

(ii) Between 60 000 and 100 000 members and adherents—Three Representatives;

(iii) In excess of 100 000 members and adherents, for every additional 100 000 members and adherents—One Representative;

Provided that the maximum representation of any one member Church shall be Eight Representatives;

(b) *Missionary Societies*

Missionary Societies which are Members of the Council may appoint representative to the National Conference on a basis similar to the representation for Member Churches;

(c) *Other Christian Organisations:*

Each such Organisation whose application for membership has been approved by the National Conference shall be entitled to elect One Representative to the National Conference;

(d) *Regional Councils:*

Regional Councils as hereinafter defined may elect One Representative to the National Conference;

(e) *Honorary Vice-Presidents:*

It shall also be competent for the National Conference to elect such number of Honorary Vice-Presidents as it shall decide. Such Honorary Vice-Presidents shall be invited to attend National Conferences, shall be entitled to speak, but shall not have the right to vote. Those persons already holding the office of permanent Vice-President of the Christian

Council of South Africa shall be the first Honorary Vice-President of the Council;

(f) *Co-opted Members:*
The National Conference may co-opt other persons whose presence is considered to be necessary or desirable by virtue of their special skills or knowledge provided that the number of co-opted persons at any one time shall not exceed Five;

(g) *The Officers of the Council:*
The Officers of the Council as hereinafter mentioned shall be ex officio Members of the National Conference;

(h) *Observers:*
It shall be competent for the National Conference to invite churches to adopt a relationship with the Council to be described as "Observer". A Church so invited may nominate two persons to attend meetings of the National Conference with the right to speak but not to vote. Churches so invited to be "Observers" shall have the right to nominate representatives to serve Divisions of the Council provided that the fact of so serving shall not confer upon such representatives the right to vote at meetings;

(i) *Credentials:*
All members appointed or co-opted to the National Conference shall produce such proof as may be required from time to time by the Officers of the Council that they have been duly elected, and it is expected that Member Churches, Missionary Societies and other Christian Organisations will inform the General Secretary in writing of the name and address of its representative or representatives from time to time.

B. REGIONAL COUNCILS:

The National Conference shall promote and encourage the establishment of Regional Councils which shall be formed in defined geographical areas in order to promote and carry out the aims and objects of the Council in such areas. Such Regional Councils shall be affiliated to the Council on the approval of the constitution by the National Conference. Churches which are not members of the Council may qualify for membership of Regional Councils.

C. EXECUTIVE COMMITTEE:

The Executive Committee of the Council shall be elected annually by the National Conference and shall consist of:-

(i) The Officers of the Council;
(ii) One representative with alternates of each Church and Missionary Society which is entitled under Clause 4 A hereof to appoint eight representatives to the National Conference;

(iii) Four representatives with alternates of those members of the Council which are not represented under (ii) above;

(iv) Not more than two representatives co-opted by the Executive Committee for their special knowledge or experience;

(v) In the unavoidable absence of Members of the Executive Committee alternates shall be invited to serve.

D. FINANCE COMMITTEE:

There shall be a Finance Committee consisting of such Officers and Staff of the Council as may be appointed from time to time by the Executive Committee, together with eight other members appointed by the Executive Committee skilled in matters of finance and of whom two shall, if possible, be Ministers of Religion and one a layman learned in the law, which Finance Committee shall have power to co-opt not more than four additional members.

E. VIGILANCE COMMITTEE:

There shall be a Vigilance Committee, to be convened when required, to take such action on behalf of the Council as may be referred to it by the National Conference or the Executive Committee. It may also take the initiative in investigating urgent matters but shall not issue public statements or take any action committing the Council without the approval of the National Conference or the Executive Committee. It shall consist of the Officers of the Council and Members of the National Conference resident in the Johannesburg/Pretoria areas (if the headquarters of the Council are in Cape Town) or resident in Cape Town (if the headquarters of the Council are in Johannesburg/Pretoria) and not more than five other persons appointed by the National Conference or the Executive Committee.

F. OFFICERS OF THE COUNCIL:

The following officers of the Council shall be elected by the National Conference and, if not so elected for any reason, shall be appointed by the Executive Committee:

(i) *A President:* Who shall preside at all meetings of the National Conference and shall be recognised as the leader of the Council and the National Conference during his term of office, and who shall present the presidential address at each meeting of the National Conference;

(ii) *Two Vice-Presidents:* One of whom shall be designated as the senior, and who shall deputise for the President in his absence. In the absence of both the President and the senior Vice-president, the remaining Vice-President shall deputise for the President. The Vice-

Presidents shall undertake such other duties as may be allocated to them from time to time by the President or by the National Conference.

(iii) *A General Secretary:* Who shall be the principal executive officer of the Council and who shall carry out such duties as may be required of him from time to time by the National Conference. His functions shall not be confined to routine duties but shall include the general direction of the affairs of the Council and of the National Conference and he shall be responsible for the administration and oversight of all staff employed by the Council. He shall ensure that all the administrative bodies of the Council carry out their duties and conduct their affairs in the best interests of the Council, and shall co-ordinate the work of the staff of the Divisions established in terms of Clause 8; he shall maintain liaison with other Regional and National Councils with the World Council of Churches; he shall be a full-time salaried official whose term of office, emoluments, allowances and conditions of service shall be determined by the National Conference from time to time;

(iv) *A Treasurer:* Who shall be responsible for the safe custody of funds, the maintenance of the bookkeeping system, the timeous preparation of financial statements as may be required by the National Conference, Finance Committee and the Executive Committee; he shall maintain liaison with the auditors for the time being of the Council and shall be responsible for the carrying out of the policy of the Finance Committee from time to time;

(v) *Other Officers:* The National Conference may from time to time elect or appoint other persons as Officers of the Council to fill its needs which may arise from time to time and upon such terms and conditions as may be approved by the Council

G. SPECIAL COMMITTEES:

The National Conference and the Executive Committee may from time to time appoint such Special Committees, either from their own or from any other administrative body herein referred to, for such purposes not inconsistent with the objects of the Council, as they may think fit, and shall further have power to modify or revoke such appointments.

H. The National Conference and the Executive Committee may from time to time appoint Directors of Divisions and other members of staff for such purposes as are not inconsistent with the objects of the Council, and shall further have power to modify and revoke such appointments.

5. Meetings:

A. *National Conference:* The National Conference shall meet not less frequently than once in every calendar year at such time and place as may be determined by the Executive Committee and upon not less than one month's notice accompanied by an agenda.

B. *Executive Committee:* The Executive Committee shall meet not less frequently than three times in each calendar year and at such other times as the General Secretary, in consultation with the Officers of the Council shall deem necessary.

C. *Regional Councils:* The Regional Councils shall meet at such times and at such places as may be determined in accordance with their Constitution duly approved in accordance with the provisions of Clause 4 B hereof.

D. *Finance Committee:* The Finance Committee shall meet as far as may be practical once in each calendar month under the Chairmanship of the General Secretary, or his nominee, and upon not less than ten days' notice accompanied by an agenda; provided that the General Secretary may call a meeting of the Finance Committee on such shorter notice as he may determine for the purpose of dealing with a matter of urgency.

E. *Staff of the Council:* The members of the Staff of the Council shall be under the control of the General Secretary and shall meet whenever they are required to do so by the General Secretary or other Officer or member of Staff to whom the General Secretary may have delegated power to call such meeting.

F. *Special Committees and Vigilance Committee:* Special Committee and the Vigilance Committee shall meet at such times and at such places and upon such period of notice as may be determined by the Chairman of such Committees from time to time and shall perform such functions as may be delegated by the National Conference or the Executive Committee.

6. Voting

Every member of each body constituted under Clause 4 hereof shall have one vote at meetings of that body, provided that, for the purpose of avoiding a deadlock, the Chairman of every such body shall have a second or casting vote in addition to his deliberative vote.

7. Responsibility

A. *National Conference:* The National Conference shall be responsible for determing the policy of the Council from time to time and shall ensure that it is carried out. It may delegate to such Committees as it deems fit such functions as may seem appropriate.

B. *Executive Committee:*

(i) The Executive Committee shall be responsible for the administration of the affairs of the Council between meetings of the National Conference and for determining the manner in which the policy is carried out.

(ii) The Executive Committee shall be responsible with the assistance of the Staff of the Council and the Finance Committee for the preparation of a budget for the income and expenditure of the Council in each financial year which shall be adopted and approved as hereinafter provided. *No expenditure in excess of R250,00 not approved in the budget shall be undertaken or approved without the prior authority of the Finance Committee.* The financial year of the Council shall be from 1st January to 31st December.

(iii) The Executive Committee shall be responsible for the correctness of the minutes of meetings of the National Conference and shall approve such minutes not later than four months after the meeting of the National Conference to which such minutes refer.

C. *Regional Councils:*

Regional Councils shall operate in terms of their own constitution and assume such responsibilities and perform such acts as are in harmony with the Constitution of the South African Council of Churches.

D. *Finance Committee:*

The Finance Committee shall be responsible for advising and assisting the National Conference, the Executive Committee and the General Secretary on matters of finance. In particular, it shall be the function of the Finance Committee:

(i) To consider, and if thought fit, to ratify the budget referred to in Clause 10.

(ii) To advise on methods of securing funds for the purposes of the Council, the allocation thereof and the expenditure thereof.

(iii) To consider and advise on any plans for financing and funding projects which may be recommended by the National Conference, the Executive Committee, Divisions or Regional Councils.

(iv) To assist in determining the priority of expenditure.

(v) To advise on and assist in the investment of funds not immediately required.

(vi) To consider, and if thought fit, to sanction any expenditure which may be immediately required in connection with the administration of the Council, fund raising and the implementation of decisions of the Executive Committee involving expenditure not provided for in the budget referred to in Clause 7B(ii), provided that funds are available for the purpose.

(vii) T open or cause to be opened such banking accounts with such financial institutions as it deems fit and to arrange for the operation of current investment accounts from time to time. Until otherwise resolved by the National Conference, any cheque and every document pertaining to the investment of monies of the Council shall be signed by any two of the following: The General Secretary, the Administrative Secretary, any one of the Directors of the Divisions, all being empowered to sign, and any member of the Finance Committee.

(viii) To appoint an auditor, who shall prepare and audit the annual accounts for the approval of the National Conference.

E. *Staff of the Council*

Members of the Staff of the Council shall carry out such duties as may be assigned to them from time to time by the Divisional Committees, by the Executive Committee, the National Conference or by the General Secretary or such officer or member of staff or committee to whom the General Secretary may have delegated any of his powers for the time being. Provided that in the absence of the General Secretary the President or Vice-President may act in his stead for the purpose of directing the activities of the staff.

F. *Special Committees*

Special Committees shall assume such responsibilities as may be assigned to them from time to time by the National Conference or the Executive Committee.

8. Divisions

A. The National Conference may from time to time establish Divisions of the Council's responsibilities and may appoint as Directors of such Divisions such persons as it may from time to time determine upon such terms and conditions not inconsistent with this Constitution as it may in writing direct.

B. Directors of Divisions shall be assisted by the Divisional Committees on which Churches, Missionary Societies and other Christian Organisations which are members of the Council in terms of Clause 3 hereof, shall be invited to appoint a representative with special interest or knowledge of the concerns of the Divisions. Additional members of Divisions may be appointed by the Executive Committee. Vacancies occurring in such Divisions shall be filled by the appointing authority.

C. No expenditure shall be undertaken by any Division unless such expenditure shall have been approved in the annual budget by the Executive Committee provided that with the approval of the General Secretary, necessary expenditure not exceeding R250,00 may be undertaken.

D. Any member of the staff or other person who may be appointed Director of any Division shall attend all meetings of the National Conference but shall not vote.

E. The person responsible for any such Division shall, when required to do so, attend meetings of the Finance Committee and the Executive Committee for the purpose of making such reports as may be required from time to time and shall provide the National Conference, the Executive Committee and the Finance Committee with such reports, in writing, as may from time to time be required.

F. Directors of Divisions shall act as Secretary at Meetings of Divisional Committees and shall prepare and maintain Minutes and records of the business of such Meetings and of the Division of which he is Director.

G. Divisional Committees, where these are established, shall keep proper records of their affairs and Meetings and shall elect a chairman of Meetings from the members of such Committees.

9. Language

Each member of any body constituted in terms of Clause 4 hereof shall have the right to speak in the language of his or her choice provided that, if the language is not one of the official languages of the Republic of South Africa, such member shall arrange for the necessary interpreter.

10. Budget

The Executive Committee shall, on the advice of and with the assistance of the Finance Committee and with such other assistance as the General Secretary deems fit, prepare a draft annual budget of income and expenditure, which budget shall be presented to and debated at a meeting of the Executive Committee during the last quarter of each financial year (as defined in Clause 7 D (i) hereof) in respect of the ensuing financial year, provided that expenditure shall not exceed the income for the previous year unless the Executive Committee and the Finance Committee are satisfied that additional income to cover such expenditure for the ensuing year has been arranged and assured. In considering the budget, the Executive Committee shall have regard to the recommendations made to it from time to time by Regional Councils, by Divisions, and by the Finance Committee. After consideration and debate the Executive Committee may modify or amend the budget whereupon the same shall be referred to the Finance Committee provided the Finance Committee shall raise no objection within two months the budget shall be deemed to be adopted for the ensuing year.

11. Expenses

The expenses incurred by representatives for the purpose of attending Meetings of the National Conference, the Regional Councils and Divisions, shall be borne and paid by the Churches or bodies represented by such representatives. The travelling expenses necessarily incurred by the General Secretary and Officers and Staff of the Council carrying out the work of the Council shall be borne and paid by the Council, provided the same have been included in the budget for the year in which they are incurred.

12. Limitation of Authority

No body of persons constituted in terms of Clause 4 hereof, nor any Officer, nor Member of the Staff of the Council, shall commit any of the Member Churches, Missionary Societies or other Christian Organisations to any financial responsibility, other than its membership fees, without the approval of the representatives of such Church, Society or Organisation.

13. Quorum

Each body formed in terms of this Constitution shall determine from time to time an appropriate quorum for the discharge of business at any of its meetings, provided that no quorum shall be less than half of the total members of the body concerned.

14. Fees and Contributions

The National Conference shall determine in consultation with each Member Church, Missionary Society and other Christian Organisations and the Finance Committee the membership fees and contributions payable to the Council by the members for the promotion and fulfilment of its objects as herein defined and for the extension of its works from time to time and upon determination by the National Conference as aforesaid, such fees and contributions shall become payable by Member Churches, Member Missionary Societies and other Christian Organisations within a period of ninety days from the date upon which the National Conference shall so determine.

15. Errors

The accidental omission to give any notice or to include any agenda shall not invalidate the business of any meeting, provided, however, that any member of any body constituted in terms of this Constitution who may not have received notice, shall be entitled to require any matter so decided in his absence to be debated afresh upon the Chairman being satisfied that notice was in fact omitted. The decision of the Chairman as to whether notice was or was not given, shall, however, be final and binding.

16. Amendments

This Constitution may be amended by the vote of two-thirds of members present at any Meeting of the National Conference, provided that particulars of the proposed amendment shall have been included in the Notice of such Meeting.

17. Dissolution

The Council may be dissolved upon the vote of two-thirds of the members in attendance at a Special Meeting of the National Conference called solely for the purpose of considering such dissolution, provided that notice of the proposed dissolution shall have been given not less than three months prior to the date of such meeting. The net assets of the Council shall be disposed of in such manner as the Resolution dissolving the Council may direct.

18. Requisitions

Notwithstanding anything herein contained a Special Meeting of the National Conference and any other body referred to in this Constitution shall be held upon a requisition signed by not less than two-thirds of the persons entitled to attend such meeting, which requisition shall specify the time and date and the purpose of such Special Meeting and provided that not less than two months' notice shall be given of any such requisitioned Meeting.

19. The General Secretary

Notwithstanding anything in this Constitution contained, the General Secretary shall have power to determine in what manner any matter of business not inconsistent with the objects of the Council shall be dealt with where adequate provision has not been made in this Constitution for the discharge of such business. The General Secretary shall, however, simultaneously give notice as provided in this Constitution for such amendments of the Constitution as will ensure that similar matters of business may in the future be dealt with in terms of this Constitution.

(*Source:* Strassberger 1974:270-282)

58 Statement on conscientious objection by the South African Council of Churches (1974)

In 1974 the annual national conference of the South African Council of Churches was held at Hammanskraal. At this meeting, after a lengthy debate, the SACC made some far-reaching proposals on conscientious objection. This debate was to a large extent sparked off by a series of statements made and prepared by the Rev Douglas Bax, a Presbyterian theologian:

The National Conference of the SACC acknowledges as the one and only God Him who mightily delivered the people of Israel from their bondage in Egypt and who in Jesus Christ still proclaims that He will "set at liberty those who are oppressed" (Luke 4:18). He alone is supreme Lord and Saviour and to Him alone we owe ultimate obedience. Therefore "we must obey God rather than men" in those areas where the Government fails to fulfil its calling to be "God's servant for good" rather than for evil and for oppression (Acts 5:29; Romans 13:4).

In the light of this the Conference:

1) Maintains that Christians are called to strive for justice and the true peace which can be founded only on justice;

2) does not accept that it is automatically the duty of those who follow Christ, the Prince of Peace, to engage in violence and war, or to prepare to engage in violence and war, whenever the State demands it;

3) reminds its member Churches that both Catholic and Reformation theology has regarded the taking up of arms as justifiable, if at all, only in order to fight a "just war";

4) points out that the theological definition of a "just war" excludes war in defense of a basically unjust and discriminatory society;

5) points out that the Republic of South Africa is at present a fundamentally unjust and discriminatory society and that this injustice and discrimination constitutes the primary, institutionalised violence which has provoked the counter-violence of the terrorists or freedom fighters;

6) points out that the military forces of our country are being prepared to defend this unjust and discriminatory society and that the threat of military force is in fact already used to defend that status quo against moves for radical change from outside the white electorate;

7) maintains that it is hypocritical to deplore the violence of terrorists or freedom fighters while we ourselves prepare to defend our society with its primary, institutionalised violence by means of yet more violence;

8) points out further that the injustice and oppression under which the black peoples of South Africa labour is far worse than that against which Afrikaners

waged their First and Second Wars of Independence and that if we have justified the Afrikaners' resort to violence (or the violence of the imperialism of the English) or claimed that God was on their side, it is hypocritical to deny that the same applies to the black people in their struggle today;

9) questions the basis upon which chaplains are seconded to the military forces lest their presence indicate moral support for the defence of our unjust and discriminatory society.

The Conference therefore:

1. Deplores violence as a means to solve problems;

2. calls on its member Churches to challenge all their members to consider in view of the above whether Christ's call to take up the Cross and follow Him in identifying with the oppressed does not, in our situation, involve becoming conscientious objectors;

3. calls on those of its member Churches who have chaplains in the military forces to reconsider the basis on which they are appointed and to investigate the state of pastoral care available to the communicants at present in exile or under arms beyond our borders and to seek ways and means of ensuring that such pastoral care may be properly exercised;

4. commends the courage and witness of those who have been willing to go to jail in protest against unjust laws and policies in our land, and who challenge all of us by their example;

5. requests the SACC's task force on Violence and Non-violence to study methods of non-violent action for change which can be recommended to its member Churches;

6. prays for the Government and people of our land and urgently calls on them to make rapid strides towards radical and peaceful change in our society so that the violence and war to which our social, economic and political policies are leading us may be avoided.

(*Source:* Villa-Vicencio 1986:225-226)

59 The Ras, Volk en Nasie document of the Ned Geref Kerk on human relations (1974)

In 1970 the Ned Geref Kerk appointed a further study commission to consider the current racial and ecumenical issues in the South African context. This commission finally reported back to the General Synod of the church in 1974 and this report was known as 'Ras, Volk en Nasie' (Human relations in the light of Scripture). This report had some close links with other reports of this church:

Inleiding

Die Nederduitse Gereformeerde Kerk verteenwoordig ongeveer 42% van die blanke bevolking van die Republiek van Suid-Afrika en het in die loop van die geskiedenis, as gevolg van sy sendingarbeid, veertien jonger kerke onder die Swart-, Bruin- en Asiër-bevolkingsgroepe binne en buite die grense van die Republiek tot stand gebring wat tans 'n totaal van 1 640 367 aanhangers het – alreeds ongeveer 400 000 meer as die getal blankes wat aan die Nederduitse Gereformeerde Kerk behoort.

Die Nederduitse Gereformeerde Kerk beoefen steeds die gereformeerde godsdiens wat saam met die Volksplanting vanaf 1652 in Suid-Afrika wortel geskiet en gegroei het. As Kerk van die oorgrote meerderheid van Hollands- (en later Afrikaans)sprekende burgers van Suid-Afrika, het die Kerk saam met die veelbewoë geskiedenis van ons land gegroei. Dit was die Kerk wat die eensame grensboer se troos en anker was in dae van storm en gevaar. Die Bybel het saam met die Voortrekkers die onherbergsame binneland in beweeg en selfs onderweg is die „reisende gemeente" georganiseer. Vanaf die begin van Suid-Afrika se geskiedenis moes hierdie Kerk worstel met die probleme van 'n veelvolkige en veelrassige land. In die verkondiging van die Evangelie aan die mense van wyd uiteenlopende taal, kultuur en beskawingspeile is deur die jare praktiese metodes gevind „sodat elkeen in sy eie taal die groot dade van God kon hoor en verkondig". (Sendingreglement, artikel 1.4.)

Dit het op sy beurt aanleiding gegee tot die totstandkoming van afsonderlike Kerke uit die verskillende bevolkingsgroepe. Dit was 'n natuurlike groeiproses wat met geseënde gevolge voortgegaan het en ook geen geringe invloed uitgeoefen het op die latere staatkundige ontwikkeling en politieke denke nie.

Die Kerk is intiem betrokke by die staatkundige ontwikkelinge van ons land. Die Kerk het ook voortdurend aandag gegee aan die eise van die Woord van God in ons besondere situasie. Opeenvolgende kerklike kongresse en sinodale vergaderinge het aandag aan hierdie sake gegee. Vanaf die dertiger jare van die twintigste eeu het die Kerk voortdurend sy stem laat hoor oor die Christelike implikasies van „apartheid", „afsonderlike ontwikkeling", „eiesoortige ontwikkeling" of hoe die heersende politieke denke ook van tyd tot tyd die probleme van ons veelvolkige land benader het.

Dié rapport wat hiermee aangebied word is die resultaat van die besinning, denke en oortuiginge wat in die Nederduitse Gereformeerde Kerk lewe oor die verhoudingsprobleme in 'n veelvolkige land, gesien vanuit die ewig en onveranderlike norme van die Woord van God.

Aan hierdie rapport het meegewerk teologiese professore en doserende personeel van ons teologiese inrigtings sowel as leidinggewende persone wat in die praktyk van die Bediening en die Sending staan.

Dit is voorgelê aan die Algemene Sinode van die Nederduitse Gereformeerde Kerk in sitting te Kaapstad 16–25 Oktober 1974. Die Sinode het stellings (vetgedrukte dele van die verslag) behandel en daaroor besluit.

Van die nie-vetgedrukte dele, d.w.s. die verduideliking en motivering van die stellings is bloot kennis geneem en na die Breë Moderatuur verwys vir finale formulering.

Die rapport in sy finale verwerkte vorm word hiermee aangebied met die bede dat dit veel mag bydra tot 'n beter begrip van die Nederduitse Gereformeerde Kerk en 'n vrugbare basis van bespreking in die Kerk sowel as met ander Kerke en Christene in en buite ons land, bied.

Die Breë Moderatuur:

D. P. M. Beukes	Voorsitter
J. D. Vorster	Vise-Voorsitter
J. E. Potgieter	Skriba
F. E. O'B. Geldenhuys	Aktuarius
S. J. Eloff	
P. C. van Rooyen	
J. T. Jordaan	
D. du P. Moolman	
A. van der Merwe	
A. F. Louw	
H. D. A. du Toit	
D. S. Snyman	

Pretoria
Maart 1975

Hoofstuk 1
Algemene Opmerkinge

1. Noodsaaklikheid van voortgesette besinning

Die kerk kan homself nie die weelde veroorloof om die besinning oor rasse- en volkereverhoudinge op 'n gegewe moment as afgedaan te beskou nie. 'n Uitspraak in die VERSLAG VAN DIE AD HOC-KOMMISSIE VAN DIE RAAD VAN DIE KERKE, 1956 is hier op sy plek: „In toenemende mate word die Christelike kerk bewus van die gevaar om te berus in rasseverhoudinge, wat moontlik nie strook met die Woord van God nie. Daarom is ook die N.G. Kerk besig om opnuut te luister na wat die Woord van God vir ons oor genoemde saak in die huidige situasie te sê het" (Leerstellige Benadering, stelling 6). Hierdie uitspraak is vir die kerk blywend aktueel, ten eerste, omdat sy roeping om steeds opnuut na die Woord van God te luister, nooit beëindig word nie, ten tweede, omdat „die huidige situasie" nie staties is nie, maar begrepe is in die dinamiese proses van verandering wat kenmerkend is van ons tyd; en ten derde, omdat die kerk homself voortdurend moet afvra of vroeëre uitsprake oor rasse- en volkereverhoudinge wel in alle opsigte „strook met die Woord van God".

2. Woord van God as uitgangspunt en norm

In sy besinning oor rasse- en volkereverhoudinge moet die kerk van Jesus Christus die Woord van God as uitgangspunt en norm aanvaar.

Die doel van hierdie studie is om rasse- en volkereverhoudinge in die lig van die Skrif te plaas. Hiermee word dus die oortuiging bely dat die Heilige Skrif 'n beslissende woord te spreek het oor die reëling van die verhouding tussen volk en volk en ras en ras, omdat dit die normatiewe beginsels bevat wat ook op hierdie terrein moet geld. Voor hierdie beginsels moet die kerk van Jesus Christus onvoorwaardelik en gehoorsaam buig.

Die kerk van Jesus Christus moet in hierdie verband steeds baie eerlik wees en bereid tot kritiese selfondersoek. Die gevaar is nie denkbeeldig nie dat hy in die waan dat hy Skrifgehoorsaam is, in werklikheid voor 'n ander outoriteit buig: voor 'n humanistiesliberalistiese ideaal; of voor die stem van 'n bepaalde volk of politieke party; of voor die druk van ekonomiese of emosionele faktore, ens. Slegs wanneer ons oortuiginge en handele gebou is op die rots van die Woord, sal dit die storms kan deurstaan (Matt. 7 : 24 e.v.).

3. Omskrywing van Begrippe

'n Vrugbare bespreking van die onderhawige probleem is alleen moontlik wanneer ons 'n duidelike begrip van die terme ras, volk en nasie het. In weerwil van 'n sekere verskil van opvatting, word die begrippe deur die meeste wetenskaplikes só onderskei dat „ras" meer 'n biologiese, „volk" 'n kulturele en „nasie" 'n politieke begrip is.
Hierdie begrippe kan soos volg nader omskryf word: **Ras,** waarvan die woordafleiding onseker is (Boshoff-Nienaber: **Afrikaanse Etimologieë** (1967), bl. 532), is 'n groep mense wat saam geklassifiseer word op grond van dieselfde oorerflike eienskappe: haarkleur, velkleur en oogkleur; mond-, gesigs- en haarvorm, skedelbou en liggaamsbou. Sodanige eienskappe moet aangebore en oorerflik wees. Dit is van belang om daarop te let dat dié eienskappe nie geïsoleerd nie, maar in 'n bepaalde kombinasie moet voorkom. 'n Enkele eienskap, soos bv. die velkleur, is nie genoeg om aan te dui dat die draer daarvan tot 'n bepaalde ras behoort nie. Hierdie eienskap moet konstant saam met bepaalde ander eienskappe, soos oogkleur, haarvorm, skedel- en liggaamsbou, ens. voorkom. Verder moet daarop gewys word dat ons hier nie met absolute ooreenkomste te doen het nie, maar met gemiddeldes. Binne dieselfde ras fluktueer die eienskappe, en daarom word die gemiddelde ooreenkomste gebruik om 'n rastipe te bepaal. Ons kan dit dus soos volg stel: „Dit is die somtotaal van die eienskappe wat **saam** voorkom in 'n bepaalde **kombinasie van gemiddeldes** wat bepaal tot watter rassegroep 'n persoon behoort en nie afsonderlike, absolute eienskappe nie."
'n Volk is 'n groep mense wat op grond van 'n gemeenskaplike kultuur as behorende tot 'n bepaalde groep geklassifiseer word, d.w.s. 'n groep mense wat o.m. dieselfde taal, gewoontes, algemene lewenswyse, ens. het.
Die verskil tussen rassiese en volkseienskappe is dus in hoofsaak dat in e.g. geval die eienskappe oorerflik is en nie na willekeur deur die individu aangeneem of afgelê kan word nie, terwyl in lg. geval die eienskappe na willekeur afgelê kan word, en die individu dus die een volksgemeenskap vir 'n ander kan verruil.
Die konsensus van wetenskaplike opinie is dat die term **nasie** 'n staatkundige betekenis het, en 'n groep mense aandui wat onder dieselfde sentrale gesag staan.

Hierdie definisies en onderskeidinge is van belang om 'n beter insig te verkry in die aard van die probleem waarmee ons in hierdie rapport te doen het.

4. Aard van die probleem

'n Nugtere en noukeurige ontleding van die aard van die verhoudingsprobleem in die konteks van die wêreldsituasie is gebiedend noodsaaklik vir 'n juiste insig in die wyse waarop die probleem opgelos moet word. Die feit dat die verhoudingsprobleem 'n basis in rasseteenstellinge het, kan nie ontken word nie, maar terselfdertyd word die betekenis van die rasseteenstellings as veronderstelde oorsaak van die meeste van die wêreld se verhoudingsprobleme, geheel en al oordryf. Die oordrewe nadruk op die rasse-aspek van die wêreldspanninge blokkeer nie alleen die pogings om die wêreld se probleme op te los nie, maar is wesenlik eensydig en naïef.

Die oordrewe nadruk op die rasse-aspek van die wêreldspanninge blokkeer nie alleen die pogings om die wêreld se probleme op te los nie, maar is wesenlik eensydig en naïef. Die verhoudingsprobleme in die wêreld vandag is baie meer gekompliseerd as dat dit uitsluitend op rasseteenstellings sou berus. Coetzee wys daarop dat die groot bevolkingsvraagstukke van die wêreld gereduseer kan word tot, ten eerste, intervolkse verhoudinge van botsing en vyandskap, en ten tweede, tot die probleem van „oorbevolking", met gepaardgaande armoede en honger. Nie alle botsinge en spanninge tussen volkere het 'n basis in rasseteenstellinge nie. Coetzee wys daarop dat die dubbele probleem van oorbevolking en honger vandag graag aan eenvoudige faktore, soos kolonialistiese en kapitalistiese uitbuiting toegeskryf word. Hy sê tereg dat die probleem meestal nie so enkelvoudig opgelos kan word nie. „Hierdie verskynsels word eintlik alleen vitale faktore onder bepaalde omstandighede . . . Die basiese oorsaak moet eerder gesoek word in die beskawingsagterstand van die betrokke volk en in die verstarring van sy kulturele struktuur en lewensgewoontes." Die oplossing van die wêreld se probleme word nie gedien deur 'n enkele faktor tot allesbeheersende oorsaak èn geneesmiddel te verhef nie. Ten einde die regte terapie in die lig van die Skrif toe te pas, moet die „kwaal" van die wêreld se rasse- en volkereverhoudinge omvattend en korrek gediagnoseer word.

5. Hermeneutiese uitgangspunt

Die lig van die Skrif op die rasse- en volkereverhoudinge kan alleen verkry word, wanneer die Skrif in hierdie verband suiwer verklaar en korrek gebruik word: Die Bybel is nie bedoel om gebruik te word

as 'n wetenskaplike handboek vir die sosiologie en volkekunde nie, en die gevaar moet ook vermy word om die „historiese situasie" te laat funksioneer as hermeneutiese beginsel waarvolgens die Skrif uitgelê word. Alhoewel die Bybel nie 'n wetenskaplike handboek is nie, bied dit tog fundamentele gegewens en beginsels wat vir alle lewensterreine normatiewe betekenis het. In ons afleiding en formulering van dergelike „beginsels" moet ons gewaarsku wees teen „an incautious use of the term ‚principle' " (G.E.S., Grand Rapids, 1963). In sy hantering van die Skrifgegewens sal die kerk hom voortdurend bewus moet bly van die sentrale tema van sy prediking, t.w. die verkondiging van die weg van heil in Christus en die koms van die koninkryk van God tot sy eer. Dit beteken dat hy die norme sal aantoon en verkondig wat op alle lewensterreine geld, en sal aanprys wat in gegewe omstandighede met hierdie tema ooreenstem, en dat hy sal waarsku wanneer die weg van heil op een of ander wyse geblokkeer word, en die etiese norme van die Skrif vir alle lewensterreine nie eerbiedig word nie.

Daar moet ernstig gewaarsku word teen die opvattende neiging deur die eeue heen om die verstaan van die Bybel by gangbare tradisies te laat aansluit. Die gevaar bestaan dan dat die „historiese situasie" sal funksioneer as hermeneutiese beginsel waarvolgens die Skrif – meestal selektief – uitgelê word. In sy boek, **The Authority of the Old Testament,** vestig John Bright die aandag op hierdie gevaar in die misbruik van die Skrif, en illustreer hy dit aan die hand van die pogings deur 'n vroeëre geslag om slawerny uit die Skrif te regverdig (bl. 46–51).

'n Vanselfsprekende, maar tog belangrike oorweging, is dat ons Skrifgebruik ook nie biblisisties mag wees nie. Afsonderlike tekste moet steeds in die lig van hulle verband en in samehang met die geheel van die openbaringsgeskiedenis verklaar word. Dit sluit o.a. in dat rekening gehou word met die eenheid van die Skrif, en veral ook met die besondere aard van die verhouding tussen Ou en Nuwe Testament. In die verhouding tussen Ou en Nuwe Testament is daar nie net openbaringshistoriese kontinuïteit nie, maar ook diskontinuïteit, en met albei aspekte moet op 'n verantwoorde wyse rekening gehou word.

Alhoewel die Bybel nie 'n wetenskaplike handboek is nie, bied dit tog fundamentele gegewens en beginsels wat vir alle lewensterreine normatiewe betekenis het. Dit hang saam met die feit dat die sentrale tema van die Skrif die koninkryk van God is, en dat die vleeswording en soenverdienste van Christus ook 'n breëre kosmiese betekenis het. In die beoordeling van die rigtinggewende beginselwaarhede wat vir alle lewensterreine aan die gegewens van die Skrif ontleen word, moet ons rekening hou met die tydige waarskuwing van

die Gereformeerde Ekumeniese Sinode van Grand Rapids, 1963, teen „an incautious use of the term ‚principle' ". Hulle verduidelik: „When the Synod uses the term ‚principle' in this context the term shall mean a regulative rule of conduct expressive of God's will as revealed in Scripture, and demanding application regardless of place, time and circumstance" (**Acts,** p. 37).
Ons hou, ten slotte, daarmee rekening dat die Skrifgegewens deur die **kerk** gebruik word, vir die bepaling van sý standpunt en sý houding ten opsigte van die vraagstuk van die rasse- en volkereverhoudinge. Ons verwag nie dat die kerk in hierdie opsig wesenlik anders sal spreek as die Skrifgelowige staatkundige, regsgeleerde of sosioloog nie, maar tog sal sy taal en aksente anders wees, d.w.s. in ooreenstemming met die karakter èn grense van sy profetiese verkondiging. In sy hantering van die Skrifgegewens sal die kerk hom voortdurend bewus moet bly van die sentrale tema van sy prediking, t.w. die verkondiging van die weg van heil in Christus en die koms van die koninkryk van God. Dit beteken dat hy die norme sal moet aantoon en verkondig wat op alle lewensterreine met hierdie tema ooreenstem, en dat hy sal waarsku wanneer die weg van heil op een of ander wyse geblokkeer word. In hierdie opsig het die kerk in sy profetiese roeping 'n kritiese funksie ten opsigte van staat en maatskappy, en behoort dit tot sy roeping om die suiwerende lig van die Woord van God op alle lewensituasies te laat val.

Ons gaan uit van die volgende Hermeneutiese beginsels

Die Bybel moet verklaar word volgens erkende gereformeerde, wetenskaplike hermeneutiese beginsels in ooreenstemming met sy eintlike bedoeling en is nie 'n wetenskaplike handboek vir empiriese sosiologie of volkekunde nie.
Die Skrif moet nie biblisisties gebruik word nie, maar tekste moet in hulle verband en in samehang met die geheel van die openbaringsgeskiedenis verklaar word.
Alhoewel die Bybel nie 'n wetenskaplike handboek is nie bied dit tog fundamentele gegewens en beginsels wat vir alle lewensterreine normatiewe betekenis het, ook vir rasse- en volkereverhoudings.
In sy hantering van die Skrifgegewens sal die kerk hom voortdurend bewus moet bly van die sentrale tema van sy prediking, t.w. die verkondiging van die weg van heil in Christus en die koms van die koninkryk van God en sal hy die norme moet aantoon en aanprys wat op alle lewensterreine met hierdie tema ooreenstem.

Die kerk het aan die ander kant 'n profetiese funksie ten opsigte van staat en maatskappy, wanneer die skrifnorme wat op alle lewensterreine moet geld, nie eerbiedig word nie.

In die uitoefening van hierdie funksie moet die kerk teen twee uiterstes waak: teen 'n gebrek aan die een kant aan durf, en aan die ander kant aan diskresie. Die kerk mag hom nie deur aanpassing sy vrymoedigheid laat ontneem nie, maar hy mag ook nie sonder pastorale bewoënheid en begrip optree nie.

66. Slotopmerkings

Die Nederduitse Gereformeerde Kerk is hom diep bewus van die ernstige vraagstukke wat daar ten opsigte van volkere-, rasse- en menslike verhoudinge in Suid-Afrika bestaan. Hy streef steeds na dieselfde ideale van maatskaplike geregtigheid, menslike regte en selfbeskikking van volke en mense, gegrond op Gods Woord, as ander Christelike kerke. Hy is ook oortuig van die noodsaaklikheid dat die kerk sy profetiese roeping moet vervul, simpatieke begrip moet hê, Skriftuurlike leiding moet gee en voorbidding moet doen. Waar die Ned. Geref. Kerk van ander kerke verskil, is dit nie te wyte aan 'n verskil van siening ten opsigte van morele begrippe of Christelike etiek nie, maar op grond van 'n verskillende siening van die situasie in Suid-Afrika en die boodskap van Gods Woord daaroor. Die verskil is nie een van ideale en doelstellings nie, maar van die beste metodes om hulle te bereik.
Hierdie rapport gee nie voor om alle aspekte van die probleem van ons land ten volle vanuit kerklike en Bybelse gesigspunte te dek nie.
Daar is met besondere waardering kennis geneem van die gesindheid en optrede van die sentrale, provinsiale en plaaslike owerhede en die betrokke ministers, departemente en amptenare van die R.S.A. en die ander state waar die Ned. Geref. Kerk (Moeder- en Dogter-) sendingwerk doen. Daar is ook kennis geneem van die reusetaak wat deur hierdie state met welslae aangepak is en die vordering wat gemaak is met die oplossing van die talle probleme in ons veelvolkige land. Vir die groot uitdagings en vraagstukke van die toekoms word hulle van die Kerk se volgehoue belangstelling en voorbidding verseker.

(*Source:* Ras, Volk en Nasie ... 1974:3-10)

60 Church unity amongst the English-speaking churches (1978)

Talks about greater unity between the Anglican, Methodist, Presbyterian and Congregational churches have progressed steadily in the last few decades. This is indeed one of the most exciting ecumenical ventures in contemporary church history in South Africa. The following document, dating from 1978, contains the first draft of a proposed covenant for church unity between the above churches:

PROPOSED COVENANT
FIRST DRAFT

BETWEEN THE
Bantu Presbyterian Church
Church of the Province of South Africa
Methodist Church of South Africa
Presbyterian Church of Southern Africa
Tsonga Presbyterian Church
United Congregational Church of Southern Africa

PREAMBLE

(a) The Church is the company of those whom the Holy Spirit leads to accept Christ as Lord and to live by faith in him. It acknowledges God as king over over all the world and is privileged to share in God's mission to the world. Its task is to make known the good news of salvation, to call every man to repentance and faith in Christ, to challenge everything that falls short of God's will for mankind, and to work towards the renewal of society in accordance with God's purpose.

(b) Our Lord Jesus Christ has given us the sacrament of Baptism as a means for uniting us with himself in his body the Church. Baptism proclaims God's redeeming and reconciling action in Christ. It calls for the response of faith and obedience and looks forward to continual growth into the fullness of life in Christ.

(c) Our one Baptism, which unites us to Christ in the context of faith, is thus the bond of unity which requires us to recognise one another as members of his Church and to confess and serve our one Lord as one People in each place and in all the world (Ephesians 4:3-6)

(d) The Eucharist establishes and expresses fellowship between God and man and between man and man. By partaking of the one loaf and the common cup around the same table at the invitation of the same Lord we are built up as members of his one undivided Body, and called to serve for, and suffer and rejoice with, all the the other members in love. Thus in this holy communion Christ joins us together in one new humanity breaking down every barrier which divides us in this age.

(e) Within the one body of Christ, in which all share in his ministry and priesthood, some are called by God to the ordained ministry. In order to demonstrate the Church's unity these ordained ministers need to be acknowledged by every part of the Church as possessing not only the inward call of the Spirit but also the commission of Christ and the authority of the whole body.

NOW THEREFORE

Confessing our faith in Jesus Christ as Lord and Saviour; Renewing our pledge to seek together the visible unity which we believe to be God's will for his Church;
Committing ourselves anew to share in God's mission to the world;
Acknowledging that our Churches have been brought closer together since the Services of Commitment in 1974;
And praying that the Holy Spirit will make us one

WE COVENANT BEFORE GOD AND WITH ONE ANOTHER:

1 To accept Baptism, as administered in any of the Covenanting Churches, as initiation into membership of the Church.

2 To accept as Communicant members, without further sacramental rite, persons who have been baptised, have made profession of faith and have been recognised as communicant members by any of the Covenanting Churches.

3 To recognise the ordained ministers in each Covenanting Church as true ministers of the Word and Sacraments, as having the commission of Christ and the authority and approval of each of the Covenanting Churches.

4 To conduct all future ordinations in such a manner that those ordained will possess the authority and approval of each of the Covenanting Churches.

5 To meet in Council, under the guidance of the Holy Spirit, so that the Covenanting Churches in each place may act together in Worship, witness and service.

6 To seek to realise within the Church a fellowship in Christ that transcends the divisions of tradition, nation, culture, class and colour.

7 To work together for the spread of the Gospel, for justice and peace and for the spiritual and material well-being and freedom of all people.

(*Source: Journal of Theology for Southern Africa* 1978:2-3)

61 Constitution: Full Gospel Church (1910)

The Full Gospel Church was formally constituted in South Africa in 1910 and forms part of the Pentecostal family. This document contains its constitution:

KLOUSULE 1 — DIE NAAM

Die naam van hierdie Christelike organisasie is

"Die Volle Evangelie-Kerk van God in Suidelike Afrika"
"The Full Gospel Church of God in Southern Africa."

KLOUSULE 2 — LEERSTELLING

Die lidmate van die Kerk aanvaar en glo die volgende leerstukke soos hier kortliks weergegee:

2.1 Die Goddelike inspirasie van die Heilige Skrif — die Bybel;
2.2 Een God, ewigdurend bestaande in Drie Persone — Vader, Seun en Heilige Gees;
2.3 Die Here Jesus Christus, die eniggebore Seun van die Vader, wat ontvang is van die Heilige Gees, gebore uit die maagd Maria, gekruisig en begrawe is, wat opgestaan het uit die dode, opgeneem is na die hemel en nou aan die regterhand van die Vader as Middelaar sit.
2.4 Die duiwel of Satan, 'n werklike persoonlikheid, oorspronklik 'n geskape engelewese wat as gevolg van sy oortreding uit die teenwoordigheid van God gewerp is en nou die vyand van God, die mens en elke ware gelowige is.
2.5 Sonde, die val van die mens, en sy verlore toestand van nature.
2.6 Bekering tot God.
2.7 Wedergeboorte of die nuwe geboorte, en die doop van die gelowige deur die Heilige Gees in die liggaam van Christus.
2.8 Versoening van die mens met God.
2.9 Verlossing deur die bloed van Christus.
2.10 Regverdigmaking deur die geloof in Jesus Christus.
2.11 Waterdoop van die gelowige deur enkelvoudige onderdompeling.
2.12 Restitusie.
2.13 Die gelowige se belydenis van sonde.
2.14 Heiligmaking en heiligheid.
2.15 Die inwoning van die Heilige Gees in die gelowige.
2.16 Die doop van die gelowige in die Heilige Gees deur die verrese en verheerlikte Christus, as synde die belofte van die Vader vir die aandoening met krag vir getuienis en diens.
2.17 Die aanvanklike Skriftuurlike bewys van die gelowige se doop in/met die Heilige Gees as die liggaamlike teken van spraak in ander tale soos die Heilige Gees aan die gelowige uiting gee.
2.18 Die negevoudige vrug van die Heilige Gees in die lewe van elke wedergebore gelowige.
2.19 Die negevoudige manifestasie van die Heilige Gees en die volle Pinkstertoebedeling van die gelowige met die geestelike gawes vir dienslewering.
2.20 Skriftuurlike genesing van die liggaam deur Goddelike krag.
2.21 Avondmaal (Nagmaal).
2.22 Die Kerk as die 'geroepe gemeenskap' van wedergebore gelowiges in die Here Jesus Christus.
2.23 Die persoonlike wederkoms van die Here Jesus Christus om sy verrese en veranderde Kerk in die lug te ontmoet.
2.24 Die Groot Verdrukking aan die einde van hierdie tydsbedeling.
2.25 Die duisendjarige vrederyk van die Here Jesus Christus onmiddellik ná die Groot Verdrukking.

2.26 Die nuwe hemel en die nuwe aarde waarin geregtigheid woon.
2.27 Die ewige straf van die goddelose.

(Die Verskanste klousules kan alleenlik gewysig word nadat die wysiging voorafgegaan is deur konsultasie met en gevolglike ooreenstemming met die Church of God, waarna 'n tweederdemeerderheid van die Algemene Raad verkry is ooreenkomstig 10.5.1 1-3, p 15 van die Grondwet).

(*Source:* Du Plessis 1984:328-329)

62 Presbyterian Church: Declaration of Faith (1973)

In 1973 the Presbyterian Church of Southern Africa prepared a Declaration of Faith. The declaration expressed their belief in 'one created humanity' which followed the publication in 1972 of the SPRO-CAS report 'Apartheid and the church':

Presbyterian Church of Southern Africa, 1973

DECLARATION OF FAITH

We believe in God the Father, who created all the world, who will unite all things in Christ and who desires all men to live together as brothers in one family.

We believe in God the Son, who became man, died, and rose in triumph, reconciling all the world to God, breaking down every wall that divides men, every barrier of religion, race, culture or class, to create one united humanity. He is the one Lord who has authority over all. He summons both the individual and society, both the Church and the State, to reconciliation, unity, justice and freedom.

We believe in God the Spirit, who is the pledge of God's coming Kingdom, who gives us power to proclaim God's judgment, and forgiveness of men and nations, to love and serve all men, to struggle for justice and peace, and to summon all the world to recognize God's reign here and now.

(*Source:* De Gruchy & Villa-Vicencio 1983:160)

63 Desmond Tutu: Open letter to John Vorster (1976)

In 1976, when he was Anglican Dean of Johannesburg, Archbishop Tutu addressed an open letter to the then Prime Minister of South Africa, Mr John Vorster. The letter expressed the frustration, fear and hurt of black Christians in South Africa. The letter was written a month before the Soweto uprising of 16 June 1976:

DESMOND TUTU

OPEN LETTER TO MR. JOHN VORSTER

The Hon. Prime Minister Mr John Vorster 6 May 1976
House of Assembly
CAPE TOWN
8000

Dear Mr Prime Minister
This will be my second letter ever to you. In 1972 after I had been refused a passport to take up a post as Associate Director of the Theological Education Fund, I appealed to you to intervene on my behalf with the appropriate authorities. Your intervention was successful because, soon thereafter, the then Minister of the Interior changed his mind and granted me and my family our passports. I am writing, therefore, optimistically in the hope that this letter will have similar happy results for all of us.

I am writing to you, Sir, in all deep humility and courtesy in my capacity as Anglican Dean of Johannesburg and, therefore, as leader of several thousand Christians of all races in the Diocese of Johannesburg. I am writing to you as one who has come to be accepted by some Blacks (i.e. Africans, Indians and Coloureds) as one of their spokesmen articulating their deepest aspirations, as one who shares them with equal steadfastness. I am writing to you, Sir, because I know you to be a loving and caring father and husband, a doting grandfather who has experienced the joys and anguish of family life, its laughter and gaiety, its sorrows and pangs. I am writing to you, Sir, as one who is passionately devoted to a happy and stable family life as the indispensable foundation of a sound and healthy society. You have flung out your arms to embrace and hug your children and your grandchildren, to smother them with your kisses, you have loved, you have wept, you have watched by the bed of a sick one whom you loved, you have watched by the deathbed of a beloved relative, you have been a proud father at the wedding of your children, you have shed tears by the graveside of one for whom your heart has been broken. In short, I am writing to you as one human person to another human person, gloriously created in the image of the selfsame God, redeemed by the selfsame Son of God who for all our sakes died on the Cross and rose triumphant from the dead and reigns in glory now at the right hand of the Father; sanctified by the selfsame Holy Spirit who works inwardly in all of us to change our hearts of stone into hearts of flesh. I am, therefore, writing to you, Sir, as one Christian to another, for through our common baptism we have been made members of and are united in the Body of our dear Lord and Saviour, Jesus Christ. This Jesus Christ, whatever we may have done, has broken down all that separates us irrelevantly—such as race, sex, culture, status, etc. In this Jesus Christ we are forever bound together as one redeemed humanity, Black and White together.

I am writing to you, Sir, as one who is a member of a race that has known what it has meant in frustrations and hurts, in agony and humiliation, to be a subject people. The history of your own race speaks eloquently of how utterly impossible it is, when once the desire for freedom and self-determination is awakened in a people, for it to be quenched or to be satisfied with anything less than freedom and that self-determination. Your people against tremendous odds braved the unknown and faced up to daunting challenges and countless dangers rather than be held down as a subjugated people. And in the end they emerged victorious. Your people more than any other section of the White community must surely know in the very core of their beings, if they were unaware of the lessons of history both ancient and modern, that absolutely nothing will stop a people from attaining their freedom to be a people who can hold their heads high, whose dignity to be human persons is respected, who can assume the responsibilities and obligations that are the necessary concomitants of the freedom they yearn for with all their being. For most Blacks this can never be in the homelands because they believe they have contributed substantially to the prosperity of an undivided South Africa. Blacks find it hard to understand why the Whites are said to form one nation when they are made up of Greeks, Italians, Portuguese, Afrikaners, French, Germans, English etc., etc.; and then by some tour de force Blacks are said to form several nations—Xhosas, Zulus, Tswanas etc. The Xhosas and the Zulus, for example, are much closer to one another ethnically than, say, the Italians and the Germans in the White community. We all, Black and White together, belong to South Africa against a visiting Argentinian side. The South African team won hands down and perhaps for the first time in our sporting history South Africans of all races found themselves supporting vociferiously the same side against a common adversary. The heavens did not fall down. Is it fanciful to see this as a parable of what will happen when all South Africans together are given a stake in their country so that they will be ready to defend it against a common foe and struggle for its prosperity vigorously and enthusiastically?

I write to you, Sir, because our Ambassador to the United Nations, Mr Botha, declared that South Africa was moving away from discrimination based on race. This declaration excited not only us but the world at large. I am afraid that very little of this movement has been in evidence so far. It is not to move substantially from discrimination when some signs are removed from park benches. These are only superficial changes which do not fundamentally affect the lives of Blacks. Husbands and fathers are still separated from their loved ones as a result of the pernicious system of migratory labour which a D.R.C. Synod once castigated as a cancer in South African society, one which had deleterious consequences on Black family life, thus undermining the stability of society which I referred to earlier. We don't see this much longed-for movement when we look at the overcrowded schools in Black townships, at the inadequate housing and woefully inadequate system of transport etc.

I write to you, Sir, to give you all the credit due to you for your efforts at promoting detente and dialogue. In these efforts many of us here wanted to support you eagerly, but we feel we cannot in honesty do this, when external detente is not paralleled by equally vigorous efforts at internal detente. Blacks are grateful for all that has been done for them, but now they claim *an inalienable right to do things for themselves,* in co-operation with their fellow South Africans of all races.

I write to you, Sir, because like you, I am deeply commited to real reconciliation with justice for all, and to peaceful change to a more just and open South African society in which the wonderful riches and wealth of our country will be shared more equitably. I write to you, Sir, to say with all the eloquence I can command that the security of our country ultimately depends not on military strength and a Security Police being given more and more draconian power to do virtually as they please without being accountable to the courts of our land, courts which have a splendid reputation throughout the world for fairness and justice. That is why we have called and continue to call for the release of all detainees or that they be brought before the courts where they should be punished if they have been found guilty of indictable offences. There is much disquiet in our land that people can be held for such long periods in detention and then often either released without being charged or, when charged, usually acquitted; but this does not free them from police harassment. Though often declared innocent by the courts, they are often punished by being banned or placed under house arrest or immediately re-detained. How long can a people, do you think, bear such blatant injustice and suffering? Much of the White community by and large, with all its prosperity, its privilege, its beautiful homes, its servants, its leisure, is hagridden by a fear and a sense of insecurity. And this will continue to be the case until South Africans of all races are free. Freedom, Sir, is indivisible. The Whites in this land will not be free until all sections of our community are genuinely free. Then we will have a security that does not require such astronomical sums to maintain it, huge funds which could have been used in far more creative and profitable ways for the good of our whole community, which would take its rightful place as a leader in Africa and elsewhere, demonstrating as it will that people of different races can live amicably together. We need one another and Blacks have tried to assure Whites that they don't want to drive them into the sea. How long can they go on giving these assurances and have them thrown back in their faces with contempt? They say even the worm will turn.

I am writing to you, Sir, because I have a growing nightmarish fear that unless something drastic is done very soon then bloodshed and violence are going to happen in South Africa almost inevitably. A people can take only so much and no more. The history of your own people which I referred to earlier demonstrated this. Vietnam has shown this, the struggle against Portugal has shown this. I wish to God that I am wrong and that I have misread history and the situation in my beloved homeland, my mother country South Africa. A people made desperate by despair, injustice and oppression will use desperate means. I am frightened, dreadfully frightened, that we may soon reach a a point of no return, when events will generate a momentum of their own, when nothing will stop their reaching a bloody denouement which is "too ghastly to contemplate", to quote your words, Sir.

I am frightened because I have some experience of the awfulness of violence. My wife and I with our two youngest children stayed for two months in Jerusalem in 1966 and we saw the escalating violence and the mounting tensions between Jew and Arab which preceded the Six Day War. I was in Addis Ababa when there was rioting in the streets, a prelude to the overthrow of the dynasty of Haile Selassie. I was in Uganda just before the expulsion of the Asians from that country and have returned there since and experienced the fear and the evil of things there. I have visited the Sudan, admittedly after the end of the seventeen years of civil strife, but I could see what this internecine war had done to people and their property. I have visited Nigeria and the former Biafra and have seen there the awful ravages of that ghastly civil war on property and on the souls of the defeated Biafrans. Last year I was privileged to address the General Assembly of the Presbyterian Church in Ireland in Belfast—and what I saw shook me to the core of my being. We saw daily on television in Britain horrific pictures of the pillage and destruction being perpetrated in Vietnam: children screaming from the excruciating agony of burns caused by napalm bombing, a people rushing helter skelter, looking so forlorn and bewildered that one wanted to cry out 'But is there no God who cares in heaven'. No, I know violence and bloodshed and I and many of our people don't want that at all.

But we Blacks are exceedingly patient and peace-loving. We are aware that politics is the art of the possible. We cannot expect you to move so far in advance of your voters that you alienate their support. We are ready to accept some meaningful signs which would demonstrate that you and your Government and all Whites really mean business when you say you want peaceful change. First, accept the urban Black as a permanent inhabitant of what is wrongly called White South Africa, with consequent freehold property rights. He will have a stake in the land and would not easily join those who wish to destroy his country. Indeed, he would be willing to die to defend his mother country and his birthright. Secondly, and also as a matter of urgency, repeal the pass laws which demonstrate to Blacks more clearly than anything else that they are third rate citizens in their beloved country. Thirdly, it is imperative, Sir, that you call a National Convention made up of the genuine leaders (i.e. leaders recognised as such by their section of the community,) to try to work out an orderly evolution of South Africa into a nonracial, open and just society. I believe firmly that your leadership is quite unassailable and that you have been given virtually a blank cheque by the White electorate and that you have little to fear from a so-called right wing backlash. For if the things which I suggest are not done soon, and a rapidly deteriorating situation arrested, then there will be no right wing to fear—there will be nothing.

I am writing this letter to you, Sir, during a three day clergy retreat in Johannesburg, when in the atmosphere of deep silence, worship and adoration and daily services of the Lord's Supper we seek to draw closer to our Lord and try to discover what is the will of God for us and what are the promptings and inspirations of God's Holy Spirit. It is during this time that God seemed to move me to write this letter.

I hope to hear from you, Sir, as soon as you can conveniently respond, because I want to make this correspondence available to the Press, preferably with your concurrence, so that all our people, both Black and White, will know that from our side we have done all that is humanly possible to do, to appeal, not only to the rank and file of Whites, but to the highest political figure in the land, and to have issued the grave warning contained in my letter. This flows from a deep love and anguish for my country. I shall soon become Bishop of Lesotho, when I must reside in my new diocese. But I am quite clear in my own mind, and my wife supports me in this resolve, that we should retain our South African citizenship no matter how long we have to remain in Lesotho.

Please may God inspire you to hear us before it is too late, and may He bless you and your Government now and always.

Should you think it might serve any useful purpose, I am more than willing to meet with you to discuss the issues I raise here as you say in Afrikaans, *onder vier oë*.

Since coming to this Cathedral last year, we have had a regular service, praying for Justice and Reconciliation in this country every Friday. And at all services in the Cathedral we pray:

God bless Africa
Guard her children
Guide her rulers and
Give her peace,
For Jesus Christ's sake.

And:

O Lord, make us instruments of Thy peace: where there is hatred, let us sow love; where there is injury, pardon; where there is despair, hope; where there is darkness, light; where there is sadness, joy.
O divine Master, grant that we may not so much seek to be consoled as to console, to be understood as to understand, to be loved as to love: for it is in giving that we

receive, it is in pardoning that we are pardoned, it is in dying that we are born to eternal life.
Amen.

And we mean it.
Yours respectfully,
Desmond Tutu

(*Source:* Villa-Vicencio 1986:227-231)

64 Nederduitsche Hervormde Kerk: Getuienis (1977)

The events following the 1976 Soweto uprising left South Africa in a turmoil. All the denominations of the Church in South Africa tried to find an answer to the escalating violence in the land. A commission of the 1977 Algemene Kerkvergadering (General Assembly) of the Nederduitsche Hervormde Kerk published the following 'getuienis' (witness) stating their policy of equal but separate opportunity:

Getuienis

Kommissie van die Algemene Kerkvergadering (1977)

Die Kommissie van die Algemene Kerkvergadering van die Nederduitsch Hervormde Kerk het kennis geneem van menings en uitsprake oor die huidige situasie in ons land, en verklaar soos volg:

Gelyke en afsonderlike geleenthede steeds die beste

Die Nederduitsch Hervormde Kerk ag 'n beleid wat gelyke en afsonderlike geleenthede vir elke volk en volksgroep in Suid-Afrika bied, steeds die beste in die Suid-Afrikaanse situasie. Ons weet van geen ander beleid wat groter moontlikhede het vir die versekering van geregtigheid, vrede en vryheid in ons land nie. Dit bly ons oortuiging dat so 'n beleid uitvoerbaar en in proses van uitvoering is, en dat dit die beste kan voldoen aan die eise van die liefde wat gegrond is op Gods liefde in Christus.

Vernederende maatreëls en krenkende optrede

Ons is verder daarvan oortuig dat onreg, vernederende maatreëls en krenkende optrede nie inherent is aan so 'n beleid nie. Waar onreg gepleeg word, vernedering ondervind word en krenkend opgetree word, kan dit met die regte gesindheid van almal daarby betrokke uit die weg geruim word sonder dat afgedoen word aan die grondslag, grens en doeleindes van die beleid.

Verwarring en regte koers

Ons weet dat daar nie altyd onderskei word tussen aan die een kant handelinge wat gerig is op die uitvoering van die beleid en die versekering van orde en vreedsame naasbestaan, en aan die ander kant handelinge wat 'n vernederende uitwerking het nie. Ons besef ook dat so 'n onderskeid nie altyd maklik is nie. Dit is dan ook juis op hierdie gebied waar verskil van mening en verwarring bestaan. Daar is byvoorbeeld in die jongste tyd skerp kritiek uitgespreek met beroep op die Bybel teen sekere maatreëls en gebruike wat tot nog toe die beleid van afsonderlike ontwikkeling begelei het, byvoorbeeld die verbod op gemengde huwelike, die ontugwet, die maatreëls oor instromingsbeheer en werkreservering, die stelsel van trekarbeid, en skeiding in maatskappy en kerk. Ons is daarvan oortuig dat sulke maatreëls in ons besondere situasie gehandhaaf moet bly en ook so toegepas kan word dat dit die toets van Christelike maatstawwe kan deurstaan. Ons hou daarmee rekening dat daar in ons land en in die buiteland menings bestaan wat die strewe na die behoud van afsonderlike identiteite self en elke handeling wat dit bevorder, veroordeel. Ferme en besliste optrede is nodig in die uitvoering van die beleid en die afskaffing van maatreëls en voorkoming van optrede wat skadelik is vir gesonde onderlinge verhoudinge. Tegelyk moet die goeie orde wat 'n rustige en stil lewe sal verseker en die ruimte sal skep vir die hoogs moontlike geregtigheid, vrede en vryheid, verseker word.

Ons dring derhalwe by die regering daarop aan dat hy voortgaan om die beleid van afsonderlike en gelyke geleenthede in sy volle konsekwensies uit te voer en dat dit prioriteit sal geniet in alle regeringsdepartemente;

dat maatreëls wat vernederend van aard is, afgeskaf en vermy word en krenkende optrede op elke vlak van die samelewing met krag teengegaan word;

dat die bevolking ten volle ingelig word oor die huidige stand van sake, veral wat betref die hindernisse in die weg van vinniger vordering in die uitvoering van die beleid en die bevordering van goeie onderlinge verhoudinge tussen die volkere in die land.

Ons dring by alle inwoners van Suid-Afrika daarop aan

om hulleself rekenskap te gee van die gevolge as die beleid van gelyke geleenthede vir alle volkere en volksgroepe met behoud van eie identiteit en vryheid nie slaag nie; (die resente geskiedenis het talle voorbeelde in ander lande gelewer van die ellende wat gevolg het waar identiteit en kultuur opgeoffer is aan ander oorwegings);

om die erns van ons land se situasie te besef en alle geestelike en materiële kragte beskikbaar te stel vir 'n stryd wat 'n saak van lewe of dood is;

om op alle vlakke van die samelewing medeverantwoordelikheid te aanvaar vir die bevordering van gesonde onderlinge verhoudinge aan die een kant, en aan die andér kant te waak teen die magte wat deur die vernietiging van afsonderlike identiteite en die bevraagtekening van gesonde Christelike en kulturele waardes, in ons land geestelike en fisiese chaos wil skep.

Ons dring by die Afrikanervolk, die volk waarbinne die Nederduitsch Hervormde Kerk in die eerste plek leef en werk, daarop aan

dat hy sy erfenis, wat met groot stryd en taaie volharding vir hom bewaar is, kosbaar sal ag, sy identiteit as volk in wie se geskiedenis die belydenis van die Christelike geloof so 'n groot rol gespeel het, met alles in sy vermoë sal verdedig, en dat hy alles feil sal hê vir die behoud van dié lewenswaardes wat hulle grond en krag in die geloof het;

dat hy, wat self soveel miskenning en leed ervaar het in sy strewe na vryheid en selfbeskikking, en dit nog steeds ervaar, op geen wyse deelagtig sal wees daaraan dat die ander volke in ons land in hulle weg na selfvervulling belemmer sal word nie;

dat hy sal waak teen alle pogings om sy wil tot weerstand af te breek deur middel van argumente wat voorgee om op die Heilige Skrif gegrond te wees, maar in werklikheid die taal praat van magte wat die Christelike geloof wil verwater en vernietig; (om by die Afrikaner 'n skuldgevoel te laat ontstaan as sou hy uitsluitlik verantwoordelik wees vir enige leed wat ander volke in die land mag ondervind, is 'n moedswillige miskenning van die geskiedenis; alle mense, en alle volke, staan skuldig voor God oor hulle handelinge in verlede en hede, maar die Afrikaner kan in hierdie opsig 'n vergelyking met ander volke in die wêreld met eer deurstaan);

dat hy al sy instellings, van die gesin af tot by die omvattendste, sal inspan om by sy jeug in te skerp dat ons gang alleen 'n hoopvolle toekoms kan inhou as ons aan ander gun wat ons vir onsself opeis en bereid is om die hoogste Christelike waardes te laat geld in ons verhouding tot ander en ons stryd om ons eie lewe.

Ons dring by die *kerk van Suid-Afrika* aan

dat hulle in hulle uitsprake oor die Suid-Afrikaanse situasie en hulle getuienis oor die koers wat ons moet gaan, nugter sal bly en rekening daarmee sal hou dat hulle getuienis misbruik kan word deur magte wat die vernietiging van die kerk self beoog en wat nie die heil van alle mense in Suid-Afrika in die oog het nie;

dat hulle die verlossing uit die mag van die sonde en die versoening met God in Christus duidelik sal onderskei van die "verlossing" uit bepaalde sosiale omstandighede en die versoening tussen mense ongeag verskille; ons is daarvan oortuig dat die geloof in God deur Jesus Christus sy vrugte dra in die menslike gemeenskap, maar beskou dit as 'n ernstige ongehoorsaamheid aan die eise van die evangelie self as die kruis en opstanding van die Heer gesien word as die waarborg vir sake wat in sigself geen ewigheidswaarde het nie;

dat hulle hulle sal losmaak van ekumeniese liggame wat hulle laat gebruik as kerklike forums vir die veroordeling van Suid-Afrika, sy regering en sy interne situasie op 'n eensydige wyse wat alle reg en billikheid negeer; dit bly vir ons onbegryplik dat 'n liggaam soos die Wêreldraad van Kerke steeds mag reken op die lojaliteit van kerke in Suid-Afrika terwyl daardie liggaam so duidelik laat blyk het dat hy vir die nugtere waarheid in sy optrede weinig plek het.

Ons roep gemeentes en lidmate van die Nederduitsch Hervormde Kerk op

om voorbidding te doen vir die regering van die land in sy moeilike taak; ons hou daarmee rekening dat die regering slegs kan handel binne die moontlikhede tot sy beskikking en dat hy namens die burgers van die land onder geweldige druk sy taak moet uitvoer, maar ons is dankbaar dat ons wel 'n regering het waarvan die lede saam met ons die Christelike geloof bely en vanuit dié geloof hulle taak wil uitvoer;

om in die lewe van die kerk en die lewe van elke lidmaat van die kerk dit duidelik te stel dat daar geen ruimte is vir enige optrede wat 'n medemens leed berokken nie; die kerk aanvaar die gelykheid van alle mense voor God en kan hom nooit vereenselwig daarmee dat een volk meerderwaardig is bo 'n ander nie;

om die kerk deur dankoffers in die geleentheid te stel om sy sendingtaak doeltreffender uit te voer en die Bantoe Hervormde Kerk by te staan in die voorsiening van fasiliteite, sodat elke lidmaat van dié kerk in staat sal wees om eredienste in sy gemeente by te woon; ons beklemtoon daarby die dure plig van elke werkgewer wat op 'n Sondag die dienste van sy werknemers noodwendig moet gebruik, om sorg te dra dat die werknemers tyd en moontlikheid sal hê om eredienste in hulle eie gemeentes by te woon, aan watter kerk hulle ook mag behoort;

om groter ywer aan die dag te lê in die verdieping van die geloofslewe en die toepassing van die geloof op alle terreine van die lewe; die lidmate van ons kerk beweeg op alle vlakke van die samelewing en kom daagliks in aanraking met die volle verskeidenheid van mense in Suid-Afrika; ons mag geen oomblik en geen situasie buite die terrein van ons geloofsgehoorsaamheid ag nie.

Gesamentlike aanbidding (Geïntegreerde eredienste)

Ten slotte wil ons in aansluiting by vorige uitsprake van die kerk herbevestig dat ons in "gesamentlike aanbidding" soos dit tans bepleit word, geen noodwendige voorwaarde vir die demonstrasie van kerklike eenheid kan sien nie en dit nie kan beskou as 'n verstandige wyse om die evangelie binne ons huidige situasie aan alle mense te verkondig nie. Die Nederduitsch Hervormde Kerk het gekies vir 'n bepaalde werkwyse in die uitvoering van sy evangeliese opdrag en hy geniet daarin die medewerking van die Bantoe Hervormde Kerk. Die kerk is van voorneme om vir die huidige en afsienbare toekoms hierdie werkwyse te handhaaf.

Ontugwet – Wet op gemengde huwelike

Ons wil ook beklemtoon dat ons die "ontugwet" en die verbod op gemengde huwelike sien as noodsaaklike maatreëls vir die uitvoering van die beleid van gelyke en afsonderlike geleenthede en die beskerming van die identiteite van die onderskeie volkere en volksgroepe. Ons meen dat die regering solank hy sy beleid wil deurvoer, nie anders kan as om hierdie of soortgelyke maatreëls te handhaaf nie, en dat hy as owerheid wel ook die reg het om wetgewing van hierdie aard deur te voer, indien dit binne bepaalde omstandighede tot voordeel is van al die gemeenskappe wat daarby betrokke is. Dat hierdie maatreëls, wat reeds baie jare op die wetboek staan, baie bygedra het tot die beskerming van die identiteite van die blanke en swart bevolkings in ons land, ly geen twyfel nie. Dit is ons oortuiging dat ander volke behoort aan te dring op dieselfde beskerming en dat die regering dit ernstig moet oorweeg om minstens aan die kleurlingbevolking op dié gebied beskerming te verleen indien hulle daarmee instem. Dat dit juis hierdie volksgroep is van wie sommige woordvoerders die betrokke wetgewing as vernederend beskou, kan ons goed begryp. Ons het eerbied vir hulle gevoelens, maar is van mening dat indien hulle sou strewe na 'n eie afsonderlike identiteit en aanspraak maak op dieselfde as wat die Blanke en swart volkere vir hulleself opeis, die noodsaaklikheid van beskermende maatreëls van hierdie aard duidelik sal wees.

Toekoms

Laat ons met groter onderlinge begrip en wedersydse kennis, met eerlike kommunikasie en oorleg, die toekoms naas mekaar ingaan en die Suid-Afrikaanse bodem naas mekaar bewoon op 'n wyse wat ons kinders met dankbaarheid sal laat terugdink aan 'n tyd toe ons hulle belange met moed en geloof beskerm het.

(*Source:* Van Wyk 1978:274-279)

65 South Africans Catholic Bishops Conference: social justice and race relations (1977)

In February 1977 the South African Catholic Bishops Conference made a statement expressing their stance on social justice and race relations within the church. They expressed their concern that in their denomination 80 per cent of the laity were black while 80 per cent of the clergy were white. This statement addressed the problem and attempted to find a solution:

SOCIAL JUSTICE AND RACE RELATIONS WITHIN THE CHURCH, 1977

Assembled in plenary session, we, the South African Catholic Bishops' Conference, accept that the Catholic Church in South Africa is lagging behind in witness to the Gospel in matters of social justice. We are encouraged by the support given to our policy of opening Catholic schools to all pupils regardless of race; and now, after prayerful reflection and in humble reliance on the wisdom and strength that come from God's Spirit, we commit ourselves to the following programme:

A. CONCERNING SOCIAL ATTITUDES AND CUSTOMS

1. To strive for the elimination of terms which of themselves or in their South African context, are derogatory and even insulting, even when no slight is in-

tended, such as "native", "Bantu" (except where this word is unavoidable on official documents), "boy" or "girl" for adults, "non-whites", "non-Europeans", "location" and "mission" (when used in the sense of parish); and to combat the unnecessary use of racial and national designations that emphasize differences and foster the apartheid mentality.

2. To eradicate all differentiation on purely racial grounds in the treatment of persons at presbyteries, convents, other church institutions and private homes.

3. To suppress the custom still lingering in some places of having different sections of churches appropriated to different race groups and to ensure that church halls and similar premises in any area are available to all.

4. To insist that all Catholic associations and parish councils review their policy and actual achievement or failure in bringing various races together.

5. To commend the witness of persons who in their desire to identify with the deprived and to make the Church recognisable as the Church of the poor, refrain from using privileges arising from race or wealth.

6. To aim at a simple life-style for ourselves and where necessary to encourage other church and religious personnel to do the same.

B. CONCERNING THE SHARING OF RESPONSIBILITY

7. To do all in our power to speed up the promotion of Black persons to responsible functions and high positions in the Church, to encourage them to accept such functions and responsibilities, so that the multi-cultural nature of the Church in South Africa may be clearly recognised, and to provide the training necessary for this purpose.

8. To encourage priests, especially those working in Black parishes from which White priests may be excluded in times of crisis likely to recur, to give the fullest responsibility to parish councils and lay ministers, including allowing for learning by trial and error.

C. CONCERNING SOCIAL JUSTICE, LIBERATION AND DEVELOPMENT

9. To re-assess the distribution and function of church personnel, clergy and religious, in relation to the needs and numbers of racial and ethnic groups and, where necessary, to bring about a more equitable distribution.

10. To be mindful of the Church's duty to minister to Christ where he most suffers in society and therefore to make more strenuous efforts to direct special attention to the growing numbers of unemployed, to industrial workers in general and migrant workers in particular, to worker organisations, to the thousands of squatters living on the periphery of large cities, to political prisoners, detainees, banned people and their dependants, and to other distressed and displaced groups discovered; and to provide as far as possible for the care of these

groups and the creation of communities among them by special appointed priests, religious and lay workers.

11. To signify, by the appointment of Black priests to the charge of White parishes, the breaking away by the Church from the prevailing social and political system.

12. To push forward with the policy of integrating our institutions, and in such a way as to enable the poor as well as the better-off to benefit.

13. To accept the establishment of equal pay for equal work as the aim of deliberate progressive budgetting and meanwhile to accept as basic the standards proposed by the Justice and Reconciliation Department and to insist on periodical reviews of all wages and conditions of work in our dioceses.

14. To promote the awakening of social conscience and the awareness of injustice and social problems as central to evangelisation and an essential element of preaching, liturgy and catechetics and of priestly religious and lay formation, of church work and witness.

15. To give practical expression to the conviction that the Church's mission includes work for complete human liberation and to the teaching of "Evangelii Nuntiandi" that evangelisation includes transforming the concrete structures that oppress people; and in the light of this, to strive that the Church be seen in solidarity with the legitimate aspirations of oppressed people; on the side, therefore, of Black Consciousness, in regard both to those who promote it and those who suffer for it.

16. To urge that, in addition to the campaign for public social justice Christians be urged to give their time and energy to assisting in development work, such as literacy campaigns and tutoring, co-operative ventures and self-help associations and advisory bodies to aid in such matters as welfare services, legal problems, budgetting and the use of hire purchase; that those who have any technique to offer should be willing to help; that projects should be limited and carefully selected; that work should aim at the development of the whole person and the formation of basic groups and communities; and that those engaged in this work should, however, not see themselves as dispensed from the broader social apostolate for human rights.

17. To aim at the employment in every diocese or region of a full-time worker in justice and reconciliation and development work, who will give his time to each activity according to needs, and whose financial support will be a priority in diocesan or regional budgetting.

18. To encourage clergy, religious and lay associations to undertake development work less exclusively within the Catholic Church and to move towards the whole of society, showing there the power of the Spirit in union with other Christian churches and in co-operation with local communities, so as not to further divide people on lines of church affiliation in ordinary citizen and political action but to promote harmony.

19. To encourage, under the aegis of Church bodies, including religious

congregations, the launching of local community groups to promote training and development projects and the timely handing over to the groups of the institutions, property and funds connected with the projects.

D. CONCERNING CHURCH FINANCE

20. To recognise, in accordance with resolution 12 of the 1975 meeting of the Southern African Council of Priests, the importance for community witness of making the principle of sharing more visible in church finance and to devote serious study to:

(1) the re-evaluation of the meaning and use of money, as to how much should be seen as belonging to the local parish and how much to the Church collectively;

(2) to communalising of parochial funds within each diocese to form a central fund which will be evenly distributed enabling standards of churches, presbyteries and works of mercy to be more consistent;

(3) to the application of the principle of communalising church funds not only within dioceses but also on a national level between poor and richer dioceses.

E. CONCERNING A PASTORAL CONSULTATION

21. To take into account the singular situation and resultant tensions of the Church in South Africa, where 80% of the laity are Black and 80% of the clergy White, and to investigate as a matter of extreme urgency the feasibility of a Pastoral Consultation in which lay people, religious and priests, in large majority Black, may participate with the bishops, in arriving at policy on Church life and Apostolate but not on doctrinal and canonical matters.

(*Source:* Villa-Vicencio 1986:232-234)

66 The Koinonia Declaration (1977)

Koinonia is a movement that promotes encounter between Christians of different race groups. Christians of different races meet socially as families in order to get to know and understand each other. The declaration originated in Cape Town when three ministers of the Ned Geref Kerk reacted against the government ruling that made public agitation against detention without trial unlawful. A redrafted statement was issued in June 1987 at the national annual meeting of the Koinonia (meaning fellowship) movement. The following is the 1977 statement:

We, the undersigned, Christians of reformational (Calvinistic) conviction, state as follows:

1 We as Christian citizens are convinced that we must continue to practise love towards those people in authority. We also believe that the prayers of just men have great power. We, therefore, urge all Christians to pray without ceasing for those in authority that:

(i) they may seek and know Biblical truth;
(ii) they may not be led astray by unbiblical ideologies, and that
(iii) all may lead a quiet and peaceable life, godly and respectful in every way.

When there is a conflict between the law of God and the state's expectation of us, it is, however, our firm conviction that we should always obey God rather than men (the latter including the bearers of authority).

On account of our above-stated convictions and in regard to the political situation in South Africa:

1.1 We thank God for his mercy which has rendered possible a state authority in this country;
1.2 we pray continually for all bearers of authority and other officials in the sphere of civil government;
1.3 we declare our complete willingness to submit to the order of the civil establishment as such, to be obedient to those in authority, provided that their exercises of authority is in accordance with the precepts of God's Word, and to show love toward them;
1.4 we call on all bearers of authority and all functionaries of state (inter alia the State President, cabinet ministers, members of Parliament, all government offi cials - including both members of the police force and men serving in the defence force -, all judges and judicial officers) to submit themselves, in all their decisions, formulation and carrying out of policy, all their judgements, and in their actions in general, to the demands of the Word of God, so that it will not be necessary for us to disobey their authority;
1.5 we declare, in the light of the above-stated convictions, that there is a number of matters in the present political system in South Africa which, in our humble opinion, ought to be set right, and we take the liberty of drawing the attention of both the political authorities and responsible and believing citizens to them.

2 The Bible gives us guidelines as to what the duties of the citizen as well as civil government are. Accordingly, we believe that it is the duty of the civil government to protect everybody within its territory, and further that each man has the right to such protection, in order to enable him to do good, that is, to fulfil his calling (without obstruction by anyone whatsoever) towards God and therefore also towards his neighbour as his fellow citizen and fellow human being, in all human relationships. This means inter alia that:

(i) the citizen as human being has the divinely ordained right and duty of displaying charity, that is, inter alia, in being merciful, practising community, promoting justice and mutual admonition, towards all people, irrespective of who they are, and especially to the weak and the underprivileged;

(ii) no responsible Christian can properly exercise his calling and duties with regard to a political society unless

(a) he is able to obtain sufficient information, having a bearing on his calling and/or duties in the state;

(b) he is able to freely express his responsible opinion and his right to be heard is acknowledged.

On account of our above-stated convictions and in regard to the political situation in South Africa:

2.1 we request the civil authority continually to bear in mind that all people within South Africa have, in principle, equal rights to fulfil their calling, and, in view of the gaining of independence by the Black Homelands, that it give urgent attention to the just, fair and proper delineation of these rights and of the duties of citizens of these states who, for whatever reason, happen to be in the territory of the Republic of South Africa;

2.2 we promise full support to all honest attempts aimed at

(a) the realization of equal treatment and the attainment of equal rights for all people in South Africa to fulfil their calling;

(b) the abolition of all statutory and other prohibitions which impede in any way free dealings between people of different races and population groups;

2.3 we accept that since whites have given themselves ample economic opportunities of fulfilling their calling as a political unit, and their callings as individuals or families, it is imperative that the same opportunities be extended to all sectors of the population and to all individuals and families, regardless of descent - which implies that

2.3.1 the consolidation of the Black Homelands be based upon economic viability and governability and not upon purely historical grounds;

2.3.2 the same economic opportunities, including property, business and labour rights, be extended to those individuals and families who are unable to prosper in a Black Homeland;

2.4 we earnestly entreat the government

2.4.1 to take cognizance of the opinions of all responsible people (Black, White and Brown) living in South Africa and we particularly ask that all races and population groups of the country (including the urban Blacks)

will obtain an effective share in negotiations that concern their political future;

2.4.2 to give to all racial groups the opportunity (for instance by means of a referendum) of meaningfully voicing their opinions about the proposed constitutional changes;

2.5 we are convinced, in view of the calling that believers have to show love to all men and especially to those of the household of faith, that the weak and underprivileged in South African society are not only those to whom compassion is already shown (e.g. those who are legally imprisoned and those who are needy) but also those against whom there is discriminatory legislation, those oppressed by thoughtless actions or abuse of power, and those - especially Christians - who are under all forms of political suspicion, while all attempts to clear away the suspicion are either abused or ignored;

2.6 we call on the government to inform the population more fully, especially as regards the handling of matters relating to the security of the state (e.g. the recent series of bannings, detentions and arrests on October 19th., 1977) so that we might be able properly to judge the actions of the executive powers and consequently be better able to exercise responsibly our democratic right of voting;

2.7 we declare concerning the present system of detention without trial that

2.7.1 since the government has made it impossible for relatives, friends, personal physicians, legal representatives and other citizens to fulfil their calling toward these detainees, the present system of detention conflicts with the Christian Principles as defined in 2 above;

2.7.2 this system (as exemplified inter alia in Article 6 of the Terrorism Act) cannot be applied satisfactorily, because too great a responsibility is placed on the minister concerned;

2.7.3 the Minister of Justice, as the responsible official, is not able properly to fulfil his duty as sole human protector and neighbour of these prisoners as is clear from his actions in the Biko-case;

2.8 we earnestly entreat the government

2.8.1 with reference to the above-mentioned measures, forthwith to allow at least relatives, personal physicians, legal representatives and ministers of religion to visit such detainees;

2.8.2 to do all in its power either to bring all detainees before normal courts as soon as possible, or to release them;

2.8.3 to allow those who have been banned, if they should request it, to continue their academic studies or breadwinning activities;

2.8.4 to institute all possible judicial and other means of avoiding another case such as that of Mr Biko;

2.9 we are distressed by the handling of the Biko case and in all sincerity we point out that

2.9.1 evidently faulty information was initially imparted to the public;
2.9.2 the death of Mr Biko was referred to with apparent unconcern at the Transvaal Congress of the National Party;
2.9.3 the authorities concerned apparently did not have sufficient knowledge of the physical circumstances in which Mr Biko was being held in terms of Article 6 of the Terrorism Act;

2.10 we cannot but request the Government to place all interrogation procedures undertaken by the police and security police under strict judicial supervision in order to prevent possible irregularities in the interrogation of detainees, and to prevent suspicion being cast on the police and security police.

3 We believe that freedom, sufficient to fulfil one's calling before God, is essential.

On account of our above-stated convictions and in regard to the political situation in South Africa:

3.1 it is our conviction that any tension between freedom on the one hand and law and order on the other is invalid because freedom is the foundation of the order in which it is possible to be true to our callings;

3.2 we call on the government to honour more scrupulously the freedom of the press, and freedom of speech;

3.3 we identify ourselves in principle with any attempt to adopt and apply a Bill of Rights whereby the freedom of subjects to fulfill their callings within the state will be thoroughly delineated, whereby their rights and duties in regard to judicial procedures will be properly defined and explained and thoroughly protected against governmental encroachment.

4 We believe that God is a God of justice, and that his justice is a principle implanted in the hearts and the lives of his children. We believe that God should be obeyed by practising his justice in all spheres of life, and at this time especially in politics. We believe that Christian love, as defined by God's law, supplies the norm for practising justice. This means having the opportunity of doing unto others as one would have them do unto oneself. We believe that justice embraces, inter alia, equity. In a sinful world this implies a certain flexibility in the application of the law, which is best guarded by checking and balancing human authorities in order to avoid a concentration of power.

On account of our above-stated convictions and in regard to the political situation in South Africa:

4.1 although we affirm the right of the Republic of South Africa, when it is judged by the outside world, to be judged according to the same standards of justice as those whereby other states are judged;

4.2 we, nevertheless, appeal to all the civil authorities involved not to be so influenced by the dual morality of critics that

(a) they would consider the standard of justice inapplicable to the country's internal situation;
(b) they dismiss without further ado the often valuable views and opinions of earnest and well meaning Christians in foreign lands;

4.3 we declare that it is irresponsible to blow reaction to foreign pressure up into the main theme of the election so as to deprive the proposed new constitution of the attention that it warrants, and force it through without having properly sounded public opinion;

4.4 we declare ourselves in favour of the effective realisation of the theory of separation of governmental powers - because then power will be balanced - it is with concern that we notice

4.4.1 the continually increasing concentration of power in the executive and legislative spheres;
4.4.2 the increasing overlapping of the legislative and executive power;
4.4.3 the growing tendency to eliminate the judicial authority by, inter alia

(a) excluding judicial control in cases concerned with the security of the state;
(b) the stipulation of minimum sentences through whole series of laws, whereby the judge is in advance limited in the exercise of his own judgement by the legislator;
(c) the passing of mere ministerial judgements whereby persons are banned and their freedom subsequently drastically reduced (for example, in terms of the Internal Security Act) without allowing for judicial control;

4.5 we declare that

4.5.1 it is essential that the path of justice be always open to all by inter alia, always providing the opportunity of appealing to an independent Bench;
4.5.2 any measure that obstructs the above-mentioned path, e.g. laws regarding detention without trial, or without legal representation or measures that provide executive officials with vast powers of discretion against which there is no right of appeal, also obstructs the proper exercise of right and justice according to the normative demands of God's Word;

4.6 we emphasize that a court of law, being a human institution, must not be regarded as infallible, and that we are aware of the fact that specialised administrative bodies are often necessary in a modern state for the settling of disagreements, but we request the legislators always to leave the path of justice open (inter alia by applying the principles of natural justice and by right of appeal to a superior body);

4.7 it is our conviction that the envisaged new constitution offers a golden opportunity of creating a constitutional court to settle those disagreements which might arise from the novel, unknown and considerably complicated constitutional situation (especially as regards the defining and delineating of common and community interests);

4.8 we note with concern the fact that in the proposed new dispensation well-nigh unlimited powers will in principle be allocated to the State President and we declare that, since, with the departure from the Westminster system, the traditional restrictions and controls will no longer hold, it is necessary that the State President, for the sake of justice, be limited in his actions by concrete and unambiguous legal precepts;

4.9 we are also anxious because the Council of Cabinets, on account of the separate functioning of the three Parliaments, cannot be called to account by any person or instance;

4.10 we are also afraid that the proposed new dispensation, in stipulating a numerical ratio of 4:2:1 among the Parliaments, the Electoral College and the Council of Cabinets, will not be a new dispensation at all, but no more than an altered form of pure majority rule, in which very little room is allowed for the protection of the interests of minority groups, and we call on the government to reconsider this ratio;

4.11 we wish to emphasize the essential role of a strong opposition in the process of controlling power and authority in S.A. and we earnestly exhort all opposition parties to cease their petty disagreements in order to effectively fulfil this function.

5 We believe that the Body of Christ is one, and this unity includes rich diversity. This principle should be acknowledged and actualised by members of the Body in all spheres of society. On this basis we deem it necessary that particularly within the state, the legitimate interests of each group as well as the common interest of all, should be fully recognised within the framework of a just political dispensation. We dissociate ourselves from all extreme forms of Black and White national consciousness which identify the Gospel with the history or group interests of any one group, excluding all other groups, and we call upon the church of Christ to consciously dissociate itself from an exclusively White as well as an exclusively Black theology which distorts the vital message of the Scripture.

On account of our above-stated convictions and in regard to the political situation in South Africa:

5.1 we declare that the principle of unity and diversity is violated if one nation or group alone presides over the future of other nations and groups; and that ethnic groups, as well as other groups must be sufficiently free to decide their own future (should they request it);

5.2 we strongly deplore the existence and activity of exclusively White or Black nationalistic movements and organisations which, in the pursuit of their political and other aims, put the exclusive interests or destiny of their own ethnic or racial grouping foremost, and subject the rightful interests and rights of other groups to this;

5.3 it is our heartfelt conviction that there must be effective political co-operation between all people of common political conviction (regardless of race, nation or pigmentation), and that this should serve as a basis from which to pursue common aims and resist common threats.

5.4 we are more than willing to collaborate fully in bringing about this political co-operation and we request the government to revise the Prohibition of Political Interference Act in order to make this multiracial co-operation possible;

5.5 we are fully aware of the existence of ethnic differences in S.A. and we realise that this makes it difficult to arrive at a political solution, but it is our conviction that both ethnicity and a sense of community must be taken very much into account when seeking for political solutions, especially where ethnic differences have already faded away;

5.6 with deep sorrow we take note of a tendency among ministers and members of the Church of Christ to identify the Gospel with the aspirations either of White or of Black Nationalism, and in the name of our King, Jesus Christ, we request those who do this to cease this distortion of the gospel immediately.

6 We believe that God who is Creator and Judge of all men has given his children the task of ordering life according to his Word alone. His Word is to be pronounced clearly into the world as a goal for its salvation and healing. This, we believe, is one side of our prophetic task which leads to reconstruction and peace. We believe that it is our task to speak out according to God's Word against any distortion of and disobedience to the Word for society. We believe that salvation has implicit in it the task of prophetism and judgement. We believe that we must pronounce God's judgement on all forms of dehumanisation, oppression and discrimination and not be afraid of doing so.

On account of our above-stated convictions and in regard to the political situation in South Africa:

6.1 it is our conviction that the believing Christian must definitely apply the verdicts and prophecies of the Gospel to himself, to his own shortcomings and to those of the society in which he finds himself;

6.2 it is our conviction that at no time has any state in the world ever been able fully to know and apply the justice of God, seeing that no person or authority is perfect, or ever will be;

6.3 we, nevertheless, call upon all Christians in S.A. to dissociate themselves from any tendency on the part of the bearers of authority, politicians and citizens of this land, to try to deny, gloss over or justify the presence of injustice and irregularities by an appeal to 6.2 and to malpractices elsewhere in the world.

7 We believe that God alone is the absolute Sovereign and that Christ was given all power in heaven and on earth. Both civil government and the people are to acknowledge this and are therefore obliged to keep the commandments of God for the existence of the state. Thus believing it is our conviction that:

(i) any form of state absolutism or totalitarianism, seeking to absorb non-political spheres of society as well as the whole life of the citizen (in its rich diversity) into the structure of the state in such a way that the state obtains determining control of areas which are, principally speaking, non-political, should be rejected, and that the state should restrict itself to the organising of justice inside society without organising society as such;
(ii) not the will of the people but the will of God, as expressed in his Word, is the foundation of the authority of civil government;
(iii) the will of God is also the determining factor in respect of state security and that state security embraces the security of the citizen enabling him to live in obedience to God. State security is, inter alia, but not exclusively, the security of the political party in power;
(iv) the Government ought to enact and obey just laws for its own and for its citizens' good, so that the blessing of God might rest on our society.

On account of our above-stated convictions and in regard to the political situation in South Africa:

7.1 we call on the government scrupulously to honour the boundaries of its authority at all times;

7.2 we testify that

7.2.1 Article 16 of the Immorality Act is unscriptural and based on a false distinction, because extra-marital sexual intercourse between people of the same race is just as immoral as between people of different races;

7.2.2 the state transgresses its legitimate boundaries of authority through

(a) prohibiting, hindering or obstructing marriage between Black people merely on the ground that they live in different group areas;
(b) continuing to apply the law for mixed marriages, because the Word of God stipulates a shared belief as the condition of marriage instead of identity of race;

7.3 we request the government to

7.3.1 eliminate the false principles of differentiation from the Immorality Act (Article 16);

7.3.2 forthwith alter all laws that prohibit, hinder or obstruct people from marriage so that they may fulfil their calling with respect to marriage;

7.4 we dissociate ourselves from the dogma and practice of parliamentary sovereignty because the legislative activities of a parliament, which consists of sinful and imperfect people, are viewed as absolute, final and unassailable;

7.5 it is our conviction that the maintenance of justice rather than the maintenance of law and order and state security is the prime God-given task of the government and the governed, and if they strive with all earnestness for justice, then law and order and state security will be added as a blessing;

7.6 we testify to the people of South Africa that because the population is co-responsible for the allocation of state authority, it therefore is also responsible for opposing all forms of abuse of state power and any tendency to state totalitarianism.

(*Source: Journal of Theology for Southern Africa* 1978:58ff)

67 Ned Geref Sendingkerk and Sunday observance (1978)

At the 1978 Synod of the Ned Geref Sendingkerk the question of Sunday observance was discussed. The following conclusions were arrived at after a questionnaire had been circulated among the church members:

1 Sondagarbeid is nie alleen verantwoordelik vir swak erediensbywoning nie.
2 Sondagsport en uitstappies het 'n groter effek op die viering van die Dag van die Here.
3 Sondagarbeid het wel 'n verskynsel geword wat al hoe meer na vore kom.
4 Sondagarbeid word dikwels deur werknemers verkies ter wille van die finansiële voordeel wat dit inhou.

5 Die industrie-werker wat dikwels geen ontspanning gedurende die week kry nie, ontspan al hoe meer op Sondae.

6. Die gevaar van arbeidslawerny is wesenlik in 'n samelewing wat tot 'n groot mate geïndustrialiseerd is en die staat word versoek om in sover dit vir hom moontlik is, elke vorm van arbeidslawerny deur wetgewing te bekamp.

7 Ringe en Kerkrade moet meer ruimte skep vir Sondagwerkers deur meer dienste op Sondae te hou, dienste gedurende die week ook te reël en konferensies rondom die onderwerp van Christelike Sondagviering te hou.

8 Die kerk sal deur middel van die openbare media die riglyne ten opsigte van Sondagviering onder die aandag van werkgewers en werknemers bring.

(*Source:* Erwee 1986:72-73)

68 Ned Geref Sendingkerk and detention without trial (1978)

At the 1978 Synod of the Ned Geref Sendingkerk the issue of detention without trial was also discussed. The following decision was taken:

DIE HE SINODE BESLUIT DAT:

1 aangesien die reg in eerste instansie die karakter dra dat God aan dié wat onreg ly, reg verskaf;

2 aangesien die reg 'n gawe van God is en gevolglik 'n gawe van Sy liefde is;

3 aangesien dit in die reg ten diepste om Gods eer, die redding, bewaring en heil van mense gaan;

4 aangesien God in Sy oordele regverdig is, is dit noodsaaklik dat die aardse regters ook na regverdige oordele streef;

5 aangesien daar in die Heilige Skrif baie klem gelê word op die rol van getuienis en getuies sodat daar tot 'n regverdige uitspraak gekom kan word en

6 aangesien die Heilige Skrif leer dat menslike regspleging die regverdige regspraak van God moet reflekteer

  6.1 teken hierdie Sinode ten sterkste beswaar aan teen die wet op aanhouding sonder verhoor (Artikel 10);

  6.2 Die HE Sinode verwerp die betrokke wet as totaal onchristelik en vra dat die wet in sy geheel herroep moet word;

  6.3 dat mense wat in hegtenis geneem word:

    6.3.1 onverwyld aangekla sal word;
    6.3.2 van regsverteenwoordigers van hul eie keuse voorsien word; en
    6.3.3 onverwyld in die openbare geregshowe verhoor sal word.

(*Source:* Erwee 1986:90-91)

69 Broederkring: Theological Declaration (1979)

The Broederkring is composed of ministers, laymen and lecturers from four Reformed Churches in South Africa - the Reformed Church in Africa, the Ned Geref Kerk in Afrika, the Ned Geref Sendingkerk and the Ned Geref Kerk. The movement was originally formed to work towards the unity of the church. The prophetic role of the church in the light of the oppressive legal structures was examined. On 3 March 1981 the executive of the Broederkring issued a report replying to problems that had been experienced by the various participating churches. The Broederkring is now known as the Belydende Kring.

In 1979 the Broederkring issued a Theological Declaration which was a statement of faith for their members:

1 We believe in the God and Father of Jesus Christ who upholds the whole universe by his Word and Spirit. He struggles for his own righteousness with regard to God and fellow man. In this respect God chooses constantly for his own rightousness and consequently stands on the side of those who are victims of injustice.

2 We believe that God reveals Himself in his Word as the One who throughout history in his relationship to men binds Himself to his own justice in order to make the world a place to live in. His life-giving Word became man in Christ Jesus, through whom He breaks the power of injustice. By His Spirit He gives people the possibility to again live in obedience to his Word.

3 We believe that God gathers for Himself in this world a new people who consist of men and women He has liberated from oppressive powers through Jesus Christ. This people of God has the responsibility to live as the one undivided body of Christ. As God's property the church must be busy standing where God stands viz. against injustice and with those who are denied justice. To fulfill this task it is necessary that the church should constantly search after the truth of God's Word. This is true especially because we owe greater obedience to Christ than to human governments, power or ideologies.

4 In our South African situation this means that we as part of the church of Christ in this world should unflinchingly persevere for establishing God's justice. The church may, in faithful allegiance to its Head, Jesus Christ, come into conflict with human authorities. If the church has to suffer in the process we know that this is part of the way of God's people through history and that the word of Christ remains in force, 'I will never leave you or forsake you.'

(Heb. 13:5)

(*Source:* Broederkring Statement 1979)

70 Ned Geref Kerk: Reformation Day Witness (1980)

On Reformation Day (31 October) 1980 eight academics who were ministers of the Ned Geref Kerk issued their 'Getuienis' or 'Witness'. This witness states that group differences need not lead to friction and they plead for the church to carry out the commands of Christ as found in Scripture so that 'through the power of God's renewing grace' Christians may 'uphold each other in the one body of Christ':

Witness of eight theologians, October 31, 1980

In the spirit of Reformation Day, we as believers in the Reformed Faith wish to make the following witness:

1 Together with genuine gratitude for what has been done and achieved in the church sphere, we wish to express our deep concern about the apparent powerlessness of the institutionalised church in South Africa

(a) to carry out its divine calling of reconciliation on a meaningful and credible basis in a situation of increasing tension and polarisation between the various population groups in our country;
(b) to give spiritual leadership to the authorities and community by means of a clear and consistent witness to the promises and demands of God's Kingdom as far as social reality is concerned;
(c) to resist mutual estrangement and exclusivity among Christians and so to work against the divisions of the church which shame the communion of saints.

2 In all humility, we plead as members of the NGK with all our fellow Christians and office bearers charged with oversight of church policy and action, to reason together and to strive for

(a) the elimination of loveless and racist attitudes and actions which cause hurtful incidents and not the message of God's reconciling grace of its power;
(b) to demonstrate the solidarity of Christian love with all those who are placed in positions of helpless suffering and need by social practice, economic oppression and political policy;
(c) a form of church unity in which the oneness of believers adhering to the same confession can take visible form.

3 We are convinced that the NGK can, together with other churches, through these channels, make a God-honouring contribution towards:

(a) the advance of mutual trust and acceptance among the different population groups of our country, the indispensable foundation of a peaceful community;
(b) a deeper consciousness of the demands of God's word under which both the

authorities and their subjects are called to reform the present order, so that every individual can be given the scope to realise their potential as the bearer of the image of God:

(c) a concrete witness that existing group differences between people need not be a source of friction because of prejudice, self-interest and defensiveness, but can, through the power of God's renewing grace, be developed into something that provides for mutual enrichment and the upholding of each other in the one body of Christ.

Compiled and signed by: C F A Borchardt; J H Combrink; A B du Toit; W P Esterhuyse; J A Heyns; W D Jonker; B A Müller; H W Rossouw

(*Source:* Serfontein 1982:270)

71 Students' Christian Association: Declaration (1980)

In 1980 members of the National Council of the Students' Christian Association drew up a statement which they felt depicted the position in which evangelical students on South African university and college campuses found themselves. While acknowledging their limited sphere of influence as students, the statement describes what it means to be a Christian in South Africa:

STUDENTS' CHRISTIAN ASSOCIATION STUDENTS' DECLARATION 1980

HISTORICAL NOTE

The third draft of this document was tabled on 8 July 1980 at the National Students' Committee (NSC) of SCA, consisting of representatives from all SCA branches plus a few portfolio holders. The NSC unanimously decided that the domument was a true reflection of the position of the NSC.

On the 12th July 1980 the SCA National Council also tabled the third draft for discussion. Council considered the statement to be a responsible document worthy of careful consideration but which required amendments. In this the 5th edition which has not yet been submitted to Council, some of their suggested ammendments were incorporated. It was recogniseed that in a document of this nature there might not be total agreement in all specifics.

We foresee the possibility of additions in the future because we have been engaged in theological reflection in a particular context. This is an ongoing process. It should be noted that there are other issues which are not addressed in the Declaration as they fall outside the limited scope and intention of this declaration.

1. INTRODUCTION

The reason for drawing up this Statement is that we, members of the Students' Christian Association of Southern Africa, feel that we should make our position clear with regard to some of the issues facing us in South Africa today. We are conscious of our limited ability to understand the complex social, political and economic situation of South Africa and of our fallibility as we seek to interpret and apply God's Word to this situation. We believe that God's call is for justice, righteousness and love to be evidenced in our own lives and in the society in which we live. We confess our failure to be faithful to this call both individually and as SCA and as part of the body of Christ in South Africa. We pray for the guidance of the Holy Spirit as we attempt to discover both the truth of the South African situation and the truth of God's Word as it applies to the situation; and we pray for the power of the Holy Spirit to proclaim the truth and live it out fearlessly and joyfully.

2. BIBLICAL PRINCIPLES

2.1 We affirm our full agreement with the aims and doctrinal basis of SCA.

2.2 In addition we wish to affirm our belief in the following biblical principles that are of particular relevance to this statement.

We affirm:

2.2.1 That the Bible as God's Word is the final authority by which we may know God's will for mankind. It's principles apply to all areas of life, to individuals and human institutions and to society as a whole.

2.2.2 That God the Lord is sovereign. He is holy and requires justice and righteousness of all people and nations. It is to Him that we as Christians owe our primary allegiance.

2.2.3 That all people are created in the image of God and therefore every person of whatever colour, culture or class shares a common dignity and worth.

2.2.4 That all people are sinful and live in a fallen world. As a result, all human institutions are tainted by sin. God is concerned with the corporate or structural sin of institutions and society and with the peronal sin of individuals. All sin comes under His judgement.

2.2.5. That all people are called to repent of their sin and turn towards God through faith in the Lord Jesus Christ and to live a life worthy of Him.

2.2.6 That salvation in Jesus Christ brings rconciliation between God and man and hence between those who have experienced this salvation. This salvation is offered to all people and effects the whole person in all areas of life including the spiritual, physical, intellectual, emotional and social.

2.2.7 That in Christ all believers are bound together in a unity that transcends all barriers, including those of colour, culture, class and language. This unity is to be visibly demonstrated in his body, the Church.

2.2.8 That God is concerned about poverty and oppression. He will judge those who oppress others, who ignore the plight of the poor and who have power but do not uphold justice.

2.2.9 That all Christians must willingly submit to the laws and requirements of those in authority over them. If a particular law conflicts with the law of God as clearly expressed in Scripture then Christians ultimately are to obey God rather than man.

It is the duty of all Christians to pray for those in authority that they may rule justly with compassion, so that we may live in peace in all godliness and holiness.

It is the calling of all Christians to be salt and light in society thus promoting righteousness.

2.2.10 That the greatest commandments are to love God with our whole being and our neighbour as ourselves.

3. THE SOUTH AFRICAN SITUATION

3.1 The Church in South Africa

We believe that God's primary purpose in the world is to call out a people for himself who will worship and serve Him. We believe that this people, the Church, as the body of Christ is fundamentally one. This unity should be visibly demonstrated at all levels of the Church in South Africa. The Church has been entrusted with the task of proclaiming the Good News of salvation in Jesus Christ to all people. This salvation rests on the sacrificial death and resurrection of Christ and affects the whole man, with implications for the whole of society. Evangelism and social concern are both integral parts of the Christians' task in the world. Furthermore this message should not be bound to any particular cultural expression, but should speak afresh within any culture.

For Christians to proclaim the Gospel with integrity they must live according to the standards of the Kingdom of God and must not be conformed to the world. Although in the world, they are not of the world but are salt and light to the world. Therefore evils such as racial discrimination and prejudice should also be rooted out of the life of the Church and materialistic attitudes must be faced and dealt with . The Church is God's new community on earth within which any fears, insecurities and guilt may be healed.

Christians have a prophetic role in relation to society. Although they will never bring about the Kingdom of God by their own efforts, and society will remain sinful and imperfect, God's call to alleviate suffering and eliminate injustice may not be avoided. Therefore Christians must bear witness against all forms of injustice, unrighteousness, oppression and discrimination. This responsibility is particularly important and urgent in South Africa because the Government professes to be guided by Christian principles. Furthermore, Christians should be actively and practically involved in society, feeding the hungry, clothing the naked, housing the homeless and healing the sick. They should also be working at the root causes of poverty and disease. The Church should avoid all taint of triumphalism and power politics, but rather encourage Christians to be a living witness to the suffering servant and the way of the cross, and provide comfort, encouragement and fellowship for those who suffer as a result.

3.2 Loving our Neighbour

Every person in South Africa is given a racial or ethnic classification by the state which determines the opportunities, rights and privileges for that person in almost all areas of life. Those belonging to the white group have many opportunities, rights and privileges which are denied to those belonging to other groups. This we believe is unjust. In addition, the enforced separation of people in the name of ethnicity is resulting in increasing ignorance, mistrust and bitterness.

With regard to the rights and privileges which some of us enjoy and which black people, our neighbours, do not, we acknowledge the words of Jesus to us as Christians that we must love our neighbours as ourselves.

We must do to others that which we would have them do to us. Therefore, amongst other things, inasmuch as we enjoy certain privileges we should be seeking these for our neighbours. This means working for conditions which include:

1. The same freedom of travel and movement.
2. The same freedom to live and own land where I choose.
3. Freedom to live together as a family.
4. Free and compulsory school education.
5. A fair provision of public amenities such as water, electricity, sanitation, transport, schools, health services, libraries, recreational facilities.
6. Freedom to choose a job or career matching my abilities.
7. A just wage.
8. The right to vote in the election of those who make laws affecting me.

We realize that the above conditions are not necessarily our inherent or absolute right and that any opportunities, rights and privileges which we may have at present may need to be restricted in order that everyone may benefit equally. Inevitably there will be problems to face, but biblical principles must take preference over pragmatic considerations.

3.3 Wealth and Poverty

We recognise God's goodness in material blessing, bringing with it the responsibility of stewardship. We draw attention to the Scriptual warnings concerning the enslaving power of wealth. We also acknowledge the biblical condemnation of the rich who have gained their wealth at the expense of the poor who struggle continually to attain a level of mere subsistence.

Many of us have accepted as normal a high standard of living and are more concerned with achieving and preserving this standard of living than with God's righteousness. In this regard, God's righteousness requires a practical concern for the poverty experienced by many of our fellow citizens. We believe, therefore, that all materially privileged Christians should critically and prayerfully examine their standards of living, and should care for the poor in intelligent and unpatronizing ways. The latter, we believe, includes working for social and economic relationships which will facilitate a more just distribution of wealth.

3.4 Nationalism

We recognise that all people have certain reponsibilities as citizens of their country, but affirm that the New Testament teaches that all Christians belong to a 'new nation' to which they owe their primary loyalty. There are times when the disciples of Christ come under pressure to refrain from speaking and living the truth but rather to conform to the world in the name of patriotism or nationalism. This we believe is also the situation in South Africa. Christians may never give their uncritical allegience to any contemporary ideology, black or white, left or right. We must expose evil and support what is right in all circumstances. We must reject an unquestioning loyalty to our own group or country, placing first our identity with each other in Christ.

3.5 Justice, Law and Order

We believe that the proper purpose of law is to approve good conduct and to punish wrongdoing. God's will for society is not anarchy but a peaceful ordered existence based on the enforcement of just laws which reflect God's character. However it is possible to have law and order without justice. We bear witness in humility to the Scriptual truth that God will judge those who make laws which oppress others.

We regard fundamental aspects and the outworking of the present political system of Apartheid or Separate Development as unjust and indefensible in terms of Christian ethics. For example, laws which deprive black people of their South African citizenship, which enforce the removal of black people from so-called white areas, the "Pass Laws", the Prohibition of Mixed Marriages act and Section 16 of the Immorality Act, and the unequal education systems are unjust. Furthermore, we express extreme concern over the Terrorism Act and other similar legislation under which people are detained and banned without recourse to due process of law. (Many of our own Christian brothers and sisters have suffered and are suffering under such legislation).

3.6 Authority and Obedience

We believe Christians must submit to those in authority. We live in a fallen world and therefore we often find ourselves in a state of tension between the rival claims of the will of God and of other secondary authorities. If the will of those in authority is irreconcilable with the will of God as clearly revealed in Scripture then Christians have no option but to break their pattern of obedience to such authorities in favour of God's command. This we must take to heart, realising any contravention of the law is not to be taken lightly, but only after careful study of the Scriptures, prayer and consultation with mature Christians. It needs to be done openly, not secretly, since it is an act of obedience and witness to God. Any suffering this may entail should be borne with patience and in a spirit of forgiveness

3.7 Military Service

We recognise that the Defence Force exists to defend South Africa in the event of external attack and also serves to maintain the present socio-political system. We believe that there can be no true security for South Africa without there being justice for all her people. We recognise that Christians, now as in the past, have responded in different ways to military service, by for example serving in combatant positions, or by refusing to serve at all. We believe that all Christians should evaluate their response to military service in light of the Scriptures as applied in the South African situation. We believe provision should be made for those who on genuine grounds of conscience refuse to serve under military authority, by the institution of some form of non-military national service.

4. A CALL TO RECONCILIATION

We believe that all Christians have the obligation to demonstrate the love and liberating power of Jesus Christ, to show how in Him and by His death on the cross, reconciliation can take place; reconciliation not just on a superficial level, but radical breaking down of the barriers which divide us, and a healing of the hostilities and lack of love between us. We earnestly desire to give evidence of this reconciliation in our personal lives, in the life of SCA and in our wider relations in society.

We believe that we should seek every opportunity to be united as brothers and sisters in Christ. We desire to meet not only at conferences and camps, but in as many ways as possible to order that genuine relationships may grow, true communication, undderstanding and fellowship take place.

We realise the cost involved in such action, the pressures and difficulties. But it is primarily in face to face encounters that our sins of paternalism, feelings of superiority and inferiority, prejudices and fears can be identified and removed by the Holy Spirit. We are all sinners in the process of being sanctified. It is within the context of Christian fellowship that this can take place, as we study God's Word together, pray and worship together, speak the truth in love to one another, forgive one another and together seek freedom from our sinful attitudes and patterns of behaviour.

Then together we may proclaim and live the Gospel of our Lord Jesus Christ, to the glory of God the Father and in the power of the Holy Spirit.

Issued by the National Students Committee of SCA
March 1981

(*Source: Journal of Theology for Southern Africa* 1981:64-69)

72 Methodist Church: Message of Obedience (1981)

The Message of Obedience was published in 1981 resulting from a week of deliberation by representatives of the Methodist Church from all over South Africa. The conference was held to determine 'what the Lordship of Jesus Christ means to us as Methodists in Southern Africa in the eighties':

We, Methodist people of Southern Africa who have gathered for the largest and most representative assembly in the 165 years of our Church's history, share with our fellow Methodists what we believe God has been saying in and through the Obedience '81 Conference.

For seven days we met as a people bound by a common covenant, committed to participate fully in all the proceedings and to search our hearts for what the Lordship of Jesus Christ means to us as Methodists in Southern Africa in the eighties.

From the outset we have joy in declaring that we serve a mighty God. Ours was no easy journey together. Yet He was always there, leading us forward to see His truth and to receive His love and power. As we were reminded of our heritage with its roots firmly in the Bible, the Wesleys and Africa, He was there. As we wrestled with our diversity and division, we became angry and hurt, the seeds of our own violence and fear exploded to the surface redoubling our pain. Yet He was there.

God in Christ was in the midst and He brought us to repentance. He opened our eyes to our sin and to the wounds inflicted on each other by our insensitivity, bitterness and fear. We cried out for His forgiveness and redeeming grace.

While there is much for which we still need to repent we now celebrate with you that He did not abandon us but illuminated our way with the light of His living Spirit.

Out of this costly journey, we share the hope we have found together:

1 *God has a vital and immediate task for the Methodist Church*. We reaffirmed that within our beliefs are embraced the central elements of the Christian Faith, and within our family belong the broadest spectrum of people. God challenged us to give priority to the proclamation of salvation in Jesus Christ and to demonstrate His grace in visible social action.

2 *God expects us to be whole people*, healed by His forgiveness and filled with His Spirit. He challenges our lack of prayer, our failure to earth our lives in Scripture, and our compromises with personal sin. We accepted His promise of power, where in the past we argued about the Holy Spirit instead of opening our lives to Him. These failings in obedience to Christ's example have imprisoned the Church and we call upon all our people to claim now the 'full, free and present salvation' which is in Jesus Christ and is the mark of every true Methodist.

3 *God commands His Church to be a pattern of His way of Love*, proclaiming salvation, demonstrating unity, expressing acceptance of one another in and beyond our own cultural and racial group. This church, from its local congregation level, is to be an undivided community practising reconciliation at its deepest and most costly. The whole Church is to proclaim and teach the Gospel of Jesus Christ with clarity and conviction, to offer caring ministries which can recognise and heal the pain of His suffering people. The Church is to be God's living visible Good News in a fragmented society. TRUST between ministers and confidence in the laity is to be the cement of its programme. TRUTH, not expediency is to direct its course. LOVE is to permeate its every structure. Essentially we are a Church of Africa and we must discover afresh the implications of our unique heritage.

4 *God seeks a free South Africa*, delivered from the violence of oppression, revolution and war. In listening to the cries of those in our body who endure our land's apartheid laws and other discriminatory practices and attitudes, we know that we have touched only the edge of their pain. What we have heard convicts us that every Methodist must witness against this disease which infects all our people and leaves none unscathed in our Church and country. We call upon every Methodist to reject apartheid. We have experienced how hard it is to abandon long-held prejudice and long-felt bitterness. But we have seen God work this miracle in us. It happened because we continued to search for each other even at our time of deepest division and despair.

There has been no mistaking the hand of God in the proceedings of Obedience '81. Individual lives were transformed and resolute views surrendered as the Holy Spirit moved amongst us. Perhaps the greatest sense of foreboding was that in spite of all the painful lessons of the past, we might fail yet again to move from resolution to action. There can be no compromising the immediacy of this message nor its urgency. If we are to be true to Jesus, *now* is the time for us to move forward together to claim this destiny and become obedient followers of Jesus Christ, the Son of Man.

We now declare to all South Africans that there is a better way where people who have discovered their love for each other translate it into justice for all. We believe it to be the way of the Cross.

We choose it knowing that we cannot walk it unless we receive from him through the indwelling Holy Spirit the weapons of courage, compassion and commitment.

Our hearts and attitudes have been touched and changed by the Holy Spirit's work at Obedience '81. We have experienced a healing which has lifted us from the very agony of division and despair to the joy of unity and praise.

We, therefore, promise before Almighty God and each other that we will henceforth live and work to bring into reality the concept of an undivided Church and a free and just Southern Africa.

(*Source: Ecunews* 1981:12ff)

73 Ned Geref Kerk: Stormkompas (1981)

'Stormkompas' is the name of a document containing 44 theological statements regarding the role of the Ned Geref Kerk in South Africa. It was published in 1981. A book with articles on theological perspectives was also published:

Stormkompas — *44 statements*

Statements on the NGK in the present South African context: A few theological perspectives.

1. The church is not a human institution but the work of the Father, Son and Holy Ghost. The Church is led by the Spirit in the Truth of the Word. Therefore no other Word in the church may be exalted above or placed on the same level of the Word. The church stands or falls, lives or dies by the Word and the Word alone.
2. The church is a community of people which is neither built on, nor arises from material factors such as blood, soil, culture, language, class or profession. It is a total new community in which differences and diversity are sanctified and put to the service of God and of each other.
3. The unity of the church is no superfluous luxury, but constitutes the being (*wese*) of the church. Mutual divisiveness must be deplored as a sin and be controlled.
4. The concept invisible church is sometimes used theologically unsoundly for the sake of a specific theological construction to escape from a Biblical unity concept in a multi-national society.
5. A Christian may never unreservedly identify with his volk, group, class or culture. There must always be a certain distance. The highest loyalty of believers is exclusively to Jesus Christ as his Lord.

6. Because of the role of the NGK in the political and social maturation of the Afrikaner, the church is too closely identified with syndrome of Afrikaner unity. Thereby Afrikaner unity is often elevated by the church above church unity.

On reconciliation:

7. The church in SA may have been given us last opportunity to place reconciliation on its agenda, to give it tangible expression and to demonstrate it by concrete acts of reconciliation in its own midst and in the outside world.

8. In SA a joint effort of all Christains and churches, who are prepared to grasp each others' hands across all prejudices and to stand together before the face (*aangesig*) of God, has become an urgent necessity. In this the NGK should take the lead and the initiative because of its extraordinary influential position.

9. At the moment it is not the NGK which in SA is standing in the forefront of church efforts towards reconciliation between population groups, but rather those very churches which are often labelled by the NGK as "foreign" or even hostile towards SA.

10. The most irreconcilable attitudes with regards to people of other races are often found among members of the NGK. Hence the expectations about the reconciling role which the church can and must fullfill, have been transformed into deep disappointment among many.

11. The church as the community of the believers who are reconciled in Christ, where gulfs are bridged, tensions relaxed and eliminated and fear for each other gives place to sincere love, can and may never form an exclusive group. Should it be a closed community it violates the very deepest being of the church of Jesus Christ.

12. True reconciliation between population groups in SA cannot take place without a deep recognition and admission of guilt by all believers towards each other. The NGK ought to take the lead in this regard to confessing in humility and repentance for the injustice which has been committed over a long period by whites against blacks.

13. The fact that some NGK church councils still close their church doors to believers of other colours, points to a sinful refusal by Christians to accpet each other as reconciled people — regardless of all differences that might exist in human terms.

On Church relations:

14. The unification of the so-called Mother and Daughter churches of the NGK, while allowing for the existence of separate language congregations, has become urgently necessary. The unification will inevitably lead to a joint understanding of the scripture in a SA context and could thus make the witness of this church of significance in this context.

15. The synod of the NGK did not in 1857 set its face with full evangelical force against the opposition of earthly (*vleeslike*) Christians in the church to the presence of fellow believers of other colours.

The concession to the denial (*teenspraak*) of the reconciliation of ethnic and social differences in the church, eventually meant that instead of overcoming the weakness of some bretheren this weakness, with the actual sanction of the church, continued to block the road of reconciliation.

16. The existence of separate NG Churches for different population groups, has developed into an artificial and ideological separation of people. This enforced separation of people on the grounds of race and colour is in essence based on the conviction of the fundamental irreconciliability between people and is as such in conflict with the Gospel.

17. The holding of ecumenical services of worship or where something of the unity of the church could be experienced and a witness could be given with to the world, is indispensible for the church in SA.

18. That there is in SA no church organisation or structure in which all churches — at least of Protestant conviction — are associated must be regarded as an accusation against churches in SA.

On missionary work

19. God *(die Here)* has, in his great mercy blessed the missionary work of the NGK with great harvests *(vrug)*, inside as well as outside SA. Yet we fear that the NGK in the 1980s is fast becoming isolated from the mainstream of churches in and outside SA. In the internal situation of SA the church runs the danger of becoming irrelevant and of losing its witness.

20. The white NGK has, sociologically speaking, become a middle class church which defends the status quo, and particularly the group interests of the Afrikaner. Missionary work is for some church members therefore only acceptable if, and in sofar as it does not affect that interest, but promotes it.

21. Nothing could be more damaging to the credibility of the church in the world than its lack of love and unity which flows from it. The NGK has in this regard gained a reputation over the years that it keeps brothers and sisters in Christ apart, rather than binding them together into a unity, and has thereby drawn an dividing line through the unity and community of the faithful or believers.

It is precisely this which in the coming decades could totally disqualify the NGK as a church to which people in Africa will be willing to listen.

On the relationship between the church and the State.

22. Romans 13 is not an all embracing Christian dogma with regards to the State. It deals in the pericope with the state as institution of God, and not with a divine approval for the action of any specific government.

23. The government is a servant of God and therefore also compelled or obliged to submit him to the demands of the Word of God. The church has the responsibility is the bearer of the divine Word of presenting or stressing the demands of the Word upon to the government Therefore the church has also a special responsibility with regards to politics. This demands that it must never as such become entangled with a specific political policy direction so that it loses its freedom to testify against such a policy when that becomes necessary.

24. The constitution of a country drastically influences the life and existence of each citizen. It is therefore the responsibility of the church to pass on to the government which is responsible for the constitution, the Biblical values and points of departure which have a bearing on a constitution of a country. The church must help interpret these measures for the practical life of the citizens in order to enable the government to draft the constitution accordingly.

25. The constitution of a country must outline the political scope in which justice can be done to God and man. Scope must be given to make it possible for man to become more humane so that the diviness of God thereby can come clearer to light.

On the social witness of the church

26. The church as institution in society has the responsibility to shed the *(sometimes painful)* light of Gods Word on the total society with all its constitutions. It means that the church from the Word, give the lead in practice to these institutions (through statements and decisions), and that the church members again in their turn give content to the Word of God within the institutions.

27. SA with all its social problems, offers to the church of Christ in this country an inescapable challenge to sound its witness clearly and fearlessly — a challenge on which the

churches in SA because of their mutual divisions and lack of effective communication have yet seldom in the history of the country answered properly.

28. Neighbour-love embraces not only doing what you would have others do for you, but also that you will not allow anything to be done to another that you would not want done to yourself. In South Africa this means, among other things, that the Christian cannot be indifferent to the more than half-million black people who have been relocated in terms of government policy whether they agreed or nor; the sociological and other results of the system of migrant labour; the millions of people who are crowded into black living areas, largely without basic amenities; the wage structure which, in spite of reforms, still holds sway in South Africa.

29. The church in South Africa does not have the primary function of working for human rights, but of working for the human worth of all people. Human worth means that scope must be given to a person to fulfil his destiny as bearer of the image of God. Inhumanity involves all those factors in and outside the individual which hinder them from fulfilling that destiny.

30. The skin colour of a person should not be decisive in the treatment of people in any community. The human worth of a person is denied when he is judged by his physical appearance alone.

31. A lack of empathy for the social, the socio-economic and the political grievances of the black inhabitants of South Africa on the part of the NGK manifests the identification of the church with the white ruling class for the black man. The black man's struggle for existence in a white-orientated community caused among other things by poor wages, housing shortages, the witholding of political rights and the half-hearted calls and action by the NGK in this connection, also give rise to the black man seeing the church as bearing co-responsibility for his situation.

32. The church needs to bring the Biblical perspective on wages and labour to the attention of its members. Wages received for labour, must in Biblical terms be seen as a sign of God's grace and forgiveness, and his tolerance and patience towards mankind. The worker should see his wage as a symbol of God's grace in his life. Should the employer not pay such a wage, he becomes a block to the working of God's grace in the life of his employee.

33. The urbanisation and industrialisation of the black man has been a far more traumatic process than that of the Afrikaner because the distance from land to city was much greater for the black man than for the Afrikaner, and the process was compressed into a much shorter period. The NGK took the lead in promoting the interests of the Afrikaner in the urbanisation process. The church looked after the Afrikaner people and was a champion of their rights. In this it called on the ministers of the Word fearlessly to proclaim the social implications of the Gospel. But in the case of the black man, the NGK was mostly interested in preaching to him the message of eternal salvation in the midst of urbanisation and industrialisation, and did little to promote the earthly well-being of the black man. By so doing, it failed to grasp the real nature of the crisis of urbanisation for the black man and to effectively stand by him.

On the political structure in South Africa

34. The societal system resulting from an enforced political policy of segregation of people, means that the human worth of everyone involved is affected. And since one population group — the whites — are advantaged by this system, it does not fulfil the demand of the gospel that justice must be done to all. Hence the church cannot identify itself with such a policy, much less justify, motivate or defend it.

35. It is time that the NGK said clearly that the policy of apartheid in South Africa has

many harmful consequences, in spite of the good intentions of the authorities about allowing population groups to develop separately. The church needs to state clearly that the Christian cannot support this policy without question.

36. The dealings of the South African government in race relations over the past 33 years must, to a great extent, be attributed to the Afrikaner and his church. The NGK has failed in this respect, to proclaim the full consequences of the Christian message with reference to, among other things, the hurtful consequences of the Group Areas Act, large-scale relocations of people, and the Biblically unjustifiable Mixed Marriages Act. It was often other churches in South Africa which gave a lead on this point by raising a prophetic voice on behalf of God's justice.

37. Most ministers of the Afrikaans churches, because of their ties to the Afrikaner volk and their identification with government policy, are not prepared to apply the gospel to the socio-political situation in South Africa in their preaching.

38. The NGK must prepare its members for the fact that the white man clearly cannot forever exercise control in South Africa. Thus, it will have to teach them in a Christian way, how they should live and act as Christians in a minority situation. The church will have make its members realise that even as a minority group, they have an extremely important contribution to make not only in South Africa, but in Africa as a whole.

39. The church must do everything possible to work, in accordance with its calling, for a new South Africa, a community of true justice, peace and prosperity for all.

On the church and the Afrikaner Broederbond

40. Because the activities of a powerful opinion-forming body like the Afrikaner Broederbond take place in secret, the free formation of public opinion is hampered. Fear of damage to future careers of its members restrains them from open and unrestricted questioning of the political and social order in South Africa, and from expressing a bold Christian witness.

41. The close links between members and officials of the Afrikaans churches with the Broederbond and the links between the Broederbond and the National Party and the government, does serious damage to the credibility of these churches.

42. The membership of particularly officials of the church of the Broederbond is questionable among Christians for the following reasons:

1. Nothing that happens according to the yardstick of God's Word, should be secret.
2. Recent revelations of a large number of the names of ministers among the members of the Broederbond, leads to suspicion and the formation of cliques within the church which harm its unity.

On the church and youth

43. One factor which is a cold reality at the beginning of this decade is the increasing frustration among young people in South Africa — a frustration which arises from the gap between ideals and future expectations on the one side, and the political realities which they face on the other. For this reason, young people are knocking more loudly on the door of the church for political guidance — on the door of the NGK in fact, which has become so entangled with the National Party that together they have become a strong alliance in the political decision-making process in South Africa.

Conclusion

44. The most urgently important change which is necessary in South Africa, is the renewal of the church of Jesus Christ.

(*Source:* Serfontein 1982:271-274)

74 Presbyterian Church: revision of Declaration of Faith (1981)

In 1981 the Presbyterian Church of South Africa revised its 'Declaration of Faith for the Church in South Africa' (cf no 62). In this declaration a commitment to work for justice and peace as well as equality for all the peoples of South Africa was expressed:

For a long time the Church in South Africa lacked any ecclesiastical or ecumenical theological statement that clearly and comprehensively set out the biblical faith in specific opposition to the ideology and practice of apartheid. This lack was acute especially in view of the intellectual roots of the ideology of apartheid in theology (or pseudtheology). For the three Dutch Reformed denominations in South Africa had supplied the primary theoretical rationals for this ideology. They had done this with a theology that was expressed in various official statements and reports that culminated in the report adopted in 1966 by the General Synod of the main Dutch Reformed denomination, the Nederduitse Gereformeerde Kerk (NGK), and published in English under the title, *Human Relations in South Africa*. On the basis of biblical texts like Gen. 11 and Deut. 32:8 this report argued that God had given every race an inalienable right and duty to preserve its own separate cultural and biological identity in its own separate geographical area. (Later, in 1976, the NGK was to publish a still longer official report along the same lines, *Human Relations and the South African Scene in the Light of Scripture*.)

In response to this lack the South African Council of Churches (SACC) in collaboration with the Christian Institute of Southern Africa (CI) in 1968 produced *A Message to the People of South Africa*. This 6 page document declared that the Christian gospel was 'the good news that in Christ God has broken down the walls of division between God and man, and therefore between man and man', and that the ideology and policy of 'separate development' were in conflict with this gospel and hostile to Christianity. The publication of the *Message* evoked strong negative reaction, notably from the Prime Minister, Mr. B.J. Vorster, at the time. The main Churches which belonged to the SACC, however, supported it. The Presbyterian Church of Southern Africa (PCSA), for instance, officially endorsed the critique of the ideology of apartheid in the *Message* at its General Assembly in 1970.

On the basis of the *Message* the SACC and the CI set up a Study Project on Christianity in Apartheid Society (SPRO-CAS), to work out the implications of the *Message* in six main areas and to meet the objections of those who criticized the SACC and its member Churches for having no positive alternative to the policy of apartheid. The six SPRO-CAS commissions published extensive reports. The report on the Church, *Apartheid and the Church* (1972), recommended *inter alia*:

> The churches, especially those with a confessional tradition, should be persuaded to draw up confessions of faith or theological declarations which state clearly their

position on the racial issue. If possible the Churches should together draw up and commit themselves to an ecumenical statement. (The *Message* to the People of South Africa and the subsequent discussion about it could be used as resource material for this.)

In the background to this recommendation was awareness of the role that the *Barmen Theological Declaration* (1934) had played in Nazi Germany.

The Presbytery of Cape Town of the PCSA called for such a theological declaration. The Life and Work Committees of the General Assembly of the PCSA agreed to take this up and in 1973 sent out a draft statement to congregations for experimental use and comment. On the basis of the comments received the statement was redrafted and presented to the General Assembly as *A Declaration of Faith for our Church Today*. The Assembly in 1973 agreed to send this down to Ministers and Sessions for use and comment with its official approval.

In practice, however, this *Declaration* was little used. Its status in the PCSA was problematic. With the consent of the Life and Work Committee the Church and Nation Committee of the General Assembly of the PCSA in 1979 therefore took up the matter again. It:

* revised the text of the *Declaration*,
* proposed the new name, *A Declaration of Faith for the Church in South Africa*
* called for it to be used in worship and instruction,
* proposed that it be printed (together with the PCSA's *Twenty-Four Articles of Faith) in the PCSA's Manual of Law, Practice and Procedure*, and
* proposed that it be sent to the various Dutch Reformed denominations and their so-called 'daughter' Churches and to the five Churches with which the PCSA was engaged in union conversations, to invite their comment, if possible their approval, and their consultation 'with a view to possibly drawing up a common declaration of faith dealing with the same issues ... as a step towards a more united Christian witness in our land'.

The Assembly almost *nem.con*. agreed to send down this draft of the *Declaration* to all Presbyteries to approve as an official declaration of faith of the PCSA. In the event, however, the Presbyteries by a majority of one (6 to 5) turned down the proposal. Enquiries revealed that the main reasons were:

* conservative opposition to having to subscribe to any new confession of faith,
* a reaction against the *Declaration*'s exclusive concern with socio-political issues, particularly on the part of some who thought it was intended to replace the ancient ecumenical creeds, and
* misunderstanding of what the text of the *Declaration* meant or of what the intention behind it was.

The Church and Nation Committee sought to counter this opposition and especially the misunderstandings, in its Report to the Assembly in 1980. It proposed that the Declaration be sent down again together with a clarifying preface. On a technical point, however, the Moderator of the Assembly ruled that this was not possible without a revision of the actual text of the *Declaration*.

The Church and Nation Committee in 1981 therefore revised the *Declaration* a second time, taking into account some of the criticisms that had been advanced in opposition to it in the Presbyteries. The Assembly in October that year then agreed to send the *Declaration* down to all Presbyteries again, in the form and with the preface printed in the following. If the Presbyteries agree, the *Declaration* will become an official declaration of faith of the PCSA and will be printed together with its preface in its *Manual*.

Douglas Bax

A DECLARATION OF FAITH FOR THE CHURCH IN SOUTH AFRICA

The Presbyterian Church of Southern Africa adopted the following Declaration of Faith in 1981. It is not meant to replace the traditional ecumenical creeds or to summarize the whole Christian faith, but to express the response of that faith to an urgent, specific and contemporary problem in the Church (as many creeds and Confessions of Faith have done) and in our society. This problem is the ideological heresy that insists on the separate identity of racial groups as a supreme value and ideal for which we must strive, and therefore divides and segregates them geographically, socially and politically.

The declaration is cast in the brief trinitarian form of a creed, longer than the Apostles' Creed but shorter than the Nicene. This is so that congregations can occasionally use it in place of these traditional creeds in their services of worship as their statement of faith in response to the Word of God proclaimed to them, as well as use it for instruction in other ways.

We believe in God the Father,
who created all the world,
who will unite all things in Christ
and who wants all people to live together
as brothers and sisters in one family.

We believe in God the Son,
who became man, died and rose in triumph
to reconcile all the world to God,
to break-down every separating barrier
of race, culture or class,
and to unite all people into one body.

He is exalted as Lord over all,
the only Lord over every area of man's life.

He summons both the individual and society,
both the Church and the State,
to seek reconciliation and unity between all
and justice and freedom for all.

We believe in God the Spirit,
the pledge of God's coming Reign,
who gives the Church power
to proclaim the good news to all the world,
to love and serve all people,
to strive for justice and peace,
to warn the individual and the nation of God's judgment
and to summon them both to trust the good news
and obey Jesus Christ as King.

(*Source:* Presbyterian Church statements 1981)

75 *Open letter - 8 June 1982*

On 8 June (1982) 123 white ministers and theologians of the Ned Geref Kerk family made a statement in the form of an open letter. In this letter they criticised apartheid legislation such as that leading to forced removals, while acknowledging that they were part of white society that accepted the evils of apartheid. They pledged themselves to work and pray for a just society:

Statement on June 8, 1982 by 123 white ministers and theologians of the NG Church Family in which apartheid in politics and church was categorically rejected on Scriptural grounds.

Covering letter
This open letter is born out of the desire to share our understanding of the meaning of the Gospel in the South African situation. It grew over a period of some months. Our intention is not to imply that the NGK ignores these matters. A number of issues raised here enjoy the serious attention of the church and many of us had the opportunity to be involved in such activities.

Although we hereby wish to express our deep convictions we do not intend it to be considered as the final word but as a contribution to the discussion.

The discussion within the church concerning the meaning of the Bible for the situation in our country is of great importance, and we wish to participate in that debate by way of this letter. We ask the members of the church to read and consider our statement in this spirit.

In the middle of March we handed the letter to the Chairman of the Broad Moderature and the Chief Executive Officer of the General Synod with the request that they advise us how best to bring its contents to the attention of the church, and that it be tabled by the Moderature. After consultation with the members of the Broad Moderature they informed us that according to church policy the letter could not be received. We were further informed that they could not deal with the matter.

We were not in a position to offer all the ministers and ordinands of the NGK an opportunity to sign the letter, and we assume that a number would still wish to do so. These and any lay members of the NGK who wish to associate themselves with this letter are invited to advise any one of the signatories. We hope that this open letter will serve the debate within the family of Dutch Reformed Churches (NGK).

An open letter to the NGK

We, ministers and ordinands of the NGK, state as our conviction that genuine reconciliation in Christ between individuals and groups is the greatest single need in the Church and so also in our country and society. We believe that the Church of Jesus Christ in South Africa has a particular contribution to make in this connection by (1) giving ever more explicit expression to reconciliation and the unity of the church, and (2) by exercising its prophetic calling in respect of society.

1. Concerning reconciliation and the unity of the church

1.1 We are convinced that the primary task of the church in our country is the ministry of reconciliation in Christ.

1.1.1 In the first place this means that it is the inalienable privilege of the church to proclaim the message of reconciliation between God and man. Without this aspect of reconciliation the issue at point would lose its deepest meaning and significance.

1.1.2 It is likewise the inalienable privilege of the church to proclaim simultaneously the message of reconciliation between people — even between those who had formerly been enemies — and to bear witness that for believers Christ has put an end to human enmity and has united us by creating "in himself one new man" (Eph. 2:15, 16).

1.1.3 We confess that the unity of the church is both a gift and an injunction of God. Like reconciliation, it was brought into being by God and it is therefore a fortiori our responsibility to give it visible expression. The church will therefore oppose factors which threaten her unity. This includes factors like heterodoxy, lovelessness, self-righteousness, exclusivism, prejudice and the giving of preference to personal or group interests.

1.1.4 There is space within the unity of the church for a diversity of languages and cultures. Specifically because of the reconciliation this diversity provides mutual enrichment and not division.

1.1.5 The unity, however, belongs to a different category than diversity. Unity is primary, diversity secondary. The unity is normative and is confessed (the Apostles' Creed and Nicene Creed), the diversity not so.

1.2 This has the following implications, among others, for the concrete existence of the Church in South Africa:

1.2.1 That no particular church (denomination) can afford to do without discussion and fellowship with other churches, or close its doors to others

1.2.2 that the church may lay down no condition for membership other than the confession of true faith in Jesus Christ (Belgic Confession, Art. 27)

1.2.3 that the various churches within the family of the Dutch Reformed Churches (NGK) who in any event adhere to the same Confession of Faith and historically emanated from the same church, ought to do everything within their powers to give visible expression to the unity which they confess

1.2.4 that with immediate effect, while negotiations for clearer structural unity are under way, all members of churches within the family of Dutch Reformed Churches (NGK) should be welcome at any meeting of any of these churches

1.2.5 that members of the one Body of Christ accept one another as brothers and sisters without questioning one another's Christianity, concern themselves with each other's welfare, esteem the other higher than oneself, bear one another's burdens, show mutual love in word and deed and intercede for one another in prayer.

2. Concerning the prophetic calling of the church

2.1 We are convinced that the calling of the church extends beyond the ministry of reconciliation within the four walls of the church. We therefore reject the opinion that the church ought to concern itself only with so-called 'spiritual matters' and withdraw from other areas of society.

2.1.1 Reconciliation includes a prophetic witness in relation to the entire life of society and therefore the church dare not remain silent concerning such matters as moral decay, family disintegration and discrimination.

2.1.2 The church will always bear witness that an arrangement of society based on the fundamental irreconcilability of individuals and groups cannot be accepted as a basic point of departure for the ordering of society.

2.1.3 The church has a wonderful opportunity to be God's experimental garden in the world. This means that God wants to demonstrate something to the world, through the life of the church, concerning that unity, mutual love, peace, understanding, sharing and justice, which God intends to be present in the whole of society.

2.1.4 Naturally all this is also realised in the church only in a defective manner! This state of affairs must not, however, give rise to the prophetic task of the church in relation to society being made into a responsibility of the distant future when the church's integrity has been fully established.

2.2 For the concrete situation in the South African society, the above comments mean, *inter alia*, the following:

2.2.1 that the chuch may exercise its prophetic witness with great boldness in the South African society; we in fact live in a state which explicitly calls itself Christian and therefore wishes to listen to the Word of God together with the church

2.2.2 that a social order which elevates irreconcilability to a principle of societal living and which alienates the different sections of the South African population from one another is unacceptable

2.2.3 that such a system makes it virtually impossible for the inhabitants of South Africa to really learn to know one another, to trust one another and to be loyal to one another

2.2.4 that the laws which have become symbols of this alienation, among these being those concerning mixed marriages, race classification and group-areas, cannot be defended scriptually

2.2.5 that justice, and not simply law and order, shall be the guideline and point of departure for the ordering of society. We believe that the incidence of the forced removal of people, the disintegration of marriage and family ties as a result of migrant labour, the inadequate expenditure on black education, insufficient and inadequate housing for black people and the low wages paid to such people cannot be reconciled with biblical demands for justice and human dignity

2.2.6 that all people who regard South Africa as their fatherland ought to be included in the process of negotiating a new order for society
2.2.7 that this system ought to be built on order and peace which is the fruit of justice. This means that all people ought to enjoy equal treatment and opportunities.

3. Our solidarity
In the above statement we do not only want to place on record what is, in the light of Scripture, our deepest conviction concerning the concrete South African reality, but we also want to
3.1 confess to our deepest guilt before God that we ourselves have also failed to manifest adequately the unity of the church of Christ in our lives and that we too have contributed to many of the societal evils which we have identified
3.2 explicitly declare that we have neither spoken concerning the church nor the government from an attitude of self-righteousness. Our witness emerges out of a deep solidarity with the church and an awareness of co-responsibility with regard to the present order of society
3.3 confess that we believe in conversion, the forgiveness of sins, and a new life in obedience to God
3.4 pray that our letter will contribute to the church of Christ in South Africa having a clearer vision concerning its calling, and that the realization of a new societal order in South Africa may be expedited
3.5 bear witness that the Gospel of Jesus Christ — God's good news to the world — also gives hope to the people of South Africa in these specific circumstances
3.6 gives the assurance that we will earnestly continue in prayer for the Church, as well as for the government in its extremely difficult task.

Signatories
S W Albertyn, Port Elizabeth; C A Anthonissen, Johannesburg, J A S Anthonissen, Tygerberg; F D J Basson, Parow; J H Basson, Bellville; D P Bekker, Durban; H H Biermann, Voortrekkerhoogte; J Bohnen, Stellenbosch; G M Booy, Pretoria; D J Bosch, Pretoria; H L Bosman, Pretoria; O S Bosman, Stellenbosch; C J Botha, Bellville; D P Botha, Stellenbosch; J G Botha, Stellenbosch; J J Botha, Stellenbosch; J S F Botha, Viljoensdrif; J Bouwer, Stellenbosch; H Brand, Kaapstad; J D Bredenkamp, Sasolburg; G A Breytenbach, Zimbabwe; E C D Bruwer, Pretoria; J J Burden, Pretoria; J A Burger, Verwoerdburg; J C Buys, Randpoort; W J C Cilliers, Germiston; W S Conradie, Windhoek; F S de Jager, Voortrekkerhoogte; P G R de Villiers, Stellenbosch; J T de Jongh van Arkel, Verwoerdburg; D C de Wet, Potchefstroom; A W Doyer, Randfontein; G J S Doyer, Vanderbijlpark; P J Dumas, Kuilsrivier; J J F Durand, Stellenbosch; C P du Toit, Pretoria; S I du Toit, Pretoria; J J Els, Grahamstad; P J J Els, Bellville; C Erasmus, Riebeek-Wes; P J A Fourie, Stellenbosch; D Ganzevoort, Zimbabwe; F E O'B Geldenhuys, Pretoria; J H G Gous, Vanderbijlpark; R C Herholdt, Bellville; S J Herholdt, Youngsfield; M H Heyns, Parow; S Heyns, Bloemfontein; W J M Janson, Pretoria; A C F Koch, Port Elizabeth; A König, Pretoria; B J Kotze, Kaapstad; W A Krige, Westville; J J Kritzinger, Pretoria; P R Kruger, Springs; P J Kühne, Vanderbijlpark; G L Langeveld, Bellville; D G Laurie, Franschhoek; W P F Lawrenz, Potchefstroom; H I Lederle, Pretoria; G P V le Roux (J A sn), Pretoria; S J le Roux, Florida; A F Louw, Pretoria; A F Louw, Harare (Salisbury); L K Louw, Vereeniging; A H Lückhoff, Pretoria; P J Maartens, Pinetown; J C Malan, Bellville; B J Marais, Pretoria; D J Marais, Montagu; J C Marais, Nkhensani; S Marais,

Askham; S J Marais, Sanddrif; P G J Meiring, Pretoria; J A Nieder-Heitmann, Maandagshoek; J N Odendaal, Grahamstad; W M J Odendaal, Port Elizabeth; C C Olivier, Zithulele; O J Olivier, Potgietersrus; L v Z Peters, Boshoff; W A Pieters, Stellenbosch; H J C Pieterse, Pretoria; E A C Pretorius, Pretoria; H L Pretorius, Umtata; P A C Pretorius, Zimbabwe; G J Retief, Bellville; J H Roberts, Pretoria; W A Saayman, Pretoria; C L van W. Scheepers, Cullinan; E H Scheffler, Cullinan; F E A Scheffler, Franschhoek; D A Scholtz, Vanderbijlpark; B Schreuder, Richmond, Kaap; D J R Schutte, Voortrekkerhoogte; S O Skeen, Welkom; D J Smit, Stellenbosch; H J Smit, Stellenbosch; C J Smuts, Ghanzi; J H Spies, Ysterplaat; J D Steyn, Caledon; C J Swart, Riebeek-Kasteel; J Symington, Pretoria; J P Theron, Youngsfield; G P van der Merwe, Ventersdorp; P J van der Walt, Vereeniging; A S van Dyk, Zimbabwe; J F van Heerden, Verwoerdburg; A S van Niekerk, Pretoria; G W S van Rooyen. Bloemfontein; H L van Schalkwyk, Voortrekkerhoogte; J van Schalkwyk, Pretoria; P J F van Vuuren, Zimbabwe; A J van Wijk, Grahamstad; D C van Zyl, Pretoria; W F Vermaak, Brackenfell; J C Vermeulen, Pretoria; J N Vorster, Verwoerdburg; G F Wessels, Zomba.

(*Source:* Serfontein 1982:275-278)

76 The ABRESCA Charter (1981)

The ABRECSA Charter was published by the Black Reformed Churches in 1981. ABRECSA stands for the Alliance of Black Reformed Churches in Southern Africa. Anyone who is a member of these churches and who accepts the charter may join the organisation. On 26-30 October 1981 a conference was held at Hammanskraal. At the meeting those present decided that they could not continue in dialogue with the White Ned Geref Kerk as long as its members accepted apartheid. ABRECSA was founded at these meetings. Dr Allan Boesak preached a sermon on 'Black and Reformed: contradiction or challenge' which led to deliberation on the role of black Reformed theologians in South Africa:

> **1. Definition**
>
> A broad movement of Black Reformed Christians based on Church affiliation and open to individual members to join. We understand black to mean a condition and an attitude and not merely the pigmentation of one's skin. We recognize that in South Africa the oppressors who enjoy social privileges, wield political power and possess economic advantages are white and that the oppressed who are socially underprivileged, politically powerless and economically exploited are black. At the same time we also recognize that there are blacks whose attitude and condition is such

that they have clearly opted to be on the side of the oppressor and that there are whites whose attitude and condition is such that they have clearly opted to be on the side of the oppressed.

Membership is subject to acceptance of the Theological Basis, the Declaration and the Commitment.

1.1 *Theological Basis*

(a) The Word of God is the supreme authority and guiding principle revealing all that we need to know about God's will for the whole existence of human beings. It is this Word that gives life and offers liberation that is total and complete.

(b) Christ is Lord of all life even in those situations where his Lordship is not readily recognized. It is our task in life not only to recognize the Lordship of Christ but also to proclaim it.

(c) We as Christians are responsible for the world in which we live, and to reform it is an integral part of our discipleship and worship of God.

(d) God institutes the authority of the State for the just and legitimate government of the world. Therefore we obey government only in so far as its laws and instructions are not in conflict with the Word of God. Obedience to earthly authorities is only obedience *in God*.

(e) The unity of the Church must be visibly manifest in the one people of God. The indivisibility of the body of Christ demands that the barriers of race, culture, ethnicity, language and sex be transcended.

1.2 *Declaration*

We, as members of ABRECSA, unequivocally declare that apartheid is a sin, and that the moral and theological justification of it is a travesty of the Gospel, a betrayal of the Reformed tradition, and a heresy.

1.3 *Commitment*

We, as members of ABRECSA, commit ourselves to implementing and fulfilling the aims of ABRECSA as set out in the Charter to the best of our abilities.

2. Motivation

There are important and imperative reasons why an Alliance of Black Reformed Christians in Southern Africa should be formed:

2.1. The Black Reformed Churches in Southern Africa are by

tradition 'mission Churches', struggling to find their own authentic identity, autonomy and independence, and also to give expression to their own theological understanding of their faith in the South African context.

2.2. Being 'mission Churches', they have been divided into separate denominations by the 'mother' missionary societies even though they share the same confessional base, and these divisions are not of their making.

2.3 As heirs of the Reformed tradition they are faced with a crisis because the system of apartheid has been and is still justified theologically mainly by people of that very tradition. Yet the people of these Churches, representing the victims of apartheid, reject that system as evil and contrary to the Word of God. The question that this poses is whether they are also rejecting their confessional heritage from which so much support for the system stems.

2.4 To answer the above questions it has become absolutely necessary for Black Reformed Christians to come together and struggle with the question: 'What does it mean to be Black and Reformed in Southern Africa today?'

2.5 It is also important for Black Reformed Christians to make a more positive and specifically Southern African contribution to the witness of the World Alliance of Reformed Churches in the ecumenical field. An initial opportunity is available to them in preparing for the WARC Assembly to be held in Ottawa, Canada, in 1982.

3. Aims

To bring together Black Reformed Christians from the different Churches:

The NG Kerk in Afrika
The NG Sending Kerk
The Reformed Church in Africa
The Evangelical Presbyterian Church in South Africa
The Presbyterian Church of Africa
The Presbyterian Church of Southern Africa
The Reformed Presbyterian Church of Southern Africa
The United Congregational Church of Southern Africa
and other existing Black Reformed Churches.

3.1 To promote the unity of these Churches in organization, in action and in witness.

3.2 To strengthen the prophetic witness of these Churches by challenging both their leadership and their membership to live out the Gospel in the context of the struggle for a just society in South Africa.

3.3 To promote the understanding of involvement in the struggle for liberation as an act of obedience and theological necessity.

3.4 To provide supplementary and alternative theological understanding by action/reflection models of theologizing.

3.5 To create an ecumenical network with other Reformed Christians who share the same commitment and vision and thereby to form groups of solidarity. This is important not only with regard to South Africa, but also to those minority groups struggling in Western Churches.

3.6 To create a network of understanding and support for those blacks in Reformed Churches elsewhere who find themselves in minority positions.

3.7 To create possibilities for co-ordination of efforts in Reformed circles across Southern Africa and the world to support each other in our different struggles but especially concerning the struggle in South Africa.

3.8 To be better able to give content to the awareness of ecumenical bodies and/or Churches who concern themselves with the South African situation.

7 *Alliance of Black Reformed Christians in Southern Africa, 1981*

BLACK AND REFORMED

1. For the first time in 300 years Black Reformed Christians in South Africa have gathered to discuss the meaning of being Black and Reformed. As black people in South Africa today we are oppressed, powerless and voiceless in the country of our birth. Dispossessed of our land, we are displaced people confined to thirteen per cent of the country and robbed of our citizenship. Blackness means being dehumanized and suffering under a myriad of unjust laws.

2. The Reformed tradition in South Africa is seen as responsible for political oppression, economic exploitation, unbridled capitalism, social discrimination and the total disregard for human dignity. By the same token, being Reformed is equated with total, uncritical acceptance of the status quo, sinful silence in the face of human suffering and manipulation of the Word of God in order to justify oppression. Being Reformed is to exhibit the pig-headedness and intransigence of our present rulers with its counterpart in the unconditional submission on the part of the oppressed.

3. This represents our dilemma in being Black and Reformed.

We ask ourselves the question: 'Is it a burden to be cast off or a challenge towards the renewal of the Church and of our society?'

4. We reject the interpretation of the Reformed tradition which is equated with oppression, racism and the justification of tyranny. In this interpretation we observe the following:

4.1 The Word of God subjected and made subservient to the claims of cultural and racist ideology.

4.2 The Lordship of Christ confined to a narrow 'spiritual' realm and the rest of life surrendered to the power of false gods.

4.3 The life of the Christian compartmentalized and his responsibility to be involved in the world for the sake of the Kingdom of God denied.

4.4 The demand of paying uncritical allegiance to the State, which is regarded as divinely instituted.

4.5 The heresy that the unity of the Church is a mystical one, where ethnicity and culture in fact become a mark of the Church.

5. We, however, in the Spirit of the true Reformed tradition reaffirm that:

5.1 The Word of God is the supreme authority and guiding principle revealing all that we need to know about God's will for the whole existence of human beings. It is this Word that gives life and offers liberation that is total and complete.

5.2 Christ is Lord of all life even in those situations where his Lordship is not readily recognized. It is our task in life not only to recognize the Lordship of Christ but also to proclaim it.

5.3 We as Christians are responsible for the world in which we live, and to reform it is an integral part of our discipleship and worship of God.

5.4 God institutes the authority of the just and legitimate government of the world. Therefore we obey government only in so far as its laws and instructions are not in conflict with the Word of God. Obedience to earthly authorities is only obedience *in God*.

5.5 The unity of the Church must be visibly manifest in the one people of God. The indivisibility of the body of Christ demands that the barriers of race, culture, ethnicity, language and sex be transcended.

6. In the light of our rejection of the false interpretation of the Reformed tradition, and in relation to our situation as blacks, we commit ourselves to come to a truer understanding of the Reformed tradition and accept the challenge to articulate our faith in terms which are authentic and relevant.

7. We begin doing so by declaring unequivocally that apartheid

is a sin and that the moral and theological justification of it is a travesty of the Gospel, a betrayal of the Reformed tradition, and a heresy.

8. In this struggle, which we share with all our people, we take courage and comfort in life and in death from the assurance, given to us by the Belgic Confession, that 'the faithful and elect shall be crowned with glory and honour; and the Son of God will confess their names before God and his Father. . . . All tears shall be wiped from their eyes; *and their cause which is now condemned by many judges and magistrates as heretical and impious will then be known to be the cause of the Son of God. . . .*'

9. This is our tradition. This we will fight for.

Dialogue with the NGK

1. We, assembled at Hammanskraal at the ABRECSA Conference from 26–30 October, wish to make it clear that we are not against dialogue with the white Dutch Reformed Churches. However we cannot engage in dialogue with the white Dutch Reformed Churches as long as

(a) they continue not only to talk from within the framework of their acceptance of apartheid, but also to give it a moral and theological justification;

(b) they continue to use the instruments of power at their disposal to manipulate such discussions to suit their own ends;

(c) they continue to refuse to declare apartheid sinful and to confess their complicity in the suffering and oppression of our people.

2. All this became clear at the meeting of the Dutch Reformed and other Protestant Churches held on 27 August 1981 in Pretoria. The agenda of that meeting reflected the three points made above.

(a) The basis for the discussions was no different from the propagandistic framework provided by the government; namely to discuss 'the *total mustering* of forces of unbelief against Christ and his Church--liberalism, modernism, marxism, revolution, black theology'.

(b) The meeting was seemingly used by the Dutch Reformed Church to 'prove' to the Federation of Swiss Protestant Churches that the Dutch Reformed Church is engaged with other Churches in discussion about the fundamental issues in our society. In actual fact that agenda proved that this was *not* the case.

(c) The absence of what are for blacks the real issues–racism, apartheid, exploitation, oppression and the distortion of the Gospel–is evidence enough of the white Dutch Reformed Church's refusal to declare the present system in South Africa unjust and contrary to the Gospel.

3. White Churches here and overseas who still believe that they can enter into discussion with the white Dutch Reformed Churches should realize that meaningful dialogue can only take place if and when the conditions required and alluded to above are met. Furthermore, we are convinced that it is only from within the black Reformed Churches that the challenge to the white Dutch Reformed Churches on the real issues that affect the lives of the oppressed people in this land can come. But for the moment, we have come to the realization that, in the present situation, silence and the refusal to speak with the white Dutch Reformed Churches on their terms is the most effective means of communication.

Overseas Churches should accept that in this situation they must be guided by our judgment, and that their complicity in the South African situation makes them part of the problem rather than part of the solution. We would appeal to them to see their task as providing prayerful and active support for the efforts of those of us who resist apartheid and who seek a true humanity for all our people.

Black Christians have always been and remain ready to extend the hand of true friendship, reconciliation and forgiveness to white people in this land. But we are also painfully aware that white Christians, particularly in the white Dutch Reformed Churches, are more eager to accept the white hand of friendship extended to them from distant lands, whilst rejecting the black hand outstretched to them from within.

The WARC and its role in South Africa

1. Conference acknowledged with gratitude the Statements issued by the WARC (either in General Council or through its Executive) in 1964, 1970 and 1976, concerning the whole vexed question of apartheid in South Africa. It noted that the Statements were a clear declaration of the WARC's own position on racism, and a challenge to those of its members who seek to justify apartheid theologically or morally. However Conference believes that the present situation is now very different from what it was a decade ago. Statements or Declarations are no longer an adequate response to apartheid. What is now required is a programme of action based on the rejection of apartheid on the theological grounds contained in the previous statements. To that end Confer-

ence expressed the strong hope that the General Council of Ottawa would create a desk in the offices of WARC to deal specifically with these issues, to evolve a programme of action, to engage the participation of member Churches and to liaise with the Programme to Combat Racism of the World Council of Churches.

2. Conference also felt that the WARC should urge its members to scrutinize very closely all the arguments used by the Dutch Reformed Churches in South Africa to justify apartheid. Whenever and wherever these arguments take on a theological or moral dimension contradicting the Gospel truths and betraying the Reformed tradition, the WARC and its members should not hesitate to dissociate themselves from such false interpretations.

3. Conference felt that the WARC should challenge its member Churches, particularly those from the Western World, to examine themselves and their own complicity with apartheid. It is a known fact that the Western nations, through their strong economic links with South Africa, offer tremendous support for the continuation of the present regime. The Churches in these countries ought to challenge their own authorities, secular and ecclesiastical, to examine the oppressive role which economic power plays, even when used to help the liberation of the oppressed and exploited.

4. Conference felt very strongly that the members of the WARC should help support South African exiles in their own countries. It did not feel competent to prescribe what type of help should be given, but stressed that many exiles lack material support, educational and training opportunities as well as pastoral care. The Churches in those countries where South African exiles are to be found can play a significant role in meeting these needs.

5. Conference appealed to the WARC and its member Churches to understand that the initiative for change in South Africa had now passed into black hands. Although the whites were still in the seat of power, politically and economically, they could no longer initiate any change of direction and expect blacks to acquiesce. Blacks were no longer prepared to be passive participants of white-initiated programmes, even of the best intentioned whites. With regard more specifically to the Churches of the Reformed tradition, the same attitude had become increasingly manifest. The blacks in these Churches were determined to work out their own programmes for unity and the witness of the Church in South Africa. All they sought was the understanding and support of their fellow Christians in the WARC.

(*Source:* De Gruchy & Villa-Vicencio 1983:161-168)

77 *Statements against apartheid*

77.1 United Congregational Church (1982)

In 1982 the United Congregational Church made a statement in support of the Hammanskraal Statement by ABRECSA made in October 1981:

RESOLUTION ON APARTHEID

Assembly endorses the resolution of ABRECSA taken at the Conference at Hammanskraal from 26–30 October 1981, namely, 'We are not against dialogue with the white Dutch Reformed Churches. However, we cannot engage in dialogue with the white Dutch Reformed Churches as long as:

(a) they continue not only to talk from within the frame-work of their acceptance of "apartheid", but also to give it a moral and theological justification;

(b) they continue to use the instruments of power at their disposal to manipulate such discussions to suit their own ends;

(c) they continue to refuse to declare "apartheid" as sinful and to confess their complicity in the suffering and oppression of our people.'

(*Source:* De Gruchy & Villa-Vicencio 1983:165)

77.2 Conference of the Methodist Church (1982)

A statement was also published in 1982 by the Conference of the Methodist Church of Southern Africa. This statement was made in October 1982, that is three months after the meeting of the World Alliance of Reformed Churches during which a statement on racism and South Africa condemned the policy of apartheid:

RESOLUTION ON APARTHEID

Conference affirms that apartheid is a negation of

1. the dignity with which God has endowed man in creating him in his own image;

2. the work of Jesus Christ through his coming into the world to live, die and rise for mankind, thus freeing it from bondage for fullness of life;

3. the reconciliation effected by Christ between man and God, and man and man.

Apartheid is not simply a socio-political policy, but a sinful contradiction of the Gospel which cannot be justified on biblical or theological grounds and is, therefore, an ideology which the Methodist Church rejects as heresy.

Conference appeals to the Nederduits Gereformeerde Kerk, the Hervormde Kerk and the Gereformeerde Kerk in Christian love, likewise, to reject an ideology which is continuing to cause untold suffering to the majority of South Africans, and to bring discredit to the Church of Christ.

Conference refers the full statement on this subject, adopted by the National Conference of the SACC, to the Justice and Reconciliation and the Ecumenical Affairs Committees for consideration and report to the Conference of 1983 with recommendations as to further action.

(*Source:* De Gruchy & Villa-Vicencio 1983:182-183)

77.3 Anglican Synod (1982)

The Anglican Synod held in 1982 not only supported the statement made by ABRECSA but resolved to enter into dialogue with the SACC. Apartheid was denounced as 'totally un-Christian':

RESOLUTION ON APARTHEID

Whereas Apartheid by exalting a biological attribute to a universal principle thereby denies that what gives persons infinite value is the fact that they are created in God's image;

whereas Apartheid further denies a central teaching of the Christian faith, namely that God was in Christ reconciling the world to himself since it teaches the irreconcilability of certain races;

whereas it further has involved an unacceptable cost in human suffering;

this Synod resolves that Apartheid is totally un-Christian, evil and a heresy.

The Synod further resolves respectfully to ask the Metropolitan to appeal to the white Dutch Reformed Church to denounce apartheid as unscriptural and then to enter into dialogue with the SACC Churches.

(*Source:* De Gruchy & Villa-Vicencio 1983:185)

78 *World Alliance of Reformed Churches: racism and South Africa (1982)*

In August 1982 the World Alliance of Reformed Churches met in Ottowa, Canada, under the leadership of the Rev Allan Boesak. At this assembly the Rev Boesak gave an address entitled 'He made us all but ...' In his address he said that racism is a sin and called apartheid a pseudo-gospel. He said that apartheid was not just a political policy but that it depended for its strength on the theological justification provided by certain member churches of the WARC. He called upon the WARC as a confessional family to declare racism a sin and apartheid (in the words of the 1978 Synod of the Ned Geref Sendingkerk) 'irreconcilable with the Gospel of Jesus Christ'. This led to the statement that follows (apartheid is a heresy) which was adopted by the General Council in Ottawa on 25 August 1982. The Nederduitsch Hervormde Kerk withdrew from the WARC and the Ned Geref Kerk had its membership suspended. This decision has led to ecumenical isolation although the Ned Geref Kerk is still a member of the Reformed Ecumenical Synod:

World Alliance of Reformed Churches, 1982
RACISM AND SOUTH AFRICA

Statement adopted by the General Council in Ottawa on 25 August 1982

I

God in Jesus Christ has affirmed human dignity. Through his life, death and resurrection he has reconciled people to God and to themselves. He has broken down the wall of partition and enmity and has become our peace. He is the Lord of his Church who has brought us together in the one Lord, one faith, one baptism, one God who is the father of us all (Eph. 4:5,6).

The Gospel of Jesus Christ demands, therefore, a community of believers which transcends all barriers of race—a community in which the love for Christ and for one another has overcome the divisions of race and colour.

The Gospel confronts racism, which is in its very essence a form of idolatry. Racism fosters a false sense of supremacy, it denies the common humanity of believers, and it denies Christ's reconciling, humanizing work. It systematizes oppression, domination and injustice. As such the struggle against racism, wherever it is found, in overt and covert forms, is a responsibility laid upon the Church by the Gospel of Jesus Christ in every country and society.

At the present time, without denying the universality of racist sin, we must call special attention to South Africa. Apartheid (or 'separate development') in South Africa today poses a unique challenge to the Church, especially the Churches in the Reformed tradition. The white Afrikaans Reformed Churches of South Africa through the years have worked out in considerable detail both the policy itself and the theological and moral justification for the system. Apartheid ('separate development') is therefore a pseudo-religious ideology as well as a political policy. It depends to a large extent on this moral and theological justification. The division of Reformed Churches in South Africa on the basis of race and colour is being defended as a faithful interpretation of the will of God and of the Reformed understanding of the Church in the world. This leads to the division of Christians at the table of the Lord as a matter of practice and policy, which has been continually affirmed save for exceptional circumstances under special permission by the white Afrikaans Reformed Churches. This situation brings a particular challenge to the WARC.

This is not the first time that the Alliance has dealt with this issue. In 1964 the General Council, meeting in Frankfurt, declared that racism is nothing less than a betrayal of the Gospel: 'The unity in Christ of members, not only of different confessions and denominations, but of different nations and races, points to the fullness of the unity of all in God's coming kingdom. Therefore the exclusion of any person on grounds of race, colour or nationality from any congregation and part of the life of the Church contradicts the very nature of the Church. In such a case, the Gospel is actually obscured from the world and the witness of the Churches made ineffective.' In 1970, the General Council held in Nairobi confirmed this stance: 'The Church must recognize racism for the idolatry it is. . . . The Church that by doctrine and/or practice affirms segregation of peoples (e.g. racial segregation) as a law for its life cannot be regarded as an authentic member of the body of Christ.' This strong language by the WARC was not heeded by the Nederduitse Gereformeerde Kerk and the Nederduitsch Hervormde Kerk, who were mentioned by name, and it was not given any follow-up by the WARC itself.

The General Council of the WARC meeting in Ottawa 1982 declares: The promises of God for his world and for his Church are in direct contradiction to apartheid ideals and practices. These promises, clearly proclaimed by the prophets and fulfilled in Christ, are peace, justice and liberation. They contain good news for the poor and deliverance for the oppressed, but also God's judgment on the denial of rights and the destruction of humanity and community.

We feel duty-bound by the Gospel to raise our voice and stand by the oppressed. 'None of the brethren can be injured, despised, rejected, abused, or in any way offended by us, without at the same time injuring, despising, and abusing Christ by the wrongs we do. . . . We cannot love Christ without loving him in the brethren.' (Calvin)

In certain situations the confession of a Church needs to draw a clear line between truth and error. In faithful allegiance to Jesus Christ it may have to reject the claims of an unjust or oppressive government and denounce Christians who aid and abet the oppressor. We believe that this is the situation in South Africa today.

The Churches which have accepted Reformed confessions of faith have therefore committed themselves to live as the people of God and to show in their daily life and service what this means. This commitment requires concrete manifestation of community among races, of common witness to injustice and equality in society, and of unity at the table of the Lord. The Nederduitse Gereformeerde Kerk and the Nederduitsch Hervormde Kerk, in not only accepting, but actively justifying the apartheid system by misusing the Gospel and the Reformed confession, contradict in doctrine and in action the promise which they profess to believe.

Therefore, the General Council declares that this situation constitutes a *status confessionis* for our Churches, which means that we regard this as an issue on which it is not possible to differ without seriously jeopardizing the integrity of our common confession as Reformed Churches.

We declare with black Reformed Christians of South Africa that apartheid ('separate development') is a sin, and that the moral and theological justification of it is a travesty of the Gospel and, in its persistent disobedience to the Word of God, a theological heresy.

II

1. The General Council of the WARC affirms earlier statements on the issue of racism and apartheid ('separate development') made in 1964 and 1970, and reiterates its firm conviction that apartheid ('separate development') is sinful and incompatible with the Gospel on the grounds that:

(a) it is based on a fundamental irreconcilability of human beings, thus rendering ineffective the reconciling and uniting power of our Lord Jesus Christ;

(b) in its application through racist structures it has led to exclusive privileges for the white section of the population at the expense of the blacks;

(c) it has created a situation of injustice and oppression, large-scale deportation causing havoc to family life, and suffering to millions.

Apartheid ('separate development') ought thus to be recognized as incurring the anger and sorrow of the God in whose image all human beings are created.

2. The General Council expresses its profound disappointment that, despite earlier appeals by the WARC General Councils, and despite continued dialogue between several Reformed Churches and the white Dutch Reformed Churches over twenty years, the Nederduitse Gereformeerde Kerk (in the Republic of South Africa) and the Nederduitsch Hervormde Kerk van Afrika have still not found the courage to realize that apartheid ('separate development') contradicts the very nature of the Church and obscures the Gospel from the world; the Council therefore pleads afresh with these Churches to respond to the promises and demands of the Gospel.

3. The General Council has a special responsibility to continue to denounce the sin of racism in South Africa as expressed in apartheid ('separate development'). It is institutionalized in the laws, policies and structures of the nation; it has resulted in horrendous injustice, in the suffering, exploitation and degradation of millions of black Africans for whom Christ died; and it has been given moral and theological justification by the white Dutch Reformed Churches in South Africa who are members of the WARC and with whom we share a common theological heritage in the Reformed tradition.

4. Therefore, the General Council, reluctantly and painfully, is compelled to suspend the Nederduitse Gereformeerde Kerk (in the Republic of South Africa) and the Nederduitsch Hervormde Kerk van Afrika from the privileges of membership in the WARC (i.e. sending delegates to General Councils and holding membership in departmental committees and commissions), until such time as the WARC Executive Committee has determined that these two Churches in their utterances and practice have given evidence of a

change of heart. They will be warmly welcomed once more only when the following changes have taken place:

(a) Black Christians are no longer excluded from church services, especially from Holy Communion;

(b) Concrete support in word and deed is given to those who suffer under the system of apartheid ('separate development');

(c) Unequivocal synod resolutions are made which reject apartheid and commit the Church to dismantling this system in both Church and politics.

The General Council asks the Executive Committee of the WARC to keep this whole issue regularly under review.

III

Even as we say these things, we, the delegates at the General Council, confess that we are not without guilt in regard to racism. Racism is a reality everywhere and its existence calls for repentance and concerted action. And so, certain questions emerge for our Churches:

(a) How do we combat racism in our own societies and our own Churches?

(b) How do we come to understand our complicity in the racist structures of South Africa through the economic involvement of especially Western European and North American countries and Churches?

(c) How do we remain sensitive to the insidious way in which racism and social injustice are so often excused in the name of economic interest and national security?

(d) How can we give concrete manifestation to our concern for and solidarity with the victims of racism in South Africa and elsewhere in their struggle for justice, peace, reconciliation and human liberation?

(e) Churches should endeavour to develop relationships with black Reformed Churches in South Africa and with Churches and Christians (black and white) who are engaged in this struggle.

(f) In expressing solidarity with those who struggle for justice in this situation, we also ask the Churches to struggle with the painful and difficult questions of how to witness to the reconciling grace of God for those whom we see as oppressive and in error.

(*Source:* De Gruchy & Villa-Vicencio 1983:169-173)

79 Ned Herv Kerk statement on the WARC decision (1982)

The various Reformed churches in South Africa reacted to the statement by the WARC. On 17 September 1982 a commission of the General Assembly of the Nederduitsch Hervormde Kerk received a report from its representatives at the WARC meetings held in Ottawa from 16 to 27 August 1982. After studying the implications of the decisions made there they issued a statement of their own. As they felt that the emphasis of the WARC had gradually become more political they did not feel that they could comply with the requirements of that body so they withdrew their membership:

Nederduitsch Hervormde Kerk, 1982

STATEMENT ON THE WARC DECISION

At a meeting held on 17 September 1982, a commission of the General Assembly of the Nederduitsch Hervormde Kerk received a report from its representatives on the meeting of the WARC which was held in Ottawa from 16–27 August 1982. The report dealt both with the proceedings and with the specific decisions of this meeting of the World Alliance. In the light of this report the commission has responded to the implications of the decisions of the World Alliance with regard both to the future position of the Nederduitsch Hervormde Kerk as a member of the World Alliance and to the motives and tendencies which led to this decision.

From the report which we have received and from the documents of the meeting at our disposal it is clear to us that the World Alliance has, by and large, departed from its Reformed basis in favour of a theology which:

1. Has not dealt earnestly with the objective reality and existence of the Triune God independent of this world and above time.

2. Politicizes and socializes the person and work of Jesus Christ in a biased manner.

3. Assails the authority of Holy Scripture as the only source from which one can come to know God and as the only norm for faith and life, and superficially manipulates it by means of association and speculation in order to provide grounds for a theology which has little to do with the God who reveals himself in the Holy Scriptures.

4. Denies the totality and the radicality of sin by a naïve exemption of 'those who are sinned against' as being less defiled, and as

limited to categories which are made to synchronize easily with the political views out of which the theology arises.

5. Neglects the call to faith in Jesus Christ as the only Saviour in favour of a summons to solidarity with a so-called liberation struggle.

This shift in the theological point of departure of the World Alliance, which has come about not suddenly but indeed gradually, and was already clear in the pronouncements of the Nairobi meeting in 1970, has now taken on further concrete form in the decision by which the Alliance has degraded the Nederduitsch Hervormde Kerk to second-class membership. By this decision the World Alliance of Reformed Churches wants to prescribe to us how to arrange the life and practice of our Church and what our attitude ought to be towards socio-political problems in our land while, at the same time, it holds before us by implication a political policy which is said to be good and right.

We reject this claim by the Alliance:

1. To deprive us of our obligation and privilege to organize our Church life in a manner which is constantly tested against the demands of Holy Scripture, and to strive for the best practical way in which to fulfil our apostolic calling to be the Church of Jesus Christ giving due consideration to our experience within the unique South African ethnic situation [*volkere-situasie*].

2. To prescribe for us a political choice whereby we become a partner of those forces which, with disregard to the truth, with misuse of theology, and with reckless promotion of revolution, promote the objectives of godless communist imperialism. We claim the privilege as a Church of Jesus Christ to make our own choice concerning what we regard to be responsible politics within our situation with full responsibility towards God and with a good conscience in relation to him.

3. To make a dogmatic pronouncement, with arrogant hypocrisy, concerning the political policy and circumstances in South Africa in response to misrepresentations, malicious exaggeration, and the calculated suppression of specific information.

The Nederduitsch Hervormde Kerk continues to maintain that its regulations concerning membership do not constitute a doctrine, but must be seen as a practical regulation concerning the peaceful furtherance of the Gospel. We are further convinced that a political policy of separate development and equal opportunities is not in conflict with Holy Scripture. The irrefutable fact is that this policy has greatly improved the quality of life and brought more freedom to our peoples than in many countries of the Third World, not to mention Marxist countries. Our question to the world still stands: where is a land with a similar ethnic composition which can serve as a model for our situation? As long as the World Alliance sings in the same choir as international politics with its questionable motives, we cannot treat its judgment seriously. We do not feel challenged at the level of conscience by such a condemnation.

The Nederduitsch Hervormde Kerk cannot comply with the requirements set by the World Alliance and it, therefore, has no choice but to withdraw. This Church will continue to determine its course in response to an earnest investigation of Holy Scripture and in consideration of its experience gained through the ages, both with regard to its own internal policies and also with regard to South African politics. We cannot take an apologetic attitude toward an ecumenical body that allows itself to be misused in this way. Over against such a position, and before Almighty God and the Father of our Lord Jesus Christ, we stand continually in deep repentance for our sins and we endeavour day by day to improve and change. The Gospel itself continues to bring about change and we wish to offer no resistance to this, but we must offer resistance to a false Gospel which offers people little more than political power as an ultimate destination, and in so doing has already brought nameless misery to millions of people in the world.

We thus hereby inform the World Alliance of Reformed Churches and everyone who may be concerned with this decision that we have terminated our membership of the Alliance.

In making this decision we do not wish to indicate that we intend to live without any ecumenical relationships. We have, however, repeatedly found that the World Alliance of Reformed Churches is not a useful instrument for genuine ecumenical contact. Concerning the future, we are still prepared to engage in dialogue concerning our communal task and calling with Christians and fellow believers both in our own country and throughout the world.

(*Source:* De Gruchy & Villa-Vicencio 1983:173-175)

80 Nederduitse Gereformeerde Kerk: resolution on the WARC decision (1982)

The Synod of the Ned Geref Kerk met to discuss what the suspension by the WARC would mean to the church in South Africa. They decided that while they could not accept the termination of their membership they would not regard themselves as being a full member of the WARC. They too, issued a statement on the decisions of the WARC:

Nederduitse Gereformeerde Kerk, 1982

RESOLUTION ON THE WARC DECISION

Die Kerkbode (27 October 1982) summed up the debate concerning the WARC membership of the NGK by indicating that the Synod considered three basic responses: 'To maintain membership for ecumenical reasons; to immediately terminate membership; not to terminate membership at this time, because this would be to play into the hands of those seeking to isolate the NGK. The last-mentioned option has become the official position of the Church after a two-thirds majority could not be obtained in support of the summary termination of relations which was being asked for.' The resolution which was ultimately adopted reads as follows:

The Synod notes with regret the course of events and the decisions of the WARC which mean that:
–a one-sided picture of the NGK has been presented to the member churches in Ottawa;
–a shocking judgment by the WARC concerning the NGK has been executed in a manner and on grounds which were not made allowance for in the constitution of the WARC (at the time when the NGK became a member), and in this way the membership of the NGK has been terminated;
–certain conditions are imposed on the NGK, which must be complied with before it can again be accepted as a full member;
–these decisions of the WARC are undoubtedly taken from a standpoint of liberation theology, which according to the NGK is undoubtedly in certain essential respects in conflict with the Bible and Reformed theology.

The NGK is placed in an extremely difficult position, and is left with no alternative but to resolve as follows:

–that the NGK does not willingly accept the termination of its membership, and
–that the NGK, under these circumstances, for practical purposes regards itself as no longer being a full member of the WARC.

It was also decided that this Church would no longer accept its financial responsibilities to the WARC, and the moderature will communicate these decisions officially to the WARC.

Die Kerkbode seems to have captured the mood of the Synod in quoting the moderator, Ds Kobus Potgieter, as saying immediately prior to the vote that the question amounted to whether they 'resign now, or a little later'.

The Synod also issued the following statement:

> *Racism is a sin*
> Because the New Testament affirms the principle of equality (Report 31.1) and the actual differentiation (Report 13.4, 13.7 and 23) of all people and nations, each with its own right of existence (Report 9), as well as the unity of the entire human family (Report 8 and 31.2), and because the commandment to love one's neighbour, which also manifests itself in justice (Report 13.9), is the ethical norm for ordering human relations (Report 13.8), the general Synod rejects all racism as unscriptural and as sin (cf. The Heidelberg Catechism, Sunday 40), because it regards and treats some nations as superior and others as inferior. The Synod gives further expression to its conviction that race-consciousness and the love of one's own nation is not sinful, but when race and/or nation become absolutized, we are dealing with racism and that is sinful. ['Report' is the NGK publication *Human Relations and the South African Scene in the Light of Scripture.*]
>
> **(*Source:* De Gruchy & Villa-Vicencio 1983:183-184)**

81 The Confession of Faith of the Nederduitse Gereformeerde Sendingkerk (1982)

When the Synod of the Ned Geref Sendingkerk met at Belhar from 22 September to 6 October 1982 the events that had taken place at Ottawa a month earlier were still in their minds. The Rev Allan Boesak was also present at the meetings of Synod and led the discussion. The Synod announced a Confession of Faith (status confessionis) and also made a statement on apartheid as part of this Confession of Faith. Apartheid (separate development) was declared a sin and a means of keeping people apart from each other. The gravity with which they viewed the South African scene is expressed in their words: 'A status confessionis means that we regard this matter as a concern about which it is impossible to differ without it affecting the integrity of our communal confession as Reformed Churches.'

Nederduitse Gereformeerde Sendingkerk, 1982

A STATEMENT ON APARTHEID
AND A CONFESSION OF FAITH

Reconciliation and Apartheid

Proposition

The political and ecclesiastical order of South Africa is an order within which irreconcilabilty has been elevated to a fundamental social principle within which, in spite of supposed good intentions, the greed and prejudice of the powerful and the privileged are entrenched at the cost of those who are powerless and without privileges.

Responsibility

Apartheid is a system within which people are separated from one another, *and kept apart from one another.*

The possibility that these groups *can* be brought together and that peaceful co-existence *can* replace tension and conflict is ruled out as a matter of principle. Therefore, ethnic groups, to the extent that this is possible, must be compelled, by law if necessary, to remain separate from one another, because the bringing of these groups of people together will necessarily result in conflict and the mutual threatening of one another.

The use of the phrase 'separate development' in an attempt to replace the hated word 'apartheid' in essence results in no change to the basic point of departure: the development of each group must still take place apart from that of other groups, because the development of one group is regarded as a threat to that of the other. Similarly, communal development is regarded as a threat to individual development.

In the light of this unchanged point of departure, it is not surprising that when we are requested to give more attention to the positive aspects of apartheid, this repeatedly breaks down in the face of reality, which is that the white section of the population always benefits most from such development.

The choice of the term 'irreconcilability' in the decision of the Synod of 1978 was intentional. The Synod translates its witness into its own language, that of the Church and theology. *Irreconcilability* always stands in contradiction to *reconciliation*; the main artery of the Christian Gospel is also the main artery of the existence and the proclamation of the Church.

The visible effect of reconciliation between God and man is the existence of the Church as a *reconciling community of people*, a unified community. The message of reconciliation is entrusted to this Church. The invitation is extended to the world and to all people who inhabit it to reconcile themselves to God and to one another. In Christ, the Church says, there is new hope, there are new possibilities for the world. Sinfulness and hatred, enmity and separation need not be the last word, but rather reconciliation and peace. Christ has made this possible.

The Church will always bear witness to the fact that no order of communal living which fundamentally affirms the irreconcilability of people and groups of people can be regarded as acceptable. Such a point of departure binds people to their past history of enmity and hate–it invalidates the Gospel.

We do not simply present one or more Bible texts. It is always easy to use biblical texts to one's own end, even to the extent that it was possible for many years for it to be said that apartheid is Scriptural, and, indeed, on the ground of only two texts: the story of the Tower of Babel (Genesis 11:1-9 and Acts 17:26).

No! The touchstone for apartheid is the essential biblical message of reconciliation. If it fails here, a few disparate biblical texts cannot save it. In fact, the traditional exposition of these texts then needs to be fundamentally questioned.

The Decision of the 1978 Synod with regard to Apartheid

In addition to the theological proposition regarding irreconcilability, the Synod went further to say that the system which necessarily results from such a policy must inevitably lead and has led to an increasing polarization between people. It does more than merely keep them apart from one another. It moves them further apart from one another. It polarizes and creates conflict. In turn, this conflict is then used as an alibi to maintain this separation at all costs. So everyone is drawn into this vicious circle–which can only be broken by changing the point of departure.

The Demand of Justice and Self-concern

The decision of the Synod goes further to demonstrate that, in practice, it can be shown undeniably that 'within the system one section of the population, the whites, is privileged, and that as a result of this the Gospel demand of justice for all has not been satisfied'. In a system within which concepts such as the 'own' (*eie*) and the 'separateness' (*afsonderlike*) receive so much attention, people are indeed going to concern themselves essentially with their 'own'. The result is that the powerful and privileged are not willing to share their power and privilege, but rather are tempted to acquire still more for themselves. In conclusion the Synod shows that through the system of apartheid 'it is not only the humanity of the underprivileged sections of the population that is affected but also the humanity of everybody involved within this system'.

Racism and Apartheid

Racism is an ideology of racial domination which includes a belief in the inherent, cultural and biological inferiority of certain races and racial groups. It is also a political and an economic system that determines the unequal treatment of these groups at the level of law, structures and institutions. Racism does not merely concern the attitude of people, it is also structural. It does not merely concern the *feeling* of inferiority in relation to another person or group, but the *system* of political, social and economic domination. In a racist situation certain groups of people are excluded because of their race from participation in the political decision-making process, from participation in the economic decision-making processes, and as a result, they are discriminated against both economically and socially. This exclusion is, however, not merely on the basis of race and colour, it is exclusively aimed at the domination of the other. Where this racism is regimentally imposed in Church and communal structures it denies the community of believers the possibility of being human and it denies the reconciling and the humanizing work of Christ.

In South Africa apartheid in the Church and in society leans to a significant extent on the theological and moral justification of the system. Apartheid is therefore a pseudo-religious ideology as well as a political policy. It allows itself to be validated within the realms of both Church and state, and in so doing it influences and structurally controls the entire South African society.

Article 9 of the Apostles' Creed

The specific character of the pseudo-religious ideology of apartheid makes it practically impossible for the confession 'I believe in one, holy, catholic Church, the community of the saints' to determine the structures of the Church. In reality, the secular Gospel of apartheid structures the way in which the Church is realized and the way in which Church unity is manifest within the Dutch Reformed Churches in South Africa.

Resolutions

Because the secular Gospel of apartheid threatens in the deepest possible way the witness of reconciliation in Jesus Christ and the unity of the Church of Jesus Christ in its very essence, the NG Mission Church in South Africa declares that this constitutes a *status confessionis* for the Church of Jesus Christ. (A *status confessionis* means that we regard this matter as a concern about which it is impossible to differ without it affecting the integrity of our communal confession as Reformed Churches.)

We declare that apartheid (separate development) is a sin, that the moral and theological justification of it makes a mockery of the Gospel, and that its consistent disobedience to the Word of God is a theological heresy.

The decision of Ottawa and the decisions with regard to racism and therefore apartheid (separate development) cannot be regarded as an alternative to the decision of the Synod of 1978, but rather as a consequence.

According to the conviction of the Synod the NGK believes in the ideology of apartheid, which is in direct conflict with the evangelical message of reconciliation and the visible unity of the Church. Therefore the 1978 decision of the Mission Church (as argued on the level of principle at the beginning of this statement) makes it clear that we can do no other than with the deepest regret accuse the NGK of theological heresy and idolatry. This is done in the light of her theologically formulated standpoint and its implementation in practice.

The NG Mission Church makes this statement in deep humility and self-examination so that we may keep ourselves 'from being disqualified after having called others to the contest' (I Cor. 9:27).

A Confession of Faith

1. We believe in the triune God, Father, Son and Holy Spirit, who gathers, protects and cares for his Church by his Word and his Spirit, as he has done since the beginning of the world and will do to the end.

2. We believe in one holy, universal Christian Church, the communion of saints called from the entire human family. We believe:

–that Christ's work of reconciliation is made manifest in the Church as the community of believers who have been reconciled with God and with one another;

–that unity is, therefore, both a gift and an obligation for the Church of Jesus Christ; that through the working of God's Holy Spirit it is a binding force, yet simultaneously a reality which must be earnestly pursued and sought: one which the people of God must continually be built up to attain;

–that this unity must become visible so that the world may believe; that separation, enmity and hatred between people and groups is sin which Christ has already conquered, and that accordingly anything which threatens this unity has no place in the Church and must be resisted;

–that this unity of the people of God must be made manifest and active in a variety of ways, in that we: experience, practise and pursue community with one another; are obligated to give ourselves willingly and joyfully to be of benefit and a source of blessing to one another; share one faith, have one

calling, are of one soul and one mind; have one God and Father, are filled with one Spirit, are baptized with one baptism, eat of one bread and drink of one cup, confess one Name, are obedient to one Lord, work for one cause, and share one hope; together come to know the height and the breadth and the depth of the love of Christ; together are built up to the stature of Christ, to the new humanity; together know and bear one another's burdens, thereby fulfilling the law of Christ; need one another and upbuild one another, admonishing and comforting one another; that we suffer with one another for the sake of righteousness; pray together; together serve God in this world; and together fight against all which may threaten or hinder this unity;
–that this unity may be made manifest only in freedom and not under constraint; that the variety of spiritual gifts, opportunities, backgrounds, convictions, as well as the various languages and cultures, are, by virtue of the reconciliation in Christ, opportunities for mutual service and enrichment within the one visible people of God;
–that true faith in Jesus Christ is the only condition for membership of this Church.
Therefore we reject any doctrine:
–which absolutizes either natural diversity or the sinful separation of people in such a way that this absolutization hinders or breaks the visible and active unity of the Church, or even leads to the establishment of a separate Church;
–which professes that this spiritual unity is truly being maintained in the bond of peace whilst believers of the same confession are in effect alienated from one another for the sake of diversity and in despair of reconciliation;
–which denies that a refusal earnestly to pursue this visible unity as a priceless gift is a sin;
–which explicitly or implicitly maintains that descent or any other human or social factor should be a consideration in determining membership of the Church.

3. We believe:
–that God has entrusted to his Church the message of reconciliation in and through Jesus Christ; that the Church is called to be the salt of the earth and the light of the world; that the Church is called blessed because it is a peacemaker; that the Church is witness both by word and deed to the new heaven and the new earth in which righteousness dwells;
–that God by his lifegiving Word and Spirit has conquered the powers of sin and death, and therefore also of irreconciliation and hatred, bitterness and enmity; that God, by his lifegiving Word and Spirit will enable his people to live in a new obedience which can open new possibilities of life for society and the world;
–that the credibility of this message is seriously affected and its beneficial work obstructed when it is proclaimed in a land which professes to be Christian, but in which the enforced separation of people on a racial basis promotes and perpetuates alienation, hatred and enmity;
–that any teaching which attempts to legitimate such forced separation by appeal to the Gospel, and is not prepared to venture on the road of obedience

and reconciliation, but rather, out of prejudice, fear, selfishness and unbelief, denies in advance the reconciling power of the Gospel, must be considered ideology and false doctrine.

Therefore, we reject any doctrine which, in such a situation, sanctions in the name of the Gospel or of the will of God the forced separation of people on the grounds of race and colour and thereby in advance obstructs and weakens the ministry and experience of reconciliation in Christ.

4. We believe:

–that God has revealed himself as the One who wishes to bring about justice and true peace among men; that in a world full of injustice and enmity he is in a special way the God of the destitute, the poor and the wronged and that he calls his Church to follow him in this; that he brings justice to the oppressed and gives bread to the hungry; that he frees the prisoner and restores sight to the blind; that he supports the downtrodden, protects the stranger, helps orphans and widows and blocks the path of the ungodly; that for him pure and undefiled religion is to visit the orphans and widows in their suffering; that he wishes to teach his people to do what is good and to seek the right; that the Church must therefore stand by people in any form of suffering and need, which means, among other things, that the Church shall witness against and strive against any form of injustice, so that 'justice may roll down like waters, and righteousness like an ever-flowing stream';

–that the Church as God's possession must stand where he stands, namely against injustice and with the wronged; that in following Christ the Church must witness against all the powerful and privileged who selfishly seek their own interests and thus control and harm others.

Therefore we reject any ideology which would legitimate forms of injustice and any doctrine which is unwilling to resist such an ideology in the name of the Gospel.

5. We believe that, in obedience to Jesus Christ, its only Head, the Church is called to confess and to do all this, even though authorities and laws forbid them, and even though punishment and suffering be the consequence.

Jesus is Lord.

To the one and only God, Father, Son and Holy Spirit, be the honour and the glory for ever and ever.

The Relationship between the NG Mission Church and the NGK in terms of the Status Confessionis

1. The Synod resolves that its decision regarding the *status confessionis* be officially handed to the NGK at its General Synod sitting in Pretoria and that it also be sent to the different regional synods.

2. The NG Mission Church regrets that its relationship with the NGK is seriously threatened. The Synod is of the opinion that the road of reconciliation can only be walked if the NGK confesses its guilt regarding the moral and theological grounding of apartheid,

and concretely demonstrates her repentance by working out what the consequences of this confession of guilt mean in both Church and state. In so doing the NG Mission Church does not deny its own guilt in the situation and declares itself ready to walk in love and forgiveness with the NGK in seeking to develop and not to break the relationship with that Church. We ask the NGK to work urgently together with us to make this possible. The NG Mission Church's most sincere prayer is that the NGK will walk this way of conversion and will not allow the bond between us to be broken.

3. The Synod resolves that the NG Mission Church will with pastoral compassion fulfil her role as prophet and priest toward the NGK in South Africa. With all the weight and the channels at her disposal she will zealously endeavour to lead the NGK to the point where this Church will acknowledge her share and guilt in the realization and establishment of the pseudo-religious ideology of apartheid and a political policy which has deprived and continues to deprive people of their humanity, and has resulted and continues to result in numerous acts of sorrow and suffering for countless people in this country.

4. The synod resolves that the NG Mission Church should call on the NGK to hear the words of II Chronicles 7:13 and 14. The Lord says: 'Whenever I hold back the rain or send locusts to eat up the crops or send an epidemic on my people, if they pray to me and repent and turn away from the evil they have been doing, then I will hear them in heaven, forgive their sins, and make their land prosperous again.'

Therefore in deep compassion and humility we bow before the Lord with our own guilt and complicity in the unreconciled relationship between believers in our family and we confess that we have withheld this truth from you in many different ways. We do not condemn you, so that we ourselves may not be condemned.

We owe you nothing other than love because therein alone is the fulfilment of the law. See Romans 14:8, 'Be under obligation to no one–the only obligation you have is to love one another. Whoever does this has obeyed the law.' Also I John 4:7, 'Dear friends, let us love one another, because love comes from God. Whoever loves is a child of God and knows God.'

We address you as our sister in this language, because the Gospel of love which you preach to us continues to be our guide and source of comfort.

Sola Scriptura!

(*Source:* De Gruchy & Villa-Vicencio 1983:175-182)

82 The World Council of Churches' statement on South Africa (1983)

The WCC Assembly that met at Vancouver, Canada, on 24 July - 10 August 1983 had South Africa and apartheid as well as Namibian independence on its agenda. After discussion the following statement was issued. It commended the stance of the South African Council of Churches, especially its rejection of the Tricameral Parliament. Apartheid and forced removals were condemned and the implementation of United Nations Resolution 435 leading to independence in Namibia was called for. Independence in Namibia, however, was only to become a reality on 21 March 1990:

WCC STATEMENT ON SOUTHERN AFRICA

I PREAMBLE

1. Institutionalized racism in South Africa continues to be the central problem of justice and peace in the region, although there are several other situations in which human rights are infringed. We recall that in Nairobi (1975) the Assembly of the World Council of Churches (WCC) declared that "racism is a sin against God and against fellow human beings. It is contrary to the justice and the love of God revealed in Jesus Christ. It destroys the human dignity of both the racist and the victim". We would wish to add that it is a denial of the fullness of life which is Christ's gift to the world, for in Him there is neither Greek nor Jew, there is neither slave nor free, there is neither male nor female, but all are one. Christ on His cross tore down the barriers of hostility which keep people apart (Eph. 2:14-16), thus establishing peace.

2. Apartheid raises barriers and denies the fullness of life in Christ. Christians and the churches are called in obedience to Jesus Christ, the Life of the World, and to maintain the integrity of the church, to oppose apartheid in all its forms, to support those who struggle against this sinful system of injustice, and to denounce any theological justification of apartheid as a heretical perversion of the gospel.

II SOUTH AFRICA

3. The apartheid system perpetuates white minority rule at the cost of enormous suffering. Widespread and flagrant violations continue to be an everyday part of South African life. Restriction of movement, arbitrary arrests, detention without trial, torture and death have become an institutionalized way of intimidating black people and their supporters. Although a number of banning orders have recently been lifted, several people, including some leading Christians, continue to suffer from arbitrary banning orders.

4. Furthermore, large numbers of people are experiencing ongoing forced removals and relocation in resettlement camps, often in conditions of destitution, as well as violent government efforts to eliminate so-called "black spots" such as Driefontein as well as urban squatter areas such as Crossroads. The cost of these policies in terms of human suffering, the break up of family life and the creation of bitterness and despair is immense, and creates an extremely explosive climate.

5. In such a context a church which seeks to be the church and to proclaim the liberating gospel and divine demand for justice cannot avoid a confrontation with the government. The church did not seek a confrontation; it prayed that it would not happen. It continues to strive to be faithful to its own calling as it summons the state to fulfil the mandate which has been given it by God.

6. In confessing the faith it is impossible in South Africa not to call for a fundamental change in the political, social and economic order of the country, not to speak for the oppressed and defend the rights and human dignity of the powerless. As the South African Council of Churches (SACC) has said, such a confession is "a cry from the heart, something we are obliged to do for the sake of the gospel". As a consequence of the life and witness of the Christians and the churches, there is unrelenting pressure on them and the SACC, most recently shown in the activities of the Eloff Commission which appears to be an effort to muzzle and destroy the SACC.

7. Bantustan rule is in many instances as oppressive and arbitrary as that of white rule in the area, and has resulted in the proscription of churches and the systematic persecution of people. The willingness of some black leaders to accept this form of "independence" furthermore threatens to become the single most divisive and potent force militating against black solidarity and liberation in South Africa.

8. This Bantustan policy whereby blacks are being deprived of any kind of citizenship and rights in other parts of South Africa and allocated to a variety of nominally independent "tribal home-lands" has been followed by further constitutional proposals affecting Asians and "coloureds". According to these, Asians and "coloureds" would have specifically limited representation in a multicameral South African legislature with Asians and "coloured" ministers of State being appointed. It is necessary to indicate, however, that these proposals do not involve any sharing of political power. This will remain securely in white hands as constitutionally entrenched. These proposals are inherently racist and emphasise separation between the races rather than integration; and underscore the fact that blacks continue to be excluded entirely from the political process. In effect, these proposals, like the Bantustan policy, reaffirm the racist principles of apartheid.

III NAMIBIA

9. The remarkable courage of the Council of Churches in Namibia (CCN) in witnessing to Jesus Christ, the Life of the World, by standing with the oppressed, defending human rights and dignity and pressing for freedom and independence deserves wide recognition. The illegal South African occupation of the country is oppressive and generates many acts of terror against civilians. We endorse the open letter to the South African Prime Minister in January 1983 in which the Executive Committee of the CCN wrote:

10. "With no regard to the rights or the will of the people of Namibia, your Administrators- General continue a regime of draconian laws, proclamations and amendments which have destructive effects upon the people. We condemn the existence of all those laws that allow for the detention of people without recourse to a court of law, and call upon your Government to charge or release all those who are detained under the so-called "security laws", including the survivors of Carsinga who are kept in a detention camp near Mariental. Further suffering and death are caused by curfews, conscription for military service and by brutal and unprovoked attacks on innocent people. Deportations, the refusal of passports and visas and the stifling of the true situation through bannings. . . also arouse our strong condemnation."

11. Negotiations for independence are stalled owing to obstruction by the South Africa government and its relentless refusal to recognize SWAPO as the legitimate representative of the Nambian people. This, together with the lethargy and apparently ineffectual influence of the western contact group, motivated by short-term political and economic interests, only contributes to the prevailing conflict. Such a situation emphasizes the need for the western contact group either to bring the South African Government to the negotiation table or to disband. The insistance on linking the withdrawal of Cuban troops from Angola to Namibian independence is "an irrelevance" as was pointed out by the CCN. "The Cuban presence in the Sovereign State of Angola", CCN stated, "is not a threat to the Namibian people". Absolute priority must be given to both the termination of the illegal South African occupation of Namibia and Namibian independence in accordance with United Nations (UN) Resolution 435.

IV DESTABILIZATION

12. During the last decade South Africa, with the active collaboration of major Western powers and Israel, has been engaged in a massive military build-up which now includes nuclear weapons capability. This dangerous development poses a major threat to the peace and stability of the region. President Reagan's policy of "constructive engagement" and the recent ill-conceived loan of US $1.25 billion to South Africa on very favourable terms by the International Monetary Fund are widely interpreted as signs of increased outside support for the South African regime which is pursuing a concerted policy of an "undeclared war against its neighbours" through destabilization and aggression.

13. A large area of Angola has been under South African occupation since 1981 and there have been numerous incursions deep into Angolan territory resulting in considerable loss of life. Subversive and military attacks have taken place in Mozambique and Lesotho and there is clear evidence of attempts at destabilization in Zimbabwe. This process of destabilization is clearly intended to perpetuate white dominance in the region.

V RECOMMENDATIONS

14. The W.C.C. Assembly, meeting in Vancouver, Canada, 24 July – 10 August 1983,

(a) *reiterates* its conviction that apartheid stands condemned by the gospel of Jesus Christ, the Life of the World, and that any theology which supports or condones it is heretical;

(b) *expresses* its admiration and support for the prophetic and courageous stand for human dignity, justice and liberation of the South African Council of Churches and the Council of Churches in Namibia;

(c) *calls* on the member churches to intensify their witness against apartheid and continuing oppression in South Africa and Namibia, and to deepen their solidarity with those forces – including the liberation movements recognized by the UN – which oppose apartheid, racism and the struggle for liberation;

(d) *assures* the white people of South Africa that its opposition is to apartheid as a system, and that it loves them as brothers and sisters made in the image of God and prays that they may seek an end to apartheid and the establishment of a just and fraternal country.

(e) *condemns* Bantustan "independence" as a divisive and destructive force militating against black solidarity and liberation in South Africa.

(f) *condemns* the new constitutional proposals in South Africa as fraudulent and racist because they do not provide for the real sharing of power and exclude blacks entirely from the political process;

(g) *commends* the South African Council of Churches for rejecting the new constitutional proposals and *draws* the attention of the member churches to the full implications of the racist and divisive character of this proposed legislation;

(h) recognizing the necessity for a society of justice in this sub-continent and reaffirming its abhorrence of all forms of violence, *urges* the member churches to do all in their power to promote freedom of association, equality, democratic rights and the dismantling of apartheid as the essential ingredients of a political climate in which a national convention can be held;

(i) *calls* for independence of Namibia by the immediate implementation of UN Resolution 435 and *requests* the churches in the countries of the western contact group to intensify pressure on their governments to give urgent and effective support;

(j) *further deplores and condemns* attacks on neighbouring countries and efforts at destabilization by the South African Government;

(k) in view of the increasing number of refugees from this region, *calls* upon the member churches to use all appropriate means to render assistance to the people and also to work through existing refugee programmes;

(l) *renews* its call to member churches to a disengagement from those institutions economically engaged in South Africa; *affirms* the need for mandatory and comprehensive sanctions and *urges* governments to give the highest priority to the establishment of an effective oil embargo, thus ending the fuelling of apartheid.

(m) *calls* on churches and Christian people throughout the world to express their support for and fellowship with the oppressed people of South Africa in prayer and every other appropriate way.

(n) *calls* on member churches to discourage their people from immigrating to South Africa;

(o) *supports* the ongoing process of consultation and solidarity among the churches in Africa in co-operation with the All-Africa Council of Churches.

(*Source: Journal of Theology for Southern Africa* 1983:62-65)

83 Letter of the Baptist Union to the State President (1985)

The Baptist Union consists of predominantly white ministers of the Baptist Church. The black ministers belong to the Baptist Convention which is affiliated to the Union. The so-called coloured churches belong to the Baptist Union. The Baptist Church is traditionally politically conservative and not given to making statements about political matters. At the Assembly meeting at George in 1985 the coloured delegates (a minority in the Union) expressed their concern about the political situation in South Africa. In spite of the fears of some of the white delegates that the church was becoming 'too political', the following letter was sent to the State President. It expressed concern over the prevailing state of emergency and the deployment of the Defence Force in the townships, as well as various laws enforcing apartheid:

> The State President
>
> Sir,
>
> We, the Assembly of the Baptist Union of Southern Africa, greet you with the respect and honour that is due to your office as Head of State. We are instructed in Scripture to pray for all men, not least for those who are in high positions of authority, and we assure you that we do indeed pray for you in this day of crisis within the nation. We pray also for those who share with you the responsibility under God of directing the affairs of our land, of framing its policies and applying its legislation.
>
> There is a burden on our hearts for this land and all its peoples. It has become increasingly evident that the present state of emergency has failed to halt the unrest. We believe this is because basic problems remain unsolved. Further, we believe that the state of emergency in many areas of the land is even hindering the possibility of finding solutions. The presence of heavily-armed police and members of the Defence Force is regarded by the majority in those areas, so it would seem, as a source of provocation of the very violence they are intended to prevent. Unfortunately the actions of some members of the Police and of the Defence Forces, in the circumstances where extensive powers are entrusted to them, have been totally undisciplined, and acts of brutality have been performed. Thus the fires of race-hatred have been stirred up afresh.
>
> We believe that, more basic to the situation even than the present partial state of emergency and its consequences, the failure to apply consistently basic Christian principles to the ordering of our society is a great evil. This nation claims to be

committed to a form of government based on Christian principles as found in Scripture. But because much of the policy by which the nation is governed has been based upon, has introduced and has codified discrimination in the system which, though variously described, is widely known by the generic title of "apartheid", we believe that policy to be in conflict with the Bible. This is an evil which needs to be repented of. We ask, therefore, Sir, that the whole structure of apartheid be dismantled as a matter of extreme urgency.

That is our over-all request. In the process of eradicating the evil we believe to be implicit in an apartheid system, there are certain specific matters which need to be addressed. The Officers of the Baptist Union in a recent communication highlighted some of these. This Assembly places renewed emphasis on points made in that document, and adds some other points also. We urge, therefore, on the basis of true Christian justice:

1. That provision be made for full participation of all in the policy-making process in a unitary system of Parliamentary Government;
2. That urgent attention be given to the provision of one national educational system with equal standards and facilities for all sections of our society;
3. That influx control policies based on racial principles be abolished;
4. That the pass-book system be abolished and a uniform identity document system be established.
5. That the principle of equal pay for equal work be implemented throughout the public service, and be actively promoted in all sections of the economy;
6. That the greatest care be taken to ensure that the attitudes and actions of all members of the SADF and the Police Forces conform to the highest standards, and that those who transgress be brought speedily to justice.
7. That the present state of emergency be terminated;
8. That the Group Areas Act be removed from the statute book;
9. That detention without trial be forbidden;
10. That the Population Registration legislation be amended to eliminate all reference to race and colour;
11. That those at present being held in detention solely on

the grounds of their political convictions be unconditionally released, and that political exiles against whom no criminal charge is made, be allowed freely to return;

12. That without criminal charges being brought in a court of law, no organisation or person be banned.

Sir, there are many other details of policy to which we could refer. We believe that if all the peoples of South Africa are involved in the decision-making process, these things will in due course be attended to.

We recognise that the pursuit of political stability requires in many areas an expertise which we, as an Assembly, do not possess. Accordingly we have sought to confine our requests to matters on which our Christian faith requires us not to be silent. How all these changes are to be brought about we do not know. But we urge that you bring together for discussion not only those who have positions of leadership in their respective communities at the present time, but also others who are recognised as authentic leaders by a significant number of people in the nation. We deeply feel that our society needs to be drastically re-structured, and we call for you, Sir, to give strong leadership in this direction. We pledge our prayers for you, and for all who will have a hand in establishing a truly righteous nation.

(*Source:* Nürnberger & Tooke 1988:60-62)

84 A theological rationale and a call to prayer for the end to unjust rule (1985)

The statement that follows was made by the South African Council of Churches in 1985. The Soweto uprising is remembered on 16 June and 1985 marked the 25th anniversary of the Sharpeville shootings. The call to prayer for the end to unjust rule was to form the basis for prayer at the memorial services to be held on 16 June 1986. The document was accepted by the United Congregational Church of Southern Africa and the Presbyterian Church which issued supportive statements. The Cape Synod of the Methodist Church also accepted the document. However, the rest of the Methodist Church and the Anglican Church rejected the document saying that you can pray for leaders to change but not to be removed. In Cape Town a service was held specifically to pray for an end to unjust rule at which the sermon was preached by the Rev Allan Boesak:

A THEOLOGICAL RATIONALE AND A CALL TO PRAYER FOR THE END TO UNJUST RULE, 1985

Soweto, 16 June 1976, is South Africa's most potent symbol of black resistance. Approximately 700 people were killed and hundreds more wounded in unrest which soon extended beyond that day and place to encompass the entire country. These events have come to constitute a fundamental crisis in South African society which the authorities are apparently incapable of resolving. They represent a phase of resistance which began on 21 March 1960 when the police killed 69 people and wounded a further 180 people in the notorious Sharpeville shootings. In the short term black unrest was quelled and white dominance firmly re-affirmed. It is, however, clear that Sharpeville was a turning point in the history of African self-determination. Protest hardened into resistance, and blacks were forced to think more sharply and clearly of the need for fundamental change. The reality of the Sharpeville atrocity was recognized throughout the world, in the wake of which South African and world church leaders met at Cottesloe in December 1960 to reject the apartheid system as unChristian. The Soweto unrest again compelled the Christian Church to address itself to the crisis within the country—a crisis that continues to this day, as is evidenced in the killing of people at Uitenhage. In response to this reality, those churches who enjoy fraternity through the SACC and other ecumenical forms of contact, have consistently condemned the structures of racial and economic oppression in this land as being contrary to the declared will of God, made known in the Scriptures and the traditions of the Church.

Now, on 16 June, and twenty-five years after the dawning of this phase of resistance it is right to remember those whose blood has been shed in resistance and protest against an unjust system. It is also right that we as Christians reassess our response to a system that all right-thinking people identify as unjust. We have prayed for our rulers, as is demanded of us in the Scriptures. We have entered into consultation with them as is required by our faith. We have taken the reluctant and drastic step of declaring apartheid to be contrary to the declared will of God, and some churches have declared its theological justification to be a heresy. We now pray that God will replace the present structures of oppression with ones that are just, and remove from power those who persist in defying his laws, installing in their place leaders who will govern with justice and mercy.

A FIRM THEOLOGICAL TRADITION

We do this conscious of a broad and compelling tradition of faith that unites us in a common loyalty to the sole lordship of Jesus Christ. The Scriptural record is clear. Civil authority is instituted of God, in order to rule with justice, goodness and love (Romans 13). This same record is equally clear that civil authority can be a source of blasphemy against God (Revelation 13). In this awareness Christians have through the ages prayed that they may be godly and quietly governed.

With Tertullian, in the spirit of the early church, we recognize that if civil law is not the source of social justice it is tyranny, and that such authority has no right to exist.[1] In the same spirit Augustine defined the objective of "government" to be human peace, and "the republic" as the welfare of the people.[2] St. Thomas taught that "human law has the true nature of law only in so far as it corresponds to right reason, and therefore is derived from the eternal law. In so far as it falls short of right reason, a law is said to be a wicked law; and so lacking the true nature of law, it is rather a kind of violence.[3]

In this tradition the Reformers addressed themselves to the nature of legitimate government. Luther counselled people themselves to be willing to accept injustices, but warned of the obligation to oppose injustice shown towards one's neighbour. He also warned the tyrant that people would not accept their presumption indefinitely, and allowed that it was not their duty to obey such authority which contradicted the rule of God. In calling the people to turn in prayer to God in their need, he believed that God would not tolerate such rule for long.[4] Calvin recognized the obligation of citizens to be subject even to the wicked ruler, while at the same time rejecting unjust laws as no laws at all. He stressed that obedience to civil authority should never be allowed to contradict obedience to God, who is the Lord of all and the King of Kings.[5] He understood the hunger for justice to be implanted in the human soul by God himself. "And this feeling, is it not implanted in us by the Lord?" he asked. "It is then the same as though God hears himself, when he hears the cries and groanings of those who cannot bear injustice."[6]

In more recent times Karl Barth spoke of the obligation of the Church to pray for the state, never as an object of worship, but on its behalf, that it might be legitimate, governing according to the rule of God. In so doing he recognized that such prayer cannot be offered without a corresponding commitment to work for good and legitimate government.[7] He left us with no doubt in this regard that the Church is obliged to be unconditionally and passionately for the lowly and against the exalted.[8] The Dutch Calvinist, Abraham Kuyper, has also spoken of the obligation of government: "In order that it may be able to rule people, the government must respect this deepest ethical power of our human existence. A nation consisting of citizens whose consciences are bruised, is itself broken in its national strength." For this reason, he continued, "we must ever watch against the danger which lurks, for our personal liberty, in the power of the state." Indeed, "the struggle for liberty is not only declared permissible, but is made a duty for each individual in his own sphere."[9]

It is this affirmation that stands central to the contemporary emphasis of the Roman Catholic Church, which proclaims a preferential option for the poor. It is this option which requires the theologian to analyze the process of authority from the perspective of the poor, the marginalized and the oppressed—an option reaffirmed by Pope John Paul II in his recent commentary on Latin American theology.[10] Pope John XXIII has stated that "if civil authorities legislate for or allow anything that is contrary to that order and therefore contrary to the will of God, neither the laws nor the authorizations granted can be binding on the consciences of the citizens, since God has more right to be obeyed than men."[11] Paul VI, in turn, recognising that governments can become tyrannical, declared: "There are certainly situations whose injustice cries to heaven . . . whole populations destitute of necessities live in a state of dependence barring them from initiative and responsibility, and all opportunity to advance culturally and share in social and political life." "We want to be clearly understood," he concluded, "the situation must be faced with courage and the injustices linked with it must be fought against and overcome."[12] It is this affirmation which forms the basis of Vatican II theology which states: "Where citizens are oppressed by a public authority which exceeds its competence, they should not on that account refuse what is objectively required of them for the common good, but it must be allowable for them, within the limits of the law of nature and the Gospel, to defend their rights and those of their fellow citizens against this abuse of authority."[13]

THE CHURCH IN SOUTH AFRICA

The considered judgement of every synod, assembly and conference of the Roman Catholic and mainline Protestant Churches (with the exception of the Afrikaans Reformed Churches), has been that the present regime, together with its structures of domination, stands in contradiction to the Christian Gospel to which the churches of the land seek to remain faithful.[14] We have continually prayed for the authorities, that they may govern wisely and justly. Now, in solidarity with those who suffer most, in this hour of crisis we pray that God in His grace may remove from His people the tyrannical structures of oppression and the present rulers in our country who persistently refuse to heed the cry for justice, as reflected in the Word of God as proclaimed through His Church both within this land and beyond. In constant and solemn awareness of the responsibility we take on ourselves in this regard, we pray that God's rule may be established in this land. We pledge ourselves to work for that day, knowing that this rule is good news to the poor, because the captives will be released, the blind healed, the oppressed set at liberty, and the acceptable year of the Lord proclaimed (Luke 4:18-19).

A CALL TO PRAYER

We invite Christians, and all people of goodwill, to join consistently in prayer for a new and just order in this land. In so doing we share in a community of those who believe throughout this world, who will pray on June 16, in commemoration of those who died at Soweto and other places such as Sharpeville, Crossroads and Uitenhage, in commitment to a new South Africa for all its people.

(*Source:* Villa-Vicencio 1986:247-249)

85 National Initiative for Reconciliation (1985)

From 10 to 12 September 1985 a meeting of church leaders from every part of South Africa and from 47 denominations of the church was held at the Africa Enterprise Centre in Pietermaritzburg. The political situation and matters of social concern were discussed as well as ways in which Christians could meet and get to know each other, especially those of other race groups. On the final day a Statement of Affirmation was published. It stated what the majority of the representatives believed to be the leading of the Holy Spirit for the whole South African church:

PREAMBLE

This message comes to you from a very wide cross-section of Christian leadership, spanning many denominations, drawn from every part of the nation representative of every racial group, meeting in Pietermaritzburg from 10th - 12th September 1985 for the launching of the National Initiative for Reconciliation. It is to be noted that this is not a single event but the initiating of an ongoing process. This gathering of church unity in our present context of polarization is, we believe, in itself a sign of hope for our nation at this time.

We have come together in humility and deep repentance for our sin and guilt in order to listen to God and to discover one another in new ways. We give thankful testimony to God that a deep thing has happened to us in this process as we have struggled under God with many hard and complex issues and found an astonishing measure of unity where formerly we knew little but division. The spirit of compassion and forgiveness, as well as resolution to move forward together, has laid hold upon us all and is impelling us towards extending God's Kingdom together and building a new South Africa along with all its peoples.

Past experience with statements or resolutions of official Church bodies demonstrate that too often they emphasize divisions rather than an encouragement for action. Therefore, this assembly of Christian leadership does not issue a statement of words but issues a commitment to action.

We believe the Spirit of God is urging us and the whole South African church in new and more determined ways:

1 To seek every opportunity, corporately, congregationally and individually to proclaim and witness to the good news of Jesus Christ, crucified and risen, persuading all that in Him alone is to be found forgiveness and that newness of life that is eternal.

2 To continue in prayer and fasting for renewal in the Holy Spirit and reawakening of the Church of Jesus Christ and for peace and justice in our land.

3 To create concrete opportunities for meaningful worship, fellowship and discussion with people of differing social and cultural groups.

4 To help remove ignorance of events in South Africa and prepare people for living in a changed and totally non-racial land.

5 To share the South African reality of suffering by extending and accepting invitations to experience the life of fellow Christians in the townships.

6 To plan and mount regional gatherings of Christian leadership to continue this process of reconciliation and to initiate concrete changes in South African society.

FURTHERMORE:

We feel compelled as witnesses of Jesus Christ to share with the nation the hope that we have experienced together. For those who suffer under the pain and despair of the South African reality we feel bound by God to visible and obedient actions of hope. While not every participant in the conference could agree on the details of these actions, the clear majority of the Christian leaders gathered here in such remarkable denominational diversity resolved:

A That on Wednesday October 9th, 1985 Christians, rather than attending the places of their usual employment (except so far as essential services are concerned), should give the day to repentance, mourning and prayer for those sinful aspects of our national life which have led us to the present crisis. Congregational leadership should further enable this process by bringing greater awareness to members regarding those aspects of our national life. Moreover, Christian employers should encourage their employees to observe such a day and observe it themselves by suspending their normal commercial and professional activities.

B That a delegation representing this Assembly will visit the State President immedi ately to present the following positive initiatives:

1 End the state of emergency.
2 Remove the SADF and the Emergency Police forces from the townships.
3 Release all detainees and political prisoners, withdraw charges against the Treason trialists and allow exiles to return home.

4 Begin talks immediately with authentic leadership of the various population groups with a view toward equitable power sharing in South Africa.
5 Begin the process of introducing a common system of education.
6 Take the necessary steps towards the elimination of all forms of legislated discrimination.

Mr Michael Cassidy - Chairman
Dr Bonganjalo Goba - Vice Chairman
Archbishop Philip Russel
Rev Alan Maker
Bishop Desmond Tutu
Prof Adrio König
Denise Ackermann
Prof David Bosch
Rev Peter Storey
Dr Khoza Mgojo
Dr Piet Liebenberg
Dr Ceasar Bolebatsie
Virginia Gcabashe

A group representing the majority of the almost 400 Christian leaders and 47 denomintions at the conference.

(*Source:* NIR leaflet 1985)

86 The Kairos Document: a challenge to action (1985)

This document was first discussed at a meeting held in Soweto in July 1985. The second edition was signed by a number of the church leaders who attended the National Initiative for Reconciliation. It was called the Kairos Document because Kairos was taken to mean the moment of truth and the moment of grace and opportunity. The church in South Africa was described as divided and as consisting of two churches - a white church and a black church. The document is a critique of the various theologies to be found in South Africa - 'state theology' and 'church theology'. It suggests a possible 'prophetic theology' with a message of hope for our land. This document provoked heated debate and was acclaimed by many Christians but criticised by others. It was the first of a number of statements calling for a new look at the role of the church in South Africa:

CHALLENGE TO ACTION

5.1 God Sides with the Oppressed

To say that the Church must now take sides unequivocally and consistently with the poor and the oppressed is to overlook the fact that the majority of Christians in South Africa have already done so. By far the greater part of the Church in South Africa is poor and oppressed. Of course it cannot be taken for granted that everyone who is oppressed has taken up their own cause and is struggling for their own liberation. Nor can it be assumed that all oppressed Christians are fully aware of the fact that their cause is God's cause. Nevertheless it remains true that the Church is already on the side of the oppressed because that is where the majority of its members are to be found. This fact needs to be appropriated and confirmed by the Church as a whole.

At the beginning of this document it was pointed out that the present crisis has highlighted the divisions in the Church. We are a divided Church precisely because not all the members of our Churches have taken sides against oppression. In other words not all Christians have united themselves with God "who is always on the side of the oppressed" (Ps 103: 6). As far as the present crisis is concerned, there is only one way forward to Church unity and that is for those Christians who find themselves on the side of the oppressor or sitting on the fence, to cross over to the other side to be united in faith and action with those who are oppressed. Unity and reconciliation within the Church itself is only possible around God and Jesus Christ who are to be found on the side of the poor and the oppressed.

If this is what the Church must become, if this is what the Church as a whole must have as its project, how then are we to translate it into concrete and effective action?

5.2 Participation in the Struggle

Christians, if they are not doing so already, must quite simply participate in the struggle for liberation and for a just society. The campaigns of the people, from consumer boycotts to stayaways, need to be supported and encouraged by the Church. Criticism will sometimes be necessary but encouragement and support will be also be necessary. In other words the present crisis challenges the whole Church to move beyond a mere 'ambulance ministry' to a ministry of involvement and participation.[17]

5.3 **Transforming Church Activities**

The Church has its own specific activities: Sunday services, communion services, baptisms, Sunday school, funerals and so forth. It also has its specific way of expressing its faith and its commitment, that is, in the form of confessions of faith. All of these activities must be re-shaped to be more fully consistent with a prophetic faith related to the KAIROS that God is offering us today. The evil forces we speak of in baptism must be named. We know what these evil forces are in South Africa today. The unity and sharing we profess in our communion services or Masses must be named. It is the solidarity of the people inviting all to join in the struggle for God's peace in South Africa. The repentance we preach must be named. It is repentance for our share of the guilt for the suffering and oppression in our country.

Much of what we do in our Church services has lost its relevance to the poor and the oppressed. Our services and sacraments have been appropriated to serve the need of the individual for comfort and security. Now these same Church activities must be reappropriated to serve the real religious needs of all the people and to further the liberating mission of God and the Church in the world.

5.4 **Special Campaigns**

Over and above its regular activities the Church would need to have special programmes, projects and campaigns because of the special needs of the struggle for liberation in South Africa today. But there is a very important caution here. The Church must avoid becoming a 'Third Force', a force between the oppressor and the oppressed.[18] The Church's programmes and campaigns must not duplicate what the people's organisations are already doing and, even more seriously, the Church must not confuse the issue by having programmes that run counter to the struggles of those political organisations that truly represent the grievances and demands of the people. Consultation, co-ordination and co-operation will be needed. We all have the same goals even when we differ about the final significance of what we are struggling for.

5.5 **Civil Disobedience**

Once it is established that the present regime has no moral legitimacy and is in fact a tyrannical regime certain things follow for the Church and its activities. In the first place *the Church cannot collaborate with tyranny*. It cannot or should not do anything that appears to give legitimacy to a morally illegitimate regime. Secondly, the Church should not only pray for a change of government, it should also mobilise its members in every parish to begin to think and work and plan for a change of government in South Africa. We must begin to look ahead and begin working now with firm hope and faith for a better future. And finally the moral illegitimacy of the apartheid regime means that the Church will have to be involved at times in *civil disobedience.* A Church that takes its responsibilities seriously in these circumstances will sometimes have to confront and to disobey the State in order to obey God.

5.6 **Moral Guidance**

The people look to the Church, especially in the midst of our present crisis, for moral guidance. In order to provide this the Church must first make its stand absolutely clear and never tire of explaining and dialoguing about it. It must then help people to understand their rights and their duties. There must be no misunderstanding about the *moral duty* of all who are oppressed to resist oppression and to struggle for liberation and justice. The Church will also find that at times it does need to curb excesses and to appeal to the consciences of those who act thoughtlessly and wildly.

But the Church of Jesus Christ is not called to be a bastion of caution and moderation. The Church should challenge, inspire and motivate people. It has a message of the cross that inspires us to make sacrifices for justice and liberation. It has a message of hope that challenges us to wake up and to act with hope and confidence. The Church must preach this message not only in words and sermons and statements but also through its actions, programmes, campaigns and divine services.

CONCLUSION

As we said in the beginning, there is nothing final about this document nor even about this second edition. Our hope is that it will continue to stimulate discussion, debate, reflection and prayer, but, above all, that it will lead to action. We invite all committed Christians to take this matter further, to do more research, to develop the themes we have presented here or to criticise them and to return to the Bible, as we have tried to do, with the question raised by the crisis of our times.

Although the document suggests various modes of involvement it does not prescribe the particular actions anyone should take. We call upon all those who are committed to this prophetic form of theology to use the document for discussion in groups, small and big, to determine an appropriate form of action, depending on their particular situation, and to take up the action with other related groups and organisations.

The challenge to renewal and action that we have to set out here is addressed to the Church. But that does not mean that it is intended only for

Church leaders. The challenge of the faith and of our present KAIROS is addressed to all who bear the name Christian. None of us can simply sit back and wait to be told what to do by our Church leaders or by anyone else. We must all accept responsibility for acting and living out our Christian faith in these circumstances. We pray that God will help all of us to translate the challenge of our times into action.

We, as theologians (both lay and professional), have been greatly challenged by our own reflections, our exchange of ideas and our discoveries as we met together in smaller and larger groups to prepare this document or to suggest amendments to it. We are convinced that this challenge comes from God and that it is addressed to all of us. We see the present crisis or KAIROS as indeed a divine visitation.

And finally we would also like to repeat our call to our Christian brothers and sisters throughout the world to give us the necessary support in this regard so that the daily loss of so many young lives may be brought to a speedy end.

(*Source:* The Kairos Document 1986:28-31)

87 Pastoral letter of the South African Catholic Bishops Conference on Christian hope in the current crisis (1 May 1986)

The Roman Catholic Church in South Africa has often spoken out against social injustice. The letter that follows is just one of the statements made by the various 'mainline' churches expressing their concern for the conflict situation in South Africa caused by political unrest and the state of emergency. It addresses, too, social injustice and the conditions causing the conflict. It stresses Christian hope in the current crisis, a hope that looks beyond group identities and interest to a unity in Christ. Each Christian is called to prayer and to work for an end to injustice:

PASTORAL LETTER OF THE SACBC ON CHRISTIAN HOPE IN THE CURRENT CRISIS

1. **Crisis in our country**

1.1 That our country is in a state of crisis is a matter of common knowledge. And part of that very crisis is that different sections within the country see the crisis differently. For some, it is the breakdown of law and order, of economic standards, of the entire infrastructure of a viable modern society. For others, it is the birthpangs of a freedom long overdue. But however one reads it, one thing should be clear to Christians: Christ is being crucified again (Heb. 6:6), for everything that Christ lived and died for is at stake in our land today. Christian oppresses Christian. Christian attacks and kills Christian. Instead of being built up, the body of Christ is being torn to pieces.

1.2 We have spoken frequently on social issues in South Africa since our first pastoral on the topic in 1952. Over the years we have tried both to make positive recommendations as well as expose apartheid for the evil thing it is. Our repeated condemnation of the injustices in our country is too well known to need voicing here once again. It is a condemnation that the Gospel forces us to make, even though we realize that there are those who are alienated by such condemnations, and accuse us of meddling in politics. By contrast, others have protested that we did not condemn enough, that our protests were weak, even naive, that we have not allied ourselves clearly enough to the cause of the oppressed and joined them in their struggle to overthrow their oppression. At times we get the impression that no one is interested in hearing from us the demands of the Gospel, but rather that each wishes to be assured that we are on his or her side.

1.3 Let there be no mistake — we are not neutral in the current conflict in South Africa. We support fully the demands of the majority of people for justice. It is our concern for the speedy attainment thereof that has led us to support the use even of economic pressure to achieve this. We remind them of Jesus' words: "blessed are those who hunger and thirst for what is right; they shall be satisfied" (Mt. 5:5). We oppose the continuing refusal of the present government and its supporters to give meaningful political power to those who rightfully should have it. While understanding the former's fears, we oppose the injustices they perpetrate in the desperate hope of allaying them. We beg them to take seriously our Lord's words that whereas those who seek to save their lives will lose them, those who lose their lives for Jesus' sake will save them (Lk. 9:24).

1.4 Jesus too lived in critical times, when those who hungered and thirsted for justice were persecuted. It was to people fearing for their lives at such a time that he also said "do not fear" (Mk. 10:31). By that he did not promise that there would be no suffering, but rather that those who sought God's kingdom, those who sought to establish and spread all that he died for — such people would find true life. They would find meaning in their lives. They would find strength. They would find and experience love. And what is more, even death could not snatch all that away from them.

2. The gift of hope

2.1 Jesus gave his disciples the precious gift of hope. And it is that gift that he is offering us today. In this letter we wish to move beyond our condemnations of the evils around us — though such condemnations remain in all their fulness — and speak to you of hope in these critical times.

2.2 We all have our hopes. Some are fairly mundane. Others are lofty. Some are heroically self-sacrificing. Others are fairly selfish. But we cannot live without some form of hope. This is especially true of us as Christians, since Christians are above all people of hope. What then is our hope? No one has expressed it better than our Lord himself when, the night before he died, he prayed: "Father, may they be one in us, as you are in me and I am in you" (Jn. 17:21). Jesus took his followers from various, even opposed, strata in society. His closest disciples — the twelve apostles — united in their midst radically opposed Jewish factions. On the one hand, there was a freedom fighter such as Simon the Zealot and, on the other hand, someone who was a hated collaborator with the Roman regime and and extortionist of his own people, a tax-collector, Matthew. And after Jesus' death even a pharisee would be part of that select group — the apostle Paul. When Jesus prayed for unity within such a group he was no starry-eyed idealist. He knew well the price that had to be paid for it to exist.

2.3 He paid the first instalment himself — a crucifixion inflicted on him because the love he preached and practiced was too demanding: many religious leaders of the time could not face up to his demand that they accept wholeheartedly the poor and outcast as their brothers and sisters; many of those very poor whose cause he upheld could not see beyond their desire for material welfare (Jn. 6:27), and when they saw he did not produce it, abandoned him. His followers, too, would pay the price for putting love first, for putting their love for one another before any sectional loyalties whatsoever. Thus the Jews persecuted them for opening their arms to non-Jews, while the Romans persecuted them for not paying at least lip service to the gods of the state. But despite their persecution they experienced the joy and strength of the greater thing Jesus had given them: their love for one another, a love that transcended all the different groups and social strata they belonged to.

2.4 Our Christianity, then, is all about being one in Christ. It is all about Christians forming a new society, a society based on service to others, rather than the desire to dominate; a society based on sharing what one has with others, rather than the selfish scramble by each for as much wealth as possible; a society in which the value of being together as human beings is ultimately more important than any lesser grouping, whether it be family, nation, race or culture.

2.5 The Church is meant to be, amongst other things, an example to the world of such a society, built on love. We fall far short of it. But it is the ideal towards which we should be striving. It is also such a society that we should be working for in South Africa. We need to be critical in our country of whatever conflicts with it. Hence, it leads us to condemn apartheid. But it also condemns any movement that would seek to establish its own tyranny in apartheid's place. How sad it is to see people, already oppressed to breaking point, being the victims of their own fellow sufferers who execute tyrannical mob judgement and mob violence.

2.6 The government's policy has created hate and madness in our land. It has done its satanic work well: we are far apart from one another, so far that many wonder if there is any hope.

2.7 Yet, there is hope. It is a hope that looks beyond the group identities and group interests apartheid has forced us into. It is a hope that looks beyond that to something that is more precious to us than anything else: being one with each other, as Jesus is one with his Father. It is a hope that demands enormous sacrifices from all of us.

Every mass is a celebration not only of our unity, but also of the price Christ paid for it. Every mass is a reminder that unity cannot become a living reality without sacrifice. We can only be open to each other by emptying ourselves. And that means sharing Christ's cross. This is already a reality for many of our people. It will become still more of a reality in the near future. However, every mass is also a celebration of hope, a reminder that after Good Friday comes Easter, after death comes the resurrection, after sorrow – joy.

2.8 We Christians do have a hope, therefore, that can inspire us; a hope that can heal the divisions in our country.

2.9 Such a hope will, first of all, lead the privileged among us to work for the freedom of our brethren suffering under the apartheid system. How can our unity with them be a true hope, if we do not work to destroy all that prevents it from becoming a reality?

2.10 Secondly, our hope is one that will also lead the oppressed themselves to throw off the yoke of their oppression. They have every right to do so and many are dying in that cause. Their sacrifice must not be in vain. However, let it be the Christian hope that inspires them to such heroism. It is not easy to suffer and, above all, die for being one with those who have oppressed you. But that is precisely what Jesus calls us to do. As Paul wrote to the Romans, "it is not easy to die for a good man – though of course for someone really worthy, a man might be prepared to die – but what proves that God loves us is that Christ died for us while we were still sinners" (Rom. 5:7). And as he died, he asked his Father to forgive his persecutors. What we are saying here is not a call to the oppressed of our country to simply accept their oppression and practice patience. On the contrary, their very hope, their very love for those who oppress them demands that they get rid of it, that they fight it with all the legitimate means at their disposal. However, we beg them to keep the correct motives clearly in perspective; to allow the Christian hope to free them from the danger of being enslaved by distorted hopes, such as the hope of vengeance, the hope of power for power's sake, the hope of dominating those who dominated them.

2.11 Thirdly, our Christian hope can liberate also the privileged groups in our society from their own distorted hopes, such as the hope that they can somehow or other retain their power and their privileges and still satisfy the just demands of their suffering brethren. Such a hope is distorted since one cannot see how it can be fulfilled other than by entrenching injustice.

2.12 Our Christian hope, therefore, can both inspire and liberate us. What is more, it can give us the strength to rise even above those hopes that are quite legitimate, but lesser ones. For many people, such hopes revolve around a good standard of living and of education. Those who already enjoy these things, legitimately hope that they may continue to do so. Those who do not enjoy them yet, legitimately hope to do so in the future. But these hopes may not be fulfilled. If we become so attached to them as to make them the only meaningful hope we have, then we may well experience the darkness of despair. However, if there is hope for us beyond that, then we will find the strength to face such an eventuality.

3. Our calling

3.1 By God's grace, we live in a pluralist society. We live in a country where very many languages are spoken, where cultures and standards of living vary enormously. For some people this may be a recipe for disaster. For a Christian it is a challenge, an invitation to savour the joys of unity in diversity. The major contribution we as Christians can make on our subcontinent is to preach that vision and support movements that seek to make its realisation a possibility.

3.2 Each of us can do something to remove injustice, to give tangible expression to our unity in Christ. Some feel called to perform actions that result in the ultimate sacrifice of life itself. Today, even showing solidarity with those suffering exposes one to such a risk. Others protest to the point of risking the lesser but still terrifying sacrifice of falling into the hands of the security police.

However, not all are given the grace to perform such great deeds. The majority of us will follow such heroic examples in smaller ways.

3.3 Examples of smaller but nevertheless very real contributions are increasing around us. Some focus on fasting as a form of prayer and as a way of identifying with suffering. Others focus on the economic disparity in our land and so tax themselves voluntarily in order to share the proceeds with those less privileged. Others concentrate on the need for just labour practices and try to bring about a just wage system within their firms, even at the risk of becoming less competitive and being priced out of the market. Others, again, focus immediately on creating cells of friendship expressive of our oneness in Christ, cells that cut across the lines that divide us into groups. Then there are those who take the risk - for it is increasingly such today - of witnessing to love by practising non-violent forms of protest despite immense provocation by others to be violent. All such and many, many other deeds are effective contributions to the realisation of our hope. Their very presence in our midst gives hope to us. They are signs, sacraments of the hope that can sustain us.

3.4 In addition to all the above, however, is prayer. What we hope for is, in effect, the transforming power of God's love in our lives. Such a power is obtainable only through prayer. In prayer we open ourselves to God's influence as well as demonstrate our eagerness for his love to transform the world around us. Let us pray long and hard, then, that our hearts may so be inflamed by our hope that we may effectively contribute to its becoming a living reality in this beloved land of ours.

(*Source:* Nürnberger & Tooke 1988:52-58)

88.1 The Evangelical Witness in South Africa (July 1986)

The Evangelical Witness is a critique by members of the Evangelical Churches of their own theology and practice. It presents the dilemma that confronted a group of 'concerned evangelicals' when trying to minister to their Black congregations in Soweto during the state of emergency in 1985/86. It expresses their feeling of helplessness in the face of detentions, school demonstrations leading to action by the security forces, and the climate of fear and despair prevailing in the townships. Evangelicals are traditionally conservative so the group of concerned evangelicals reassessed their effectiveness in an apartheid society both as reconcilers and as instruments for change:

PREFACE

Somewhere around September 1985 a group of "concerned evangelicals" met to discuss the crisis in South Africa and how it affected their lives, their faith and in particular the evangelistic mission which was usually their pre-occupation. It was during the last state of emergency which lasted for about eight months (July 1985–March 1986). Many people were in detention and people were dying at an alarming rate per day in the country. Curfews were applied in some areas and the security forces were storming into schools and arresting even eight year olds.

Whilst this group of concerned evangelicals was meeting in one of the Churches in Orlando, Soweto, the security forces stormed into the school next to the Church and kids were seen breaking window-panes and escaping through the windows. After that the security forces attacked the second school some two hundred metres from where the Church was. Some children were arrested there. The group felt helpless and could not do much about the brutal acts of the security forces. They were heavily armed and entitled to do whatever without question from anybody let alone the courts on the basis of the emergency regulations.

Then came the second scene when the school kids became angry about what the security forces did, took to the streets and identified whatever "manageable" targets they could find, given that they were not armed. They stoned a commercial vehicle, stopped it, let the driver go and attempted to put it on fire. As this second scene occured we agonized about our role in this situation. If we failed to intervene in the legalized brutal violence of the security forces what right do we have to intervene in the counter-violence of the kids? On the other hand the African National Congress (ANC) had called for a people's war in 1986 to defend people against the security forces of apartheid South Africa which they said were killing defenceless people in the townships. What was our response supposed to be in this situation as evangelical Christians in South Africa?

Moreover the situation was no more conducive to mass evangelistic campaigns and revivals. We could not execute our mission or fulfil our calling to the ministry as we were expected to do. In the meantime there was the draft of the Kairos Document in circulation for discussion about the very situation in the country, albeit from a different theological perspective. After discussing the draft we felt that instead of responding to the Kairos Document from an evangelical theological perspective we should rather address ourselves to the Kairos (moment of truth, crisis) evangelical Christians were going through in the country as outlined above.

Our frustration was that our own Churches, groups or organisations were almost lost and could not provide prophetic light in the situation. At the worst most would be supporting the status quo instead of being a conscience to the state. We felt that although our perception of the gospel helped us to be what we are, saved by the blood of the Lord Jesus Christ, born again into the new family of the Kingdom of God, our theology nevertheless was inadequate to address the crisis we were facing. In our series of discussions subsequent to this meeting we realized that our theology was influenced by American and European missionaries with political, social and class interests which were contrary or even hostile to both the spiritual and social needs of our people in this country.

Having realized that there was something wrong with the practice and theology of evangelicals in this country we felt God's calling to us to rectify this situation for the sake of the gospel of the Lord. We felt that we as evangelicals had a responsibility of cleaning our house before we try to clean other people's houses. The text of Matt 7: 3–5 impressed itself heavily on us even in terms of trying to critique the Kairos Document. We felt we could not even attempt to remove the speck in our brothers' and sisters' eyes, before we dealt with the log in our own eyes. We have undertaken therefore to critique our own theology and practice, not to disparage our faith, but to turn it into an effective evangelical witness in South Africa today.

This critique has developed over a period of about nine months from September 1985 to June. This involved a series of meetings discussion groups, workshops and seminars, firstly around Soweto and then extended to the Pretoria–Witwatersrand–Vaal (PWV) area. A draft of all the concerns of these groups of evangelicals was compiled in April 1986 and circulated to as many known evangelicals as possible who are known at least to have the same concerns around the country. The final form was then discussed in June 1986, to be made available for publication.

We therefore humbly present this document to all evangelicals here and abroad to use it as a basis of re-examining our ways to see whether we are still doing the will of our Father or are consciously or unconsciously busy with somebody's agenda rather than the agenda of the Lord. We hope that this document will generate constructive discussions amongst evangelical Christians to sharpen their theological tools to enable them to be effective in their ministry and to respond accordingly to the crisis we are facing in this country.

We also subject this document to the broader ecumenical family which we cannot ignore for them to also respond accordingly to our agony which we believe they are also going through.

Lastly, we want to clarify our usage of the word "evangelical" to avoid misunderstanding and confusion as to who is referred to here. We are using this term in a broader sense including those christians who belong to the charismatic and pentecostal Churches and groups.

July 1986
Johannesburg

CHAPTER 1

CRISIS

All of us have been severely taxed by the socio-political crisis of our time. Indeed, some more than others, as the death and injury toll in the Township has continued to escalate in spite of our hopes to the contrary, while state repression and harrassment has continued unabated.

Called as we are to minister good news, we find ourselves in the midst of bloodshed and death, of increasing bitterness and polarisation, and of rising anger in the townships. Our proclamation therefore, has been swallowed up by the cries of the poor and oppressed that it is now even impossible to hold conventional evangelistic campaigns in this war situation. These voices have become so loud that it has become impossible to hear the church preach.

It is in the light of these facts, that we, a group of Evangelicals, clergy and laity, have come together, praying and agonising together over the issues of our times. We have (in our discussions and meetings since September 1985) critically reviewed our role as evangelical christians in South Africa and elsewhere. We wish to confess that to a large extent the evangelical community has chosen to avoid that burden of the socio-political crisis in the country. Or at worst, this community we are so committed to, has chosen to take sides in support of the apartheid system in South Africa which is responsible for the violence that is engulfing our country.

We wish to confess that our evangelical family has a track record of supporting and legitimating oppressive regimes here and elsewhere. That this family has tended to assume conservative positions which tend to maintain the status quo.

We wish to confess that the people who regard themselves as evangelicals across all the Churches in South Africa condemn and campaign against all efforts to change the racist apartheid system in South Africa. They condemn and campaign against organizations (ecclesiastical and secular) which engage either in relief (aid) ministries to victims of apartheid or direct programmes to remove the apartheid regime.

Besides the crisis in the country, Black Christians (especially those who are evangelicals) in the townships are facing a *crisis of faith*. This crisis of faith is caused by the contradictions they have to live with on a daily basis as they try to live their faith in this crisis situation. This crisis of faith is caused by the dilemma of being oppressed and exploited by people who claim to be christians, especially those who claim to be "born-again". It is a dilemma of being detained by these people, tortured and even killed by them in the name of "Law and Order" or in the name of combating "communism".

This crisis is worsened by the support of the apartheid regime by most evangelical churches and groups which oppose any resistance against the apartheid regime reverting all the time to Romans 13, the concepts of reconciliation, love, humility, peace, non-violence and heavenly concerns rather than earthly concerns. The dilemma of the young people we have to minister to in the townships is further worsened by the fact that the whole christian family, the so-called Christian West, support these positions. For this reason it is not possible in the townships to look at "communism" critically because those who speak against communism are almost all the time those who are responsible for their misery, pain, suffering and death.

We could not help it but to be suspicious of the intentions and interests of members of this our family in their zeal to save the world. To remain faithful to the Lord, we are compelled to critique this position to eliminate the contradictions created for those we are called to minister to, and, to expose the interests of those who maintain this position whose interests seem to be above or beside those of the gospel.

In critiquing our theolgoy (evangelical theology) we have identified seven broad areas of concern:

(1) The area of basic theological problems like evangelical conservatism, dogmatism, dualism, reconciliation, justice and peace,
(2) The theology of the status quo; that is, the theology which is used to support and maintain existing systems in the world,
(3) Oppressive structures of evangelical Churches and organizations and their tendency to conform or take the form of the world around them, even when this compromises the very gospel of the Lord,
(4) Conservative Church groups across all the Churches in South Africa which claim to be evangelicals,
(5) The lack of ecumenism, that is, interfellowship and co-operation even among evangelicals,
(6) The interests, motives and the theology of mission and evangelism of evangelistic groups both locally and internationally as a characteristic of evangelicalism,
(7) The radical demands of the gospel as opposed to the conservative tendencies of evangelical groups.

These areas have been singled out as the most pertinent of the problems of evangelicals. In our analysis of these areas we intend to trigger an ongoing action and reflection process which will help us to sharpen our theological tools to be able to live our faith in the difficult situation in which we find ourselves. Our main aim is to be alive to God's will for us and what he is calling us to.

We are conscious of what Jesus said to his disciples when he sent them to the world that we are sent out as "sheep in the midst of wolves", and, for this reason we need to be as "wise as serpants" (Matt. 10: 16). We want to attain maturity of faith, "to the measure of the stature of the fullness of Christ, *so that we may no longer be children, tossed to and fro and carried about with every wind of doctrine,* by the cunning of men, by their craftness in deceitful wiles" (Eph. 4: 13–14). We want to speak the truth in love, "to grow up in every way into him who is the head, into Christ" (Verse 15).

We are also aware that because of our witness we may be delivered up to councils and flogged in the "sinagogues of Satan". We are aware that we may be dragged before governors and kings for the sake of the Lord, and, there we shall bear testimony of our faith and the Spirit of the Father shall speak through us (Matt. 10: 17–18). When this happens we shall not be surprised or fall away because our Lord has warned us that "..... the hour is coming when whoever kills you will think he is offering services to God. And they will do this because they have not known the father nor me" (John 16: 1–4).

(*Source: The Evangelical Witness in South Africa* 1986:1-6)

88.2 Church and Society (October 1986)

The Church and Society document was published as the culmination of a long study on the task of the Ned Geref Kerk in South Africa. It was presented at the General Synod held in Cape Town in October 1986. Socio-political concerns were discussed and the religious scene in South Africa was examined. This was followed by a presentation of basic Scriptural principles as regards the Bible as the 'yardstick' of the church and its focus on the Kingdom of God. The nature and calling of the church was discussed in the light of Scripture. The prophetic task of the church in the world was described in detail. The role of the church in group relationships led to an ethical discussion on Christian behaviour. The document ends with a description of the practical implications of what it means to be a member of the Ned Geref Kerk in South Africa today:

Foreword

Note: (This is a translation of the Afrikaans foreword prepared for the original Afrikaans edition.)

This booklet is of the utmost importance to the Dutch Reformed Church for three reasons:

★ It is the **culmination** of years of intensive study on the church and its task in the South African society. Though obediently adhering to Scripture, the critical observations of well-meaning believers, also from other churches and from other countries, were not simply brushed aside.

★ It is also a **programme** to which the church wishes to be committed in its approach and activities. On the basis of this document, we therefore wish to be judged.

★ It is also a **testimony**. The points of view set out in this document were not arrived at lightly. The General Synod of Cape Town (October 1986), where this report was finalized, pondered earnestly on each formulation in a spirit of prayerful dependence, and we believe that the Holy Spirit himself led the delegates to these findings. In the light granted to us we could come to no other conclusion than what is printed here.

Although accord with, as well as divergences from, earlier points of view will be found, we are convinced that in all instances we listened afresh to the Scriptures.

One thing, nevertheless, must be very clear. No matter how responsibly the Scriptures were reflected upon and how carefully the findings have been formulated, this study is neither complete nor unchangeable. The Spirit of truth is ever guiding his believing children to deeper and more glorius insights, and for this we place ourselves unreservedly at his disposal. But until then, the Dutch Reformed Church says to its members and to all who will listen: this is how we currently see and understand matters.

Prof JA Heyns
Chairman: General Synodical Commission

Pretoria
1986

CHAPTER I

BACKGROUND

1. Introduction

1 The General Synod of the Dutch Reformed Church decided in 1982 "that the synodical statement entitled: **Human Relations and the South African Scene in the light of Scripture**, should be completely revised, for consideration by the next General Synod" (Acta Synodi p 1182). This mandate implied a fundamental and basic appraisal in accordance with Scripture.

2 At the outset, however, we must briefly outline the complex situation in which the church has been called to do its work. This will highlight the problems facing the Dutch Reformed Church in its relationship to South African Society.

Of special concern here is the society within the Republic of South Africa where the vast majority of our members reside, while a mere 2,2 % live outside the borders of the country, namely 2 % in South West Africa/ Namibia and 0,2 % in Zimbabwe.

2. Composition and growth of the population

3 According to the 1980 population census (i.e. excluding Transkei, Bophuthatswana, Venda and Ciskei), the **Zulus** (22,8 %) are the largest group in South Africa followed by the **Whites** (18,2 %) who may be further subdivided into Afrikaans-speaking (9,9 %), English-speaking (6,4 %), and other language groups such as Dutch, German, and Portuguese (1,9 % altogether); the **Xhosa** (12 %), and the **Coloureds** (10,5 %), while each of the remaining groups account for less than 10 % of the total population.

4 During the next twenty years the **proportional percentage** of the minority groups will change markedly as a result of **differences in population growth**.A **rapid decline** in birth rates will result in the reduction of the **relative proportion** of Whites, Coloureds, and Asians over the next few decades. It is estimated that by the turn of the century the white population as a percentage will decline from the current 18,2 % to between 12 and 13 %. There is also a decline in the birth rate among Black groups, though this is much slower than that of the White, Coloured, and Asian groups. Mortality rates are also declining rapidly but the **natural growth** remains high.

While these statistics need to be treated circumspectly (and are in- 5
fluenced by other factors such as immigration) the membership of the Dutch Reformed Church as a percentage of the total White population declined from 42 % in 1951 to 38 % in 1980. This does not imply a reduction in actual numbers, but **in relation to the growth in population** and the growth of other churches the Dutch Reformed Church is losing ground.

From an analysis of its members' demographic profile, the growth rate of 6
the Dutch Reformed Church over the next two decades can be expected to show a further decline, and will even reflect a negative growth rate early in the next century.

The following important trends need to be taken into account as well: 7

* the sharp increase in the number of elderly people; 8
* changes in the ethnic composition of the labour force; 9
* the existence and role of trade unions and labour codes; 10
* the increase of unemployment and labour unrest; 11
* the growing political awareness of the various population groups, with 12
the resultant demands for participation in, and even the take-over of, political decision-making.

3. Urbanization and migration

As in many other countries around the globe, our South African popula- 13
tion is **increasingly on the move**. Apart from the shift from rural areas to the cities, it is evident that there are also other migration phenomena, e.g., a movement from the south to the north. This results inter alia in the facilities established by certain local congregations not being fully utilized, whilst other congregations lack facilities. Whereas, until a few decades ago, certain population groups were predominantly concentrated in specific geographical areas, and were thus able to maintain their own customs, habits, religious beliefs, and languages relatively easily, internal migration is now gradually changing this picture.

By 1980, only 53 % of the total population had been urbanized. As com- 14
pared with 89 % of the Whites, 77 % of the Coloureds, and 91 % of the Asians, only 38 % of the Black population lived in the urban areas. Now, however, the Black urban population already comprises more than half of the total South African urban population. (The question arises as to whether we may in the future continually think of urban areas in terms of **Western architecture and life styles**.) Socio-economic (especially educational), political, and technological development will in future result in a tremendously rapid increase in the rural/urban migration process, especially among the Black population. In general the socio-economic and political forces generated by urbanization are not well understood.

4. Linguistic proficiency and literacy

Like most countries in Africa, South Africa is multi-lingual, and there are major communication problems resulting from the language differences. In the Republic of South Africa (Transkei, Bophuthatswana, Venda, and Ciskei excluded) at least 25 home languages are spoken. In addition to the official languages — Afrikaans and English — there are 9 other recognized and written indigenous languages. 15

An analysis of the 1980 census shows that the home language of 87 % of the total population is an indigenous language. Afrikaans is the home language of 20 % of the total population. A further 67 % speak one of the other indigenous languages. English is spoken by 11 % of the total population. There is no common language in which all the Blacks can communicate with one another. Of the total Black population, 67 % cannot speak, read or write Afrikaans, and 69 % cannot speak, read or write English. Zulu (the home language of about 36 % of the Black population) is the most widely spoken language among the Black population in South Africa. There are however many Black people who do not know Zulu. It is estimated that less than 10 % of the White population in the Republic of South Africa is fluent in any indigenous language other than Afrikaans and English. 16

In 1980 the literacy statistics of the adults in the various population groups were: Whites 99 %, Asians 80 %, Coloureds 68,5 %, and Blacks 45,5 %. There were therefore some five million illiterate adults. Illiterates are mainly found in the non-urban areas. Since large numbers of adults (15 years of age and older) learn to read and write **outside the context of formal schooling**, literacy is in actual fact higher. It may be set at 99 % for Whites, 92 % for Asians, 84 % for Coloureds, and 67 % for Blacks. Seventy six percent of the total South African population is literate. Due to vast improvements, in the field of education in recent years, literacy has increased rapidly. However, the Black population is increasing so rapidly that in the short term it appears to be well-nigh impossible to provide all children with a formal education. 17

5. The economic scene

Differences in levels of development, schooling, linguistic ability and participation in economic growth, as well as variations in the number of dependants (larger families among population groups with a rapid growth rate), result in significant disparities in the per capita income of the various population groups. Among Black people living in the large rural areas and those in urban areas, there are big contrasts. Despite all efforts to narrow the wage gap, there are indications that the gap between rich and poor is steadily widening. 18

6. The socio-political scene

South Africa has been the meeting-place of groups of people from Africa, Asia, and Europe, resulting in a mosaic of groups and a variety of languages, faiths, cultures, educational levels, economic activity, income, etc. There is a wide divergence of opinion concerning the present situation and future expectations, particularly with regard to the political dispensation. Nowhere is the encounter between the First and Third Worlds sharper than in South Africa. This complex social structure is further complicated by rapid socio-economic, political, technological and social changes. 19

Serious differences of opinion concerning South Africa's political future exist among and within all groups. These differences are also reflected in social unrest and tension. The pursuit of the preservation and survival of minority groups, coupled with the necessity for political, economic and social justice, constitutes the setting for these conditions as well as the core of current social problems. These and similar factors provide a unique challenge for the church – especially the Dutch Reformed Church – in it's task of proclamation and reconciliation. 20

7. The religious scene

In South Africa and in the four independent Black States there are thirteen main Christian and five non-Christian groupings. The (Black) separatist churches (some 3 500) make up the largest group, with between 6 - 7 million members, or approximately 30 % of all Black people. 21

The second largest grouping is the family of Dutch Reformed Churches (Ned Geref Kerk). The Dutch Reformed Church is strong among the white people, particularly in the Cape Province and the Orange Free State. In the Orange Free State and in Qwa Qwa, the Dutch Reformed Church in Africa is dominant. 22

It is significant that the Independent Black churches and the Roman Catholic Church are showing the fastest growth. Of the greatest importance is the fact that 77 % of the total population belongs to one or other Christian church. 23

8. The ecclesiastical scene: the Dutch Reformed Church and the family of Dutch Reformed Churches

Amid the various churches in South Africa, the Dutch Reformed Church and the family of Dutch Reformed Churches occupy a special niche. The Dutch Reformed Church's history began with the establishment of a provision depot at the Cape of Good Hope in 1652. During those early years, indigenous peoples and slaves were ministered to along with the White settlers. Originally (during the first 150 years) non-white converts were admitted to the same church community. 24

White settlers on the one hand realized that they were called to build 25
the community of God, but at the same time became increasingly aware that culturally there were differences. Consequently, various steps were taken to separate the communities.

In church activities this led to separate religious meetings, but originally 26
this was not done with the intention of establishing separate congregations and denominations.

Separate spiritual ministry, and separate meetings for non-whites, 27
resulted in separate local congregations from 1863 onwards, and on 5 October 1881 to the formation of the first non-white synod.

Thereafter, the planting of indigenous churches became a fixed pattern 28
in the mission policy of the Dutch Reformed Church. Since 1881, fifteen indigenous churches have thus been founded. In recent years this pattern of indigenous churches (for specific racial population groups) has come under pressure: because in various quarters the view has been expressed that this policy does not sufficiently fulfil the biblical demand for church unity.

9. The calling of the Dutch Reformed Church

South Africa's problems arise from a composition of diversities un- 29
equalled in the rest of the world. The differences of race, colour, people and culture, language and education, politics and economics, religion and church, along with the wide diversity in levels of development — all in one society — create a situation with an enormous potential for conflict. Add to these the tensions between the First and Third Worlds, between communism and capitalism, as well as the struggle for world domination, and the situation can become critical.

It is therefore of the utmost importance to the Dutch Reformed Church to assess the demand this makes on its ministry and consequently on the nature of the church, as well as on the dimensions of its calling and service in this unique society.

(*Source:* Church and Society 1986:1-5)

88.3 Faith and Protest (1987)

The publication of Church and Society evoked a strong reaction among the more conservative members of the Ned Geref Kerk. Under Prof W J G Lubbe this reaction was formulated in a document called 'Geloof en Protes' (Faith and Protest). It was prepared by a group who called themselves 'the continuation committee of objecting members of the NGK'. This group eventually seceded to form the Afrikaanse Protestantse Kerk (Afrikaans Protestant Church). This document endorses the policy of apartheid as Scriptural and rejects statements made in Church and Society that are contrary to this policy:

FAITH AND PROTEST

WE BELIEVE

9.1 *We believe*, in humble recognition of God as the almighty Giver of all gifts, that human beings and ethnic groups (volke) are called to maintain definite boundaries (Gal. 2:3—5; Acts 17:26). Thereby they will best be able to develop their God-given gifts and to serve God and each other with those gifts, with the necessary respect towards each other as bearers of the image of God.

9.2 *We believe* it to be Biblical that people join those of their own ethnic group (volksgenote), and thus exclude others, through a feeling of belonging and of ethnic consciousness which wants to preserve and develop their ethnic character (volkseie), including their own language and culture (Rom. 10:1; 9:1—3; Acts 22:3; 21:20—26; CAS 113).

9.3 *We believe* that these forces which pull people towards their own ethnic groups to the exclusion of others, do not have to imply that ethnic groups are pitched against each other in enmity (Eph. 2:14), but that they are to be seen positively in the light of Rev. 21:26: "The people will bring the treasures and the wealth of the nations there (to the new Jerusalem)." From this (text) it transpires that believers of each nation may work for the enrichment of their own ethnic treasures and wealth which are not limited to the earthly and temporal.

9.4 *We believe* that to do justice to the above-mentioned enriching gifts and forces in different ethnic groups, the necessary distances and delimitations must exist, in other words, the necessary spiritual and physical boundaries. Inherent spiritual values must, for instance, prevent believers and unbelievers to be yoked together (II Cor. 6:14), men and women who are not equals (who do not fit together — Gen. 2:18 — 1933 Afrikaans translation), to marry. If that does not happen, something of the anti-Christian global empire of

Dan. 2:43 becomes visible: "You have seen that the iron is mixed with clay: there will be intermarriage between peoples, but they will not form a unity, just as iron does not mix with clay."

9.5 *We believe* that the survival of an ethnic group (volk) is intimately linked to its obedience to God. Whenever the survival of a people or a city or a congregation was threatened or terminated, this was, according to the Scriptures, the judgment of God on sin; for instance Sodom and Gomorra (Gen. 18—19); Niniveh (Jona 3); the peoples of Canaan (Lev. 18:25; Deut. 9:4—5); Israel (Lev. 26; II Kings 17:18ff); Jerusalem (Matth. 23:37—38); Ephesus (Rev. 2:5).

9.6 *We believe* that according to the Scriptures ethnic groups will retain their ethnic identity (volkseie) as a gift of God even in the hereafter under God's graceful providence, and therefore that they should serve what belongs to their ethnic identity (volkseie).

9.7 *We believe* that peoples (volkere) in Southern Africa are each entitled to their own soil and their own boundaries, just as it is granted to peoples in Europe and elsewhere (Acts 17:26).

9.8 *We believe* that we should regard the full Scriptural image of marriage, the guidance of God through family, relatives and ethnic bonds to be of paramount importance. The neglect of these fundamental connections with the inevitable cultural and other tensions must be rejected in the strongest terms (Neh. 13:23ff).

9.9 *We believe* the Afrikaner people, in particular, which has grown here on African soil under God's providence and blessing, has been a stabilising factor in Southern Africa as far as the boundaries have been maintained in the past, because through the unique contribution of this people:

9.9.1 the gospel has been preached and brought a rich harvest;

9.9.2 the eradication of different weaker black ethnic groups by certain more powerful ethnic groups has been prevented;

9.9.3 employment opportunities have been created which have provided means of livelihood to millions of black people in Africa;

9.9.4 hospitals and schools etcetera have been established and. maintained which have provided for the needs of just as many millions;

9.9.5 various peoples have already been settled on their own soil to live there according to the will of God.

WE REJECT

9.10 *We reject* the discriminating way in which CAS (Church and Society) deals with "apartheid" as a political model by treating only "apartheid" from among all other political models, and then picking on only the most negative form of "apartheid" for condemnation (CAS 306).

9.11 *We reject* the confession of sin concerning the part played by the churches in causing the suffering of people through, amongst other things, apartheid (CAS 307). This confession of sin takes place in the context of the political, communist and ecclesial insistance on integration and the condemnation of apartheid.

It is also the question whether this confession of sin is really derived from true remorse or whether it is derived from a certain desire to please certain churches or even a certain political party and thus evokes an artificially created consciousness of guilt.

The view of the Synod concerning "apartheid which commits injustice" and the direction which is followed in this regard, is evident in the following:

- the rejection of amendments by the General Synod in which it was attempted to put aside this wrong confession of sin and this artificially created consciousness of guilt;
- the rejection of amendments by the General Synod in which it was attempted to do justice to the advantages of separate development;
- the decisions in which the General Synod continues with its negative attitude towards any measures of separation, as evidenced, for instance, by the opening of church membership (CAS 270), the possibility of calling ministers on a reciprocal basis (CAS 272), the recommendation of joint meetings (278), the insistance on equal job opportunities for all people (CAS 352),

freedom of choice on the labour market (CAS 354), the acceptance of racially mixed marriages (CAS 368), the propagation of a global diaconate (CAS 290).

9.12 *We reject* the allegation (CAS 111) "that questions such as a policy of ethnicity or the maintenance and abolition of ethnic identity are not points of discussion in the Bible" with the implication that a people, by abandoning the principle of separate development, may freely dissolve into a greater whole and thus terminate its unique ethnic identity.

9.13 *We reject* the concept of the church in CAS which does not consistently and clearly cater for the natural bonds of kindred, family and ethnic group which is given by God *and* which is of the utmost importance for the "effective proclamation of the word" (CAS 116, 118).

9.14 *We reject* the point of view (CAS 12.2.4) that provision "can" be made (instead of "must" be made) in the structuring of the church for language and cultural differences, because this point of view contradicts the fifth commandment (Heidelberg Catechism 104), and also the covenant idea (baptismal formulary).

(*Source:* Nürnberger & Tooke 1988:41-42)

89 World Council of Churches - Lusaka Statement (May 1987)

Events in southern Africa have continued to occupy a place on the agenda of the WCC conferences. The statement made at the Lusaka Conference in May 1987 was called 'The Church and the Search for Justice and Peace in South Africa'. The state of emergency, escalating violence, detention without trial and a South African incursion into Zambia led to a feeling of hostility. A number of witnesses, including children from the townships, told the story of the suffering that was taking place in the South African struggle. (No pro-government evidence was presented.) Their testimony of the suffering and hardship experienced by those living in the townships led to the formulation of the following statement:

The Theology: It is our belief that civil authority is instituted of God to do good, and that under the biblical imperative all people are obliged to do justice and show special care for the oppressed and the poor. It is this understanding that leaves us with no alternative but to conclude that the South African regime and its colonial domination of Namibia is illegitimate.

We recognize that the people of South Africa and Namibia, who are yearning for justice and peace, have identified the liberation movements of their countries to be authentic vehicles that express their aspirations for self-determination.

We as churches also recognize and repent of our failure to work as vigorously as possible for the implementation of the Harare Declaration as a basis for bringing the present regime in South Africa and Namibia to an end. We again commit ourselves to the Harare Declaration, and so to work for the removal of the present rulers who persistently usurp the stewardship of God's authority.

The Challenge: 1. We call on the churches and the international community to recognize the overwhelming material sacrifice and suffering of the people of the Frontline States in combatting apartheid and the destabilizing influence of the Pretoria regime in the region.

This necessitates an immediate and enhanced programme of aid and assistance to the Frontline States... in order to reduce their dependence upon South Africa and to enable them to continue to support both refugee victims of apartheid and those movements actively engaged in the struggle for liberation.

2. We affirm the unquestionable right of the people of Namibia and South Africa to secure justice and peace through the liberation movements. While remaining committed to peaceful change we recognize that the nature of the South African regime which wages war against its own inhabitants and neighbours compels the movements to the use of force along with other means to end oppression.

We call upon the churches and the international community to seek ways to give this affirmation practical effect in the struggle for liberation in the region and to strengthen their contacts with the liberation movements.

3. We affirm that the end to the conflict in Namibia and the attainment of self-determination by the Namibian people lies in the implementation of UN Security Council Resolution 435 (1978). We therefore condemn the attempt by the United States, in collusion with other members of the Western Contact Group and with the minority government of South Africa, to bypass this resolution by linking the independence of Namibia to extraneous issues such as the withdrawal of Cuban troops from Angola.

We recognize the willingness of SWAPO, the sole and authentic representative of the people of Namibia, to enter into an immediate ceasefire on the basis of UN Security Council Resolution 435. We call upon the churches to mark the 10th anniversary year of the UN Security Council Resolution 435 with a programme of action to end the colonial domination of Namibia. We further call upon the church to observe 4 May as a World Day of Prayer for a free Namibia.

4. We urgently call upon the churches in countries which, through economic and political cooperation with South Africa and Namibia, support the apartheid regime, to exert increased pressure upon their governments to implement sanctions, and upon banks, corporations and trading institutions to withdraw from doing business with South Africa and Namibia.

We especially call upon the international community not to engage in newly devised deceptive forms of disinvestment which maintain the status quo, but instead to apply immediate and comprehensive sanctions on South Africa and Namibia.

5. We note with the gravest concern the growing number of those imprisoned, tortured, on trial, under sentence of death, and bereaved as a result of the actions of the apartheid regime.

We call upon the churches, especially those outside Namibia and South Africa to respond with prayer and increased efforts to publicize and meet with material assistance the needs and concerns of those who bear this particular burden of apartheid.

6. We condemn the censorship of the media and the concerted campaign of misinformation directed by the apartheid regime and its collaborators against the opponents and victims of apartheid. We call upon the churches and the international community to take steps to secure the freedom of information about and within southern Africa through their own, and if necessary, new mechanisms, thus ensuring the fair and objective reporting of events in the region.

7. We recognize, at this crucial time (*kairos*) in the history of southern Africa, the need for unity of purpose and action on the part of all those concerned with the process of liberation in the region, not least amongst the churches themselves, whose failings in this respect are a cause for repentance.

We see the suffering that results where unity is not present. We commit ourselves to further the cause of unity in our own churches, and in our ministry to the movements for liberation operating to bring an end to the illegitimate regime in South Africa and Namibia.

8. We call upon the WCC, in the light of the Harare Declaration and the previous resolutions, to establish with urgency a mechanism whereby the progress of member churches and others in implementing the Harare Declaration and these resolutions can be monitored, and through appropriate advice and encouragement, made more effective. Special attention should be given to the implementation of economic sanctions.

This monitoring process should occur at national, regional and international levels. We recommend that further meetings of churches, liberation movements and others be held within eighteen months to review the results of the monitoring process...

(*Source: One World* 1987:12)

90 Church and state confrontation: correspondence and statements (February-April 1988)

The year 1988 began with violence and protest and mounting tension between the state and certain church bodies. On 24 February the government banned 17 extra-parliamentary organisations that held views that conflicted with official policy. The voice of the church was raised in protest. On 29 February a meeting was held by the member churches of the South African Council of Churches. A petition was prepared and on 1 March a procession took place from St Georges Cathedral to the Houses of Parliament to present it. The 25 participating church leaders were arrested and later released. This created a reaction from both within South Africa and abroad. What follows is the petition and excerpts of the correspondence that followed the incident:

The Letter of Twenty-Five Church Leaders to the State President and Members of Parliament dated 29 February.

The State President and
Members of Parliament
Parliament Street
CAPE TOWN

Dear Mr State President and Members of Parliament

We, as leaders of a number of South African churches, have come to Parliament today to witness and pray in a time of crisis outside the buildings in which you make important decisions affecting the lives of millions of South Africans who belong to our churches. In terms of the principles of non-violent direct action, we informed the Government of our intentions before coming here. Once we have completed our act of worship outside where you work, we intend returning to St. George's Cathedral.

We are deeply distressed at, and protest to you in the strongest of terms at, the restrictions which were placed last week on the activities of seventeen of our people's organisations, on the Congress of South African Trade Unions and on 18 of our leaders.

We believe that the Government, in its actions over recent years but especially by last week's action, has chosen a path for the future which will lead to violence, bloodshed and instability. By imposing such drastic restrictions on organisations which have campaigned peacefully for the end of apartheid, you have removed nearly all effective means open to our people to work for true change by non-violent means. Only yesterday one of our number pleaded publically with our people not to react to your measures by resorting to violence, but if some of our people turn to violence you must take the responsibility.

We are particularly horrified at the restrictions you have placed on people and organisations who have been in the forefront of the struggle to bring peace to the strife-torn areas of Pietermaritzburg and KTC in Cape Town. Mr. Archie Gumede, Mr. Willie Hofmeyr and Mrs. Albertina Sisulu are just a few of many people who are now banned from working for peace. Your actions indicate to us that those of you in government have decided that only violence will keep you in power; that you have chosen the "military option" for our country. It appears to us that you are encouraging the growth of black surrogate forces to split the black community and to smash effective opposition to apartheid, moreover that you are trying to ensure as far as possible that it is the blood of black people, and not of white people, that is spilled in your struggle to hold onto power.

We regard your restrictions not only as an attack on democratic activity in South Africa but as a blow directed at the heart of the Church's mission in South Africa. The activities which have been prohibited are central to the proclamation of the Gospel in our country and we must make it clear that, no matter what the consequences, we will explore every possible avenue for continuing the activities which you have prohibited other bodies from undertaking. We will not be stopped from campaigning for the release of prisoners, from calling for clemency for those under sentence of death, from calling for the unbanning of political organisations, from calling for the release of political leaders to negotiate the transfer of power to all the people of our country, from commemorating significant events in the life of our nation, from commemorating those who have died in what you call "riots" or from calling on the international community to apply pressure to force you to the negotiating table.

Last week many of us issued a statement in which we addressed primarily the oppressed people of our land, for we believe it is they who will decide in the final analysis when apartheid is going to be abolished. We urged them to intensify the struggle for justice and peace and we encouraged them not to lose hope, for victory against evil in this world is guaranteed by our Lord.

Our message applies also to you. Your position is becoming untenable. Your fellow South Africans want nothing more than to live in a just and peaceful country and we urge you – without too much hope of being heard – to turn from the path you have chosen. If those of you in government persist with your current policies, then we urge those of you out of government to withdraw from white politics and to join the real struggle for democracy.

We urge you to take the following immediate action:-

- Lift last week's restrictions and end the State of Emergency.
- Unban political organisations, release and remove restrictions on our political leaders, allow exiles to return and free all detainees.
- Enter negotiations for a dispensation in which all of us can live together in peace, freedom and justice.

We have not undertaken this action lightly. We have no desire to be martyrs. However, the Gospel leaves us no choice but to seek ways of witnessing effectively and clearly to the values of our Lord and Saviour Jesus Christ and you give us virtually no other effective and peaceful means of doing so.

God bless you.

Archibishop T. W. Ntongana – Apostolic Methodist Church of SA.

Archbishop N. H. Ngada – United Independent Believers in Christ.

The Rev Ron L. Steel – Chairman, United Congregational Church of Southern Africa.

Pastor M.D. Assur – General Secretary, Evangelical Lutheran Church in Southern Africa.

Bishop Olaf Theo Xulu – President of Council of African Independent Churches.

Pastor T.M. Chere – N. Tvl Council of Churches.

Bishop Charles Albertyn – Anglican Church, Cape Town.

Bishop George Swartz – Dean of the Anglican Province of Southern Africa and Bishop of Kimberley and Kuruman.

The Rev Frank Chikane – General Secretary, SACC.

Dr. Allan Boesak – Moderator of the Ned Geref Sendingkerk.

Bishop H.B. Senatle – African Methodist Episcopal Church.

The Rev Dr. Khoza Mgojo – President of the Methodist Church of Southern Africa.

The Rev James Gribble – Chairman, Good Hope District, Methodist Church of Southern Africa.

The Rev Peter Storey – Past President, SACC and Methodist Church.

Bishop Lawrence Henry – Catholic Church, Cape Town.

The Rev John P. Scholtz – Past President, Methodist Church of Southern Africa.

Moulana Faried Essack – Call of Islam, Muslim Judicial Council.

The Rev Canon Geoff Quinlan – Suffragan Bishop-Elect, Cape Town (Anglican).

The Ven Edward MacKenzie – Suffragan Bishop-Elect, Cape Town.

The Rev Samson A. Khumalo – Presbyterian Church of Africa, General Secretary.

Archbishop Desmond Tutu – Metropolitan, Anglican Church.

The Rev P. Makhubu – General Secretary, Council of African Independent Churches.

The Very Revd Edward King – Anglican Dean of Cape Town.

The Revd Mmutlanyane Stanley Mogoba – General Secretary Methodist Church of Southern Africa.

Archbishop Stephen Naidoo – Catholic Archbishop of Cape Town.

Statement by Bishops of the Church of the Province of Southern Africa (Anglican) on 17 March, meeting in Pretoria.

We, the undersigned bishops of the Church of the Province of Southern Africa, have gathered in Pretoria to meet members of the executive of the Ned Geref Kerk. As you will by now know, we cancelled talks we were due to have held with them and we invited them to join us in prayer for the Sharpeville Six and their families in St Alban's Cathedral.

In view of the attacks made on our Archbishop and Metropolitan, the Most Revd Desmond Tutu, by the government and the white DRC in the last few days, we feel compelled to take a public stand on the issues which have been raised.

We believe that the Ned Geref Kerk and the government have launched a carefully-planned attack on Archbishop Desmond and on Dr Allan Boesak which is aimed at portraying them as marxists and isolating them from their churches as a prelude to State action against them.

We must tell the DRC and the government – you will not split the leadership of the Anglican Church. Archbishop Desmond is doing nothing new. His actions are consistent with the stand our church has taken for 40 years and are undertaken with the Gospel as his mandate. His witness follows in the prophetic tradition of such leaders as Archbishop Geoffrey Clayton and Archbishop Joost de Blank. If any of the leaders of the DRC are co-ordinating this attack with the government, we suggest they should reconsider their unholy alliance.

We reject out of hand the State President's ridiculous suggestion that Archbishop Desmond is taking instructions from the African National Congress and the South African Communist Party or that he is a tool of marxists and atheists.

We suggest that it is the State President who is promoting marxism and revolution through his government's dictatorial style of rule and divisive policies and his refusal to tolerate criticism.

If marxist, totalitarian government is to be feared as a future possibility, how much more repugnant is the totalitarian approach of the present government which is already affecting the lives of millions of our people. Exactly the same methods of certain marxist states at their worst are being used now in our country: detentions without trial, banning and restriction of an ever-growing number of organisations, a continuing state of emergency which bypasses the laws and law courts of the country, media control and censorship.

We reject all forms of totalitarian government, future or present, that are contrary to the Word of God and His will for all His children.

The essential aim of the Church is to build the Kingdom of God. This is not marxism. The Church is required to act on Gospel principles, which means that we are to confront evil wherever we see it. In this country, the greatest corporate evil we face is that of the system of apartheid. This policy was the brainchild of the white DRC and it is still being implemented in its most fundamental aspects. The destruction the policy is wreaking in Southern Africa makes it comparable to a vicious dog: the majority of South Africans believe that the NGK unleashed the dog. It is therefore incumbent on the NGK to bring it under control again.

We take the strongest exception to Mr Botha's abuse of Archbishop Desmond at their meeting last night and at the letter which the State President has released.

Mr Botha and the DRC have singled out the Archbishop and Dr Allan Boesak for particular attack over the march to Parliament which was carried out on February 29. The reality that they must come to terms with is that the march was decided on and carried out by 25 church leaders representing most of the Christian Church in South Africa. The State President and the DRC must be under no illusions. The policy to which the DRC has given birth and the government implements is rejected utterly by the vast majority of South Africans, most of whom are Christians. If they take action against Desmond Tutu and Allan Boesak for their witness to the Gospel, it will be an attack on the Church of Christ and it will precipitate a major State-Church confrontation.

We speak of the DRC in these terms with regret and unhappiness. We are committed to dialogue with the DRC, which is why we agreed to the talks that were scheduled today. We are hurt that the DRC saw fit to scuttle the talks by issuing a public attack on Archbishop Desmond the day before we were due to meet. We hoped the talks might help to break down the stereotypes that we have of each other. Many people are looking to the DRC to provide a sign of hope in our desperate situation and we appeal to its leaders to distance themselves from the State President's views and to repudiate their General Synodical Commission's attack on the Archbishop.

The Right Revd George Swartz, Dean of the Province and Bishop of Kimberley and Kuruman

The Right Revd Bernard Mkhabela, Bishop of Swaziland

The Right Revd James Kauluma, Bishop of Namibia

The Right Revd Richard Kraft, Bishop of Pretoria

The Right Revd Duncan Buchanan, Bishop of Johannesburg

The Right Revd Simeon Nkoane, Bishop Suffragan of Johannesburg East

The Very Revd Robin Briggs, Dean of Pretoria

The Revd Canon Winston Ndungane, Provincial Executive Officer

Letter from the State President to the Revd Frank Chikane, General Secretary of the South African Council of Churches, dated 25 March.

The General Secretary
South African Council of Churches
P. O. Box 4921
JOHANNESBURG

Dear Rev Chikane

I hereby acknowledge receipt of your letter of 18 March 1988, which I read with a certain measure of alarm and concern.

I am surprised at your reaction concerning my letter to Archbishop Tutu, which was a reply to the petition as well as to a letter he sent to me when he forwarded the petition to me. In your letter you referred to an attack I was supposed to have made "on Archbishop Tutu, with regard to the petition, the covering letter, and the march of the church leaders", while you also asserted that I "singled out the Archbishop".

I have seldom seen such a flagrant misrepresentation of a situation, and I seriously question your motives in this regard.

Firstly, the only reason why I wrote to Archbishop Tutu was because he wrote to me, because he was asked to do so by those who marched with him. It is as simple as that. I trust that your replying on his behalf does not signify a motion of no-confidence in the Archbishop's handling of the matter, but I did note the fact that the SACC apparently no longer believes that the Archbishop can act and speak on its behalf.

Secondly, I did not single out the Archbishop by receiving him in Tuynhuys – I handed the letter to him at a meeting which took place at *his specific request*. He asked for the meeting!

Thirdly, if you read my letter properly, you will also find that I did not single out the Archbishop in that either. On the contrary, I specifically addressed "you and the others who were with you on that day", "those who support this petition"; "those who co-signed the petition", "your individual capacities as members". Your allegation is therefore devoid of all truth.

In view of this, and of the general drift of your letter, I wish to address you frankly.

I grew up in an environment where the Lord was served, where the love of God, His Church and His Word was transferred to me, and which I cherish in my heart to this very day. That is why I strive to conduct my personal life, and my service as State President according to the principles of the Christian faith.

This government has in the light of the message of the Bible, gone out of its way to serve the people of this country, to broaden democracy, to remove hurtful and discriminatory legislation and social practices, and to provide for the needs of all on a scale that is found nowhere else on this continent.

The quality of life in South Africa compares favourably with the best in Africa. How do you explain the fact that hundreds of thousands of citizens from neighbouring countries flee across our borders to seek food, work, health services and safety in our country which you so miserably misrepresent?

I have gone out of my way to invite leaders of Black communities, and also religious leaders, to co-operate with me in pursuing a just, peaceful and prosperous future for all in South Africa and our region. Many of them already do so.

It is therefore disturbing that you and others, who claim to represent the Church of Christ and the Word of God, act in the irresponsible way that you do.

You do not hesitate to spread malicious untruths about South Africa here and abroad. You should be fully aware of the numerous misleading statements concerning local support for sanctions and for the ANC, alleged atrocities by the security forces, the treatment of youths, and the fabrication of false testimony for especially the overseas media.

You love and praise the ANC/SACP with its Marxist and atheistic ideology, landmines, bombs and necklaces perpetrating the most horrendous atrocities imaginable; and you embrace and participate in their call for violence, hatred, sanctions, insurrection and revolution.

In this regard you may recall Archbishop Tutu's statement during a lecture in St. Paul's Cathedral in 1984 when he said:

> If the Russians were to come to South Africa today, then most blacks who reject communism as atheistic and materialistic would welcome them as saviours.

You may also recall the Archbishop saying that the aims of the SACC and the ANC are similar; and added in Atlanta, Georgia, in January 1986 that:

> We hope one day to hear the leaders of the western world say we side with the ANC which sought to change an unjust system peacefully; and were sent into the arms of the struggle because the West abandoned us.

The SACC, in its support of the Kairos Document, apparently regards communism as a myth, and in its acceptance of the Harare Declaration and the Lusaka Statement, expressed support for sanctions, disinvestment and boycotts against South Africa, and support for the Marxist terrorist movements.

It is alarming that God, and the Church of God which I also love and serve, can be abused and insulted in this manner; that individual members of the clergy who claim to be messengers of God, are in reality messengers of enmity and hatred while parading in the cloth, and hiding behind the structures of the Church; and instead of pursuing reformation, they are engaged in the deformation of religion, through the proclamation of false so-called "liberation theology".

At the same time responsible church leaders who proclaim the true gospel of Christ, lament the fact that they are at times intimidated into a conspiracy of silence by those who have chosen the radical path.

The SACC claims to represent the Christians of South Africa. Yet you are aware that only about one percent of your income derives from this country – not even enough to pay your own salary and expenses, while all your activities are financed from abroad. Christians of South Africa are therefore justified to ask: just who do you really represent? I trust that you will admit that there are millions of Christians organised in a multitude of denominations in South Africa who are not members of the SACC, and who reject the road on which the SACC has embarked.

I have noted a frenzy of rumour and expectation regarding possible action by the Government against certain members of the clergy. I see no reason for this, unless they take part in subversive and revolutionary activities. But judging on this reaction in certain circles, it does seem as if some people want it to happen, or have reason to believe that it should happen.

I request you urgently not to abuse the freedom of religion and worship, and the goodwill of the people and the Government of South Africa for the pursuance of secular and revolutionary objectives. In the name of God and in the sprit of true Christianity I call upon you to be messengers of the true Christian religion, and not of Marxism and atheism.

Religious freedom is the cornerstone of proper human rights. It is a well known fact that South Africa is a country which cherishes and safeguards freedom of religion. Even in the armed forces more than one hundred different denominations are actively engaged in the preaching of the Gospel.

In this regard it is ironic that you yourself challenged churches in South Africa to provide ministry to the terrorist movements, while at the same time withdrawing chaplains from the SADF!

I am amazed that you as theologian can compare me and the Government with immoral and godless people referred to in Ephesians 5:11-13, while ignoring Ephesians 4:31.

Let all bitterness, and wrath, and anger and clamour and evil speaking be put away from you with all malice,

and also Ephesians 5:9:

For the fruit of the Spirit is in all goodness and righteousness and truth.

In this spirit I call upon the co-operation of all churches and church leaders towards creating peace and goodwill among the peoples of our land, for the benefit of the Church of Christ.

In conclusion I want to put a question to the SACC. We are both confessing that we are followers of Christ in spite of all our human weaknesses. *Christ*, as far as we know, openly took part in the spreading of the Gospel during the last three years of his life on earth. Can you quote one single instance from the Word of God in which it appears that Christ advocated violence against the State; or led a demonstration against the State; or broke a law of the State?

Yours sincerely,
P. W. BOTHA
STATE PRESIDENT

6. Letter to the Press signed by 44 university and seminary theologians in support of the church leaders, 7 April.

Dear Sir,

President Botha is reported as saying that no theologian he consulted could provide biblical support for the recent protest actions of church leaders in South Africa. As theologians teaching in a variety of theological Faculties and Departments, we write to express our conviction that the State President is wrong in his attacks upon Archbishop Desmond Tutu, Dr Allan Boesak and the Rev Frank Chikane. The church has a clear Biblical basis for its protest and is in accord with the mainstream of Christian tradition in resisting injustice.

The present conflict between church and state reflects the growing conflict between oppressors and oppressed in South Africa, and has been in the making for a long time. The basic problem is that the policy of apartheid, however disguised, is racist and unjust, and can only be implemented by force and coercion. Such a policy clearly contradicts the gospel of the Kingdom of God revealed in Jesus Christ. That is the overwhelming consensus of Christian opinion within virtually all major churches throughout the world and, indeed, within South Africa itself. To proclaim the gospel in word as well as in action, for both are required of the church, must inevitably mean confronting what is unjust, dehumanizing, and destructive of human community and Christian values.

The true prophets of Israel, like Jesus himself in "cleansing the Temple", often found it necessary to engage in symbolic actions in public when their words went unheeded and their cries on behalf of the poor were disregarded by those in authority. In the same way, over the years many church leaders have pleaded, both in private and in public, with those in authority to heed the cries of the victims of our society. The church, after all, has a biblical obligation to identify with the poor and the oppressed and to resist unjust government. This has brought little response and, sometimes, only rebuke and rejection; hence the need to put words into action.

Such public actions against the misuse of power and the disregard of human rights have occurred throughout church history, and they have been supported by major Christian theologians of the past and present, and, significantly within our context, by John Calvin himself. The words of Peter that we should "obey God rather than men" (Acts 4:12) when human laws contradict God's commandments, is fundamental to the Christian confession that Jesus is Lord. Moreover, even Romans 13, the passage most quoted as teaching Christian obedience to political authority, does not exclude opposition to the state when it acts against the common good. Church leaders who fail in their duty to oppose what is evil are false prophets. Like those in the Old Testament they deny their calling. False prophets are generally known by the fact that their words and actions find favour with those in power. They tell those in authority what they want to hear. They declare that there is "peace, peace" when in fact there is no peace (Jeremiah 6:14). The exercise of true prophetic leadership is therefore always costly because the message proclaimed and acted out is a challenge to injustice and a word of judgment in the name of the sovereign God to whom all authority is accountable. But it is a word of judgment which, if heeded, can bring about that change of heart in our land without which there is little hope. We support the prophetic leadership of such church leaders both because they stand firmly within the Christian faith, and because they have the interests of our country at heart. We reject the attacks that have been made upon them as unChristian and detrimental to the struggle for a just solution to our country's present plight.

Signed by:

Professor J. C. Adonis (UWC)
Rev. L. Bhengu (Fedsem)
Rev. A. Bhiman (ICT)
Mr. L. Blom (Unisa)
Professor D. J. Bosch (Unisa)
Dr. D. Chidester (UCT)
Professor D. Cloete (UWC)
Dr. J. R. Cochrane (Natal)
Rev. B. S. Connor (St Joseph's)
Rev. T. C. Cunningham (Rhodes)
Professor J. W. de Gruchy (UCT)
Dr. J. A. Draper (Natal)
Professor J. J. F. Durand (UWC)
Dr. F. Edwards (Rhodes)
Professor B. Gaybba (Unisa)
Dr. T. S. N. Gqubule (Fedsem)
Rev. G. Hawkes (Rhodes)
Dr. J. H. Hofmeyr (UCT)
Dr. H. Lederle (Unisa)
Professor S. Maimela (Unisa)
Rev. D. C. Marco (UWC)
Dr. W. Mazamisa (UCT)
Dr. B. Mazibuko (Unisa)
Rev. N. Mngonezulu (Fedsem)
Dr. I. J. Mosala (UCT)
Dr. A. Nolan (ICT)
Professor K. Nürnberger (Unisa)
Professor P. J. Robinson (UWC)
Professor W. Saayman (Unisa)
Dr. W. Sebothoma (Unisa)
Professor G. M. Setiloane (UCT)
Dr. N. Smith (Unisa)
Professor D. J. Smith (UWC)
Professor J. Suggit (Rhodes)
Professor C. Villa-Vicencio (UCT)
Dr. C. Wanamaker (UCT)

Dr. L. Hulley (Unisa)
Dr. L. Jafta (Fedsem)
Professor A. König (Unisa)
Rev. C. F. Langefeld (St Joseph's)
Rev. J. Wing (Fedsem)
Professor G. H. Wittenberg (Natal)
Rev. M. E. Worsnip (Fedsem)

Letter from Archbishop Desmond Tutu to the State President dated 8 April.

The State President
Mr. P. W. Botha
Tuynhuis
CAPE TOWN

Dear Mr. State President

Thank you for your letter dated 16 March 1988. I must confess I am surprised that a letter marked "Personal" should have been distributed to Members of Parliament and to the media without the concurrence of its recipient. I thought that there were conventions governing such things.

Since you are a fairminded person, I am sure you will ensure that my reply will receive the same publicity accorded your letter to me. Certainly I am sure you will ask SABC-TV to give it equally prominent coverage.

I am distressed that during the interview with you, which I had requested for the sole purpose of appealing to you to exercise your prerogative to commute the death sentence of the so called "Sharpeville Six" and which you then used as an occasion for haranguing me about the Church leaders and our petition, you appeared to sit loosely to facts.

You had already been reported in an interview with the Washington Times as alleging that our petition was drawn up after the march. I tried to correct this erroneous view. But you then proceeded to accuse me of having preached under a flag depicting the hammer and sickle. I denied this accusation. You did not withdraw your extraordinary accusations, but claimed that you had photographs to prove your charge. I challenged you to produce this photographic evidence which I knew was non-existent because I have never been so photographed as you had alleged. I refer to this matter because of the questions in your letter about atheistic Marxism.

I want to state quite categorically that I stand by all that I have done and said in the past concerning the application of the Gospel of Jesus Christ to the situation of injustice and oppression and exploitation which are of the very essence of apartheid, a policy which your government has carried out with ruthless efficiency. My position in this matter is not one of which I am ashamed or for which I would ever want to apologise. I know that I stand in the mainline Christian tradition. I want you to know that I have never listened to Radio Freedom nor do I have the opportunity to read *Sechaba*. My theological position derives from the Bible and from the teaching of the Church. The Bible and the Church predate Marxism and the ANC by several centuries.

May I give you a few illustrations? The Bible teaches that what invests each person with infinite value is not this or that arbitrarily chosen biological attribute, but the fact that each person is created in the image of God (Gen. 1:26). Apartheid, the policy of your government, claims that what makes a person qualify for privilege and political power is that biological irrelevance, the colour of a person's skin and his ethnic antecedents. Apartheid says those are what make a person matter. That is clearly at variance with the teaching of the Bible and the teaching of our Lord and Saviour Jesus Christ. Hence the Church's criticism that your apartheid policies are not only unjust and oppressive. They are positively unbiblical, unchristian, immoral and evil.

Apartheid has said that ultimately people are intended for separation. You have carried out policies enshrined in the Population Registration Act, the Group Areas Act, segregated education, health, etc. The Bible teaches quite unequivocally that people are created for fellowship, for togetherness, not for alienation, apartness, enmity and division (Gen.2:18; Gen.11:1-9; 1 Cor.12:12-13; Rom. 12:3-5; Gal.3:28; Acts 17:26).

The experience of the United States and the findings of its highest court were that it is in fact impossible to carry out a policy of "separate but equal". The policies of apartheid do not even pretend to seek to embody "separate but equal". Quite unabashedly they are intended to be separate and unequal. Just note the grossly unfair distribution of land between black and white or the unequal government expenditure on black and white education. I could multiply the examples. Apartheid, the policy of your government, is thus shown yet again to be unbiblical, unchristian, immoral and evil in its very nature.

I could show that apartheid teaches the fundamental irreconcilability of people because they belong to different races. This is at variance with the central teaching of the Christian faith about the reconciling work of our Lord and Saviour Jesus Christ. "God was in Christ reconciling the world to Himself" declares St. Paul (2 Cor. 5:9), summing up teaching contained in other parts of the New Testament, (John 12:32, Eph. 1:10; Eph. 2:14, etc). I could show that in dealing with human beings as if they were less than those who are created in the image of God and by inflicting untold and unnecessary suffering on them, as through your vicious policies of forced population removals, you have contravened basic ethical tenets. I could provide further evidence that your apartheid policies are unbiblical, unchristian, immoral and evil. It is for these and other reasons that our church and other churches have declared apartheid a heresy. I am quite ready to debate this issue with a theologian from your church whom you might care to nominate.

I have not deviated from the teaching of our church on this matter at any point. I enclose copies of the statements issued by my fellow bishops and others showing that they believe I stand in the teaching and tradition of our church. I want to submit respectfully that it is more likely that they would be better judges of the orthodoxy of my position than the State President and his advisors, theological and otherwise.

What we are doing is no innovation when we bring the Word of God as we understand it to bear on the situation in which we are involved. The prophets of old when they declared "Thus saith the Lord ..." to the rulers and the powerful of their day were our forerunners. They spoke about the need for religion to show its authenticity by how it affected the everyday life of the people and especially by how the rich, the powerful, the privileged and the rulers dealt with the less privileged, the poor, the hungry, the oppressed, the widow, the orphan and the alien.

Isaiah said God rejected all religious observances however punctilious and elaborate. He urged worshippers to

> Put away the evil of your deeds, away out of my sight.
> Cease to do evil and learn to do right,
> pursue justice and champion the oppressed;
> give the orphan his rights, plead the widow's cause.
> (Isaiah 1:16-17) ••••

It was impossible to love God whom one had not seen if one hated the brother that one had seen, testified another part of the New Testament (1 John 4:20-21).

The followers of Jesus are constrained by the imperatives of His Gospel to be concerned for those He has called the least of His brethren. The NGK recognised this when it was in the forefront of the struggle for justice for the poor whites as evidenced by the words of Dr. C. D. Brink in a paper delivered at the Volkskongres in 1947.

> The aim of the church is to bring about social justice. Justice must be done to the poor and the oppressed, and if the present system does not serve this purpose, the public conscience must be roused to demand another. If the church does not exert itself for justice in society, and together with the help she can offer also be prepared to serve as champion for the cause of the poor, others will do it. The poor have their right today: I do not ask for your charity, but I ask to be given an opportunity to live a life of human dignity.

We are law-abiding. Good laws make human society possible. When laws are unjust then Christian tradition teaches that they do not oblige obedience. Our Lord broke not just man's law but what was considered more serious, He broke God's law in order to meet human need – as when He broke the law of the Sabbath observance (John 5:8-14). He paid due regard to the secular ruler in the person of Pontius Pilate but subsequently engaged in a defiance of that secular authority when He refused to answer his questions (Mark 15:3-5).

It is a hallowed tradition of direct non-violent action such as we engaged in when we tried to process to Parliament. We were mindful too of what the apostles said to the Jewish Sanhedrin, that obedience to God takes precedence of obedience to human beings (Acts 4:19, 5:29).

We accept wholeheartedly St. Paul's teaching in Romans 13 – that we should submit ourselves to earthly rulers. Their authority however is not absolute. They themselves also stand under God's judgement as His servants. They are meant to instil fear only in those who do wrong holding no terror for those who do right (Rom. 7:3-4). The ruler is God's servant to do the subjects good (Rom. 7:4). The ruler rules for the benefit of the ruled. That comes not out of a political manifesto but from the Holy Scriptures. The corollary is that you must not submit yourself to a ruler who subverts your good. That is why we admire those who oppose unjust regimes, e.g. totalitarian communist governments. The Bible teaches that governments can become beasts in the symbolic language of the book of Revelation (Rev. 13). Not too many governments nor their apologists who use Romans 13 with glee are quite so enthusiastic about its full implications nor of Revelation 13.

I am sure you could not have been serious when you quoted a passage allegedly from Radio Freedom in which you underline certain words such as <u>church</u>, <u>liber-</u>

ation struggle, justice and because our petition uses similar words you want to suggest that there must be a sinister connection between us and the ANC. If a communist were to say, "Water makes you wet", would you say, "No, water does not make you wet", for fear that people would accuse you of being a communist? I would have thought our discussion was at a slightly higher level.

I told you in my interview that I support the ANC in its objectives to establish a non-racial, democratic South Africa; but I do not support its methods. That is a statement I have made in the Supreme Court in Pretoria and on other occasions. My views have never been clandestine. You appointed the Eloff Commission to investigate the SACC when I was still its General Secretary. Your Security Police investigated my personal life and looked into my bank accounts and tried to discredit me in their evidence before the Commission. They were unable to find anything of which to accuse me. Not even Craig Williamson could produce evidence that I held different views to those I had expressed in public. You know I went to Lusaka twice last year. I tried to persuade the ANC to suspend the armed struggle; that is a matter of public record.

I am committed to work for a non-racial, just and democratic South Africa. I reject atheistic Marxism as I reject apartheid which I find equally abhorrent and evil. Transfer of power to the people of South Africa means exactly that. The latest apartheid Constitution cannot by any stretch of imagination be described as democratic when it excludes 73% of the people of South Africa from any meaningful participation in the political decision making process. I long for and have dedicated myself to work for a South Africa where all South Africans are South Africans, citizens in an undivided South Africa not one that is balkanised into unviable bantustan homelands. When you are a citizen you share through the exercise of your vote in the political decision making process either directly or through duly elected representatives. Since 1976 I have appealed to the government to heed our *cri de coeur*. I have said nobody in their right sense expected these real changes to happen overnight. You yourself can bear me out that when an SACC leaders' delegation met you and your Cabinet colleagues in 1980, I again said that if you did something dramatic then I would be among the first to say to our people, "Hold it. Give them a chance, now they are talking real change". Then I said, "Declare your commitment to a common citizenship for all South Africans in an undivided South Africa; abolish the pass laws; stop immediately all forced population removals and establish a uniform education policy." That was eight years ago. How much time has been wasted and how many lives have been lost trying to beautify apartheid through cosmetic improvements when the pillars of a vicious system still remain firmly in place.

I would say if you were to lift the State of Emergency, unban all our political organisations, release all detainees and political prisoners and permit exiles to return and then say you would be ready to sit down with the authentic representatives and leaders of every section of our society to negotiate the dismantling of apartheid and drawing up of a new Constitution, I would say to our people, "Please give him a chance. He is talking real change." Your apartheid policies are leading our beautiful land to disaster. We love South Africa passionately. Our black fathers fought against the Nazis for it, many Afrikaners being pro Nazi at the time refused to support the war effort, and many who wore the uniform of the Union Defence Force used to be turned away from NGK church services.

We long for the day when black and white will live amicably and harmoniously together in the new South Africa.

Kindly confirm whether you include me in the paragraph in your letter to the Reverend Frank Chikane which reads:

> You love and praise the ANC/SACP with its Marxist and atheistic ideology, landmines, bombs and necklaces perpetrating the most horrendous atrocities imaginable; and you embrace and participate in their call for violence, hatred, sanctions, insurrection and revolution ...

because as supporting evidence you then quote what I said in St. Paul's Cathedral, London.

I want to state the obvious – that I am a Christian religious leader – by definition that surely means I reject communism and Marxism as atheistic and materialistic. I try to work for the extension of the Kingdom of God which will ultimately have rulers such as the ones described in Isaiah 11:1-9 and in Psalm 72:1-4 and 12-14:

> O God, endow the king with thy own justice,
> and give they righteousness to a king's son,
> that he may judge thy people rightly
> and deal out justice to the poor and suffering.
> May the hills and mountains afford the people
> peace and prosperity in righteousness.
> He shall give judgement for the suffering
> and help those of the people that are needy;
> he shall crush the oppressor.
>
> For he shall rescue the needy from their rich oppressors,
> the distressed who have no protector.
> May he have pity on the needy and the poor,
> deliver the poor from death;
> may he redeem them from oppression and violence
> and may their blood be precious in his eyes.

I work for God's Kingdom. For whose Kingdom with your apartheid policy do you work? I pray for you, as I do for your Ministerial colleagues, every day by name.

God bless you

Yours sincerely
DESMOND TUTU

(*Source: Journal of Theology for Southern Africa* 1988:69-71, 74-75, 77-87)

91 Relevant Pentecostal Witness (1989)

The Relevant Pentecostal Witness is the statement produced by a study group of Pentecostal pastors. They look at the tradition of the Pentecostal churches in South Africa in the light of their historical roots. Pentecostal conservatism is seen as 'unfortunate' and their silence in the face of injustice is noted. Pentecostal theology is seen as a conservative status quo theology. For this reason the document presents a plan of action to make the Pentecostal witness relevant in South Africa today. It is a document prepared by pastors of various Pentecostal churches, mainly from Indian congregations in Natal:

Preface

To our brothers and sisters in the Pentecostal churches in South Africa:

We greet you in the name of our Lord and Saviour Jesus Christ.

We thank God for the gift of his Spirit which he has freely given to the church, and which we, through faith, have fully received. We thank him that it is the same Spirit who has baptised us into the body of Christ (1Cor. 12.13). We are also grateful to God that we can be his witnesses here in South Africa, in spite of the disappointment, the pain and the sorrow this witness entails.

Our country is a land of beauty and splendour, yet within its confines there is immeasurable deprivation, suffering and death. We cannot understand how innocent people could have been subjected to so much humiliation and indignity for so long. We cannot understand how we could have insulated ourselves from the suffering of our own people within the body of Christ.

We are reminded of the time when God sent Moses to Egypt to tell Pharoah to release his people (Ex. 5.1), for he had seen their affliction and had heard their cry (Ex. 3.7). We believe that our God is a God who "changes not" (Mal. 3.6), and that he has seen the affliction and has heard the cry of his people in South Africa. We believe that as God had called Moses to deliver his people from the yoke of slavery, in the same way he calls the church to proclaim prophetically the deliverance of his people from the yoke of apartheid.

We praise God for the churches who are obedient to this call, and who are working as his instruments to end apartheid.

What about us? Are we not also part of the body of Christ? (1Cor. 12.27). Have we not been baptised into one body by one Spirit? (1Cor. 12.13). Why then, have we never joined together with the rest of the body as one united witness against apartheid?

When we examine ourselves, we find that we have not borne a true testimony that apartheid is ungodly and unchristian. Rather, we have helped feed and nourish it to grow and be the monster it is today.

From within our ranks there has emerged right-wing Christian groups who try to discredit any of God's people striving to bring about justice and equality in South Africa. They claim to be apolitical, yet by nature they are pro-government and are, therefore, very much political. They claim to be anti-communist, yet the enemy we face is not communism but apartheid. They claim wealth and prosperity in the "name of the Lord", yet the laws of the land are such that it is impossible for the majority of the people to share in the nation's wealth.

We have been so closely aligned to these groups that we are in mortal danger of selling our birthright and of becoming right-wing ourselves. Our history shows us that this was not the way Pentecostalism began.

We trace our history back to the Azusa Street Revival in Los Angeles, in 1906. While slavery had already been abolished, black people still carried the scars of this horrible system. They were still politically oppressed and discriminated against. The white mainline churches felt that they held monopoly over God's grace and revelation. If anything was to be done, it would be by them, and not by the children of slaves. But God "lifted the meek" and "gave grace to the humble" (Ps. 147.6; Jas. 4.6), for it was in a little black church, led by a humble black minister, where this revival took place. It was an astonishing fact that white ministers from the South (prior to the Civil War this was a place where slavery was religiously protected) went up to Los Angeles to receive the gift and the blessings of the Spirit through the intercessions and prayers of their fellow-black believers. It was a time, as an eye-witness stated, 'The "colour line" was washed away in the blood' (This quotation is taken from Walter Hollenweger's book, Pentecost between Black and White, p.19.).

We also note that in our history there emerged a right-wing element that brought about the unchristian separation between the white and the black Pentecostal churches.

It was unfortunate that white Pentecostals succumbed to the presssure of the conservative mainline churches, which tried to discredit them by pointing out their "lowly" beginnings in a black church. It was unfortunate that white Pentecostals gave in to the laws of the Southern states which prohibited racially mixed meetings. It was unfortunate that we received this kind of compromised Pentecostalism, the kind that shaped our thinking and our theology.

Much of what we received as traditional Pentecostalism is in fact a subversion of the true Pentecost of Acts 2 and of Azusa Street.

In the Azusa Street Revival we find the legitimacy to continue our witness as Pentecostals. It was here that God called to himself a prophetic movement in an oppressive society that belied the dignity of black people. It was here that God called to himself humble people to be his witnesses in a hostile world. It was here that powerless people were baptised in the Holy Spirit and endued with power to preach the good news of Jesus Christ, with "signs following"

It is in this tradition that we come bearing a Relevant Pentecostal Witness.

1. INTRODUCTION

From the outset we wish to make it known that we are not working at cross-purposes with, nor do we want to duplicate that which has already been stated in the Evangelical Witness. We have been challenged by this document and our attempt at a Relevant Pentecostal Witness must be seen as a witness built upon this challenge.

We have come together for the following reasons:

1.1. The Call of the Gospel

We believe that we are to preach the good news of our Lord to the whole world. We believe that we are to be obedient to the Great Commission which the Lord gave us — to make disciples of all nations (Mtt. 28.19). However, we are aware that neither our Lord nor his disciple preached in a vacuum, but in a concrete situation. Holy Scripture affirms that the Good News was not divorced from the people and their reality. Our Lord did not make claims which people could not understand nor relate to. Before he claimed to be the Bread of Life, he fed the hungry (Jhn. 6.11, 35). His claim to be the Light of the World was made intelligible after he had healed a man born blind (Jhn. 8.12; 9.1,2).

1.2 The South African Situation

The concrete situation in which we are called to preach is one where a minority ruling class has occupied the major part of the land. They have benefitted from all its economic wealth, while the disenfranchised majority have faced the brunt of political oppression and economic exploitation. Furthermore, the ideology of apartheid had received its support and justification from a particular nationalist theology within the Reformed Church. The English-speaking churches also lent their support to this heresy.

Apartheid works on the premise that the different race groups in this country should be separated. This was put into operation by the Group Areas Act, the Bantustan System, and recently, the Tri-Cameral Parliament. With the present "Reform" policy of the government there is the anticipation of a fourth "Black Chamber" added to the present Tri-Cameral System. All this legislation has further increased the frustration for millions of people. One of the prime implementors of apartheid ideology, H. Verwoerd, stated that apartheid was an act of "good neighbourliness", a very different view of neighbourliness to that presented in the Scriptures (Lk. 10.29-37) : the story of the Good Samaritan.

This false and distorted view of "good neighbourliness" is still being put forward today by the proponents of apartheid. One doesn't have to look far to know that apartheid is designed to keep political and economic power in the hands of the white minority at the expense of the black majority. Even today with the so-called Reform programme by the South African government, it is not uncommon for blacks to remain victims of re-settlement programmes and forced removals, with the consequent break-down of family life. This is a direct contradiction of what the church believes concerning family life. Scripture teaches that "what God has joined together let no man put asunder" (Mtt. 19.6). Apartheid retribalises black people, separating them residentially on this basis. As a result of this policy most black people are to be re-settled in Bantustans, visiting "white South Africa" only as migrant workers.

In recent years there has been an upsurge in resistance to apartheid. The government has responded by declaring a state of emergency, banning extra-parliamentary organisations to the left of the government, banning individuals, detentions without trial, and an attempt to silence the media in this country, more especially the alternate press.

Churches and church organisations working to end apartheid have been the targets of severe criticism from the government. The situation is such that the government wants to decide what should and what should not be preached from the pulpits. Church leaders, notably Archbishop Desmond Tutu, Rev. Frank Chikane, Dr Alan Boesak and Dr Beyers Naude have been presented by the government media as instigators of violence and are accused of being Marxists in Christian clothing. As Christians we pledge our support for these leaders in their prophetic witness, for in choosing between Caesar and God, we choose God.

1.3 The Silence of Pentecostals

Our attempt in the above analysis of the South African situation is admittedly superficial, yet by all accounts we have been conspicuously silent. It would seem as if we are preaching the gospel in a totally different situation. Here we must admit that a make-believe situation has been created by the defenders of apartheid. It is a situation where there is no human suffering, no politically inspired unrest, and no dissatisfaction with the present ruling class. It is a situation where there is law and order, stability, justice and peace. Our silence lends support to this make-believe situation and betrays our blindness to the true context. Our silence is a wilful support of an ideology that is irreconcilable with the Holy Scriptures and with our Christian Faith.

In repenting of this sin we are forced to re-examine our theology.

4. A RELEVANT PENTECOSTAL WITNESS

We accept and affirm the Pentecostal teachings and its tennets. However, a Pentecostalism that ignores the concrete situation in which it works, can be extremely dangerous in its irrelevance. It can easily be infiltrated and manipulated by racist ideologies and exploitative structures. With deep regret we note that this has sometimes been the case. The recent statement, made in Durban on 3rd June 1988, by the Full Gospel Church is a case in point. On S.A.T.V. its stance against sanctions was given more coverage than its stance against apartheid. Unfortunately this statement was made to sound like one that may have emerged from the "Reform" programme of the Nationalist government. This does not mean that other Pentecostal denominations are any different. We believe that by making our witness relevant we will be obeying the call of the Gospel. We will also close the doors to any right-wing infiltration and manipulation.

As concerned Pentecostals we repent of our apathy to human suffering which has been the order of the day for so long in our country. We stand committed to work against apartheid in all its forms. Wherever possible we will seek to work with our brothers and sisters outside the Pentecostal tradition who are committed to bringing about a just society in South Africa. ("that they all may be one... even as we are one". Jhn. 17.21). We also wish to affirm the fact that we are not closed to dialogue with others in the Pentecostal tradition. We need, however, to state our position quite clearly so that dialogue may proceed from this position.

By seeking a relevant witness we stand firm on the foundation of Scripture, and respond in the tradition of the Evangelical Witness.

5. PLAN OF ACTION

1. We need to take the message of a relevant witness to as many Pentecostals as possible throughout the country.
2. We need to link up and unite with other Pentecostals who are involved in a relevant witness.
3. Through workshops and other similar projects we need to work with clergy and laity on a theological education programme concerning a relevant Pentecostal witness.
4. We need to preach a relevant witness from our pulpits, incorporate it into youth programmes, the Sunday school syllabus, bible studies and the women's groups.
5. As relevant Pentecostals we need to seek fellowship with each other, irrespective of our denominational ties. We need to meet for worship, exhortation and spiritual upliftment.
6. We need to make our witness practical by being involved in community projects in conjunction with progressive community organisations.

(*Source:* A Relevant Pentecostal Witness 1989:1, 3, 5, 6, 11)

92 The Road to Damascus (19 July 1989)

The Road to Damascus document was prepared by an inter-denominational, multi-national group of Christians. Various types of oppression in different parts of the world from early Christian times to the modern era are examined. The historical and political roots of conflict are traced to show how oppression has evolved. This document is not directed specifically at the conflict in South Africa but looks at oppression of people worldwide. The church itself has become 'a site of struggle' as Christians align themselves with either the status quo or the struggle for change. This leads the document to address questions on the nature of God and the God who is presented by preachers, especially missionaries of the colonial era. It ends with a challenge and a call to conversion. This document was presented by the Institute of

Contextual Theology and calls on Christians in South Africa to follow Christ and to reject all injustice and hypocrisy that is contrary to the Gospel message:

PREAMBLE

We, the signatories of this document, are Christians from different church traditions in seven different nations: the Philippines, South Korea, Namibia, South Africa, El Salvador, Nicaragua and Guatemala. What we have in common is not only a situation of violent political conflict, but also the phenomenon of Christians on both sides of the conflict. This is accompanied by the development of a Christian theology that sides with the poor and the oppressed and the development of a Christian theology that sides with the oppressor. This is both a scandal and a crisis that challenges the Christian people of our countries.

Although the phenomenon is much the same in each of our countries, the two antagonistic forms of Christianity are referred to with a variety of different names: liberation theology, black theology, feminist theology, minjung theology, theology of struggle, the Church of the poor, the progressive church, basic Christian communities, on the one hand; and the religious right, right-wing Christianity, conservative Christianity, state theology, the theology of reconciliation, the neo-Christendom movements and anti-communist evangelicals, on the other hand. In each of our nations we shall have to spell out exactly which groups of Christians we are referring to.[1] Whatever difference of terminology there may be, the conflict and division amongst Christians is basically the same in each of our countries.

The purpose of this document is not simply to deplore the divisions among Christians or to exhort both sides to seek unity. We wish to lay bare the historical and political roots of the conflict (Chapter 1), to affirm the faith of the poor and the oppressed Christians in our countries (Chapter 2), to condemn the sins of those who oppress, exploit, persecute and kill people (Chapter 3), and to call to conversion those who have strayed from the truth of Christian faith and commitment (Chapter 4). The time has come for us to take a stand and to speak out.

The road ahead is like the road to Damascus along which Saul was travelling to persecute the first generation of Christians. It was along this road that he heard the voice of Jesus calling him to conversion. We are all in continuous need of self-criticism and conversion. But now the time has come for a decisive turnabout on the part of those groups and individuals who have consciously or unconsciously compromised their Christian faith for political, economic and selfish reasons.

CHAPTER ONE

THE ROOTS OF OUR CONFLICT

1. As Christians, we look at our situation with eyes that have read the Bible stories. According to the Bible, violent conflict began when Cain killed his brother Abel despite the fact that they had just offered sacrifices together to the same God (Gen 4: 3-8). Israel was born as a people of God in struggle against the power of Egypt. It had to confront the great empires of ancient times, the Assyrians, the Babylonians, the Greeks and the Romans. The prophets were often in conflict with the kings of Israel when they saw that the people were treated unjustly. Jesus preached a message that incurred the ire of the religious authorities, who handed him over to the Roman procurator to be crucified.

2. The early Christians were considered a threat by the Roman empire; they were persecuted and martyred. Then in the 4th century, under Emperor Constantine, Christianity became the official religion of the empire. In the hands of the ruling powers it became a weapon for legitimising the expansion of the empire and, later, the colonisation of peoples.

Colonialism

3. Except in the case of Korea which was colonised by Japan, the European nations that colonised our countries pride themselves on being Christian. Conquest and evangelisation, colonisation and the building of churches advanced together. The cross blessed the sword which was responsible for the shedding of our people's blood. The sword imposed the faith and protected the churches, sharing power and wealth with them.

4. As a result of "discovery and conquest", millions of people have been killed; indigenous populations have been eliminated; entire civilisations and cultures have been destroyed. Millions have been enslaved, uprooted from their native land, deculturised and deprived of their wealth and resources. Women and children have been victims of additional and distinct oppression. Natural resources have been exploited and abused to such an extent that they cannot be replenished.

5. One of the most serious and lasting legacies of European colonialism is racism. In South Africa it has been institutionalised and legalised in the form of the notorious system of apartheid.

People Against Colonialism

6. The history of our people is not only a history of oppression and suffering; it is also a history of struggle. The first stories of resistance come from the indigenous people and communities. The colonisers had superior weapons and the indigenous communities often fought separately instead of together, but they resisted, sometimes to the very last member of the community. Others withdrew deeper into the mountains to preserve what was left unconquered by the invaders.

7. From within the womb of colonialism, those who were initially conquered eventually rose in rebellion, and in some cases overthrew colonial rule through revolution. There were many battles and few lasting victories, but the prophets and martyrs of the people established a tradition of resistance.

8. Although Christianity was part and parcel of colonial rule, Christians were also to be found on the side of the people who fought against colonialism. In Latin America, during the first centuries of colonisation, missionaries and even bishops added their own to the voices of protest, to the extent of denying the Spanish crown the right to expropriate the land of indigenous people and to put them under foreign authorities. In Korea Christians fought for national independence against Japanese colonialism.

Western Imperialism

9. Today, most Third World countries are no longer colonies, but we are still dominated by one or more imperial power – the United States, Japan and Western Europe. Their web of economic control includes an unfair international trade system, multinational companies that monopolise strategic sections of our economy, economic policies dictated by lending banks and governments together with the International Monetary Fund and the World Bank. Even technology is used as a tool for domination. The staggering size of Third World debt is only one dramatic sign of our subordination to imperialism.[2]

10. In some of our countries imperialism violates national sovereignty by establishing military bases with nuclear weapons that endanger our people's lives. Various methods of political intervention subvert our independence, usually with the cooperation of local rulers. Our educational system, mass media, religious and cultural institutions reproduce a subservient colonial mentality; this is reinforced by Western habits of consumption.

11. Imperialism uses the tactic of divide and rule. It supports governments that discriminate against people and treat them unjustly because of their race or colour. It reinforces sexism and the subordination of women. It sometimes widens the divisions even amongst the elite but more often it seeks to unite the ruling elite against the people. In most countries this leads to the establishment of what is today called the *national security state.*

12. The effects of imperialism upon the Third World form a litany of woes: our children die of malnutrition and disease, there are no jobs for those who want to work, families break up to pursue employment abroad, peasants and indigenous communities are displaced from their land, most urban dwellers have to live in unsanitary slums, many women have to sell their bodies, too many die without having lived a life that human persons deserve. We also suffer because of the plunder of our natural resources, and then we ourselves are being blamed for it.

People Against Imperialism

13. The tradition of popular resistance lives on in our countries. Even though most of our ruling elite collude with imperialism to deceive and divide the people, groups and communities manage to reflect critically on their oppression and organise themselves. Communities of peasants and indigenous people, workers and slum dwellers – men, women and children – struggle for their own immediate needs and also for shared long-term issues. In much the same way, students, youth and teachers, church people and cultural workers, doctors, nurses, lawyers and members of other professions, including some business people become part of the mass democratic movement.

14. As this movement becomes more widespread and organised, the power and wisdom of ordinary people develops and deepens. They recall lessons from history, learn from their mistakes and achievements, and experience solidarity. They exchange insights about the nature of imperialism and its many disguises. Going beyond protest and resistance, they assume responsibility for proposing and pursuing a people's alternative to the present system. They do not have illusions that the struggle will be easy or quick, but also do not shirk sacrifice because they have hope.

15. This movement of organised and conscious people marks the coming of age of a new historical subject. As we exchange our stories not only within our countries but among different countries, we also learn the many names we give to this new creation – the people, *el pueblo, minjung, ang sambayanan.*[3]

16. As Third World people, we focus on Western imperialism and what is called North-South relations, but we are aware of other important conflicts in the world. There is the East-West conflict between industrial capitalist countries and socialist countries. There are conflicts within capitalist countries and among capitalist countries; the same is true of socialist countries.

17. Western imperialism tries to force our struggle for national liberation into an East-West framework. Let us be clear that we know about the problems and wrongdoings of the East, both within socialist countries themselves and in their relation to other Third World countries. But what we experience directly is domination by the West and we do not want to be drawn into the East-West conflict.

18. Socialist countries are admitting their mistakes and addressing the need for reforms. The United States and the Soviet Union both declare that they want to slow down and even reverse the arms race, and talk of negotiations to solve regional conflicts. All these are welcome pronouncements. Ironically, just when there is talk of more peaceful coexistence between East and West, our countries in the South experience increased hostile attacks from the West.

Low Intensity Conflict and Total War

19. Colonial and imperial powers have reacted to the people's resistance by devising different counter-insurgency programmes. Faced with the emergence of Third World people as new historical subjects, they have developed what they consider a more sophisticated response. It has different names – low intensity conflict (LIC), low intensity war, total war, total strategy, total security.

20. For the imperialists, it might be a low intensity conflict, but for Third World people it is total war. LIC uses all military weapons, short of nuclear arms. It employs not just rifle infantry, but artillery, helicopter gunships, armoured vehicles like casspirs in South Africa and Namibia and armadillos in Central America; it does not hesitate to bomb suspected rebel areas. It organises paramilitary groups, death squads and vigilantes to divide and destroy unarmed communities and organisations of the people.

21. Unlike traditional regular warfare, total war places a premium on psychological and ideological war. In Namibia and South Africa, this is called

"winning hearts and minds" or WHAM. The Santa Fe Document[4] calls it "cultural war". It tries to discredit all those who work for change by calling them "communists", while trying to present the government as democratic. In highly repressive and polarised situations, it promotes reformist alternatives, or a "third force". This total strategy includes the misuse of Christianity as a religious legitimation for the West.

Christians in Conflict

22. The misuse of Christianity in the ideological war is imperialism's response to an earlier development — the good news of Christian participation in the suffering and struggle of the people.

23. Some Christians started by immersing themselves in communities of the oppressed and then came to understand their faith as commitment to solidarity. For other Christians, involvement came as their response to an imperative of faith, the fruit of reflection in basic Christian communities. However different their paths may have been, their participation developed into a more organised and conscious direction. They took up whatever tasks needed to be done within the people's movement, but they also sought to release the power and resources of their faith and Church to serve the poor.

24. This new development has caused grave concern in the highest circles of imperialist leaders. The organised and conscious presence of Christians in the people's movement is not only one more addition to the ranks of those who struggle against the system of domination; it weakens the capacity of imperialism to use Christianity to defend the empire.

25. No wonder then that formal proposals for a systematic attack on the theology of liberation have been presented to the president of the Unites States, as in the Santa Fe Documents I and II. New institutions have been established to develop a theology that defends imperialism. Joint projects are launched with some Third World governments and security agencies to infiltrate the Church, coopt conservative Christians and "neutralise" progressive ones. Christianity is interpreted to suit these purposes while the theology of liberation is accused of being political.

26. Christian faith has now been introduced into the political conflict. Both

oppressor and oppressed seek religious legitimation. Both sides invoke the name of God and of Jesus Christ, and Christians are found on both sides of the political conflict in most of our seven countries.

27. Nor does the matter end there. The political conflict has now entered into the Churches. The Church itself has become *a site of struggle*. Some sectors of the Church align themselves with the status quo and defend it passionately, while others align themselves with the oppressed and struggle for change. There are yet others who claim to be neutral. In fact neutrality plays into the hands of those in power because it enables them to continue and to discredit the Christians who oppose them. Neutrality is an indirect way of supporting the status quo.

28. There is nothing new about religious conflict as such. Christians or believers in the God of the Bible have been on opposing sides in political conflicts before. What is new today is the intensity of the conflict and the awareness we have of it. Never before have we been so conscious of the political implications of Christian faith. This religious conflict is not a mere academic debate, it is a matter of life and death. What is at stake is the future of justice, peace, freedom, and the glory of God.

29. The conflict amongst Christians raises some very serious questions which we shall have to address in the rest of this document.
Is the God invoked by both sides the same God?
Is God on both sides?
If not, on whose side is God?
What has been revealed to us about God in Jesus?

CHAPTER FOUR

THE CALL TO CONVERSION

83. The most famous conversion story in the New Testament is the story of the apostle Paul on the road to Damascus. Before his conversion, Saul (as he was then called) persecuted those Jews who had been converted to the way of Jesus. He took sides with the Sanhedrin, the chief priests of the Temple, the scribes and the Pharisees, against Jesus and the people who believed in Jesus. In other words, Saul sided with the authorities and the status quo against this new movement that wanted to "turn the world upside down" (Acts 17:6). Saul stood by and approved

of the killing of Stephen (Acts 7:58; 8:1). Stephen, like Jesus, was seen as a dangerous threat to the Temple and the Law (Acts 6:14-15). This was more than a religious conflict because the Temple was the centre not only of religious power but also of political and economic power, while the Law was the guarantee that nothing in that society would change. As far as Saul was concerned, Judaism had to be purged of this new movement in its midst. The disciples of Jesus had to be pursued in every town and village, dragged out and stoned like Stephen.

84. "Saul was still breathing threats to slaughter the Lord's disciples" as he travelled down the road to Damascus armed with letters authorising him to arrest any followers of the Way, men or women, that he could find (Acts 9:1-2). Then suddenly it happened. Saul made the startling discovery that he was on the wrong side, that God was on the side of Jesus and that the persecution of the people who followed Jesus was the persecution of Jesus himself.

"Saul, Saul, why do you persecute me?
Who are you, Lord?
I am Jesus whom you are persecuting" (Acts 9:3-5).

85. What was revealed to Saul was that God was not on the side of the religious and political authorities who had killed Jesus. On the contrary, God was on the side of the One who had been crucified as a blasphemer, who had been accused of being possessed by Beelzebub, who had been handed over as a traitor, an agitator, a pretender to the throne of David and a critic of the Temple (Mt 26:62, 65-66; Lk, 23:1-2, 5,13). On the road to Damascus Saul was faced with this conflict between these two images or beliefs about God. He was struck blind by it. It was his *kairos*. Saul became Paul when he accepted in faith that the true God was in Jesus and that the risen Lord was in the very people whom he had been persecuting.

86. This *kairos* on the road to Damascus must be taken seriously by all who in the name of God support the persecution of Christians who side with the poor. The call to conversion is loud and clear.

87. We must be converted again and again from the idol of Mammon to the worship of the true God. We cannot serve two masters, we cannot serve both God and Mammon (Mt 6:24).

88. Beware of false prophets. They come to us disguised as sheep but inside they are wild wolves. We can recognise what they really are by their fruits (Mt 7:

15-20). There are false prophets who say there is peace when there is no peace (Jer 6:14; 8:11; Ez 13:10). Hear the prophetic voice of those who are being persecuted and oppressed.

89. God is calling us to abandon the practice of making individuals or groups into scapegoats who can be blamed for the very sins that we ourselves commit. Most of all the practice of using communism as a scapegoat must be exposed and rejected. Communist regimes and movements must be criticised too, but they must not be made into scapegoats.

90. We must take seriously Jesus' accusation of hypocrisy. We cannot sit on the fence and profess neutrality while people are being persecuted, exploited and killed. We cannot remain silent because we fear the authorities and do not want to rock the boat. Jesus calls all hypocrites to conversion.

91. All of us who profess to be followers of Jesus of Nazareth are in continuous need of conversion. While we see clearly the idolatry, the heresy, the hypocrisy and the blasphemy of others, we ourselves need to search our own hearts for remnants of the same sins and for signs of triumphalism, self-righteousness, dogmatism, rigidity, intolerance and sectarianism. There should be no place in our hearts for any kind of complacency.

CONCLUSION

The particular crisis or *kairos* that has led us to the writing and signing of this proclamation of faith is the conflict between Christians in the world today. We have wished to make it quite clear that we believe that those Christians who side with the imperialists, the oppressors and the exploiters of people are siding with the idolaters who worship money, power, privilege and pleasure. To misuse Christianity to defend oppression is heretical. And to persecute Christians who are oppressed or who side with the oppressed is apostasy – the abandonment of the gospel of Jesus Christ.

What we are dealing with here is not simply a matter of morality or ethics. What is at stake is the true meaning of our Christian faith. Who is God? Where is the true Jesus? It is not those Christians who struggle against oppression who are heretics, but those who support the forces of evil and death. The name of God is being blasphemously misused.

This proclamation was written and signed to give an account of the *hope* that is in us. Like the disciples who travelled along the road to Emmaus we are sometimes tempted to give up hope. As the two disciples say: "Our own hope had been that he (Jesus) would be the one to set Israel free" (Lk 24:21). What they still had to learn from Jesus and what we need to be reminded of again and again is that the way to freedom and salvation is the way of the cross. "Was it not ordained that the Christ should suffer and so enter into his glory?" (Lk 24:26). There is no cheap salvation or liberation. There is no easy road.

Because of our faith in Jesus, we are bold enough to hope for something that fulfills and transcends all human expectations, namely, the Reign of God. We are even called to live with the hope that those who collaborate with the idols of death and those who persecute us today will be converted to the God of life.

None of this can happen, however, without pain, suffering and many deaths. Jesus promises us the Reign of God but he also promises that "they will hand you over to Sanhedrins and scourge you in their synagogues". "You will be dragged before governors and kings." "Brother (and sister) will betray brother (and sister) to death, and the father his child." "You will be hated by all on account of my name." (Mt 10: 17-22).

The disciple cannot be greater than the master, and we are following the path of a crucified Christ. Whatever twists and turns the road might take, be firm and steadfast. The pain we undergo is part of the birthpangs of a new creation.

The experience of our seven countries working together to compile this document over a period of two and a half years has been an example of solidarity. We hope that such examples of cooperation and dialogue will continue, will develop and will be extended for the benefit of all.

Our oppressors organise themselves nationally and internationally. We cannot afford to face the struggle separately. Solidarity is not optional if we are to promote the cause of God in the world. We call on fellow Christians in the Third World, in industrial capitalist countries and in socialist countries to build a network of exchange and cooperation.

19th July 1989

(*Source:* The Road to Damascus 1989:i, 1-6, 19-22)

93 The Uniting Reformed Church in Southern Africa (1989)

Over the last fifteen years Reformed Christians in South Africa have been engaged in a struggle for unity among the racially separated churches for whites, coloureds, Africans and Asians. There have been definite steps towards unity between the Ned Geref Sendingkerk and the Ned Geref Kerk in Africa. The draft Church Order has been published as the result of the work of a commission looking at ways to achieve unity. The following translation of the draft Church Order appeared in *Dunamis*, a theological publication of the Belydende Kring:

THE UNITING REFORMED CHURCH IN SOUTHERN AFRICA

DRAFT CHURCH ORDER

Article 1

THE CHURCH

The Church of Jesus Christ is the community of all who are called together by the Word of God and through His Spirit. Those called together who form the "Uniting Reformed Church in Southern Africa", are part of this Church of Christ. Together with all the other churches that confess Christ, it is separated by God as nation, as the people owned by God that must proclaim the acts of salvation of Him who calls out of darkness into wonderful life, as a new creation that lives in this light as He is in the light.

Article 2

THE CONFESSION OF THE CHURCH

The "Uniting Reformed Church in Southern Africa" believes in the triune God — Father, Son and Holy Spirit — who has revealed Himself in Jesus Christ. It believes that the Bible is the Word of God and the completely trustworthy witness of this revelation and accepts that in certain times and in accordance with the Word of God confessions emerged which interpret the faith of the Church of Christ. On the strength of its own origin the "Uniting Reformed Church in Southern Africa" believes that, together with the ecuminical confessions namely the Apostles' Creed and the confessions of Nicea and Athanasius, the Netherlands Confession fo Faith, the Heidelberg Catechism and the Canons of Dordt give a pure expression of its faith as this was passed on to it through history and the Belhar-confession as is demanded of it in its Southern Africa situation. The "Uniting Reformed Church in Southern Africa" accepts that its task of confession-forming is not completed. In the future changing circumstances and a better understanding of the Word of God may lead to the acceptance of further confessional writings, or the amending of existing confessional writings.

Article 3

MEMBERSHIP OF THE CHURCH

Faith in Jesus Christ is the only condition for membership of the "Uniting Reformed Church in Southern Africa."

Joining this Church by persons from outside occurs by a confession of this faith in the presence of the congregation.

Baptized children of confessing members belong to the church on the strength of the covenant of grace. Such members shall confirm their membership of the church by the confession of their faith in the presence of the congregation.

Article 4

RESPONSIBILITY OF THE CONGREGATION

The congregation forms a community of believers at a specific location to serve God, one another and the world.

Service to God relates to the whole life of the congregation and therefore also includes service to one another and to the world. This service to God finds its centre in the coming together of the congregation around the Word of God and the Sacraments. There God is implored, His praise proclaimed, His Word listened to, the Sacraments served and all need brought before God in order to build the believers in their faith and prepare them for their work of service to one another and to the world.

The believers accept mutual responsibility for one another in their spiritual and physical needs. The congegation lives as a family of God in which everyone is intimately bound to each other and share in one another's joy and pain. The one honours the other more than himself and nobody takes care of his own needs only, but also of the other. In this way they bear one another's burdens and execute the law of Christ.

The congregation's service to humanity and the world consists therein: to proclaim the reconciling and liberating acts of God in and for the world; to live out the love of Christ in the world; to call humanity to reconciliation with God and to mutual reconciliation and peace; to imitate God who in a special way is the God of the suffering, the poor and the wronged, by supporting people in any form of suffering and need, and to witness and to struggle against any form of injustice; to call the government and the powers to serve all the inhabitants of the land by doing justice and fighting injustice; to witness over against all the powerful and the privileged who out of selfishness seek their own interest and avail over others and disadvantage them.

Article 5

SERVICE IN THE CONGREGATION

With a view to the congregation's service to God, mutual service and service to the world, the congregation shall perform certain services and take care that the whole congregation while respecting the variety of gifts is involved. The congregation shall determine the nature and extent of these services according to its circumstances, but in any event the following services shall be present:

* the **worship service** as the public coming together of the congregation for meeting with God and mutual fellowship where the Word of God and the Sacraments of Baptism and the Lord's Supper are served, where prayer, song and offerings are made as determined by every congregation, but in recognition of the ways in which this is done in other congregations so that at all times believers from congregations shall have mutual freedom to visit one another.
* over and above the teaching through the Word during the worship service, **education** in the Word of God and the teaching of the Church to all baptised members and other persons who want to make public profession of faith and the on-going education to all confessing members in a manner as determined by every congregation according to its own circumstances.
* mutual and joint **caring** for one another, both spiritual and physical.
* **evangelization** which gives expression in an organised fashion to the congregation's responsibility to proclam the Gospel to the world and humanity in whose midst it lives.
* **service** to all those who suffer and are in need whom the congregation comes in contact with.

Aricle 6

THE OFFICES IN THE CONGREGATION

In order to increase the efficacy of the congregation's work of service, members may be set apart, according to the spiritual gifts which they possess and their calling thereto which they receive by God, for service in a special way in one or more of the congregation's services. Such members officially take the leadership in the services for which they have been set apart. The offices of teaching and ruling elders and of deacons can be used for these purposes. The development of other offices with a view to the special circumstances of a congregation or congregatons must always be recognised.

Although the office of teaching elder or sevant of the Word finds its basis in the work of service within the congregation, such persons being set apart by the congregation itself, this office sets such requirements that special equipping and training for the office is necessary. This equipping and training is the joint responsibility of all the congregations due to the fact that the work of service of a servant of the Word is not limited to the congregation which has set him or her apart, but can be used in other congregations which call them.

Because the office bearers do service in and for the congregation, the congregation itself determines who must fill these offices.

Article 7

THE GOVERNMENT OF THE CONGREGATION

The government of the congregation issues from the congregation itself. Therefore the congregation itself chooses a church council from among its confessing members. To this church council is entrusted the government, supervision and discipline over the congregation and the leadership with regard to the different works of service.

Via the church council.

* all matters relating to the worship service, education, joint caring, evangelization and the service of the congregation are dealt with
* discipline is exercised over members of the congregation, including those who stand in a chosen office, but excluding servants of the Word
* procedures and rules established for duties entrusted to it

The church council can if desired call together a meeting of the congregation in a manner determined by every congregation.

Article 8

THE CONNECTION BETWEEN CONGREGATIONS

As expression of the unity of the church the congregations, on the strength of the command of Christ to serve one another, come together in church meetings by way of representation as determined by each of these meetings with a view of joint consultation over matters affecting all the congregations. These meetings form a visible connection between the congregations. Two such meetings can be distinguished: the Presbytery and the Synod. As determined by circumstances, synods can assume a narrow or wider character. Within the "Uniting Reformed Church in Southern Africa" there shall be a General Synod and Regional Synods.

Article 9

THE PRESBYTERY

Representatives of congregations come together as Presbytery at times and in a manner as determined by the representatives at this meeting:

* consultation takes place over joint action with a view to the responsibility of the congregations over against one another and over against the community and society within which the congregations find themselves
* consultation takes place over ways in which the congregations can be equipped spiritually and materially with a view to joint service
* reporting is done over the way in which the congregatons' responsibilities have been carried out
* discipline is exercised with reference to servants of the Word

*matters are dealt with which have been referred to it by church councils
*procedures and rules laid down for the duties entrusted to it.
The jursdiction of the Presbytery is determined by the Regional Synod.

Article 10

THE REGIONAL SYNOD

The representatives of congregations come together as Regional Synod at times and in a manner as determined by Regional Synod. At this meeting:
*consultation takes place over joint actions by the congregations with a view to duties which cannot be conducted via the Presbytery
*attention is given to the special emergency and needs of congregations which cannot be handled at Presbytery level
*procedures and rules laid down for duties entrusted to it
*other matters undertaken which are referred to the Regional Synod via the Presbyteries.
The jurisdiction of the Regional Synod is determined by the General Synod.

Article 11

THE GENERAL SYNOD

Representatives of congregations in presbyterial correction come together as General Synod at times and in a manner as determined by General Synod. At this meeting all matters are attended to which have reference to:
*the Confession of the church with the proviso that any change to the Confession can take place only after two-thirds of all the congregations have decided in favour thereof
*the church order with the proviso that any change or addition to the church order can take place only after two-thirds of the Regional Synods ratify the change and the General Synod decides in favour thereof by a two-thirds majority
*the formulae used at worship services
*training of servants of the Word
*ecuminical relations with other Christian churches within or without the area represented by the General Synod
*the service and involvement of the church with the world community
*procedures and rules for duties entrusted to it
*matters referred to the General Synod by the Regional Synods.

Article 12

THE CHURCH'S RELATIONSHIPS

The "Uniting Reformed Church in Southern Africa" is part of the society in which it as an institution lives and works together with other institutions and community structures such as the state, the school, industry and many others. In so far as the legal ordinances which apply in society are not in conflict with the Word of God, it lives in accordance thereby. At the same time the "Uniting Reformed Church in Southern Africa" claims that its inalienable right to freedom in the exercise of its religion and the arrangement of its insititution on the strength of its own confession be recognised by the government.

The "Uniting Reformed Church in Southern Africa" views it as its royal task to precede man and society in the obedient application of the demands of God's Word with regard to love of neighbour, the exercising of justice and the realization of reconciliation and the pursuit of true peace in the exercise of its own life; as its prophetic task to proclaim without respect of persons these demands of God's Word as these relate to society as a whole and to institutions in particular, namely the state especially; as its priestly task to intercede for the government and society and to step in for those who suffer, the poor, the wronged and the oppressed in this society, also by way of organised service.

The "Uniting Reformed Church in Southern Africa" further stands in a special relationship to all other church institutions in society. It wishes to exercise community with all these churches in so far as this is possible within the confines of the excumenical confessional writings. In the exercise of this community which takes place at congregational, presbyterial and synodical levels, the "Uniting Reformed Church in Southern Africa" strives after the full revelation of the unity of the church of Christ so that, in the words of Jesus, "*the world may know that you sent me and that you love them just as you love me*" (John 17:23).

Translated by Shun Govender.
This is not an officially sanctioned translation

(*Source: Dunamis* 1989:3-5)

94 Negotiations, Defiance and the Church (1989)

The Institute for Contextual Theology was established in 1981 to promote theology for change. After the Road to Damascus was published in early 1989, the document 'Negotiations, Defiance and the Church' appeared in September of the same year. The Standing for the Truth Campaign has the same objectives as the Institute for Contextual Theology - that is, peaceful change towards a non-racial society. 'Negotiations, Defiance and the Church' was followed in March 1990 by the document called 'The Release of Nelson Mandela: Reading the Signs of our Times'. The following extract on the role of the church is from 'Negotiations, Defiance and the Church':

The Role of the Church

The ideas of confrontation, pressure, struggle and defiance are not foreign to the Bible and to the Christian faith. Moses tried to negotiate with Pharaoh but because Pharaoh was so hardhearted it was necessary to put pressure on him. This is described in the Bible as plagues, the plagues that pressurised Pharaoh into allowing Moses and the Hebrew slaves to leave Egypt. But the moment pressure was lifted, Pharaoh changed his mind and set his chariots after Moses and the Hebrew people. When rulers become hardhearted, it is necessary to apply pressure and to keep applying it for the sake of the people. Jesus himself, like John the Baptist, found it necessary to confront the leaders of Israel and to defy them.

Jesus clashed with the scribes, the Pharisees, the Sadducees, the chief priests, the rich and the powerful. He led a triumphal procession into Jerusalem and when the Pharisees told him to silence his followers, he said that if they kept quiet the very stones would cry out (Lk. 19: 39-40).

Jesus' greatest act of defiance was his action in the Temple courtyard: overturning the tables and driving out the traders and moneychangers. The rulers of Israel felt threatened by his words, his actions and his influence over the people. That is why they killed him.

The role of the Church is to create peace. But on the road to negotiations, reconciliation and peace it will be necessary to confront, pressurise and defy. The Church can only be a genuine peacemaker by exercising its prophetic role of standing for the truth and exposing the deception of a peace that is no peace and negotiations that are a lie. There are circumstances in which the Church might have to mediate between two parties but the Church cannot and must not try to mediate between justice and injustice, between truth and lies, between a pretence at negotiations and genuine negotiations. In such cases, the Church must take a stand and speak out in the name of God against injustice, lies and false peace.

The Church's Standing for the Truth Campaign has already decided to support the Defiance Campaign. On the ground it will be necessary to explain to some of the people why this is necessary.

To others it will be obvious, although the theological reasons will need to be preached again and again. This will be an invaluable contribution to our speedy progress towards genuine peace.

Negotiations have become the new arena or terrain of struggle. In the years to come the debates, protests, campaigns, propaganda and struggles will centre around what constitutes fair and just negotiations. The Church will have to monitor the process carefully, be ever vigilant itself, avoid the temptation of accepting a false peace, expose the lies, support the people and generally make its own contribution in prayer and action towards the just peace that God wants for South Africa.

(*Source:* Negotiations, Defiance and the Church 1989:11-12)

95 The Rustenburg Declaration (1990)

During November 1990 a very significant church conference took place in Rustenburg, Transvaal. It was attended by delegates from 85 South African churches and was one of the most representative church conferences ever held. This was a result of the initiative of the State President, F W de Klerk. For many reasons it was a very important event. Among others, the Ned Geref Kerk publicly confessed its support of apartheid after which Archbishop Desmond Tutu accepted the confession in a spirit of forgiveness:

Preamble

We, participants in the National Conference of Church Leaders in South Africa, have come together in Rustenburg under the authority of God's Word and the guidance of the Holy Spirit. We have been convinced anew of God's amazing grace by the way in which, despite our wide variety of backgrounds, we have begun to find one another and to discover a broad consensus through confrontation, confession and costly forgiveness. We have sought a spirit of patience, mutual care and openness as we have tried to discern the mind of Christ and have often been surprised how our views on many issues have converged. Some of us are not in full accord with everything said in this conference, but on this we are all agreed, namely the rejection of apartheid as a sin. We are resolved to press forward in fellowship and consultation towards a common mind and programme of action.

Coming from diverse Christian traditions, histories, political persuasions and cultural backgrounds, we engaged midst joy and pain, love and suspicion, in a process of soul-searching and wrestling with the theological and socio-political complexities of our country. In the process, we had a strong sense that God was at work among us. We became aware that He was surprising us by his grace which cut through our fears and apprehension. We give praise to this liberating God who is forever faithful in visiting His people in their hour of need.

1 Context

1.1 The conference has met at a critical time of transition in our country. The signs are that this is a period of gestation with the hope of a democratic, peaceful and just dispensation emerging for our nation. Yet many people are continuing to suffer immensely under ongoing structures of injustice. Recent months have also seen the upsurge of violence in black areas and much brutalizing of innocent people. There is also extensive alienation among young blacks and a seemingly interminable crisis in black education. Unemployment has reached unmanageable proportions and is aggravated by grossly inadequate housing in the black community. All this is leading to the social and economic disintegration of our society.

1.2 We believe, however, that we stand on the threshold of new things. There appears to be the possibility of a new dispensation and the promise of reconciliation between all South Africans as both black and white leaders begin to negotiate together for a new and liberated nation of equity and justice. In this context Christians are called to be a sign of hope from God, and to share a vision of a new society which we are prepared to strive for, and if needs be, suffer for.

1.3 We acknowledge that this hope will elude us unless we can break completely with the past. Accordingly we make the following confession.

2 Confession

2.1 While in this document we focus attention on apartheid, we recognise that there are many other sins in our society which call for repentance. Once all vestiges of apartheid have been abolished, the Church will still be challenged by many other social evils which will threaten our society.

2.2 As representatives of the Christian Church in South Africa, we confess our sin and acknowledge our part in the heretical policy of apartheid which has led to such extreme suffering for so many in our land. We denounce apartheid, in its intention, its implementation and its consequences, as an evil policy, an act of disobedience to God, a denial of the Gospel of Jesus Christ and a sin against our unity in the Holy Spirit.

2.3 We remember with sorrow the victims of apartheid who have suffered and continue to suffer humiliation, dispossession and death. We pay tribute to those who have stood resolutely for justice and cared for the oppressed.

2.4 We know that without genuine repentance and practical restitution we cannot appropriate God's forgiveness and that without justice true reconciliation is impossible. We also know that this process must begin with a contrite church.

2.5 We therefore confess that we have in different ways practised, supported, permitted or refused to resist apartheid:

2.5.1 Some of us actively misused the Bible to justify apartheid, leading many to believe that it had the sanction of God. Later, we insisted that its motives were good even though its effects were evil. Our slowness to denounce apartheid as sin encouraged the Government to retain it.

2.5.2 Some of us ignored apartheid's evil, spiritualizing the Gospel by preaching the sufficiency of individual salvation without social transformation. We adopted an allegedly neutral stance which in fact resulted in complicity with apartheid. We were often silent when our sisters and brothers were suffering persecution.

2.5.3 Some of us were bold in condemning apartheid but timid in resisting it. Some churches failed to give effective support to courageous individuals at the forefront of protest against evil. We spoke out for justice but our own church structures continued to oppress. We blamed other churches and were blind to our own inconsistencies.

2.6 Those of us who have perpetuated and benefited from apartheid are guilty of a colonial arrogance toward black culture. We have allowed State institutions to do our sinning for us. In our desire to preserve the Church we have sometimes ceased to be the Church. We have often been more influenced by our ideologies than by Christ's Gospel. We have continued to move in separate worlds while claiming to be one Body. We have insulated ourselves from the pain of black Christians. By failing sufficiently to challenge the violence of apartheid, its military actions and the system of conscription, we have permitted a culture of violence in which our people believe that force is the only way to deal with any dispute. Human life has become cheap. By our faltering witness we have allowed families to be broken, children to go uneducated and millions of workers to be denied work. We have erected economic systems based on race. By our disunity and disrespect for other people's beliefs and opinions we have encouraged a fragmented and intolerant society. Most of all, we have been unwilling to suffer, loving our comfort more than God's justice and clinging to our privilege rather than binding ourselves to the poor and oppressed of our land.

2.7 Those of us who are the victims of apartheid acknowledge our own contribution to the failure of the Church. While colonialism and oppression have damaged our self-esteem and eroded the fibres of ubuntu (humaneness) which held our communities together, we acknowledge that many of us have responded with timidity and fear, failing to challenge our oppression. Instead we have acquiesced in it and accepted an inferior status. Some of us have become willing instruments of the repressive state machinery. Others have reacted to oppression with a desire for revenge. Many of us who have achieved privilege have exploited others. An indifference to suffering has crept into our communities, often leading to ostracism of those who have stood courageously for justice and truth. Some of us have failed to be instruments of peace in a situation of growing intolerance of ideological differences.

2.8 Those of us who are male confess that we have often disregarded the human dignity of women and ignored the sexism of many of our church structures. By limiting the role and ministry of women - as was reflected in this Conference - we have impoverished the Church. We have been insensitive to the double oppression suffered by black women under sexism and apartheid.

2.9 Therefore in the above ways, all the representatives at this Conference confess that we have often let the world mould us rather than the Gospel and we have served our selfish interests rather than Christ.

2.10 With a broken and contrite spirit we ask the forgiveness of God and of our fellow South Africans. We call upon the Government of South Africa to join us in a public confession of guilt and a statement of repentance for wrongs perpetrated over the years.

3 Declaration

3.1 To the World-Wide Church we declare gratitude for loving care, confrontation, prayer, support and solidarity over many years. We ask you all to continue to stand with us.

3.2 To Political Leaders, we address and appeal that you meet urgently to negotiate a new and just order for our country. We call on the Government to repeal as a matter of urgency all apartheid laws, such as the Group Areas, Population Registration, Homelands, Black Local Authorities, Black Education and Internal Security Acts, also to grant indemnity to political exiles and release all political prisoners. We assure all leaders of our prayers in these historic and demanding tasks.

3.3 To the Nation we declare the compelling necessity for all to renounce and turn from personal, economic, social and political sin, most especially the sin of racism in both our souls and our structures. We call every South African to be positively involved in nationbuilding.

3.4 To the Church of Jesus Christ in South Africa we address an appeal to adopt our confession and pledge itself to restitution. We call for an end to racial disparities in clergy remuneration: to deploy clergy without regard to colour or social status; and to end all discrimination within the church on the basis of sex or race. We call on church leaders to carry the confessions and commitments of this Declaration into the life of every congregation in the country.

4 Affirmation

We affirm and highlight the following:

4.1.1 Justice

The Bible reveals God as a God of compassionate love who has a special care for the sinner, the downtrodden, the poor and all who suffer injustice. Obedience to Christ therefore requires that we develop an economic system based on justice, compassion and co-responsibility, so that those in need benefit more than those who have more than they need. More equitable wealth distribution must go hand in hand with economic growth.

After decades of oppression, the removal of discriminatory laws will have to be accompanied by affirmative acts of restitution in the fields of health care, psychological healing, education, housing, employment, economic infrastructure, and especially land ownership. For many years, greed has led to the taking of land from the poor and weak. But church and state must address the issue of restoring land to dispossessed people.

2 Church and State

In the past we have often forfeited our right to address the State by our own complicity in racism, economic and other injustice and the denial of human rights. We also recognise that in our country the State has often co-opted the Church. The Church has often attempted to seek protection for its own vested interests from the State. Our history compromises our credibility in addressing Church-State issues.

We therefore commit ourselves to the struggle for a just, democratic, non-racial and non-sexist South Africa so that our witness may carry greater credibility when we address Church-State relations in the new dispensation.

Our highest loyalty as Christians is always to God. The State is always under God, its power is limited and it is a servant for good, firstly to God and then impartially to all the people it represents. We therefore support the separation of Church and State, with freedom of religion and association guaranteed equally to all.

On the basis of biblical and ethical values, we call upon those negotiating a new South African constitution to respect the following principles in the Constitution:

(i) The exclusion of all racial or class interests in the implementation of justice.

(ii) The acceptance of the Rule of Law under an independent judiciary.

(iii) The entrenchment of a Bill of Rights subject to the judiciary alone, noting the Christian conviction that basic human rights are God-given and not therefore conferred or removable by any State.

(iv) The establishment of a democratic elective process based on one-person, one-vote.

(v) That the power of the security machinery of the state, including the police, be limited for the protection of the population.

(vi) The embodiment of the right of individuals or religious groups to preserve and protect the moral values that affect marriage, family life and particularly the moral norms pertaining to youth. This should be available to all religious groups in terms of their life and world view.

Further we call for the negotiation of a new constitution by a body fully representative of all South Africans. We ask the Government to discuss with other political parties mechanisms for electing democratically a non-racial national assembly to govern in the transitional period until new constitution has been agreed upon. We call upon the Government to allow all South Africans to vote on whether to accept or reject a new constitution, not only the white electorate.

3 Peace

In both Old and New Testaments God's Peace or Shalom speaks of a comprehensive wholeness and rightness in all relationships, including those between God and his people, between human and human and between humans and creation. In South Africa Peace and Shalom are shattered, not only by personal but also by social and structural sin. The consequences are devastating: racial alienation, mistrust, humiliation, exploitation of humans and the environment, privation of basic needs, denial of self worth. Perhaps most devastating has been the emergence of a social climate in which violence and death rather than cooperation and life have become the norm.

The causes of violence include:

* The denial of full political rights to most South Africans.

* The resulting struggle by black South Africans against an oppressive white political system, culminating in violence becoming the norm for political response.

* The apparent emergence of 'third forces' dedicated to sowing confusion.

* The uprooting of families from their traditional homes, leading to the breakdown of family structures and parental authority.

* The resulting spiritual problems.

We need to respond to the violence by:

* Mobilising church agencies to help collect evidence about violence and present it to the authorities.

* Supporting victims materially and spiritually.

* Encouraging all South Africans to enter the process of negotiations.
* Convening a task force to coordinate church strategies, and

* Calling a peace conference to bring together leaders who can help end violence.

4 Spirituality, Mission and Evangelism

The Church's work of mission is a consequence of its worship, prayer, fellowship and spirituality. We commit ourselves to deepen these aspects of the practise of our faith. We resolve to fulfil the Great Commission, to bring men and women to repentance and personal faith, new birth and salvation and to help them to work this out in a witness which engages the world. We recognise our need for the equipping fullness of the Holy Spirit's fruit and gifts and we call on God's people to pray for spiritual renewal in the land.

5 Restitution and a commitment to action

Confession and forgiveness necessarily require restitution. Without it, a confession of guilt is incomplete.

As a first step towards restitution, we call on the Government to return all land expropriated from relocated communities to its original owners, to open 'white' schools to people of all races, and to embark upon programmes of affirmative action at all levels of black education.

We call for a National Day of Prayer for the purpose of acts of confession, forgiveness and reconciliation. We urge that these be accompanied by a declaration of intention to engage in a common witness to God's love and justice. Conference requests the formation of an interim liaison committee to plan such a day of prayer.

We ask the interim liaison committee to set up a task force on land issues with a view to making church property available for those without land and identifying land expropriated by the Government to be restored to its original owners.

Conference asks churches which own private schools to review their policy on such schools with a view to making them accessible to the underprivileged.

We request the liaison committee to provide study material for use by the churches seeking to equip members with a better understanding of their mission in a new South Africa.

Conference asks churches to make available financial and human resources to enable the work of reconstruction and renewal of South African society. Conference asks member churches to co-operate in programmes for the welcoming and rehabilitation of such people.

Conference affirms the initiative taken by the NG Sendingkerk and the NG Kerk in Afrika to call on other members of the DRC family to a meeting in December whose purpose is to set their house in order.

Conference requests churches and organisations present to place on their agendas as a matter of urgency the following:

* The need to work towards a new economic order in which the needs of the poor can be adequately addressed.

* Provision of work for the unemployed.

* Provision of adequate homes and essential services for the service.

* The need to work towards parity in standards of living between black and white people.

* The need to eradicate poverty and hunger.

* Affirmative action to enable transfer of some of the economic power presently in white hands.

Conference authorises the steering committee to pass any information it considers might be of interest to community organisations.

6 Conclusion

We give thanks for God's past grace and faithfulness, by which He has seen fit to use so many of His people here, in spite or our many weaknesses and sins, to bear witness to His Name, to proclaim His Saving Gospel and bring blessing to many, to labour for justice and to care for the poor, oppressed and needy. We give praise in our belief that in wrath He has remembered mercy. This being so we are enabled by His Spirit to move forward together in His Name and call others to do likewise so that the Kingdom of our God and His Christ may be extended far and wide both in our land and beyond. And so to that Name which is above every name, even the Name of Jesus, we ascribe all might, majesty, dominion and praise. Amen.

Bibliography

A fragment of church history at the Cape of Good Hope 1827. Cape Town: South African Library. (Reprint 8, South African Library Series 1979.)

A Relevant Pentecostal Witness 1989.

Acta Synodi 1857. Archives of the Ned Geref Kerk in South Africa.

Acta Synodi 1863. Archives of the Ned Geref Kerk in South Africa.

Acta Synodi 1906. Bylaes.

Boëseken, A J 1957. *Resolusies van die Politieke Raad 1651-1669*. Deel 1. SA Argiefstukke, Kaap. Pretoria: Staatsdrukker.

Brain, J B 1975. *Catholic beginnings in Natal and beyond*. Durban: Griggs.

Bredekamp, H C & Hattingh, J L 1981. *Dagboek en briewe van George Schmidt: eerste sendeling in Suid-Afrika (1737-1744)*. Bellville: Wes-Kaaplandse Instituut vir Historiese Navorsing.

Church and Society 1986. Bloemfontein: General Synodical Commission.

Cottesloe Consultation: *The Report* 1961. Johannesburg.

CPSA (Church of the Province of South Africa) Archives. Johannesburg, University of the Witwatersrand. (Ref AB 867 Aal 3, Ba 4.)

Davies, H & Shepherd, R H W 1954. *South African Missions 1800-1950. An anthology*. London: Nelson.

De Gruchy, J & Villa-Vicencio, C (eds) 1983. *Apartheid is a heresy*. Cape Town: Struik.

De Vereeniging 1995, 17.

De Vereeniging 1899, 21.

(De) Kerkbode 1890, 32, 10 Augustus.

(De) Kerkbode 1899, 41, 12 Oktober.

Die kerksaak tussen prof J du Plessis en die Ned Geref Kerk in Suid-Afrika 1931. Kaapstad: Nasionale Pers.

Die Ned Geref Kerke in Suid-Afrika en rasseverhoudinge 1960. Pretoria: NG Kerk.

Dreyer, A 1929. *Die Kaapse Kerk en die Groot Trek*. Kaapstad: Van der Sandt de Villiers.

Dreyer, A 1936. *Boustowwe vir die geskiedenis van die Ned Geref Kerke in Suid-Afrika*. Deel III. Kaapstad: Nasionale Pers.

Du Plessis, I G L 1984. *Pinkster-panorama. 'n Geskiedenis van die Volle Evangelie Kerk van God 1910-1983*. Irene: Volle Evangelie Kerk.

Du Plessis, J 1919. *The life of Andrew Murray of South Africa*. London: Marshall Brothers.

Du Plessis, J 1965. *A history of Christian missions*. Cape Town: Struik.

Dunamis 1989, No 4.

Ecunews 1981, 13, 4 September.

Engelbrecht, S P 1936. *Geskiedenis van die Nederduits Hervormde Kerk van Afrika*. Pretoria: De Bussy.

Erwee, A J C 1986. Die maatskaplike betrokkenheid van die jonger kerke in Suid-Afrika met spesiale verwysing na die NG Sendingkerk in SA. *Studia Historiae Ecclesiasticae*, XII.

God's Kingdom in a multi-racial society 1954. Johannesburg.
Gerdener, G B A 1936. *Boustowwe vir die geskiedenis van die Nederduits-Gereformeerde Kerk in die Transgariep.* Deel III. Kaapstad: Nasionale Pers.
Grobler, H S 1983. Die Raad van die Nederduitse Gereformeerde Kerke. Ongepubliseerde DD-proefskrif, Universiteit van Pretoria.
Hanekom, T N 1951. *Die liberale rigting in Suid-Afrika: 'n kerkhistoriese studie.* Stellenbosch: CSV.
Hanekom, T N 1959. *Helperus Ritzema van Lier.* Kaapstad. NG Kerk-uitgewers.
Hoge, J 1938. Die geskiedenis van die Lutherse Kerk aan die Kaap. *Argiefboek vir Suid-Afrikaanse geskiedenis*, eerste jaargang, deel II. Kaapstad: Cape Times.
Journal of the Methodist Historical Society of Southern Africa 1952, I(1).
Journal of the Methodist Historical Society of Southern Africa 1953, II(1).
Journal of the Methodist Historical Society of Southern Africa 1956, II(5).
Journal of Theology for Southern Africa 1978, No 23, June.
Journal of Theology for Southern Africa 1981, No 36, September.
Journal of Theology for Southern Africa 1983, No 45, December.
Journal of Theology for Southern Africa 1988, No 63, April.
Kotzé, D J 1950. *Letters of the American missionaries 1835-1838.* Cape Town: Van Riebeeck Society.
Kretzschmar, L (ed) 1988. *Christian faith and African culture.* Umtata: University of Transkei. (Religious Studies Forum 1988.)
Krüger, B 1966. *The pear tree blossoms.* Genadendal: Moravian Church.
Leibbrandt, H C V 1898. *Précis of the archives of the Cape of Good Hope: Letters and documents received 1649-1662.* Parts 1 & 2. Cape Town.
Lewis, C & Edwards, G E 1934. *Historical records of the Church of the Province of South Africa.* London: SPCK.
Lovett, H R 1899. *The history of the London Missionary Society 1795-1895.* Vol 1. London: Henry Frowde.
Moffat, J S 1889. *The lives of Robert and Mary Moffat.* London: Fisher Unwin.
National Initiative for Reconciliation leaflet 1985.
Negotiations, Defiance and the Church 1989. Johannesburg: Institute for Contextual Theology.
Notices of the Wesleyan Methodist Missionary Society 1871-1872; 1878.
Nürnberger, K & Tooke, J (eds) 1988. *The cost of reconciliation in South Africa.* Cape Town: Methodist Publishing House. (NIR Reader No 1.)
Oberholster, J A S 1956. *Die Gereformeerde Kerke onder die kruis in Suid-Afrika: hul ontstaan en ontwikkeling.* Kaapstad: HAUM.
One World 1987, July/August. No 127.
Rapport van die Rechtelike Kommissie van onderzoek naar de oorsake van en omstandighede met betrekking tot de recente rebellie 1916. Kaapstad: Cape Times.
Ras, Volk en Nasie 1974. Kaapstad.
Relevant Pentecostal Witness 1986. Chatsglen.
Report of the Second General Missionary Conference for South Africa 1906.
Report of the Wesleyan Methodist Missionary Society 1832. London: Jowett & Mills.

Resolutions of the Conference on Christian Literature for the Bantu in Southern Africa 1956. Johannesburg.

Rustenburg Declaration, The 1990.

Serfontein, J H P 1982. *Apartheid, change and the NG Church*. Johannesburg: Taurus.

Spoelstra, C 1906a. *Bouwstoffen voor de geschiedenis der Nederduitsch-Gereformeerden Kerken in Zuid-Afrika*. Deel I. Amsterdam: HAUM.

Spoelstra, C 1906b. *Bouwstoffen voor de geschiedenis der Nederduitsch-Gereformeerde Kerken in Zuid-Afrika*. Deel II. Amsterdam: HAUM.

Strassberger, E 1974. *Ecumenism in South Africa 1936-1960*. Johannesburg: South African Council of Churches.

Strassberger, E 1969. *The Rhenish Mission Society in South Africa 1830-1950*. Cape Town: Struik.

The Evangelical Witness in South Africa 1986. Dobsonville: Concerned Evangelicals.

The Grahamstown Journal, 2 February 1837.

The Kairos Document 1986. 2nd edition. Johannesburg: Skotaville.

The Road to Damascus 1989. Johannesburg: Skotaville.

The Truth about the Boer and his Church 1900. Pretoria: Archives of the Nederduitse Gereformeerde Kerk.

Thomas, D 1975. *Councils in the ecumenical movement: South Africa 1904-1975*. Johannesburg: South African Council of Churches.

Tuck, B G 1982. The history of the Salvation Army in South Africa 1883-1933. Unpublished MTh thesis, University of South Africa.

Van Wyk, D J C 1978. *Stemme uit die verlede*. Pretoria: HAUM.

Villa-Vicencio, C 1986. *Between Christ and Caesar*. Cape Town: David Philip.

Williams, D 1959. The missionaries on the eastern frontier of the Cape Colony (1799–1835). Unpublished PhD thesis, University of the Witwatersrand.

Williams, D (ed) 1983. *The journal and selected writings of the Reverend Tiyo Soga*. Cape Town: Balkema.

Wood, M H M 1913. *A father in God. The episcopate of William West-Jones D.D.* London: Macmillan.